JN310578

▲小迫辻原遺跡《おざこつじばる》(日田《ひた》市) 日田盆地北部の台地にある。大分自動車道に伴う調査により発見。方形環濠《かんごう》遺構1〜3号はわが国最古の豪族居館跡として知られる。ほかに弥生時代の環濠集落，古代の掘立柱《ほったてばしら》建物などが展開する。国史跡。

◄鳥舟付き装飾器台(6世紀後半〜7世紀初頭) 一ノ瀬2号墳(国東《くにさき》市安岐《あき》町)から出土した特異な器形の須恵器《すえき》器台。胴部に鳥・舟・人・壺，口縁《こうえん》部内面には双頭《そうとう》の蛇を配する。古墳時代の葬送《そうそう》儀礼を知る貴重な資料。

►臼杵《うすき》石仏(臼杵市深田) 日本を代表する磨《ま》崖《がい》石仏群。11世紀末から13世紀にかけての作といわれる。最近本体の修復や覆屋《おおいや》の整備が進められ，仏頭が体の前に落ちていた古園《ふるぞの》石仏群の大日如来《だいにちにょらい》像も写真(中央)のように修復された。特別史跡・国宝。

▲虚空蔵寺跡《こくうぞうじ》出土古瓦　同寺跡(宇佐《うさ》市山本)は九州でも屈指の白鳳《はくほう》時代寺院跡。法隆寺《ほうりゅうじ》式の伽藍《がらん》配置をもち，法隆寺系忍冬唐草文軒平瓦《にんとうからくさもんのきひらがわら》と川原寺《かわらでら》系複弁蓮華《ふくべんれんげ》文《もん》軒平瓦を出土し，塔跡周辺からは塼仏《せんぶつ》も出土している。県史跡。

▼石田《いしだ》遺跡(竹田市久住《くじゅう》町)　大分市から野津原《のつはら》町を経て久住町に抜ける県道沿い，背後にくじゅうの山々が展開する高原の一角にある。奈良時代の掘立柱建物５棟と竪穴《たてあな》式住居跡が並ぶ。古代直入《なおいり》駅との関連が注目される。

▲八幡三所《はちまんさんしょ》神像(僧形《そうぎょう》八幡神像〈左〉・比売大神《ひめおおかみ》〈中〉・大帯比売《おおたらしひめ》〈右〉，杵築市奈多八幡宮，平安時代後期)　御神体である薦《こも》の枕(御験《みしるし》)を再生する行幸会《ぎょうこうえ》の際に，古い御験を奈多宮に運んだといわれているが，この神像も宇佐宮から運ばれたという説もある。国重文。

▼熊野磨崖仏《くまのまがいぶつ》(右)と太郎天《てん》像(豊後高田《ぶんごたかだ》市)　磨崖仏は不動明王(高さ８ｍ)・大日如来《だいにちにょらい》(同７ｍ)の２体があり，大日如来の上には，特殊な種字曼荼羅《しゅじまんだら》が刻まれている。国重文・国史跡。太郎天像はかつての六郷《ろくごう》山の惣山長安寺(豊後高田市)所蔵。脇侍《わきじ》をもち，胎内《たいない》墨書《ぼくしょ》によると，大治５(1130)年の作。童形像を不動明王に見立てている。国重文。

▲富貴寺大堂《ふきじおおどう》(豊後高田《ぶんごたかだ》市) 12世紀半ばに建立されたとみられる阿弥陀《あみだ》堂。宇佐宮の神官宇佐一族の建立か。堂内の外陣《げじん》四方の小壁には，四方浄土の世界が描かれ，内陣の須弥壇《しゅみだん》後壁には，阿弥陀浄土変相図，同四天柱《してんちゅう》には仏菩薩が70体以上描かれている。国宝。

▼普光寺磨崖仏《ふこうじまがいぶつ》(豊後大野市) 岩屋堂の左に巨大な不動明王と脇侍《わきじ》があり，右に小ぶりの毘沙門天《びしゃもんてん》像が残る。鎌倉初期の作といわれ，大野郡に勢力をもった大野氏かその跡を継いだ大友一族の製作ともいわれる。県史跡。

►大日如来坐像《だいにちにょらい》(大分市金剛宝戒寺《こんごうほうかいじ》,像高309cm)　同寺は鎌倉時代末に大友貞宗《さだむね》によって律宗《りっしゅう》寺院として再興され，この仏像はその際に造立された。胎内《たいない》銘によれば，文保2(1318)年に南都興福寺《こうふくじ》大仏師法眼康俊《ほうげんこうしゅん》らが製作したとあるが，それよりのちの「元徳三年」(1331),「建武二年」(1335)の銘もある。国重文。

▼棚田《たなだ》(国東《くにさき》半島,豊後高田市東都甲《ひがしとごう》地区)　大分県は平野が少なく山の多い県である。人びとは，古代から山間地に耕地を開き，中世以降は，傾斜地に棚田を営々と耕してきた。しかし，現在，過疎化と圃場《はじょう》整備事業の波のなかで，この風景は消え去りつつある。

▲くじゅうの野焼き　くじゅう連山の山麓には広大な草原地帯が広がっている。この草原には，古代から牛馬が飼育され，鹿や猪を追う狩場としても利用されてきた。今も牧場などがあるが，過疎化の波のなかで草原を維持する野焼きが困難となり，草原の危機が迫っている。

▼峰入り《みねいり》　天台宗の六郷満山《ろくごうまんざん》の僧侶が国東半島の山々150kmを４日ほどで踏破し，開山仁聞菩薩《にんもんぼさつ》(八幡神)の行《ぎょう》を追体験する。古代にはじまったが途中断絶，江戸時代，荒廃した六郷満山を復活するため，この行が再興され，中断はあるが今日に至っている。

▲岡城(竹田市)　中世志賀《しが》氏の居城だった岡城は，文禄 2 (1593)年入部した中川氏によって中核施設や門・石垣などが近世城郭として整備され，寛文 3 (1663)年には西の丸が造営された。滝《たき》廉《れん》太《た》郎《ろう》の「荒城の月」のイメージとして著名。国史跡。

▼御城下《ごじょうか》絵図　府内《ふない》藩主が浜《はま》の市《いち》におもむく状況を描いた御城下絵図は，18世紀前半の成立と推定される。府内城からの道筋の町屋《まちや》や町人の姿，遊女屋・芝居小屋・神事・花火のもようなど，ハレの日のにぎわいが生き生きと描かれている。

◀青の洞門《どうもん》(中津市本耶馬渓町《ほんやばけい》)　菊池寛《かん》の『恩讐《おんしゅう》の彼方《かなた》に』で知られる青の洞門は，寛延3(1750)年，15年の歳月を要して完成した。さらに第2の隧道《ずいどう》工事(宝暦13〈1763〉年完成)のため通行する人馬から料金を取った。名勝耶馬渓の観光の名所。県史跡。

▼咸宜園《かんぎえん》跡(日田市)　広瀬淡窓《たんそう》の設立した私塾咸宜園には，全国から4600人以上の若者が集まり，学んだ。東塾で現在残っているのは井戸のみだが，西塾は秋風庵《しゅうふうあん》・遠思楼《えんしろう》などが残っている。秋風庵の解体修理工事は平成9(1997)年に完成した。国史跡。

▲馬上金山屏風《ばじょうきんざんびょうぶ》(大正前期)　わが国屈指の産額をほこった馬上金山(杵築《きつき》市)の全景を和田三造が描き，これを刺繍したもの。四曲一双《いっそう》の一部。左上には開坑時の苦しみを詠《よ》んだ成清博愛《なりきよひろえ》の漢詩が記されている。

▼建設途上の新産都大分鶴崎《つるさき》臨海工業地帯(大分市，昭和40年代前半)　画面上から１号地(九州石油)，２号地(昭和電工大分石油化学コンビナート)，３号地(富士製鉄〈現，新日本製鐵〉)。

地方史研究協議会名誉会長
学習院大学名誉教授
児玉幸多　監修

大分県の歴史　目次

企画委員　熱田公－川添昭二－西垣晴次－渡辺信夫

豊田寛三－後藤宗俊－飯沼賢司－末廣利人

大分県の歴史

風土と人間――豊の国と大分

自然の恵み●

大分県の気候は全体に温暖であり、災害に見舞われることも少ない。気候区分は南東部は温暖多雨の南海型気候で亜熱帯植物の自生もみられる。西・中南部の山地・高原地帯は山岳性気候で冬季にはかなりの低温となる。瀬戸内海に面する地域は瀬戸内海式気候に属し、北部は準日本海型となっている。

　大分の地質構造は複雑である。県域の中央の北東から南西にかけて、西南日本の地帯区分上重要な分界線である臼杵《うすき》・八代《やつしろ》線、松山・伊万里《いまり》線がとおっている。県の南部は九州山地の北東部となっており、その東端はリアス式地形を形成している。また中部から北部は瀬戸内陥没地帯の一部で、広い阿蘇《あそ》熔結《ようけつ》凝《ぎょう》灰岩《かいがん》火山地帯となっている。ここに展開した文化が石仏であった。台地・山地・火山地域が広く、平地は瀬戸内沿岸などの河口部が中心であり、そのほかに山間の河川沿いに小盆地がある程度である。こうした地帯構造は、変化にとんだ地形、美しい景観をうみだしているが、その反面陸上交通の利便には大きなハンディとなっている。

　くじゅう火山地域を中心とする火山地帯による恵みの代表は温泉である。別府《べっぷ》・由布院《ゆふいん》・湯平《ゆのひら》・長湯《ながゆ》をはじめとする温泉は、その湯量・泉質も豊かで、世界にほこるものである。県内いたるところに温泉がある。温泉について『伊予《いよ》国風土記《ふどき》』は興味深い話を伝えている。伊予国の湯《ゆ》の郡《こおり》（愛媛県温泉《おんせん》郡）の大《おお》穴持命《なむちのみこと》は、仮死状態にあった宿奈比古那命《すくなひこなのみこと》を生かそうとして「大分の速見《はやみ》の湯を、下樋《したび》（地下水道）より持ち度《わた》り来」たという。速見の湯は別府温泉であり、伊予の湯は道後《どうご》温泉とするのが定説である。豊後《ぶんご》水道を結ぶ交流は古代人によって、すでに考えられていた。

豊の国●

今、大分県では「物もゆたか、心もゆたかな豊《とよ》の国」の実現を目標としている。「豊の国」とは、かつての豊後一国八郡（国東《くにさき》・速見《はやみ》・大分《おおいた》・海部《あまべ》・大野《おおの》・直入《なおいり》・玖珠《くす》・日田《ひた》）と豊前《ぶぜん》のうち二郡（下毛《しもげ》・宇佐《うさ》）で構成される大分県でしばしば使われる言葉である。

豊の国の意味について『豊後国風土記』は、つぎのように伝える。昔、景行《けいこう》天皇の時代、菟名手《うなで》という人物に国をおさめさせていたところ、仲津《なかつ》郡中臣《なかとみ》村（福岡県行橋《ゆくはし》市）に白鳥がおり、白鳥はやがて餅《もち》になり、さらに数千株の芋草《うも》（さといも）となった。芋《いも》は冬にも枯れず、菟名手はこれを献上した。天皇もよろこび「天の瑞物《ずいもつ》、地の豊草《とよくさ》なり、今汝《なんじ》が治むる国は豊国というべし」と勅し、菟名手には豊国直《とよのくにのあたい》という姓《かばね》をあたえたという。そして七世紀末に豊国を分割して豊前・豊後をおいたと伝えている。

筑紫《ちくし》が筑前《ちくぜん》・筑後《ちくご》となったように国が分割されるのは、一般的にはそこに大和《やまと》政権に対抗するような政治勢力が存在した地方であるとされている。しかし、豊国はそれにはあてはまらず、直という姓は、大和政権に服属した勢力にあたえられるものである。

結論的にいえば、豊国は現在の福岡県行橋市の長峡《ながお》川流域であり、豊国直はこの地域の豪族とされている（『大分県史　古代篇Ⅰ』）。『日本書紀』によると、この地域は景行天皇が九州に上陸した場所であり、ここを前進基地として九州「巡幸」をはじめる。豊国とは大和政権が九州に進出した最初の地域にあたえた美称であり、その美称を継承するために豊国に豊後・豊前の由来を求めたとされている。

「大分」とは●

県名となった大分は、古代に国府《こくふ》があり、明治四（一八七一）年以来県庁がおかれた大分郡に由来していることはあきらかである。では、どうして「大分」という地名がうまれ、どうして「おおいた」と読むのだろうか。この考証も難解である。

大分という地名が最初にみえるのは、やはり景行天皇の九州巡幸説話を記した『豊後国風土記』『日本書紀』である。天皇は、この地を国見し、地形の広大でうるわしいのに感嘆して「広大なる哉《かな》この郡は、よろしく碩田国《おおきた》と名づくべし」といったと伝える。つまり、「碩田国」「おおきい田」「於保岐陀」と名づけたというのである。

「オホ（オ）キダ」は本当に「おおきい田」なのか、またそれがなぜ「大分」となったのか。まず、確認しておかねばならないことは、文献上は「大分」のほうが「碩田」より古いということである。『日本書紀』で壬申《じんしん》の乱における天武《てんむ》（大海人皇子《おおあまのおうじ》）の舎人《とねり》として活躍した大分君恵尺《おおいたのきみえさか》・稚臣《わかみ》は大分君の一族である。『古事記《こじき》』では地方豪族として、火君《ひのきみ》と阿蘇君《あそのきみ》のあいだに、大分君をあげている。『先代旧事本紀《せんだいくじほんぎ》』や六世紀ころに実在した国造《くにのみやつこ》を記した「国造本紀《こくぞうほんぎ》」には「大分国造」がみえる。「おおいた」は当初から「大分」と記され、「オホ（オ）キダ」と読み、「碩田」は大和政権にはやく服属した大分君の支配地を権威づけ、地名に意味づけをするためにつくられた話であろう。『和名類聚抄《わみょうるいじゅうしょう》』では「於保伊多」となり、「おおいた」と読んでいる。これは音便変化である。

「分」という文字は、もともと「階」や「段」とともに、分けるとかきざむなどの意味をもち、「キダ」

の読みをもっていた。だから、「オホ（オ）キダ」は複雑な分（キダ）の地、錯綜した地形による「多い田」をさしているのである。それは、「碩田」よりもずっと実情に合致している。その後の開発によっても中小の河川の流域はいうまでもなく、山国《やまくに》川・大分川・大野川・番《ばん》匠《じょう》川・筑後川上流（玖珠川・大山《おおやま》川・三隈《みくま》川）などの大河川地域でも、豊後、大分の景観を象徴するのは山林と棚田《たなだ》であり、広大な平野ではない。

畿内・瀬戸内と九州・大陸●

豊国も大分も、その名称は大和政権への帰属と深く関係していた。大分は、朝鮮半島・大陸と密接な関係をもつ九州に位置しながら、畿内《きない》・瀬戸内地域とも強い絆《きずな》をもっていた。日本の社会・文化そのものが、そうした折《せっ》衷《ちゅう》性・融合《ゆうごう》性をもっているともいえるが、大分の場合、とくにその傾向が強い。

先史時代において姫島《ひめしま》（東国東郡姫島村）産の黒曜石《こくようせき》は北部九州および瀬戸内の各地で利器などに使用されていた。また古代国家に大きな意味をもった八幡神《はちまんしん》は東ア

水田とワラコズミ（豊後高田市）

ジア的（大陸・朝鮮半島）であり、かつ畿内・大和的である。さらに寺院の建築様式などからも判明するように両勢力の拮抗《きっこう》の場であった宇佐地域の統合のシンボルでもあった。そして、神と仏の最初の習合の結果が、八幡大菩薩《だいぼさつ》であり、弥勒寺《みろくじ》であった。八幡神・弥勒寺と天台密教《てんだいみっきょう》が融合し、在来の修験道《しゅげんどう》と結んで独特の仏教文化をつくったのが国東の六郷山《ろくごうさん》であった。

鎌倉武士大友氏《おおとも》は、土着のなかで豊後武士団と融合して、一族・同紋衆《どうもんしゅう》などの序列をつくり統合をした。その結集は、惣領制《そうりょうせい》の維持や南北朝内乱時の状況への対応という形であらわれている。大友家二一代の宗麟《そうりん》（義鎮《よししげ》）のときは、大友氏の最盛期であった。この時期には九州・中国・四国・畿内という国内的な係わりから中国・「南蛮《なんばん》」という「世界」の拡大があった。豊臣秀吉による「天下統一」は「平和」をうみ、新しい政治・社会支配体制をつくった。従来から「大分」では、ここに小藩分立体制の起点を求め、「大分県民気質《かたぎ》」の形成をこの後の小藩分立体制に求めていた。

小藩分立を見直す●

小藩分立のために人びとは小さなわくにとじこめられ、近代にいたっても開発から取り残された経済的な貧乏県となったが、わずかな救いは文化と人材についてはみるべきものがあるという説明がある（『大分県の百年』大分県版）。

しかし、小藩分立は逆に大藩というわくから自由で、それぞれがきそいあい、個性豊かな地域を形成した、との見方もある。日田郡隈町《くままち》（日田市）にうまれた大蔵永常《おおくらながつね》（一七六八〜一八六〇？）の主著『広益国産考《こうえきこくさんこう》』の七之巻の最終節は「豊後国日田郡産物の事」である。ここでは、産物の開発が地域を豊かにするという前提で、「山の多き方の国にして、昔より地頭《じとう》の御世話ありし事なければども」、日田郡の「年貢地《ねんぐち》にあらざる不毛の地」から年間二万五〇〇〇両の収入をあげていると指摘している。紙・楮《こうぞ》・材木・櫨実《はぜみ》・椎《しい》茸《たけ》などの各商品、畑の作物（煙草《たばこ》・苧《お》・綿）の産額と代銀を列挙し、合計では二万七四五〇両としている。続けて、「右は予が郷国故委《きょうこくゆえくわ》しく存じ居り候えども、此外《このほか》豊後七郡より出し候産物」として第一は別府湾沿岸地域で産出される青莚《あおむしろ》（琉球莚《りゅうきゅうむしろ》、七島莚《しちとうむしろ》）は何万両という金高をあげ、ほかに明礬《みょうばん》・錫《すず》・鉛《なまり》・硫《い》黄《おう》などの商品名を記し、「其外あぐるにいとまあらず」としている。立地的にめぐまれず、しかも小藩ゆえに領主の世話もないところでの産業の開発を高く評価している。ここに、昭和五十五（一九八〇）年からはじまった地域づくり運動「一村一品《いっそんいっぴん》運動」の原点をみいだすことができる。

県民性と先哲●

旧版『大分県の歴史』において、渡辺澄夫氏は県民気質について諸説をあげている。それを列挙してみると、情熱的・熱中する・あきやすい・さめやすい・情緒的・感情的・直情的・素朴・飾り気がない・お世辞が少ない・率直・単刀直入・男性的・開放的・粗野《そや》・社交性が少ない・理性的な頭脳・天才的・孤立的・偏狭《へんきょう》・利己的・批判的・排他的・野党的・人の足をひっぱる・赤猫《あかねこ》根性・理知的などである。実に多くの気質があげられている。

渡辺氏は、結論的には「こうした複雑性と矛盾的性格の同居」を県民気質とし、それは「小藩分立という歴史的条件に原因する」とし、さらに「大分」という地名にあらわれた自然的条件・風土の影響を無視できないと結んでいる。氏がこうした気質をあげたのは、大分県出身の人物や大分県人に対する評判などを検討してのことだった。しかし、統一した基準はない。否、基準やキーワードでくれないのが「大分県民気質」だと私は考えている。

二十一世紀は人の時代であり、心の時代だといわれている。大分県では県史編纂《へんさん》事業をうけつぐものとして、県出身の先哲《せんてつ》たちの足跡を正しく後世に伝え、人びとのいき方に示唆をあたえるものとして平成四（一九九二）年から先哲叢書《そうしょ》の刊行をはじめた。一人の人物について資料編・評伝・普及版がセットとなったもので、これまで田能村竹田《たのむらちくでん》、大友宗麟、滝廉太郎《たきれんたろう》が完成し、矢野龍渓《りゅうけい》、ペテロ・カスイ・岐部《きべ》が刊行中、さらに大蔵永常、麻田剛立《あさだごうりゅう》、福沢諭吉《ゆきち》、久留島武彦《くるしまたけひこ》が編集作業中である。平成五年にはその拠点とする「先哲史料館」も開館し、さまざまな事業に取り組んでいる。個性豊かで、ひとくくりではとらえられない人びとに学問的なメスがはいり、若者に郷土や人物に対して目をむけさせる大きなきっかけとなるであろう。

先哲史料館展示室内部と肖像画から復元した三浦梅園像

1章

豊国の形成と展開

三角縁神獣鏡(宇佐市赤塚古墳)

1 大分の黎明

狩りと漁との時代●

大分県下では、かつて一九六〇年代に丹生《にゅう》遺跡（大分市）や早水台《そうずだい》遺跡（速見《はやみ》郡日出《ひじ》町）の発掘調査により、前期旧石器時代のものとされる石器の存在が提起され学会の論議を呼んだ。その後今日まで、確実に前期旧石器時代に遡る遺跡は発見されていない。

そうしたなかで、昭和五十六（一九八一）年、代ノ原《だいのはる》遺跡（豊後大野市大野町）で、小さな沼の跡とみられるところからナウマンゾウの牙《きば》などの化石が発掘された。ここでは人骨化石や石器は出土していないが、ゾウの牙はするどい刃物のようなもので切断されており、あきらかに人と動物の遭遇があったことを示していた。

この遺跡は放射線による年代測定では三万七〇〇〇年前という判定がでている。さらに同郡犬飼《いぬかい》町下津《しもつ》尾《お》で発見されたオオツノジカの化石は、約四万年前の阿蘇《あそ》山の噴火で形成された溶結凝灰岩《ようけつぎょうかいがん》の層の直下から発見されている。ここではまだオオツノジカと人が遭遇していた確証はないが、大分における「人」の始原は、今後さらに古くさかのぼる可能性を秘めている。

県下では、確かな旧石器時代の石器を出土する遺跡はすでに二〇〇カ所以上確認されているが、そのほとんどは後期旧石器時代一万三〇〇〇〜二万年前の遺跡である。大野川流域、筑後《ちくご》川上流域、大分川流域、宇佐《うさ》・下毛《しもげ》地域などに遺跡が点在するが、とくに遺跡が多いのは大野川流域である。岩戸《いわと》遺跡（豊後大野市清川町《きよかわ》・国史跡)、百枝《ももえだ》遺跡(同市三重町《みえ》)、市ノ久保《いちのくぼ》遺跡(同市犬飼町)など重要な遺跡が分布する。この流域は豊かな自然環境とともに流紋岩《りゅうもんがん》やホルンフェルスなど石器の石材にめぐまれていた。

およそ一万年前、長い氷河期がおわり地球の温暖化が進んだ。その結果海水面が上昇し、植物相・動物相にも大きな変化がみられた。大分の地にもクスやカシ、シイなどの照葉樹の森が広がった。オオツノジカなどの大形動物は姿を消し、ニホンジカ・イノシシ・クマ・キツネなどわれわれにもなじみ深い動物が森に棲《す》み山野をかけめぐった。ここに縄文時代がはじまる。政所馬渡《まどころまわたり》遺跡(竹田市荻《おぎ》町)、前田遺跡(同市直入町)などで縄文土器の最古の形式とされる隆帯文《りゅうたいもん》土器や爪形文《つめがたもん》土器が出土している。その後、早期になると遺跡は県下各地に展開するが、前期・中期の遺跡は比較的少なくなる。

県下の縄文文化は後期・晩期にはいってふたたび活性化する。磨消《ましょう》縄文土器や磨研《まけん》土器とよばれる美しい土器が盛んにつくられた。弓矢を手にし、また土掘り具と

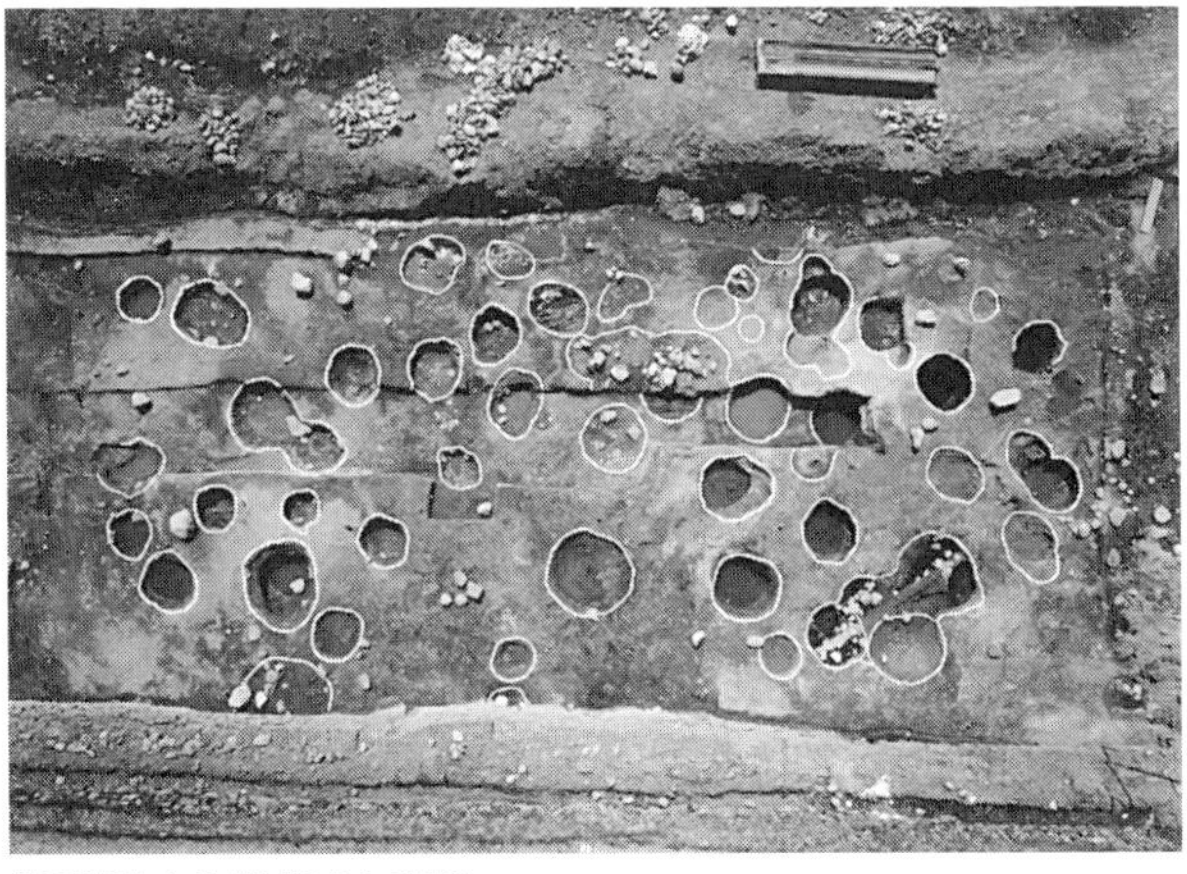

龍頭遺跡全景(杵築市山香町)

みられる扁平《へんぺい》打製石斧《せきふ》をたずさえて豊かな森の幸を手にいれた。龍頭《りゅうず》遺跡（杵築市山香《やまが》町）では多量のドングリを貯蔵したピットが発掘されている。海の幸・川の幸も貴重な生活の糧《かて》であった。県北の周防灘《すおうなだ》から別府《べっぷ》湾岸にかけての海岸一帯には西和田《にしわだ》貝塚（宇佐《うさ》市）や小池原《こいけばる》貝塚（大分市）など多くの貝塚が分布するが、そこから発掘される貝や魚の骨は質量とも想像以上に豊かである。貝類ではハマグリ・アサリ・アワビなどが豊富にとれた。西和田貝塚で出土した貝のうち九〇％がハマグリであった。貝のむき身など干貝の加工などを行っていたとみられている。イワシ・アジ・スズキ・タイなどの魚の骨も豊富で多彩である。

一方、晩期の代表的集落遺跡である大石遺跡（豊後大野市緒方《おがた》町）では、扁平打製石斧のほか農具とみられる石包丁《いしぼうちょう》形石器が出土し、そこになんらかの形態の農耕文化が存在したことが提起されている。

旧石器時代から縄文時代、大分県域でみても数万年にわたる長い時代、人びとは底知れず大きく深い大自然のふところのなかで、あたかもその一分子のように生きていた。そこにはすでに文化の地域性、あるいは地域と地域の交流の様相もあきらかになっている。姫島《ひめしま》の観音崎《かんのんざき》の黒曜石《こくようせき》は旧石器時代から縄文時代、さらに弥生時代におよんで、石器材料として広く重用されたが、その石器の分布をみると、東は岡山県津《つ》雲《ぐも》貝塚はじめ瀬戸内海西部一帯、南は豊後《ぶんご》水道を経て四万十《しまんと》川流域など四国南部におよんでいる。その分布は、今いわれている西瀬戸経済圏の領域に重なる。

イネと鉄と青銅と●

弥生時代は稲と鉄と青銅器に象徴される。稲作農耕のはじまりは、日本の歴史上最大の変革であったといって過言ではない。それは人びとが、はじめて食料を採集する民から食料を生産する民に飛躍したことを意味した。この新しい文化は、主として朝鮮半島を経由してもたらされた。

福岡県板付《いたつけ》遺跡、佐賀県菜畑《なばたけ》遺跡などの遺跡でみるかぎり、初期の水田農耕は、灌漑《かんがい》技術から農具に至るまできわめて高度の技術を伴っていた。県下では板付遺跡や菜畑遺跡とならぶ最古の水田遺構は発見されていない。ただこの時期と並行する刻目突帯文《きざみめとったいもん》土器をもつ遺跡は稙田市《わさだいち》遺跡（大分市）など点々と発見されている。その後、弥生時代前期の後半から中期になると、県下各地に遺跡が広がり、さらに中期から後期にかけて飛躍的に増大する。昭和二十年代に発掘され「西の登呂《とろ》」とも称された安国寺《あんこくじ》遺跡（国東《くにさき》市）や、下郡《しもごおり》桑苗《くわなえ》遺跡（大分市）では、鍬《くわ》や鋤《すき》など多量の木製農具が出土し、当時の技術水準の高さを示している。

農耕の発展は集落の定着を可能とした。ただし発掘された弥生集落の多くは、必ずしも長く続いていない。原始的な農耕技術の段階で、本当に一つの場所に定着するのは容易でなかったようである。集落の定着は長い試行錯誤のなかでしかし確実に進んだ。人びとのあいだにようやく「ムラ」や「里」の意識が定着してくる。そして日々の共同労働などをとおして各地に明瞭な文化の「地域」像がみえはじめる。

たとえば北部九州の弥生文化を象徴する須玖《すく》式・立岩《たていわ》式の大形甕棺《かめかん》は、筑後川水系をさかのぼって日《ひ》田《た》・玖珠《くす》地区におよぶが水分《みずわけ》峠は越えない。一方、東九州の前・中期を代表する下城《しもじょう》式甕は、日田・玖珠にはおよばない。また大野・直入地区の後期文化には独特の粗製甕の文化があり、これは大野川上・中流域からほとんど外にはでない。こうした「地域」像の形成とともに、吹上《ふきあげ》遺跡（日田市）、台ノ原《だいのはる》遺跡（宇佐市）、雄城台《おぎのだい》遺跡（大分市）、石井入口《いしいいりぐち》遺跡（竹田市）などのように、それぞれの地域の拠点となる大型の集落も出現した。

各地のムラではさまざまな祭り（まつり）が行われた。こうしたまつりで重用されたのが青銅器である。大分県下では九〇本余りの銅矛《どうほこ》・銅剣・銅戈《どうか》が出土している。大部分は福岡平野周辺で生産されもちこまれたものであるが、なかには浜《はま》遺跡（大分市）の中広《ちゅうびろ》銅剣のように瀬戸内地方から移入されたものもある。また別府《びゅう》遺跡（宇佐市）の小銅鐸《どうたく》は朝鮮半島からもちこまれた。

平成七（一九九五）年七月、吹上遺跡では青銅器を伴う中期後半の大型の甕棺が七基発掘された。このうちとくに第4号甕棺からはゴホウラ貝の腕輪をした成人男子の人骨が出土している。棺内に水銀朱がそ

別府遺跡出土小銅鐸（宇佐市）

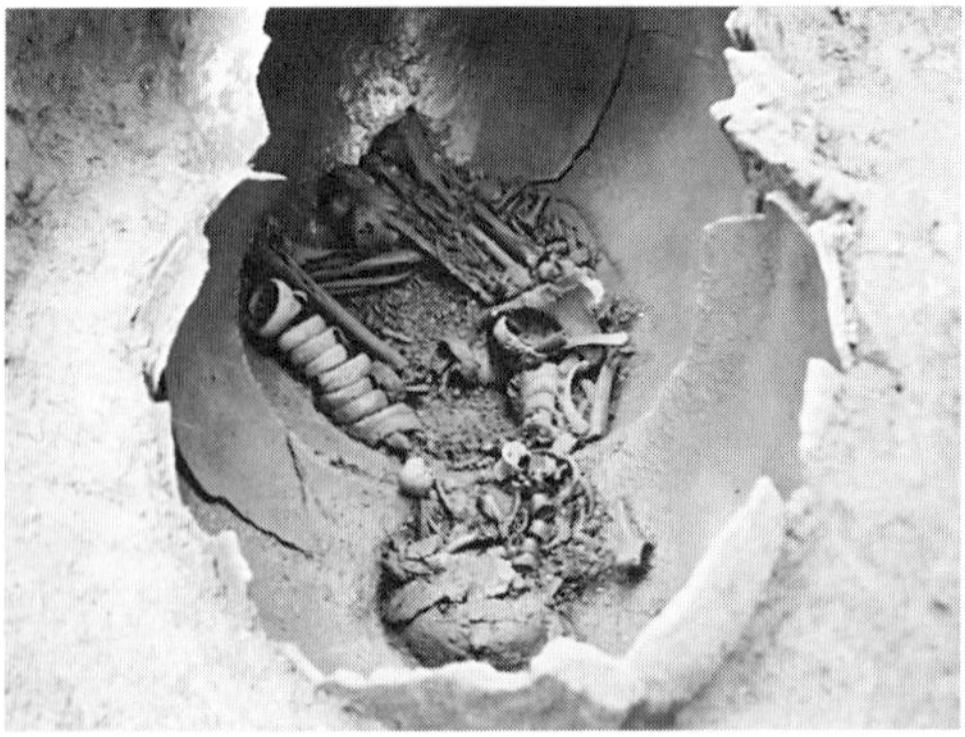
吹上遺跡の甕棺墓（日田市）

えられ多量のガラス玉も出土している。さらに棺には中細銅戈と鉄剣が副葬されていた。また2号甕棺からも銅戈が出土、さらに5号甕棺からは両手にイモ貝の腕輪をつけた女性人骨が出土している。

吹上遺跡は、もともと県下でも屈指の弥生集落として知られているところで、これまでにも福岡市今《いま》山《やま》遺跡から供給された太形蛤刃《ふとがたはまぐりば》石斧や飯塚市立岩《たていわ》産の輝緑《きりょく》凝灰岩製の石包丁など、多彩な石器を出土するところとして知られていた。今回の銅戈や貝輪の発見により、福岡平野のクニときわめて密接な関係をもち、名実とも日田を代表する集落とそのリーダーの存在が浮かびあがったのである。

先史・原始時代のおもな遺跡

弥生時代の青銅器でもう一つ大事なものが銅鏡である。県下では各地の代表的弥生集落でなかば普遍的に出土し、その数はすでに四〇例を超えるが、どういうわけかそのほとんどは破片（破鏡）である。しかしそれはただの破片ではない。その多くはていねいにみがかれ、時に小さな孔《あな》があけられている。本丸《ほんまる》遺跡（宇佐市）の鏡は、両端に孔をあけ管玉《くだたま》をネックレスのように連ねていた。その意味するところは不明だが、北部九州との流通・交通関係のなかで格別の意味をもつ遺物だったと思われる。

環濠集落と高原の集落●

佐賀県吉野ヶ里《よしのがり》遺跡の発見以来、いわゆる環濠《かんごう》集落が注目されている。小迫辻原《おざこつじばる》遺跡（日田市）では弥生時代後期の大型の環濠集落が相接して三カ所発掘された。この遺跡では後述するように古墳時代最古の豪族居館が発掘されている。県北の宇佐平野では駅館《やっかん》川右岸の川部《かわべ》遺跡（宇佐市）で大規模な環濠が検出された。川部遺跡の南方に連なる東上田《ひがしうえだ》遺跡（宇佐市）も大規模な環濠集落である。このような環濠集落は、県下の各地域の主要な平野やその周辺の台地で発掘されている。

一方、大野川上・中流域、とくに最上流部、竹田市菅生《すごう》から荻《おぎ》町にかけての一帯では、弥生時代後期～古墳時代初めの集落跡があいついで発掘された。一帯は標高およそ五〇〇メートル、阿蘇《あそ》外輪山東麓《とうろく》のスロープの無数の火山灰台地に、多数の集落跡が展開しているのである。菅生台地最大の集落跡である石井入口遺跡では、弥生時代後期の住居跡一六九軒のほか、古墳時代の住居跡などが確認された。全体は五〇〇軒を超える大集落跡になるとみられている。

農耕文化の導入はわが国の社会の仕組みを根底からかえた。食料など余剰生産物の不均衡な蓄積によって社会の階層化が顕在化した。この新しい社会を優位に生き抜くための大きなよりどころが稲作の技術であり「鉄」であった。鉄の素材や製品を手にいれるために朝鮮半島との交易が必要となった。そこに外交・貿易という、これまでにない新しい国際関係もうまれた。そうしたなかで各地にさまざまな位相で共同体の結合体が形成された。『漢書』『後漢書』など中国の史書は、これらを国＝クニと記している。『魏志《ぎし》』倭人伝《わじんでん》によれば、三世紀初めのころ、倭国の女王卑弥呼《ひみこ》は三〇の国をしたがえていた。

九州の屋根くじゅう山系のその南にある菅生台地の弥生人たち、彼らもまたこうした歴史のうねりのなかで生きていた。石井入口遺跡では、さきにのべた鏡片が六点も出土している。なかには韓国の慶尚北道の漁隠洞遺跡のものと同じ鋳型でつくられたもの、中国の後漢の鏡である画像鏡《がぞうきょう》の破片もある。これらの鏡はいうまでもなく北部九州の奴国《なこく》など弥生文化の先進地から移入されたものである。そこにはこの時代の菅生台地と奴国地域との交通関係が象徴されている。彼らはこのルートをつうじて地域の発展に不可欠な鉄器などを手にいれたのであ

石井入口遺跡(竹田市)　標高500mの高原に弥生時代後期の大集落が広がる。

ろう。石井入口遺跡では手斧《ちょうな》・手鎌《てがま》・鉇《やりがんな》・刀子《とうす》・鉄鏃《てつぞく》などの鉄器が多数出土している。このように大野川上流域の弥生文化は、その立地からは信じられないような先進性、外にむかって開かれた開明性をもっているが、その一方きわめて閉鎖的で縄文的要素を色濃く残した土器をもっている。

それにしても、大分の地にクニはあったのであろうか。さきにのべたように、中国の史書の倭国関係の記事には、さまざまな「国」の存在が記されているが、ここでは「国」は、「対馬《つしま》国」や「一大国（壱岐《いき》）」のように、のちの「郡《ぐん》」ほどのレベルから、「倭国」や「女王国」のような列島レベルの国まで、実に多様な位相で記述されていて一様には論じられない。ただ大分県下でも、弥生後期には各地に強い文化的地域性をもったまとまりがいくつか形成されていたことは確かであり、これらのまとまりをクニとよんでも誤りではないはずである。それはやがて律令時代の「郡」や「郷《ごう》」として位置づけられる大分の「地域」の核となっていく。

ところでさきにのべた鏡片は、弥生時代後期末から古墳時代初めにかけて、あいついで住居跡などにすてられる。これらの鏡が象徴した奴国を中心とする権威なり秩序なりが、一つの終焉《しゅうえん》を迎えたためであろう。それはそのまま北部九州を中心とする九州の「弥生時代」の終焉を意味していた。

2　ヤマト王権と大分の首長たち

前方後円墳と大分の首長●

三世紀の終わりごろ、近畿《きんき》地方に突如として前方後円墳とよばれる古墳が出現した。首長のために大きな墳丘をもつ墳墓をつくることは、弥生時代から行われていた。佐賀県吉野《よしの》ヶ里《がり》遺跡の墳丘墓《ふんきゅうぼ》は、弥生時代中期の九州の代表的墳丘墓である。弥生時代の伊都《いと》国の王墓とみられる福岡県糸島市三雲《みくも》南小路《みなみしょうじ》遺跡の甕棺《かめかん》も、本来墳丘墓だったとみられている。岡山県楯築《たてつき》墳丘墓は最大長八〇メートルにおよぶ大きな墳丘をもっていた。しかし前方後円墳はこれらとは比較にならない壮大な古墳として出現する。

前方後円墳はたんなる首長の墓ではなかった。それはもともと死せる首長の権力の継承の場であり、新しい首長への服属儀礼の場であった。出現期の前方後円墳の儀礼の構成要素をみると、たとえば鏡と剣と玉を多量に副葬する儀礼の淵源《えんげん》は弥生時代の九州にある。特殊器台とか壺形埴輪《つぼがたはにわ》をならべる儀礼はいわば吉備《きび》的なものである。いわゆる前方後円墳祭祀《さいし》なるものは、畿内大和《やまと》の有力首長のまつりを中軸として、吉備・筑紫《つくし》のまつりをとりこんで成立したものであった。そこに初期ヤマト政権の実態が表象されている。

前方後円墳は急速に各地に普及する。全国各地に出現した大小の地域集団とその長たちは、前後してこのヤマト政権の秩序に編入され、そのことによって自己の勢力の維持発展をはかっていった。しかしそのうけいれ方はさまざまであった。

大分県下でもっとも古い前方後円墳は、県北の宇佐地方はじめ海岸部に出現する。その一つが、九州最古の前方後円墳として知られ、五枚の三角縁神獣鏡《さんかくぶちしんじゅうきょう》を出土した赤塚《あかつか》古墳（宇佐市、宇佐風土記《ふどき》の丘）である。この古墳は駅館《やっかん》川右岸の台地にある。その周辺には免カ平《めがひら》古墳・福勝寺《ふくしょうじ》古墳など計六基の前方後円墳がある。そしてこれらの古墳と古墳のあいだを埋めるように、おびただしい数の中小の古墳が分布する。とくに多いのは方形周溝墓《ほうけいしゅうこうぼ》とよばれる古墳である。ここには前方後円墳の被葬者である「首長」をささえ、あるいは実質的に地域の支配者層の中核を構成した人びとが埋葬されていると思われる。

一方、国東《くにさき》半島の下原《しもばる》古墳（国東市安岐町《あき》）は、纏向型《まきむくがた》古墳と称される特異な前方後円墳の形態をもつ古墳である。この地方では、その後真玉大塚《またまおおつか》古墳（豊後高田市）、小熊山《おぐまやま》古墳（杵築《きつき》市）など半島の南北に大型の前方後円墳が出現する。

海部《あまべ》地方には、亀塚《かめづか》古墳（大分市）、築山《つきやま》古墳（同市）、下山《しもやま》古墳（臼杵《うすき》市）、臼塚《うすづか》古墳（同市）などの前方後円墳が集中する。ここではこれらの古墳が律令時代の「郷《ごう》」ほどの単位で、それぞれ二〜三基ずつ分立して造営されている。とくに亀塚古墳は県下最大の壮大な墳丘（一一四メートル）をもっている。平成六（一九九四）

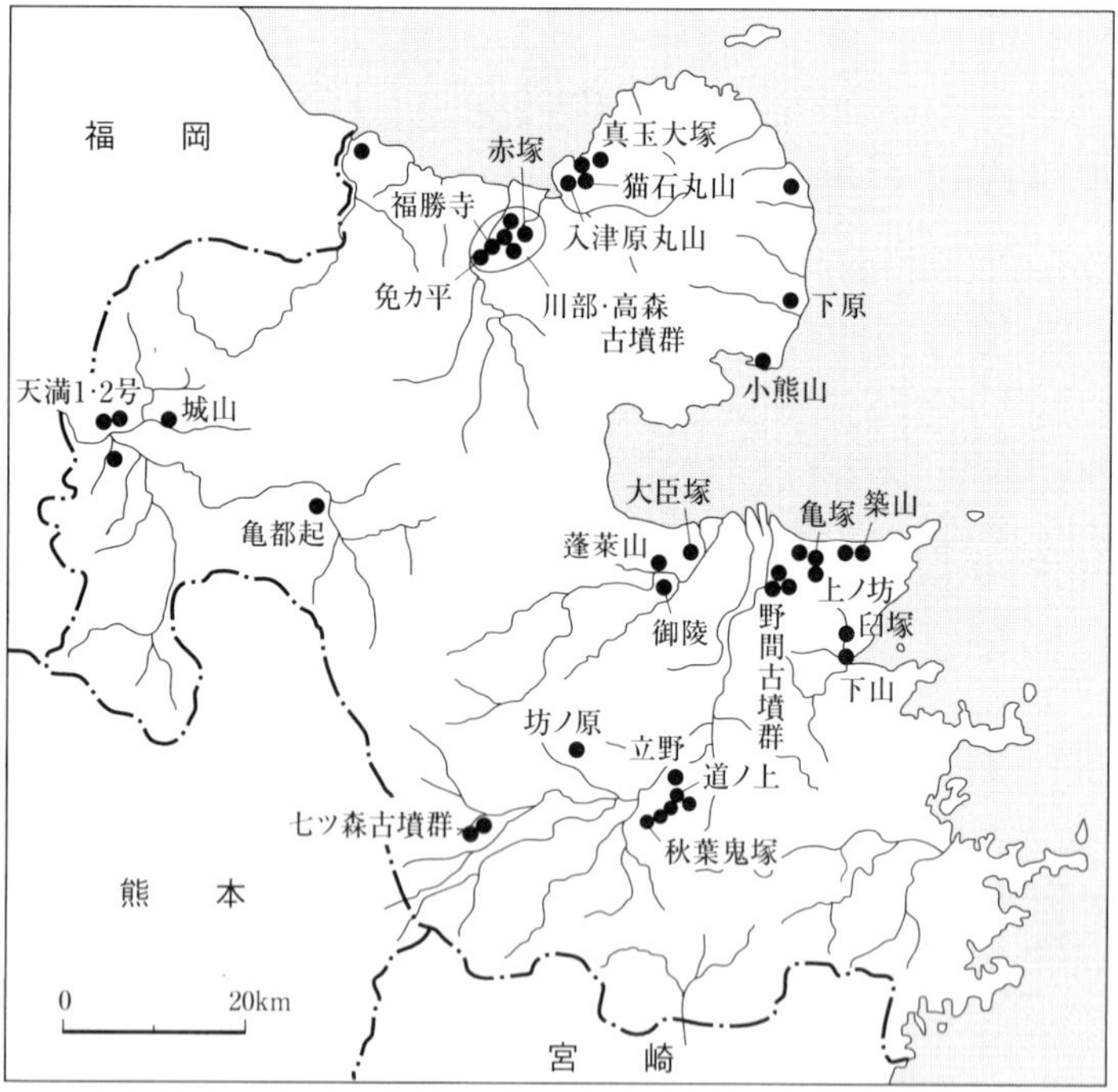

前方後円墳の分布

❖コラム

宇佐風土記の丘

宇佐《うさ》風土記の丘は宇佐市の中央を流れる駅館《やっかん》川東岸の台地上にある。近くには全国八幡神の総社宇佐神宮があり、背後には六郷満山《ろくごうまんざん》の仏教寺院で知られる国東《くにさき》半島をひかえる。およそ二〇ヘクタールの面積をもつ史跡公園内には、九州最古の前方後円墳とされる赤塚古墳をはじめとして免カ平《めがひら》古墳・福勝寺《ふくしょうじ》古墳など計六基の前方後円墳がある。これらの古墳は川部《かわべ》・高森《たかもり》古墳群として国指定史跡になっている。このうちもっとも古いのが、九州で最古の前方後円墳とされる赤塚古墳で三世紀末ないし四世紀初めごろ。もっとも新しい古墳である鶴見古墳が六世紀中ごろのものである。これらの前方後円墳のまわりには数多くの円墳《えんぷん》と方形周溝墓《ほうけいしゅうこうぼ》が確認されている。『日本書紀』神武《じんむ》即位前紀には菟狹《うさ》国造の祖として菟狹津彦・菟狹津媛《ひめ》(『古事記』神武天皇条に宇沙都比古《うさつひこ》・宇沙都比《ひ》売《め》)がみえる。この川部・高森古墳群の被葬者の一族からやがて宇佐国造がでた可能性も十分考えられる。風土記の丘の一角には県立宇佐風土記の丘歴史民俗資料館がある。展示室では「宇佐・くにさきの歴史と文化」をテーマとする常設展がある。八幡神と仏の里くにさきの歴史と文化について、貴重な実物資料と大型レプリカなどによって体系的に展示しており、宇佐くにさきを探訪する人にとって格好の学習の場ともなっている。当資料館の調査・学芸部門は、昭和五十六(一九八一)年の開館以来、国東半島荘園村落調査など画期的な調査研究活動を行い、名実とも宇佐・国東の歴史文化研究と保護公開のメッカとなっている。現在大幅な増設工事が進められており、さらなる飛躍が期待されている。

～七年の発掘調査により二基の石棺が発掘されたが、その一つ（主棺）は、佐賀関半島一帯に露出している緑泥片岩《りょくでいへんがん》を利用した巨大な石棺であった。美しくも壮大な畿内《きない》型の墳丘と、その内部主体の強いローカリティ、そこには豊後《ぶんご》海部の首長の性格がみごとに表象されている。これら海部地方・杵築地方は、いずれも海に生きる人たちの拠点であった。大和王権は、彼らのもつすぐれた航海技術と豊かな海の幸に注目し、海部地方については、これを海部として掌握したものと思われる。彼らは四～五世紀にたびたび行われた朝鮮半島への出兵にあたり、水軍として活躍したであろうとみられている。

臼塚古墳では、二つの石棺からそれぞれ男女二体の人骨が出土しているが、とくにそのうち女性の人骨に、顕著な外耳道骨腫《がいじどうこつしゅ》がみられたという興味深い指摘がある。外耳道の骨が肥大するこの骨腫は、海にもぐることを日常とする海女《あま》などによくみられるという。臼塚古墳の女性首長は、豊後水道の海に生きる海女のなかからでていたのであろう。

その後五世紀後半にかけて、県下各地に前方後円墳がつくられる。この段階になると、律令時代の郡のすべてに前方後円墳が展開する。これらの古墳のあり方からみると、豊後国では律令制下の郡の大きさを超えない程度の地域に、いくつもの在地首長が割拠したものと思われる。これらの前方後円墳は、大分川とか大野川など大きな河川の主流域にはあまりつくられていない。大分川流域でいえば、蓬萊山《ほうらいさん》古墳（大分市）や御陵《ごりょう》古墳（同市）などの前方後円墳は、それぞれ賀来《かく》川とか七瀬《ななせ》川という支流域にある。日田地方を代表する天満《てんまん》古墳（日田市）も、筑後《ちくご》川の小さな支流に沿う台地にある。この時代の首長のもつ治水灌漑の技術と能力では、大きな河川のデルタなどはまだ十分に制御できる段階にはなかったのであろう。

近年、亀塚古墳や小熊山古墳のような全長一〇〇メートルを優に超える前方後円墳に注目して、これを広域盟主の古墳とする見解が提起されている。これらの古墳の被葬者は郡の領域をはるかに超える広い地域を支配した盟主であったというのである。しかし豊《とよ》の国において、こうした広域の支配者が四〜五世紀に実在した可能性は考えがたい。

前方後円墳は形態上はみごとな画一性を示しているが、石棺などの内部主体は地域の独自性が強く、また古墳そのものの造営場所の選定は、地域それぞれの首長の実態に応じて多様になされている。初期ヤマト政権は、こうした在地首長の支配の伝統と実績をそれとして承認し、そのうえにたった政権であった。

ところで、これらの前方後円墳の分布をみて今一つ注目したいことがある。たとえば川部《かわべ》・高森《たかもり》古墳群（宇佐市）の場合、四世紀初めから六世紀におよぶ前方後円墳が、あたかも宇佐の歴代首長墓のようにならぶ。そこでは宇佐の首長権は特定の一族で継承されているようにみえる。一方、日田盆地や大分平野の前方後円墳は、地域の東西あるいは南北に孤立して分布する。これらの地域では地域を代表する首長権は、特定の一族で継承されず、地域の複数の集団の首長間で輪番的に継承されたようにみえる。実はこうした状況のほうがこの時代の地方では普遍的なのである。この時代、たしかに首長が出現したが、それが一族や家のレベルで代々継承されていくような社会は、まだ十分には形成されていなかったようである。

二 豊の国造と土蜘蛛伝承

大化前代、ヤマト政権は地方に国造《くにのみやつこ》とよばれる地方官をおいた。国造の設置年代とその実態については諸説があるが、少なくとも六世紀代には確実におかれていたとみられている。この国造の名を記載した「国造本紀《こくぞうほんぎ》」には、大分県下に該当するものとして、比多《ひた》国造、国前《くにさき》国造、大分《おおいた》国造、豊《とよ》国造がみえる。このうち前三者はいうまでもなくその後の日田・国埼・大分の各郡の名に対応している。これに対し豊国造だけは、のちの「国」名をもつ国造である。したがって豊国造は、当然筑紫《つくし》国造や肥《ひ》国造のように、のちの「国」の範囲を領域とする強大な国造であったようにもみえる。もしこの豊国造が実在し、しかもそのように名実とも豊の支配者として君臨していたとすれば、『豊後国風土記』の記事、つまりはじめに豊国があり、これがのちに豊前《ぶぜん》・豊後《ぶんご》に分割されたという記事は歴史的な事実ということになる。しかし豊国造がそのような大国造として実在した可能性は薄い。むしろ豊前地方の国造であったとみたほうがよさそうである。したがって豊の地方には、のちの「郡」ぐらいの範囲を支配する国造が割拠していたのであり、これを越えて広い範囲を支配する国造は出現していなかったと思われる。このことは前項の前方後円墳の規模と分布からみた考察とも一致している。

ところで「国造本紀」は豊後国についてはこの三国造しかのせていない。ほかの地域、たとえば大野郡や海部郡や球珠郡域には国造はいなかったのであろうか。国造はこれらの地域にもおかれていたが、たまたま「国造本紀」などに記載されなかっただけだという見方もできる。しかし「国造本紀」の国造名は、六世紀代の実数を反映しているという説が有力であり、豊後の国造はこの三国造だけであったとみたほうがよさそうである。

では、これら国造名のない地域はどういう状況にあったのであろうか。この三国造のいずれかの領域に属したのか、それともいずれの領域にも属さなかったのか。実態としていえば、この三つの国造のクニのあいだには、まだどのクニにも属さない地域があった。それだけではない。それぞれの国造のクニのなかにも、まだ国造の支配に服さない集団や首長がいた。そもそも国造制は完結した領域支配体制ではなかったのである。

こうした事情をうかがい知る手がかりとなるのが、いわゆる土蜘蛛《つちぐも》伝承である。豊後の土蜘蛛伝承は『豊後国風土記』や『日本書紀』神武紀や景行紀に散見する。すなわち『豊後国風土記』では日田郡石井郷の土蜘蛛、五馬山《いつまやま》の五馬媛《いつまひめ》、直入郡《なおいり》禰疑野《ねぎの》の打猨《うちさる》・八田《やた》・国摩侶《くにまろ》、大野郡網磯野《あみしの》の小竹鹿奥《しぬかおき》・小竹鹿臣《しぬかおみ》、速見《はやみ》郡の土蜘蛛青《あお》・白《しろ》らがそれである。また『日本書紀』景行紀十二年条には、土蜘蛛の名こそつけられていないが、菟狹《うさ》の川上に住む鼻垂《はなたり》、御木《みけ》川の川上に住む耳垂《みみたり》、高羽《たかわ》川の川上の麻剝《あさはぎ》、そして緑野《みどの》の川上に住む土折《つちおり》・猪折《いおり》らが、それぞれ天皇にしたがわぬ首長として登場する。

これら土蜘蛛は、地方の山間部や離島など、きわめてせまい地域に住んでいる。たとえば、直入郡の打猨・八田・国摩侶らは直入郡の柏原《かしわばる》郷の南に住んでいる。緑野川上流の土折・猪折は「山川の険しき」をたのんで人民を掠奪《りゃくだつ》したと記されている。こうした土蜘蛛伝承が、いついかなる歴史的背景をもって伝承されたかについては、多くの所説があるが、いずれにせよ国造のクニとクニのあいだ、あるいは国造のクニのなかに、こうした伝承の淵源となる人びととその長がいたことは確かであろう。

ところで土蜘蛛五馬媛の伝承をもつ日田市天瀬《あまがせ》町の五馬地区には、宇土《うど》古墳と中尾原《なかおばる》遺跡という注目すべき遺跡がある。ここではきわめて特異な構造の竪穴《たてあな》式石室をもつ古墳が発掘されている。これらの石室はいずれもやや小ぶりなものだが、板石を小口《こぐち》積みし、その目地《めじ》を粘土で目張りし、室内全面にベンガラを塗布している。宇土古墳3号墳の場合、このような石室が二基ならんで発掘され、計五体の人骨が発掘されている。ここでは二つの石室とも、まずはじめに成年の女性が葬られ、その後、兄か弟とみられる男性が追葬されていた。女性の首長とその兄弟とみられる男性、それはいわゆるヒメ・ヒコに象徴される古い支配の形態に符合している。まさに五馬媛の伝承にふさわしいといえよう。

これらの古墳からうかがわれる首長の肖像は、もちろん「土蜘蛛」の名に卑称されるようなものでは決してない。五馬の首長は、おそらく日田・玖珠地方の首長と直接・間接に流通・交通関係をもっていた。そうした関係をとおして当時、古墳の主体部として先進地域で創出された竪穴式石室をしっかりと取りいれ、またこの時代の首長のものにふさわしい鉄剣や鏡を手にいれていた。しかも、そのうえできわめて強い地域色を維持していた。そこには広く周辺の社会の動向を視野に取りこみながら、決してみずからの地域の主体性を見失うことのなかった真の在地首長の面目が示されているのである。

後期古墳と上ノ原横穴墓群の世界●

六世紀から七世紀初め、考古学でいう古墳時代後期は、大和王権の地方支配の浸透と地方の在地首長層の成長という状況のなかで、各地に広範に家父長的な家族層が成長してくる。その背

宇土古墳石室の側壁(右)と人骨出土状況(日田市天瀬町)

景には、鉄製農工具の普及などによる農耕文化のいっそうの発展という大きな流れがあった。こうした状況は古墳を中心とする葬送儀礼にも大きな変化をおよぼす。古墳の形態でいえば、いわゆる横穴《よこあな》式石室が普及した。この墓は家族墓として利用しやすい。古墳をいとなむ風習は階層的にも急速に拡大し、県下でも、これまで顕著な古墳のなかった地域にも古墳がいとなまれるようになり、その数も飛躍的に増大する。

これらの古墳のなかには国造級の首長の墓とみられるものもある。国東半島の来縄《くなわ》郷では雷《いかづち》鬼岩屋《おにのいわや》古墳（豊後高田市）、速見郡では鬼の岩屋1・2号古墳（別府市）、大分郡では賀来《かく》川流域の千代丸《ちよまる》古墳・丑殿《うしどの》古墳（大分市）などがそれである。日田盆地ではガランドヤ古墳群・穴観音《あなかんのん》古墳（日田市）がある。これらはすべて大型の横穴式石室をもち、ほかの古墳を圧している。このうちガランドヤ古墳・穴観音古墳などは装飾古墳として知られる。

これら後期の有力な古墳の分布をみると、基本的にはさきに前方後円墳をとおしてみた地域の情勢がさらに発展した状況として理解できるが、なかにはきびしい歴史の盛衰があったことを示唆しているところもある。たとえば宇佐地方は、川部・高森古墳群という県下屈指の前方後円墳群をもつことは前述したが、この地方にはとくに顕著な後期古墳が少ない。またこれも最大の前方後円墳の集積を示した豊後海部郡地方にも、後期古墳の顕著な例がない。大野川流域に至っては、全域で後期古墳そのものがきわめて少ない。

丘陵の崖《がけ》や斜面につくられる横穴墓は、これらの古墳の被葬者より下位の階層の人びとの古墳とみられるもので、県下では五世紀後半以降各地に採用され、六世紀後半になって急速に普及した。これらの横穴墓は、石室をもつ円墳以上に地域のすみずみに展開している。山国川上流の宮園《みやぞの》横穴（中津市耶馬渓《やばけい》町）、駅館《やっかん》川上流の水雲《すのり》横穴（宇佐市院内《いんない》町）、大野川上流の市用《いちもち》横穴（竹田市）など、その立地をみると、河川の上流の狭隘《きょうあい》な段丘や山間の谷間にあるものが多い。六世紀にはいって、これまで手のとどかなかった地域の開発が進められたことを示唆している。

横穴墓でとくに注目されるのが上ノ原《うえのはる》横穴墓群（中津市三光《さんこう》）である。ここでは昭和五十五（一九八〇）年より五カ年にわたる発掘調査により、八〇基を超える横穴墓が発掘され、古代日本の社会・風俗の研究上画期的な成果が得られた。上ノ原横穴墓群は県境の山国川をのぞむ段丘斜面にある。横穴墓は五世紀後半から七世紀初めにおよぶが、それぞれに墓の入り口にむかって墓道がついている。この墓道では埋葬の段階からさまざまな祭祀が行われていた。ここでは墓を閉鎖したあと、相当の期間をおいて再三祭祀を行っていることが判明している。いわゆる追善供養の原初的な例なのであろう。「祖先の意識」の存在

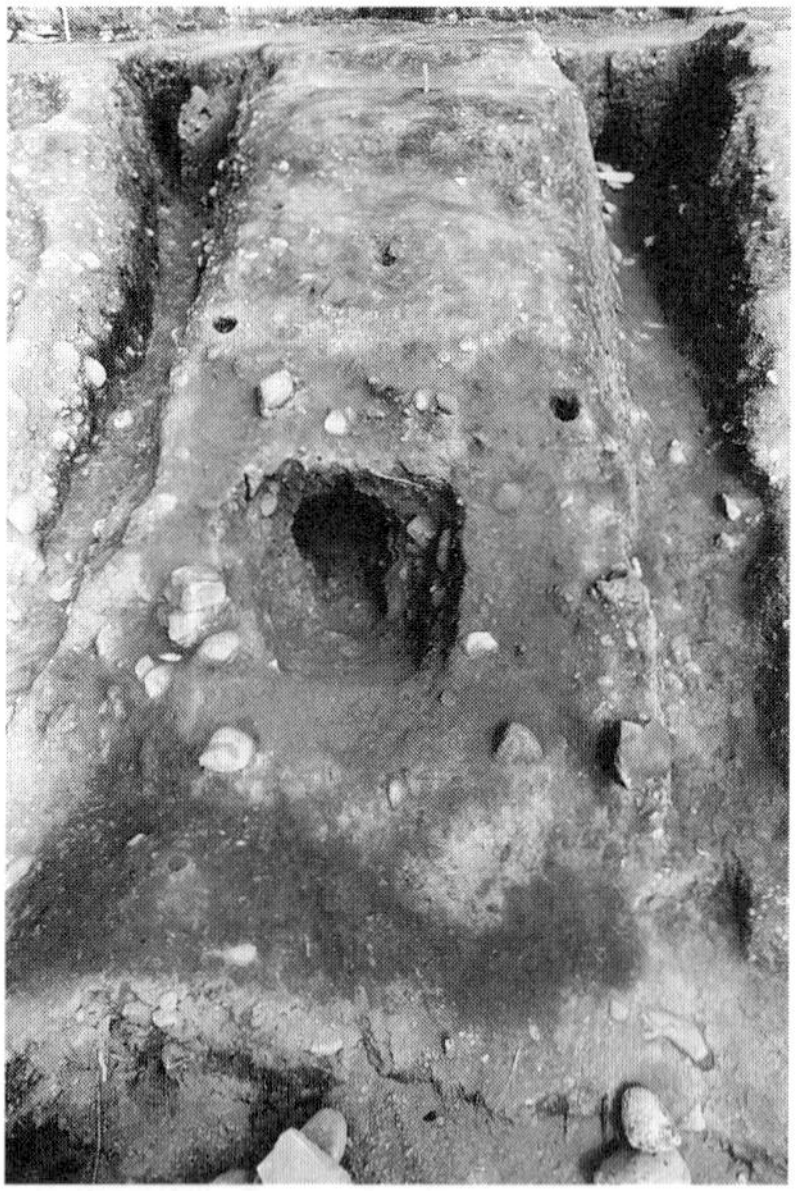

上ノ原横穴墓群(中津市三光)　左右の長い墓道をもつものは6世紀，中央は5世紀代のもので墓道が短い。

と、それをめぐる祭祀のはじまりが立証されたわけである。またここで死者の埋葬後、しばらくしてふたたび人が墓にはいり、被葬者の遺骨に手を加えたり、食物をそなえたりする事例も報告されている。これは肉体的な死のあとに、本当の意味での死を確認する儀式だったのではないかと考えられている。

一方、古墳内部で発掘された人骨の調査では、複数の人骨が埋葬されているものについて、とくにその歯冠《しかん》の計測から被葬者相互の親族関係を復元するという画期的な研究が進められた。その結果、ここでは墓がつくられる場合、まず成人男性が埋葬されていること、また、これに女性が追葬されている場合、そのほとんどは男性の妻ではなく、姉妹あるいは親子とみられる血族であることなどが確認された。これらの女性のなかには、あきらかにお産を経験している人もある。当然彼女はどこか別家に嫁ぎ、死後実家に葬られているわけである。当然のことながら、この場合埋葬された男性の妻にあたる人物は、おそらくその実家に葬られていると考えられるのである。

家族の墓において姻族の原理でなく血族の原理が優先する社会、そこには古墳時代社会の親族構造の特色があきらかにされている。「正倉院文書」に残された古代の家族が、多く夫婦別姓であることの意味もこの事実と関連するのであろう。

小迫辻原遺跡の語るもの●

日田盆地北部の台地に小迫辻原《おざこつじばる》遺跡（日田市）がある。ここでは昭和五十九（一九八四）年から六十三年にかけて九州横断自動車道建設に伴う発掘調査が実施され、弥生時代の環濠《かんごう》集落跡と古墳時代の豪族居館跡が発掘された。古墳時代の居館跡は台地の南縁部に近い位置に、東から1号、2号、3号の順でならんで検出されている。1号居館跡は四七メートル×四七メートル、ほぼ正方形の環濠をめぐらす。溝は本来幅四メートルを超える大きなものだったと思われる。濠内の遺構は、その後の耕作などによる削平をうけ定かでないが、三間×二間以上の平面をもつ掘立柱《ほったてばしら》建物跡、環濠にそって布《ぬの》掘りの柵列《さくれつ》遺構が確認されている。2号のほうは1号よりやや小さい。三間×二間の掘立柱建物が環濠内西半部に二棟、濠の内側にそって布掘りの柵列の跡がめぐっている。環濠の北辺中央に入口がある。

1・2号遺構はほとんど接しているが、3号遺構は2号から西に少しはなれた位置にある。環濠は一辺二〇メートルほどのほぼ正方形の平面をもつ。溝の幅も小ぶりである。環濠内部に掘立柱建物一棟が検出された。これら1～3号遺構は、いずれも環濠内基底部より古墳時代前期初頭の布留式《ふるしき》土器が出土しており、三世紀末～四世紀初め、つまりわが国最古の豪族居館とされたのである。これらの遺構の性格については、それぞれきわめて短い期間に建てかえられていること、布掘りの柵（または塀）で囲まれ、内に掘立柱建物を配置するという、きわめてシンプルで生活色の薄い施設であることなどから考

小迫辻原遺跡（日田市）　古墳時代の豪族居館跡。

❖コラム

吹上遺跡

吹上《ふきあげ》遺跡（日田市）は、日田《ひた》盆地の北部、眼下に山紫水明《さんしすいめい》の日田盆地を一望する台地にある。遺跡は東西一キロにもおよぶ広い台地上のほぼ全域に展開している。これまでのたびたびの発掘調査により、弥生時代の住居跡や貯蔵穴などが発掘された。また福岡県飯塚市立岩《たていわ》遺跡産の輝緑凝灰《きりょくぎょうかい》岩石《がんせき》の石包丁、福岡市今山《いまやま》産の太形蛤刃石斧《ふとがたはまぐりばせきふ》など、北部九州と直接つながる多彩な遺物が出土しており、県下屈指の弥生時代遺跡であることが確認された。さらに平成七（一九九五）年七月、遺跡の東南の一角で弥生中期の甕棺《かめかん》や木棺《もっかん》が発掘された。これらの墳墓からはゴホウラ貝やイモ貝の腕輪をした人骨・多量のガラス玉・銅戈《どうか》・鉄剣・把頭飾付銅剣などが出土した。ここに福岡平野のクニときわめて密接な関係をもち、名実ともに日田地方を代表する集落とその首長が浮かびあがった。墓地は周辺に展開しており、今後の調査でさらに貴重な遺構・遺物の発見が期待されている。

吹上遺跡のすぐ北には、わが国最古の豪族館が発掘された小迫辻原《おざこつじばる》遺跡がある。ほぼ一〇ヘクタールにおよぶこの遺跡は国の史跡に指定され、近い将来大型史跡公園として整備公開される予定である。小迫辻原遺跡と吹上遺跡、ここには全国にもない規模と内容で、わが国におけるクニと首長の出現と発展のプロセスを証《あか》す遺跡がならんでいる。両遺跡は、弥生時代の環濠集落として著名な佐賀県吉野ヶ里《よしのがり》遺跡や福岡県朝倉市平塚川添遺跡と高速道路で短時間に往来できる位置にあり、高速道路で結ばれた環濠集落・居館遺跡公園の一大ネットワークがうまれる可能性が広がっている。

えて、きわめて祭祀的性格の強い首長のための施設であると考えられている。それは古墳時代初期の、まさに首長の原像というにふさわしいものであった。それだけではない。小迫辻原遺跡では、この三カ所の環濠居館遺構のほかに、台地の西部で三カ所の環濠集落跡が確認されている。これら環濠集落の年代はさきの環濠居館にやや先行し、一部並行する時期のものと考えられる。つまり遺跡全体でみると、弥生時代の環濠集落のなかから古墳時代の首長が出現する、その推移が一つの遺跡でみごとに証言されたのである。なお小迫辻原遺跡では、このほかに八世紀末から九世紀にかけての掘立柱建物跡や中世の館《やかた》跡が検出されており、さながら豪族館跡の野外博物館の観を呈している。

3 律令国家の成立と二豊の形成

壬申の乱と大分君恵尺●

七世紀の後半、大化改新から大宝律令施行に至る時期は、律令国家建設の長い足どりといえる。この間、地方行政の仕組みもしだいにととのえられていった。大化改新の詔《みことのり》第二条などの『日本書紀』の記載によると、改新のあとの「国」のつぎの行政単位はすべて「郡《ぐん》《こおり》」と記されている。しかし昭和四十三（一九六七）年に藤原宮跡から文武天皇三（六九九）年の年紀をもつ「己亥年十月上挾国《かずさ》阿波《あわ》評松里」という木簡《もっかん》が出土したことによって、少なくとも「大宝律令」が施行されるまでは、国の下の行政単位は「郡」ではなく「評《ひょう》《こおり》」であったことが判明した。大分県下については昭和四十六年、大宰府《だざいふ》跡蔵司《ぞうし》西地区の発掘調査によって「久須評大伴ア(部)」（表）という木簡が出土している。「久須評」の久須がのちの球珠《くす》郡にあたることはいうまでもなかろう。「評」は豊後国内にもおかれていたことが証明されたのである。

近江《おうみ》令を制定し律令国家建設に大きな一歩を記した天智天皇の死後、その後継をめぐって大きな内乱がおこった。壬申《じんしん》年（六七二年）、大海人《おおあま》皇子と大友皇子が争ったいわゆる壬申の乱である。この内乱で、大海人皇子は村国連男依《むらくにのむらじおより》や身毛君広《むげつきみひろ》など東国出身のトネリを介して、皇子の湯《ゆ》沐の地のある美濃《みの》国など東国を軍事的拠点としてたたかった。皇子は吉野で挙兵して伊勢へ走った緒戦の段階から、側近のトネリたちを第一線にたてて戦況を有利に展開した。これらのトネリのなかにあって大分出身とみられる二人のトネリが大活躍する。大分君恵尺《おおきだのきみえさか》と稚臣《わかみ》の二人である。恵尺は大海人皇子が大和の吉野で挙兵するにあたって密命をうけ東奔西走した。彼はまず逢臣志摩《あうのおみしま》らとともに飛鳥《あすか》古京に走り、ついで単身近江京に走って、当時まだ京に残っていた大津皇子と高市《たけち》皇子を父大海人皇子に伊勢国で合流させたのである。この両皇子の近江脱出と父大海人皇子との合流は、乱の緒戦の最大のヤマ場といってよかった。恵尺はその最大の功労者であった。一方稚臣はこの乱の最大の激戦であった瀬田の合戦で、勇猛果敢に先陣を切り味方を勝利に導いている。

ところで二人がでた大分君一族は『古事記』『日本書紀』などにみえる古代大分の豪族である。『古事記』神武記には神武天皇の子の神八井耳命《かむやいみみのみこと》を祖とする地方豪族として、小子部連《ちいさこべのむらじ》、火君《ひのきみ》、大分君、阿蘇君、筑紫三家連《つくしみけのむらじ》などの名があげられている。ここで大分君は火君と阿蘇君のあいだに記されているから、九州の地方豪族として大分君がいたことがわかる。『古事記』神武記には、このように地方豪族を皇族の系譜に連ねる記事が多くみられるが、こうした作業が積極的に進められたのは七世紀後半の天武朝であったとみられている。大分君という地方豪族はほかにみえないから、大分君恵尺・稚臣が大分の豪族大分君の一族であったことはまず確かである。

この大分君の本拠は、現在の大分市賀来庄《かくしょうの》ノ原《はる》から上野《うえの》にかけての台地一帯、その南北の賀来川や毘沙《びしゃ》門《もん》川流域であったと思われる。この地域には大分平野を代表する前方後円墳である蓬莱山古墳（大分市庄ノ原）や千代丸古墳、丑殿古墳など、四～七世紀にわたる有力な古墳がある。その後奈良時代になると下流域に豊後国府がおかれ、文字どおり豊後国の中枢となるところである。この一帯に同じ大分君を名乗るいくつかの一族があったのであろう。大和王権のもとでは、地方の豪族が大和王権に服属すると、その関係の証《あかし》として一族の子弟をトモとして朝廷に出仕させることが行われていた。恵尺・稚臣の二人もこうした伝統をふまえて上京したものと思われる。

さて近江軍を破って戦いに勝利した大海人皇子は即位して天武天皇となった。天皇はさきの乱における大分君恵尺・稚臣の功績に手厚くむくいている。恵尺は天武天皇四（六七六）年、病に臥《ふ》し危篤状態となったが、このとき天皇は恵尺にとくに親しく詔《みことのり》を贈っている。詔のなかで天皇は恵尺について「私心を捨てて国のために尽くし、身命を惜しまず、先の大乱に功績をあげた」と称賛し、「永く慈愛しみ、もし死ぬようなことがあっても、子孫を厚く賞しよう」とのべている。時の天皇が一介のトネリのために親しく詔を贈ること自体異例のことである。恵尺はまもなく死んだが、このとき外小紫位《とのしょうしい》を追贈された。これは律令制度の位にあてれば三位に相当する破格の位で、大海人皇子のトネリとして功績をあげた人物のなかでは、村国連男依とともにもっとも高い位であった。大分君稚臣も天武天皇八年に死んでいる。彼も壬申の乱の瀬田の戦いでの功績をもって、外小錦上《とのしょうきんじょう》の位を賜った。これも律令制下の五位に相当する位であった。

ところで大分市内に、この二人のうちいずれかの墓ではないかとみられる古墳がある。三芳《みよし》の古宮《ふるみや》古墳（国史跡）である。この古墳は、石棺式石室という特異な構造をもつもので、いわゆる古墳時代終末期の古墳として九州でも唯一のものである。この種の古墳は、七世紀の後半以降、主として大和明日香《あすか》地方など、かぎられた地域でかぎられた階層の人びとによって造営された。このような古墳が大分に発見されたのである。当然その被葬者として第一に大分君恵尺・稚臣の名が浮かぶのである。この古墳のある三芳地区は、庄ノ原から上野にのびる台地の北側にあたる。大分君一族を構成する有力な家の一つがこの地域にあった可能性が十分考えられるところである。なお恵尺・稚臣のはなばなしい活躍にもかかわらず、その後大分君一族が律令政府の中枢で活躍した形跡はまったくないし、地元での勢力の盛衰も知る手がかりがない。

国衙と郡衙●

大宝元（七〇一）年の大宝律令の成立、和銅三（七一

古宮古墳(大分市)　九州で唯一の畿内型終末期古墳。

〇)年の平城遷都を画期として、名実ともに律令体制が発足した。その中枢は天皇を頂点にいただき、太政官《だいじょうかん》を中心とする、いわゆる二官八省一台五衛府《ごえふ》の整備された体制をもっていた。これに対応して、地方には国《こく》・郡《ぐん》・里《り》(のちに郷《ごう》)の制が施行された。ただ国や郡の設置の時期は必ずしも諸国一様ではない。豊国の場合、少なくとも持統天皇朝の六九〇年ごろまでには、豊前と豊後の分割がなされていたとみられている。

律令時代の地方の国の政治は、それぞれの国の国府で行われた。国府は政治・経済の中心であるばかりでなく、軍事・宗教・文化などの諸機能が集中するところであった。その中核となる国衙《こくが》には、国の正庁《せいちょう》や脇殿《わきでん》のほか厨家《くりや》、倉庫、雑舎《ぞうしゃ》、細工所《さいくどころ》などの公的施設と付属建物が建ちならんでいた。たとえば肥前《ひぜん》国府の場合、溝と築地《ついじ》で囲まれた区画のなかに、門、前殿、東西の脇殿があり、その後ろに正殿、さらに後殿を配した整然とした施設であった。その配置は大宰府《だざいふ》の政庁をモデルとし、これを縮小したものであった。

豊後国府にもこのような政庁があったはずだが、これがどこにあったかはなお不明である。この豊後国府の所在地の問題について、先駆的な業績を残した久多羅木儀一郎《くたらぎぎいちろう》氏は、大字古国府《ふるごう》にある印鑰社《いんにゃくしゃ》に注目し、この付近を国府の跡とした。以来多くの研究者が豊後国府について言及しているが、それぞれ中心部の比定に異同はあるにせよ、この古国府地区の周辺に国府を想定する点では一致している。こうしたなかで大字古国府のすぐ北方に広がる上野の台地には、平安時代末期の荘園関係史料に「高国府《たかごう》」の地名がみえる。これについて渡辺澄夫氏は古国府地区にあったとみられる国府に対し、この台地に在庁官人の館などがあって、これを「高国府」とよんだとみている。注目される所見であるが、古国府地区の状況がこのようだとすると、この高国府付近に国府があった可能性も考えられる。また大字古国府の字石屋《いわや》や字右明《うみょう》などの地では、中世の、とくに十四～十五世紀ごろの建物跡や溝などが検出されている。豊後では中世に守護大友《おおとも》氏が国司《こくし》を兼帯していたから、これらの遺跡のなかに大友氏の居館＝中世の国府にかかわるものがある可能性も考えられる。

　こうしたなかで、古国府に接する大分市羽屋井戸《はやいど》遺跡で七世紀末までさかのぼる大型の掘立柱建物群が発見された。年代的にみて「評」の施設である可能性もいわれているが、いずれにしても古国府・羽屋地区が律令時代の政経の中枢をなしたことは立証されたのである。この地区で国府の中心遺構が発見されるのもそう遠くない日のことと思われる。

　律令制下では国の下には郡がおかれ、郡の下に五〇戸を単位とする「郷」（はじめは「里」）がおかれた。『豊後国風土記』によれば、豊後国には八つの郡がおかれた。平安時代に編纂《へんさん》された『和名類聚抄《わみょうるいじゅうしょう》』でみると、大分、

羽屋井戸遺跡の掘立柱建物跡(大分市)

海部《あまべ》、日田《ひた》、球珠《くす》、国埼《くにさき》、速見《はやみ》、大野《おおの》、直入《なおいり》の各郡である。一方、豊前国の大分県域では下毛《しもげ》郡と宇佐《うさ》郡がおかれていた。

これらの郡の郡域の設定が、大分県域の自然条件に強く規制されていたことはいうまでもない。それぞれの郡の中枢部をみると、大分郡は大分川中・下流域、海部郡は豊後水道沿岸とその後背地、日田・球珠郡は筑後川流域に位置する。また国埼郡は国東半島、速見郡は別府湾岸、大野・直入郡は大野川流域、そして豊前国下毛郡が山国川流域、宇佐郡は駅館《やっかん》川流域に位置する。つまりそれぞれ水系、地形を異にする地域を拠点としているのである。こうした自然条件をふまえて、これらの地域には、これまでみてきたような弥生時代の各地域の原初的なクニ、古墳時代の在地首長の伝統的な支配領域が形成されていた。豊後国の「郡」はこうした歴史的実績のうえに成立していたことはいうまでもない。したがって当然のことながら、これらの郡の郡域は、その後のさまざまな行政的・政治的変革のなかでも、大分における実質上の地域区分の単位としてその意義を失うことはなかった。この行政区分は基本的には現在にも引き継がれているのである。そういう意味で、このときの立郡は、その後の長い大分県の歴史のなかで、とくに画期的な意義をもっていた。

郡の役所は郡衙《ぐんが》である。郡衙の位置については「郡（こほり）」にちなむ歴史的な地名などを手がかりとするとともに、考古学的な遺構の発掘が決め手となる。大分県下では、正確に郡衙の位置が判明している例はまだない。しかし、これと関係するのではないかとみられる遺跡や遺構は各地でみつかっている。

大分郡衙については、古国府地区の東方、大分川の対岸に「下郡《しもごおり》」の地名がある。近年この地区で進められている住宅区画整理事業による下郡遺跡の発掘調査では、掘立柱建物・井戸など、八～九世紀の多

❖コラム

温泉

大分県はとりわけ温泉の多いところである。県内各地に温泉が存在するが、これらのなかには古代の昔からよく知られた温泉があった。『豊後国《ぶんごのくに》風土記』日田《ひた》郡五馬《いつま》山条に天武朝の戊寅《ぼいん》年に噴出した「慍湯《いかりゆ》」などの湯の記事がみえるが、これは現在の天瀬《あまがせ》温泉のことであろう。また同風土記の速見《はやみ》郡の条には河直《かわなお》山（別府市鉄輪《かんなわ》）の玖倍理湯《くべりゆ》や竈門《かまど》山の赤湯《あかゆ》（血の池地獄か）などの記事がみえ、いわゆる別府の地獄の淵源が知られる。『日本三代実録』によると貞観九（八六七）年正月に鶴見岳が噴火し、温泉が沸騰し河となって流れたという。この速見郡の湯については、別に『伊《い》予《よ》国風土記』逸文に興味深い記事がある。すなわち伊予国湯《ゆ》の郡《こおり》の温泉（道後《どうご》温泉）は、大穴持《おおなむち》命が宿奈比古那《すくなひこな》命の療病のため、豊後国大分郡の速見湯（別府温泉）から、海底の地下の「下樋《したび》」をつかって運びこんだものだという。要するに四国の道後温泉は海底の「樋」（地下水道）で別府温泉から運ばれたというのである。古来、瀬戸内の海（豊予海峡）は、重要な流通・交通の動脈であった。周知のように『古事記』『日本書紀』に伝える神武天皇東征の道は速吸《はやすい》之門・菟狭《うさ》・筑紫岡水門・安芸《あき》国となっている。だから古代人が、伊予国の湯の郡の温泉の淵源を思うとき、まずなんの抵抗もなく海峡の彼方の豊後国速見の湯を思い浮かべ、伊予の温泉は、神様が海底に「樋」をつくり、これを導いたものとごく自然に考えたのであろう。

今、時あたかも豊予海峡を結ぶ第二国土軸構想がいわれているが、豊予海峡の海底トンネルの構想は、古代人の想像力のなかで、すでに容易に実現されていたのである。

数の遺構がみつかっている。球珠郡衙の有力な候補地は長野郷《ながのごう》下にあたる大隈《おおくま》地区であるが、これとは別に玖珠町大字小田《おた》字西田《にしだ》にある西田遺跡で、多量の須恵器《すえき》や土師器《はじき》にまじってこの期の陶硯《とうけん》（円面硯《えんめんけん》）が出土している。日田郡衙は盆地北部の亘理《わたり》郷内のうち、日田市の三和にある字「郡町」という地区が有力とされているが、この地区の西にある小迫辻原《おざこつじばる》遺跡で八世紀後半から九世紀にかけてのものとされる掘立柱建物群が確認されている。ここでは「大領」と読める墨書土器が出土している。国埼郡衙については、国東市の飯塚城跡に接する飯塚遺跡で、七世紀末～九世紀にかけての倉庫を伴う掘立柱建物群が発掘されており、近くに郡家《ぐうけ》があった可能性を示唆している。宇佐郡衙は駅館川西岸に比定されているが、ここでは四日市《よっかいち》瓦塚《かわらづか》などで郡衙関連かとみられる遺構や遺物が出土している。また近年発掘された中津市の長者屋敷遺跡は下毛郡衙の正倉跡ではないかとみられている。

古代の道と駅●

平成七（一九九五）年三月、石田遺跡（竹田《たけた》市久住《くじゅう》町）で奈良時代の掘立柱建物五棟が発掘された。このうち二棟は高床の倉庫、他の三棟は二間×四間あるいは二間×五間の堂々たる平屋の建物であった。これらの建物が五〇〇〇平方メートルほどの場所に整然とならんで発掘されたのである。平屋の掘立柱建物群のそばには、寄りそうように四棟の竪穴住居跡が発掘された。一見して古代のなんらかの官衙《かんが》にかかわる遺跡と考えられるものであった。この石田遺跡は竹田市久住町と同市直入町の境に近い位置にある。近くには古社として知られる宮処野《みやこの》神社がある。標高およそ五五〇メートル、久住高原の一角にあたる。はるか奈良時代、なぜこのようなところに、かくも立派な官衙風の施設が建設されたのか。

注目されるのはその位置である。遺跡は現在でいえば、大分方面から野津原《のつはら》、直入町を経て久住町にむかう県道ぞいにある。この位置は、近世でも竹田の岡藩や肥後藩から豊後府内《ふない》方面にむかう往還の要路にあたっていた。またこの付近から日田・玖珠方面にむかうにも重要な道であった。つまり豊後の中枢大分と直入郡を経て肥後、あるいは日田・玖珠郡を経て大宰府にむかう要衝にあたるところであった。とすれば古代の直入郡におかれたとされる直入駅に関連する遺跡とも考えられる。これが駅家《うまや》そのものとはいえないにしても、直入駅の駅務にかかわる官人の施設であった可能性は高いのである。久住高原の一角にある古代の官衙風の建物群、古代律令国家の機構の末端は、このような内陸の高原

古代の官衙と関係遺跡

にもおよんでいたのである。

ところで、古代の官道といい駅といい、これはそもそもどのようなものだったのであろうか。古代律令国家体制のもとでは、諸国の国府を結び中央の宮都につうじる道が整備されていた。これが官道である。古代の豊後国の官道には、大宰府と直結する豊後道のほか、日向《ひゅうが》道・肥後道・豊前道があった。これらの道の要所に駅家が配置されていた。『豊後国風土記』によれば、日田・球珠・直入・海部・大分郡に各一駅、大野・速見郡に各二駅があったとされている。『延喜式』に長湯《ながゆ》・石井・荒田《あらた》・由布《ゆふ》・高坂《こうさか》・丹生《にゅう》・三重《みえ》・小野《おの》・直入の各駅がみえる。久住町石田遺跡で思いおこされたのはこの直入の駅であった。

駅家には駅舎《えきしゃ》・駅楼《えきろう》などの施設が整備され駅長《うまやのちょう》が配置されていた。駅家は、国司《こくし》の往来など政府公用の交通・流通の拠点施設として設置されたものであった。天平九（七三七）年の「豊後国球珠郡正税帳」（「正倉院文書」）によると、球珠郡だけみても、豊後国司が実に一四度も巡行している。こうした役人の往来に当然駅と官道が利用されたのである。

ここで豊後国内の主要官道と駅についてみてみよう。まず豊後国府から大宰府にむかう豊後道の起点は、大分郡に推定される高坂駅であった。高坂駅については『宇佐宮神領大鏡』によって、前述した上野丘台地の東南部に比定するのが定説であるが、考古学的に確認されていない。この高坂駅から速見郡の由布駅—球珠郡荒田駅—日田郡石井駅を経て大宰府にむかうのである。荒田駅については、康治二（一一四三）年太政官牒案《だいじょうかんちょうあん》にみえる球珠荘の「東は限る大川、南は限る長野大路、西は限る日向堺、北は限る豊前堺山」という記事から、大字塚脇《つかわき》の「長野」の遺跡が注目されている。石井駅の位置は、日田盆地西南部とみられる石井郷下にあてる意見が多いが、これについては注目すべき遺跡がある。日田盆地を貫流する三《み》隈《くま》川南岸の台地上にある上野第一遺跡である。八世紀前半から後半におよぶ時期の掘立柱建物が多数発掘されて、転用硯《てんようけん》のほか「豊馬」かと読める分銅《ふんどう》状の石製品が出土している。

つぎに豊前道については、高坂駅からは長湯駅—豊前安覆《あしぶ》駅—宇佐駅—下毛駅というコースがあった。長湯駅については別府市南町または別府市亀川古市《かめがわふるいち》付近に推定されている。安覆駅は宇佐郡安心院《あじむ》町内に比定されているが不明というほかない。

日向道に海部郡丹生駅、大野郡三重駅・同小野駅があった。丹生駅については、従来海部郡の丹生郷内とするのが通説である。丹生郷は大野川より東の大分市丹生地区から、はるか臼杵《うすき》市一帯にあたる。当然丹生駅もこの一帯のどこかと考えられてきたが、西別府元日氏は、大野川左岸の上松岡の集落のなかにある「丹生」の地が古代丹生駅の所在地と考えられるとしている。大野郡三重駅は大野郡衙とともに豊後大野市三重町市場《いちば》付近にあてられている。小野駅については多くの史家は佐伯市宇目小野市《うめおのいち》にあてる。現在の小野市の田代川ぞい、国道三二六号線と小野市重岡《しげおか》線の分岐点の南側の河岸段丘一帯がもっとも有力であるように思われる。

豊前道と日向道をつなぐルートは今日の国道一〇号線にあたる。このルートが大きな歴史的使命をおびるようになったのは、奈良時代の養老四（七二〇）年の隼人《はやと》征討以後であろう。豊前および豊後諸郡はこのとき隼人征討の前進基地的役割をはたしたとみられるからである。

このように豊後国府と大宰府、さらには周辺の各郡を結んで古代の官道のネットワークが形成されていた。これらの道は、いわば律令国家の要請でつくられたものである。そのために多くの地域で官道はきわめて直線的に設定されている。したがって当時の地域の交通関係の実態を無視した道と考えられがちである。しかし必ずしもそうは断定できない。たとえば高坂駅から由布駅・荒田駅を経て日田郡石井駅にむかう道は、今も豊後と筑後を結ぶ要路である。とりわけ荒田駅から石井駅のあいだは、近年開通したばかりの九州横断自動車道のルートにそっている。大野郡三重駅から小野駅へむかう道も、国道三二六号線として整備されている。

古代の戸籍を読む●

ここで古代の大分の人びとの暮らしを家族とか家という位相でみてみよう。その貴重な手がかりとなるのがこの時代の戸籍である。戸籍の作成は国家の必須の事業である。律令体制のもとでは、周知のように一般の農民（公民）は六歳になると口分田《くぶんでん》があたえられた。戸籍はこの口分田の班給《はんきゅう》（班田収授《はんでんしゅうじゅ》）を行うための台帳としても不可欠のものであった。

戸籍は六年に一度、三部作成され、一通は中央の民部省に保管された。その戸籍原本の一部が「正倉院文書」のなかにある。このなかには豊前国にかかるものとして仲津郡《なかつ》丁里《ちょうり》、上三毛郡《かみつみけ》加自久也里《かじくやり》、同塔里《とうり》のものがある。このうちとくに塔里は、多くの史家によって現在の築上郡上毛町《こうげ》大字唐原《とうばる》の地に比定されている。一方、豊後国の戸籍は三枚三戸分の断簡として残っている。すなわち山部牛《やまべのうし》の戸、川内漢部等与《かわちあやべのとよ》の戸、手嶋部羊《てじまべのひつじ》の戸である。このうち戸の全体がわかるのは川内漢部等与の戸のみである。これらについては近年海部郡のものであることがあきらかにされている。

ここで大宝二（七〇二）年の豊後の戸籍のなかから、山部牛の戸籍を手がかりに古代の郷土の「家」についてみてみよう。これは末尾のほうを一部欠損しているが、現存する部分では家族は一四人である。これだけをみても、この家には今でいう核家族が複数はいっていることがわかる。まず戸主山部牛と妻馬身《まみ》

大宝２年豊後国戸籍

戸主山部牛、年伍拾参歳《五十三》、	正丁	課戸
妻阿雲(曇)部馬身賣、年肆拾伍歳《四十五》、	丁妻	
男山部綾麻呂、年貳拾貳歳《二十二》、	正丁	嫡子
男山部志都麻呂、年拾柒歳《十七》、	少丁	嫡弟
妹山部日賣、年肆拾貳歳《四十二》、	丁女	
女茨田連族鰒賣、年拾陸歳《十六》、	小女	
女茨田連族児嶋賣、年拾壹歳《十一》、	小女	
川内漢部佐美、年肆拾参歳《四十三》、	兵士	寄口
妻阿曇部阿理賣、年肆拾貳歳《四十二》、	丁妻	
男川内漢部伊提志、年柒歳《七》、	小子	嫡子
男川内漢部法麻呂、年壹歳《一》、	緑児	嫡弟
女川内漢部都夫良賣、年貳拾参歳《二十三》、	丁女	先妾女
各田部多流美賣、年伍拾陸歳《五十六》、	丁女	寄口
女山部爾祇賣、年貳拾壹歳《二十一》、	丁女	

賣《め》と二人の息子がいる。ここで息子は父の姓を名乗るが、妻馬身賣は阿曇部《あずみべ》という実家の姓を名乗っている。夫婦別姓である。

　つぎに戸主の妹の山部日賣《びめ》と二人の娘がいる。娘の姓は茨田連《まんだのむらじ》である。したがって父が茨田連某という人であることがわかる。つぎに寄口《きこう》である川内漢部佐美《さみ》とその妻と三人の子がいる。さらに各部多流美《ぬかたべのたるび》賣《め》と山部爾祇賣《にぎめ》という娘がいる。爾祇賣の父は山部姓であったはずである。この父は戸主山部牛の兄だったのではないか。その兄がなくなって、妻と遺児を弟の牛が引きとったのであろう。

　奈良時代では、こういう大型の家が一般的で「郷戸《ごうこ》」とよんでいた。

　ところで、寄口川内漢部佐美の妻阿曇部阿理賣《ありめ》は戸主の妻馬身賣と同姓である。二人は姉妹ではなかろうか。また現存するもう一つの戸籍の戸主は川内漢部等与である。すると川内漢部佐美は等与の戸の者だったかもしれない。婚姻といい寄口の関係といい、比較的近隣の戸とのあいだでなされていたのであろう。その点でも、リアス海岸の入江にのぞむ海部の漁村の戸籍にふさわしいように思われる。

山部牛の家と家族には、いろいろな社会的制約や負担が課せられていた。租《そ》・庸《よう》・調《ちょう》・雑徭《ぞうよう》・出挙《すいこ》などの負担である。とくにさまざまな形で課される徭役《ようえき》労働は、国家建設の大きな基礎となっていた。都への年貢の運搬、宮殿や寺院の建設、治水灌漑《かんがい》のための土木事業などにしばしば人が動員された。これらの労役には、一家をささえる大黒柱である成人男性が動員されるのはふつうであったから、これは古代の家や家族にとって実に大きな負担だった。

兵役も大きな課役であった。山部牛の戸籍の構成員のうち、川内漢部佐美はその「兵士」であった。「大宝律令」や「養老律令」によると、農民の成年男子のうち三人に一人は兵士として出役し、国の守りにつくこととされていた。これらの兵士は、あるいは北部九州の沿岸をまもる防人《さきもり》として、あるいは諸国の軍団の兵士として配置された。防人には主として関東以北の人びとが配置された。郷土大分の兵士たちは、主として豊後国軍団に配されたと思われる。豊後国軍団は三団にわかれ、計一五〇〇人が常置されていたとみられている。この豊後国軍団がどこにあったかは、今のところ不明である。

豊の国の兵士たちが、この時代どこでどのような戦に出征したか確かな資料はないが、たとえば「豊後国正税帳」では(日田郡)郡司大領《だいりょう》日下部君吉嶋《くさかべのきみよしじま》は勲九等、同じく郡司少領《しょうりょう》日下部君大国《おおくに》は勲十等とある。これは大宝二(七〇二)年の隼人の乱のときの功績に対するものだと推定されている。一方、天平十二(七四〇)年の藤原広嗣《ひろつぐ》の乱にあたって活躍した下毛郡擬少領主勇山伎美麻呂《いさやまのきみまろ》は兵七〇人を率いてたたかっている。この七〇人は彼の配下の下毛郡在住のものであったと思われる。おそらく川内漢部佐美のような農民だったのであろう。佐美は伊提志《いだし》（七歳）、法麻呂《のりまろ》（一歳）という幼い子を残して兵役についていた。

古代仏教と宇佐八幡神●

天武・持統朝から奈良時代にかけて、豊の国の地に仏教文化が華開いた。豊後国の中枢であった大分市周辺では、金剛宝戒寺《こんごうほうかいじ》や永興寺《りょうごじ》で奈良時代初期の瓦《かわら》が出土している。この二つの遺跡は『豊後国風土記』総記および大分郡の条にみえる「僧寺・尼寺」にあたる可能性がある。その後大字国分《こくぶ》の地に豊後国分寺が建立される。天平十三（七四一）年のいわゆる国分寺建立の詔をうけて建立されたこの寺院は、六〇メートルを超える七重塔がそびえたつ壮大な伽藍《がらん》であった。現在豊後国分寺跡は史跡公園として整備されている。この国分寺跡の西北部、現在の大分市歴史資料館のあるところでは、「天長九□尼寺」と記された墨書土器が出土、近くに国分尼寺があったことを示唆している。

一方、豊前下毛郡と宇佐郡域には、七世紀末から八世紀にかけて建立されたとみられる古代寺院跡がある。相原《あいはら》廃寺・塔ノ熊《とうのくま》廃寺（中津市）、法鏡寺《ほうきょうじ》・虚空蔵寺《こくうぞうじ》・弥勒寺《みろくじ》（宇佐市）などがそれである。とくに宇佐地方では、これらの寺院がやがて宇佐八幡神の成立と発展に大きくかかわってくる。

宇佐の古代仏教と八幡神。この大きな命題にせまるうえでカギをにぎる一人の人物がいる。僧法蓮《ほうれん》である。『続日本紀』によれば、法蓮はまず大宝三（七〇三）年に、その医術を賞せられ豊前国の野四〇町を賜った。さらに養老五（七二一）年には、禅技にすぐれ医術によって民苦を救った功績により、その一族の三等の親族に宇佐君の姓を賜った。

この法蓮について、多くの伝承は英彦山《ひこさん》にかかる山岳修験《しゅげん》の祖とする。また用明天皇の病気治療のため入内《じゅだい》した豊国法師《とよくにのほうし》（『日本書紀』用明紀二年条）、あるいは雄略天皇病気のさいに入内したとされる豊国奇巫《とよくにのきふ》（『新撰姓氏録』和泉神別条）の系譜を引く人物であったとする見解がある。しかしながら法蓮は、巫僧《ふそう》、巫術の徒がみだりに医療行為をすることが強く取り締まられていた時代に、二度にわたって褒賞された人物である。医術にすぐれ禅を修し、法梁《ほうりょう》の範であったという褒賞の詔の趣旨をみても、当時畿内《きない》地方でも知られた高僧であったと考えるべきであろう。少なくとも彼が畿内の寺院で得度をうけ、初期の活動は主として畿内地方にあったのは確かと思われる。そしてその医術、宇佐君の賜姓のいきさつ、当時の名僧たちの出自などをあわせ考えると、法蓮とその一族は渡来系の氏族であった可能性が高い。

彼は禅にすぐれた人物であったという。すると、六六二年に道照が元興寺《がんごうじ》東南隅に開いた禅院で禅を学んだ可能性が考えられる。ここには行基《ぎょうき》・神叡《しんえい》・弁基《べんき》など多くのすぐれた僧が禅を学んでいた。行基は周知のように政府の禁をおかしてあえて民間に布教し、多くの土木事業を行った。神叡は吉野の比蘇寺《ひそじ》にこもり虚空蔵法を行ったが、政界にも信任厚く、法蓮にさきがけて褒賞されている。弁基もまた禅にすぐれた僧で、法蓮が褒賞された大宝三年に南法華寺《みなみほっけじ》（現壺坂寺《つぼさかでら》）を開いている。法蓮は大宝三年と養老五年の二回褒賞されたが、この間終始仏教界の頂点である僧綱《そうごう》の僧正の地位にあったのは僧義淵《ぎえん》である。当然法蓮の褒賞もこの義淵の推挙による可能性が強いが、この義淵は法相宗《ほっそう》の祖といわれ、元正・聖武の二朝に仕えた。とくに禅定にすぐれ、医療や灌漑事業につくした僧であった。法蓮はこれら錚々《しょう》たる高僧たちとあるいは親交をもち、あるいは宗教上の影響をうけつつ、独自の道を歩んだものと思われる。

法蓮は、大宝三年の褒賞前後に一族とともに豊前にはいり、おそらく宇佐のどこかに拠点をおいた。以後一八年余の宇佐での実績をふまえ養老五年の再度の褒賞をうけるわけである。ここではじめて一族が宇佐君を賜った。それはまさに宇佐の豪族として認知されたことを意味する。その法蓮が拠点とした寺院が宇佐市山本《やまもと》の虚空蔵寺である可能性は高い。虚空蔵寺跡は法隆寺《ほうりゅうじ》式の伽藍、瓦積みの基壇をもつ建物、法隆寺や川原寺《かわらでら》系の瓦、そして塼仏《せんぶつ》と、当時の九州ではきわだって都ぶりな寺である。ここで出土した塼仏は前述の弁基の南法華寺のそれと同笵《どうはん》とみられている。

法蓮は、平城や飛鳥でも高僧として知られた人物であった。これだけの人物が九州の宇佐にくるからには、ただならぬ使命をおびていたと思われる。虚空蔵寺の壮麗な伽藍だけみても、当時の九州の一地方の寺としてはきわだったものであった。しかも法蓮はさらに宇佐神宮の弥勒《みろく》神宮寺建立にかかわったらしい

虚空蔵寺跡(宇佐市)　講堂跡基壇。

倚坐独尊塼仏のきた道

宇佐市山本にある虚空蔵寺跡《こくうぞうじ》は、七世紀末から八世紀初頭に創建された古代寺院跡である。これまでの発掘調査により法隆寺式の伽藍《がらん》配置をもつ主要堂塔が確認されているほか、付近にはこの寺のための瓦窯《がよう》跡群も発掘されている。遺物も法隆寺系あるいは川原寺《かわらでら》系の瓦を出土するなど、きわめて畿内《きない》色の濃い寺であった。そのことから大宝三（七〇三）年、および養老五（七二一）年に、その医術をもって政府から褒賞《ほうしょう》をうけた僧法蓮《ほうれん》（『続日本紀』）とのかかわりが注目されている寺である。

この虚空蔵寺跡の塔跡周辺から多量の塼仏《せんぶつ》が出土する。すべて宣字《せんじ》座に倚坐《いざ》する尊像をもつ小形の塼仏で、奈良県南法華寺《みなみほっけじ》のそれと同笵《どうはん》とみられるものである。この塼仏の意匠《いしょう》と細部まで酷似した塼仏が中国の西安《せいあん》で出土している。西安といえば、とくに玄奘《げんじょう》三蔵ゆかりの慈恩寺大雁塔《じおんじだいがん》周辺から多量の塼仏が出土している。なかでも「蘇常侍普同等共作印度《いんど》仏像」の銘をもつ一群の塼仏や「大唐善業　泥圧得真　如妙色身」の銘をもつ火頭《かとう》形三尊塼仏が注目される。これらの塼仏はいずれも大雁塔建立期にさかのぼるものであり、おそらく玄奘三蔵が印度からもたらした塼仏のふみ返しであろうとみられている。このうち火頭形三尊塼仏は、同形のものが奈良県阿弥陀山寺《あみだきんじ》や橘《たちばな》寺《でら》などで出土している。そのわが国への移入にあたっては、遣唐留学僧の関わりが指摘されている。とくに玄奘に直接師事し、帰国後飛鳥寺《あすかでら》東南禅院をおこした道昭《どうしょう》の存在が注目される。おそらく虚空蔵寺跡ゆかりの僧法蓮は、道昭の飛鳥寺禅院に学び、ここで南法華寺の開基とされる弁基《べんき》らと

❖コラム

の関わりをもった可能性が高い。虚空蔵寺跡の塼仏は、そうしたなかで法蓮によって宇佐にもちこまれたものであろう。

ところで慈恩寺出土の右の「印度仏像」塼仏や虚空蔵寺跡と南法華寺出土の倚坐独尊塼仏はともに弥勒《みろく》信仰との関わりが指摘されている。もともと玄奘の招来した唯識《ゆいしき》学派は、弥勒菩薩を教主菩薩とする学派であり、玄奘自身生涯弥勒菩薩に帰依《きえ》した。ここで弥勒信仰といえば『八幡宇佐宮御託宣《ごたくせん》集』に法蓮は神亀二（七二五）に宇佐日足に弥勒禅院を建立、やがて宇佐弥勒寺の別当となったとされている。法蓮もまたとりわけ弥勒信仰に関わり深い僧であった。

倚坐独尊小形塼仏(虚空蔵寺跡〈左〉・南法華寺出土)

のである。『弥勒寺建立縁起』や『八幡宇佐宮御託宣集』などによれば、神亀二（七二五）年宇佐宮東方の日足《ひあし》の里に弥勒禅院が建立されている。法蓮は褒賞の詔にいうように禅にすぐれた僧であったから、虚空蔵寺のほかに禅行を行うための禅院を開くことは十分ありうることである。この禅院は天平九（七三七）年に宇佐宮社殿の西に移されて弥勒寺となる。法蓮はこの弥勒寺の初代別当《べっとう》だったというのである。

日足の弥勒禅院が建立された神亀二年は、八幡神の歴史にとっても画期的な年であった。すなわち八幡大神が小山田社《おやまだしゃ》から小倉山《おぐらやま》に遷座した年とされているのである。それは八幡神の成立・発展にかかわって大きな契機となったとみられる養老四年の隼人征討、そして法蓮の二回目の褒賞のあった養老五年からまもないときのことであった。『託宣集』によれば、八幡神の小倉山遷座は豊前国府の支援のもとで行われている。こうしてみると、法蓮の褒賞—虚空蔵寺建立—日足弥勒禅院建立—八幡神小倉山遷座—弥勒寺の小倉山境内への移築と大きな歴史の輪がみえてくる。

八幡大神の発展と弥勒寺●

宇佐八幡神はいうまでもなく全国八幡神の総社である。その創祀《そうし》と驚異的な発展の経緯についてはなお多くの謎《なぞ》につつまれているが、いずれにせよ、八幡神について多くの研究者たちが共通に指摘する特色というものがある。すなわち特定の地名を冠しない神であること、仏教との本態的な融和と渡来人の文化との結びつき、神の言葉（託宣）をもつこと、そしてなによりもその劇的な出現である。八幡大神の正史の初見は実に天平九（七三七）年にくだるのである。

この八幡神の創祀について、『託宣集』などは欽明《きんめい》天皇の世、大神《おおみわ》比義《ひぎ》による伝承を伝える。これまで学会では、このような伝承をふまえ遠く大化前代にさかのぼって八幡神の淵源《えんげん》を求める説が有力であった。

これに対し飯沼賢司氏は、八世紀、律令政府の国策として大神氏・辛嶋《からしま》氏らの祭祀を総合し、さらに法蓮が代表する仏教の要素を取りこんで成立した神であるとしている。そしてその契機として養老四（七二〇）年をクライマックスとする隼人の乱をあげている。さきにみた法蓮の宇佐入りと褒賞、虚空蔵寺と弥勒寺、八幡神の小倉山遷座における国衙の関わりなどをみても、十分うなづける見解である。

天平九年の初見以来、八幡大神の発展はめざましいものがある。すなわち『続日本紀』によれば、天平十三年、藤原広嗣《ひろつぐ》の反乱鎮定の功にむくいるために、秘錦《ひごん》の冠一頭をはじめ、金字の最勝王経・法華経各一部、度者《どしゃ》(僧)一〇人などのほか三重塔一区が八幡神宮に寄進された。

天平勝宝元（七四九）年、八幡神は東大寺の毘盧舎那《びるしゃな》仏《ぶつ》建立に協力するため上京する。『続日本紀』は詳細にその仔細《しさい》を記録している。八幡神上京の報をうけた政府は参議石川朝臣年足《あそんとしたり》、侍従《じじゅう》藤原朝臣魚名《うおな》らを迎神使とし、途次の諸国兵一〇〇人を動員し前後を駆除させ、さ

宇佐神宮本殿(国宝，宇佐市)

らに諸国の殺生を禁じ道路を清掃させた。八幡神が京に近づいた十二月十八日には五位一〇人、散位《さんい》二〇人、六衛府舎人《ろくえふとねり》各二〇人を平群郡《へぐり》に迎えさせている。八幡神はこうしたなかで十二月二十七日入京。禰宜《ねぎ》尼《に》大神杜女《もりめ》は東大寺を拝した。孝謙天皇、太上《だいじょう》（聖武）天皇、光明皇太后、左大臣橘諸兄《たちばなのもろえ》ら百官、諸氏人ことごとく東大寺に会し、僧五〇〇〇人が礼仏読経するなかで、大唐、渤海《ぼっかい》、呉《くれ》の舞、五節《ごせち》の田舞、久米舞《くめのまい》が奉納された。八幡神はこの功績により封戸《ふこ》をうけ東大寺に手向山《たむけやま》八幡宮が勧請《かんじょう》された。八幡神が一地方神から国家のプレステージに飛躍した決定的出来事であった。

その後宇佐八幡神は薬師寺《やくしじ》僧行信《ぎょうしん》との厭魅《えんみ》事件にかかわって一時中央での勢力を失うが、神護景雲三（七六九）年には八幡神が道鏡《どうきょう》を天皇にとの託宣をだし、国家をゆるがす政争に発展した。この事件には宇佐宮内の大神・辛嶋・宇佐の三神職集団の確執がからんでいたとみられている。このとき称徳天皇は和《わ》気清麻呂《けのきよまろ》を宇佐に派遣、重ねて神託をうかがい道鏡の野望は阻止された。この三氏の確執はその後も続くが、最終的に三氏の共存体制が確立する。その後延暦年間には八幡神は八幡大菩薩《だいぼさつ》を称するに至る。

奈良時代、歴史をゆるがした宇佐八幡神は、今も宇佐市南宇佐の寄藻川《よりも》にそって広大な神域を有し、小倉山にある本殿は国宝に指定されている。境内の宇佐神宮庁、参集殿・宝物館にかけての一帯に弥勒寺の遺跡は展開している。この弥勒寺跡については、昭和二十九（一九五四）年以来の度重なる発掘調査によって寺域と主要伽藍の大要が判明している。それによれば全体の伽藍配置は金堂の南に東・西塔を配置する、いわゆる薬師寺式の伽藍配置をとっている。出土遺物にも注目すべきものが多い。古瓦では大宰府系の軒丸《のきまる》・軒平《のきひら》瓦のほか、虚空蔵寺の系譜を引く法隆寺系忍冬唐草文《にんどうからくさもん》軒平瓦がある。またここでは「弥寺」と箆《へら》描きした土師器《はじき》が出土しており、弥勒寺の呼称が奈良時代から使われていたことを証明している。

2章

律令国家の動揺と中世世界の台頭

宇佐神宮境内模型

1　律令国家の動揺

あいつぐ掘立柱建物群の発掘●

大分県下では、近年になって古代の掘立柱《ほったてばしら》建物跡をもつ遺跡があいついで発掘されている。建物跡は多くの場合、住まいや庁舎にあたる「屋《おく》」の形式のものと、あきらかに高床の「倉《くら》」とみられるものを含んでいる。年代的には久士《くど》遺跡（大分市）のように、七世紀末天武・持統朝までさかのぼる遺跡もあるが、とくに奈良時代後半から平安時代初期にかけての遺跡が多い。

これらのなかには地蔵原《じぞうばる》遺跡（大分市）や下郡《しもごおり》遺跡群（同市）・長者屋敷遺跡（中津市）のように郡衙《ぐんが》あるいはそれに準ずる施設と考えられる遺跡もある。尾畑《おばたけ》遺跡（宇佐《うさ》市）や会下《えげ》遺跡（速見《はやみ》郡日出《ひじ》町）はこれにつぐ規模のもので、多数の屋と倉の掘立柱建物が発掘されている。尾畑遺跡では和同開珍《わどうかいちん》（珎）が、また会下遺跡では当時の地方官人の地位を示す石帯《せきたい》が出

長者屋敷遺跡の掘立柱建物群（中津市）

土している。石帯は腰帯の飾りである。わが国では古墳時代以来、金属製の飾り金具が用いられていたが、延暦十五（七九六）年以後玉帯《ぎょくたい》や石帯が官職に応じて用いられるようになった。会下遺跡の石帯は雑石《ぞうせき》（蛇紋岩製《じゃもんがん》）で、五位以下の官人に許されたものであった。これらの遺跡はいずれも平野の中心部、あるいはこれにのぞむ台地にあって、交通上からも重要な地点にある。

一方、小さな河川の上流の谷間などで発掘された遺跡もある。久末京徳《ひさすえきょうとく》遺跡（国東市安岐町《くにさきしあき》）は、国東半島を流れる安岐川の支流朝来野《あさくの》川の上流の谷間にある。ここでは二〇棟を超える掘立柱建物のほか溝や柵《さく》の跡が発掘されている。おそらく律令体制の末端に組みこまれた在地首長層の居宅であろう。また汐月《しおつき》遺跡（佐伯市《さいき》）では、掘立柱建物とともに「吉」と墨書された土師器《はじき》が出土しており、『本朝世紀』などにみえる佐伯院の関係遺跡ではないかとみられている。これらの遺跡によって、八世紀後半から九世紀にかけて律令体制が名実ともに地方のすみずみに浸透してきたことがわかるのである。

ただこれらの遺跡は、律令体制の問題にかかわって、また別にもう一つの問題を提起している。これらの遺跡でみるかぎり、律令体制下の「郡《ぐん》」や「郷《ごう》」のレベルの官衙《かんが》やこれにかかわるとみられる遺跡のあり方は実に多様なのである。それが公的な施設か私的な居宅かを区分することもきわめてむずかしいのである。もともと律令国家体制のもとでは、政府の中枢こそ整備された制度をととのえていたが、地方の体制、とくに郡司《ぐんじ》以下の体制は、多くを大化前代からの在地の支配と統制の実績におうところが大きかった。郡司やその下の郷長《ごうちょう》が在地の譜第《ふだい》の豪族から選ばれたのはこのためである。このような公私の区分のあいまいな遺跡のあり方も、こうした律令体制の本質的特徴におうところが大きいといえよう。このため地方の末端では、こうした末端の支配層が成長すればするほど、それは律令国家の根底をおびやかす勢力となるという矛盾を秘めていた。

律令制の動揺と衰退●

平安時代にはいって、律令国家の基本的政策というべき公地公民制と、これに基づく班田収授《はんでんしゅうじゅ》制の矛盾は深刻なものとなっていた。いわゆる公地公民の原則は空洞化し、公民のなかには耕地を手放し「貧窮の輩《やから》」となるものがでる一方、譜第の郡司層やあらたに台頭してきた有力者たちは、私出挙《しすいこ》で暴利を得、調《ちょう》・庸《よう》の代輸送、在地の手工業生産などをつうじ浮浪人や貧窮の民を取りこんで私営田の経営を行うなどして私財を蓄えていた。これらのものは「富豪の輩」と称されていた。

貧窮の輩とされた人びとのみならず、一般公民も調・庸などの現物負担と兵役や雑徭《ぞうよう》など労役の負担に苦しんでいた。そうした状況に凶作や疫病が追い打ちをかけた。延暦十八（七九九）年から貞観十五（八七三）年のあいだに正史に記載された大風・飢饉《ききん》・疫病は、西海道《さいかいどう》だけで一三回にのぼる。『続日本紀』延暦九年八月条によれば、西海道の飢民は八万八〇〇〇人に達したという。これは当時の推定人口の一三％におよぶ数であった。また承和五（八三八）年には連年疫病にあい、九州の五カ国で死亡するもの半ばという惨状であった。こうした班田農民の困窮と、これに伴う律令体制の根底からの動揺に対し、政府は手をこまねいていたわけではない。とくに延暦年間（七八二〜八〇六）、あいついで律令制の再建をはかる施策を打ちだした。国司の交替を監督する勘解由使《かげゆし》の設置、調・庸専当官の設置、郡司任命権の中央集権化などがそれである。

弘仁十四（八二三）年大宰大弐《だざいのだいに》小野岑守《これもり》は、太政官《だいじょうかん》に上奏して公営田の制の施行をはかった。これは調・庸の負担が農民の困窮の直接原因になっている状況をふまえ、これを免除するかわりに公営田での耕作にあたらせようというものであった。また、もはや無視できない存在となった富豪の輩の力を利用しつつ、調・庸の徴収を確保しようとするものであった。

こうした時代にこそ、国司や郡司にはすぐれた人材がのぞまれる。豊後《ぶんご》国司のなかには「皆良吏の称あり、百姓追慕し、或いは祠《ほこら》を立つ」(「公卿補任《くぎょうぶにん》」)といわれた藤原園人《そのひと》のような人物がいた。また延暦四年、海部《あまべ》郡大領《だいりょう》外正六位海部君常山《つねやま》は「職におりておこらず懈《おこた》らず、民を撫《ぶ》するに方あり」として外従五位をうけている。こうした良吏の記録はしかし以外に少なく、多くの国司・郡司が悪吏として登場する。『続日本後紀』承和九年条によれば、豊後国の前の国司である中井王《なかいおう》という人物が、日田《ひた》郡に勝手に私宅を構え、また国内各郡でほしいままに耕地を私営し、勝手放題に郡司や農民を苦しめていた。そのうえ筑《ちく》後《ご》・肥《ひ》後《ご》にも勢力をのばし、人びとを苦しめていた。そのため豊後国司は彼を都に帰させるよう政府に要請したというのである。

すでに国司の任をおえているはずの官吏が任期満了後も帰京しないばかりか、任地はおろか他国まで勢力をのばし、郡司・百姓を収奪していたというのである。もともと在地の豪族であるものが補任される郡司と違い、典型的な古代国家官僚であるはずのものがこうした行動をとるということ自体、律令国家の体制がいかに深刻な事態におちいっていたかを示している。このほか国司守《かみ》石川宗継《むねつぐ》は百姓の財物を奪い国司介《すけ》山口稲床《いなとこ》から告訴されているし、『今昔物語』には、人民教化のために豊後国講師《こうじ》として派遣された人物の横暴ぶりを記している。

こうした状況を背景にしつつ、律令国家は崩壊にむかうこととなる。十世紀初めごろから進められた、いわゆる王朝国家体制への転換も、こうした事態を打開しようとするものであった。

二　豊と大宰府—地蔵原遺跡の語るもの

周知のように律令体制のもとでは、九州諸国は大宰府《だざいふ》の管轄下におかれていた。大宰府は九州諸国に対し、軍事指揮権、郡司の詮議《せんぎ》権、司法権など強大な権限をもっていた。このことは、九州の諸国にとって律令体制は中央と大宰府の二重の支配をうけることを意味していた。律令体制の矛盾と動揺が深刻化するなかで、とくに九州においては大宰府との確執が深刻化したのは当然の結果であった。天長五（八二八）年豊《ぶ》前守《ぜんのかみ》伴枝嗣《とものえつぐ》が解状《げじょう》をもって上京し、国司が大宰府を経由せず直接中央にでむき直訴《じきそ》している。

豊前・豊後の国司や郡司にとってとりわけ大きな問題は、調・庸などの年貢の運搬であった。大宰府管内では、これらの物資はまず大宰府に運ばれ、一部を府費にあて、残りを京都に運ぶこととされていた。『延喜式』によれば、豊後国府から大宰府まで上り四日の行程で多量の調・庸を搬送するのである。しかしこれはたいへんな負担である。大宰府という役所がなければ、豊前や豊後の国からは瀬戸内の海路を利用して、直接摂津《せっつ》の港に運べばすむはずのものである。事実、豊前・豊後の海辺の民や豪族は、大化前代以来そのようにして瀬戸内の海を自在に往来し、中央との流通・交通関係をきずいてきたはずであった。そのためこれらの地域にとっては、大宰府体制は成立当初からとりわけ深刻な問題を含んでいたのである。

そうした矛盾はすでに八世紀なかばごろから深刻化していた。『類聚三代格《るいじゅうさんだいきゃく》』所収の延暦十五（七九六）年太政官符には、天平十八（七四六）年官符などを含む一連の官符の記事がある。それによれば、このころ官人・百姓・商旅の徒が、豊前国草野津《かやのつ》や豊後国坂門津《さかと》・国埼津《くにさき》などから、調綿などの官物を直接難波《なにわ》港などに運びながら、一方でほしいままに私物の交易を行っていたという。こうした行為はあきらかに大宰府の存在そのものをおびやかす不法行為である。当然、大宰府はその禁圧を政府に求め、律令政府はたびたびこうした不法行為を禁じようとした。しかしたびたびの禁圧にもかかわらず、「なお奸徒《かんと》多し」というありさまで、まったく実効があがらなかった。

注目されるのは、これらの行為には、「官人・百姓・商旅の徒」とあるように「役人」がかかわっていたことである。このなかには郡衙《ぐんが》はもちろん国衙《こくが》の役人も含まれていた可能性がある。まさに官民一体地域ぐるみの行為だったのである。そこにはさきにのべたように、大化前代以来、瀬戸内の海をつうじて自在に東西を往来した地域の住民と、在地首長層の実績と慣行があった。形ばかりの禁圧が効果をあげられないのは当然といえた。政府はついに延暦十五（七九六）年にはこうした行為を事実上容認するに至っている。大宰府体制のたてまえが豊前・豊後の地域の伝統的な実績と慣行の前になしくずしになっていった例といえよう。このときの例外的な物資搬送行為の承認が、やがて天慶三（九三九）年の藤原純友《すみとも》の乱に呼応した伊予《いよ》国や豊後国の漁民と武士団の動向の伏線となったという指摘もある。

ところで年貢の搬送をめぐる大宰府と豊後諸郡との確執という問題にかかわって、きわめて注目される遺跡がある。地蔵原《じぞうばる》遺跡（大分市）である。この地蔵原遺跡は大分市東部の小池原《こいけばる》の台地上にある。遺跡の東方には大野川の支流である乙津《おとづ》川の河口の氾濫原《はんらんげん》が広がっている。ここでは昭和五十七（一九八二）年、市営住宅建設にかかわる発掘調査によって、奈良時代から平安時代の初めにかけての掘立柱《ほったてばしら》建物が八〇棟以上発掘された。

地蔵原遺跡の掘立柱建物跡のなかには、幅約二メートルの濠《ほり》で囲まれた建物群もある。このなかには二間×六間のプランをもつ大きな建物もある。出土品ではまず軒丸瓦《のきまるがわら》・軒平瓦《のきひら》を含む多量の瓦が注目された。古代の豊後では瓦を出土した遺跡は豊後国分寺跡などほんの数例しかない。しかもこの遺跡の瓦は文《もん》様《よう》もきわめて素朴で在地性の強いものであった。また円面《えんめん》硯《けん》も注目された。硯《すずり》はいうまでもなく墨で文字を書くための道具である。当時硯をもつということは、文字を書くことを日常とする人物なり、施設なりの存在を示唆する。地方ではそれは寺院か、なんらかの公的施設、あるいはこれに準ずる施設や居宅にかぎられていた。整然とならぶ多数の大型掘立柱建物、そして多量の瓦、円面硯、この遺跡がたんなる大型集落跡ではないことはあきらかであった。ではいったいこの遺跡はどういう性格の遺跡なのか。その規模からして郡衙、あるいはこれに準ずるクラスの遺跡であることは確かである。しかし大分郡衙は、大分川下流域の下郡《しもごおり》遺跡周辺が有力であり、大分郡域では東の端にあるこの遺跡を大分郡衙そのものとするのは無理がある。海部郡衙の丹生駅が大野川左岸にあったとする説を考慮すれば、海部郡衙である可能性もないとはいえないが、位置的にやはり無理がある。駅や津の関係でみるのもむずかしい。

そこでさきの延暦十五年の官符を思いおこしたい。そこでみてきたように、豊後の官人・百姓・商旅の徒たちは、

地蔵原遺跡(大分市)　80棟を超える掘立柱建物群が発掘された。

調・庸などの官物を大宰府をとおさず直接に都に運んでいた。時はまさに八世紀後半から九世紀初めのころ、地蔵原遺跡の存在した時代である。この遺跡は、大分郡としてみればその東の端にあたる。しかし遺跡のすぐ東を流れる乙津川のむこうは海部郡、そこには瀬戸内海への海路が開けている。後背地をみると、大野川上流域には大野郡・直入《なおいり》郡が広がる。交通上の立地からみれば実に好位置にある。この官符にいう坂門津もこの近くにあったと思われる。地蔵原遺跡の建物群（施設）は、この官符に語られた官人・百姓・商旅の徒の動きにかかわる拠点的集落・施設だった可能性が考えられるわけである。

2　二豊の荘園の成立

二豊の荘園の特質●

平安時代の中期になると、全国に寄進《きしん》地系の荘園《しょうえん》、すなわち領域型の所領単位が成立する。これは「庄《しょう》」とよばれるものが多いが、院・保《ほ》・浦《うら》・名《みょう》、さらに郡《ぐん》・郷《ごう》・村《むら》などとよばれるものも相当量ある。前者を荘園とよび、後者は国の役所である国衙《こくが》を管轄する土地であるということから、公領《こうりょう》とか国衙領とよび区別する人もいるが、平安時代の中期以後、国務も国司《こくし》の請け負い制度の展開のなかで公と私の融合化が著しく進んだ。さらに、十二世紀にはいり、国務権も国の収益もすべて国主にあたえる知行国制度がうまれると、荘園・公領の構造的区別はほとんどなくなり、二豊《ほう》においても、このような荘園・公領体制が十二世紀までに完成した。

二豊の荘園・公領の全貌を同時に記した史料は存在しないが、豊後国では「宇佐宮仮殿地判指図《うさぐうかりでんじはんさしず》」また

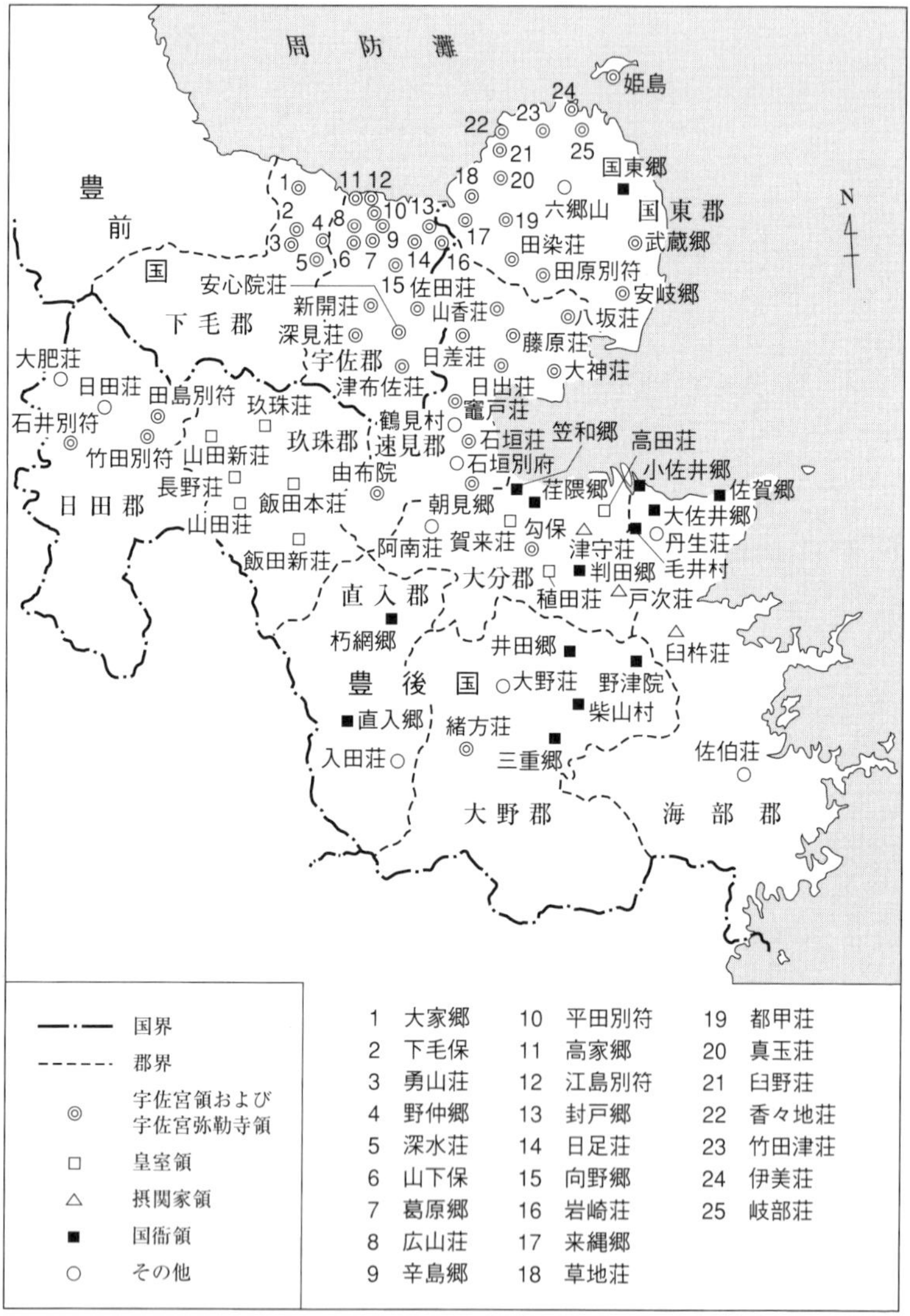
周防灘
姫島
豊前国
国東郡
国東郷
六郷山
田染荘
武蔵郷
田原別符
安岐郷
八坂荘
藤原荘
大神荘
安心院荘
15 佐田荘
新開荘
山香荘
下毛郡
深見荘
宇佐郡
日差荘
日出荘
津布佐荘
竈戸荘
鶴見村
速見郡
石垣荘
石垣別府
笠和郷
高田荘
小佐井郷
佐賀郷
荏隈郷
大佐井郷
丹生荘
勾保
津守荘
毛井村
判田郷
大分郡
植田荘
戸次荘
臼杵荘
大肥荘
日田荘
田島別符
石井別符
竹田別符
玖珠荘
山田新荘
玖珠郡
由布院
長野荘
飯田本荘
朝見郷
日田郡
山田荘
阿南荘
賀来荘
飯田新荘
直入郡
朽網郷
井田郷
野津院
豊後国
大野荘
柴山村
直入郷
緒方荘
三重郷
入田荘
佐伯荘
大野郡
海部郡
N
国界
郡界
宇佐宮領および
宇佐宮弥勒寺領
皇室領
摂関家領
国衙領
その他
1 大家郷
2 下毛保
3 勇山荘
4 野仲郷
5 深水荘
6 山下保
7 葛原郷
8 広山荘
9 辛島郷
10 平田別符
11 高家郷
12 江島別符
13 封戸郷
14 日足荘
15 向野郷
16 岩崎荘
17 来縄郷
18 草地荘
19 都甲荘
20 真玉荘
21 臼野荘
22 香々地荘
23 竹田津荘
24 伊美荘
25 岐部荘

二豊の荘園分布図

は弘安八（一二八五）年の「図田帳《ずでんちょう》」などがある。一方、豊前国では全貌を記したものはなく、建久の「図田帳」の断簡や「八幡宇佐宮御神領大鏡《おおかがみ》」など宇佐宮領の書き上げ、「弥勒寺《みろくじ》喜多院《きたいん》所領注進状」などから推定するしかないが、二豊といっても、豊前の大分県域は、下毛《しもげ》郡と宇佐郡の二郡のみで、この郡は全部が宇佐宮領であった。

まず、豊後国では、弘安の大田文《おおたぶみ》によると、惣田《そうでん》数六七二八町余、その内訳は宇佐宮領一四〇〇余町、弥勒寺領一〇九三町余、由原宮《ゆすはらぐう》領二四六町余、蓮華王院《れんげおういん》・金剛心院《こんごうしんいん》・城興寺《じょうこうじ》などの院領系の荘園があわせて一〇七〇余町、権門《けんもん》荘領一三八〇余町、国の支配する公田八五〇余町、国半不輸《くにはんふゆ》領六〇〇余町、大宰府《だざいふ》の府領二七四町、安楽寺《あんらくじ》領六〇余町である。八幡宮関係の所領約四〇％、院領約一五％、権門領二〇％、国半不輸を含めた国衙領約二一％、府領・安楽寺領約五％の割合となる。

郡別にみてゆくと、国東《くにさき》郡は、国衙領の国東郷を除きすべてが宇佐宮の宮方《みやかた》領か弥勒寺領であった。宇佐宮領は封郷《ふうごう》である来縄《くなわ》郷・武蔵《むさし》郷・安岐《あき》郷、本御荘《ほんみしょう》である田染《たしぶ》荘がありその別符《べっぷ》である田原《たわら》別符がある。弥勒寺領は浦部《うらべ》一五カ荘とよばれる。速見《はやみ》郡も鶴見《つるみ》村（別府市）や小坂村（同市）の一部をのぞき宇佐神宮領であった。大分郡は国府がおかれた郡であり、笠和《かさわ》郷・荏隈《えのくま》郷・阿南《あなみ》郷（のち荘園となる）、判田《はんだ》郷など国衙領が半分を占める。海部郡は大佐井《おおざい》郷・小佐井《こざい》郷・佐賀《さが》郷・野津《のつ》院・毛井《けい》村・柴山《しばやま》村・井田《いだ》郷など、やはり国衙領が非常に多いが、摂関家領の臼杵《うすき》・戸次《へつぎ》荘などもある。大野郡は大野荘、宇佐宮領の緒方《おがた》荘などが大きな面積を占めるが、官道のとおる三重《みえ》郷は国衙領となっている。直入《なおいり》郡も基本的に公領で、玖《く》珠《す》郡も「宇佐宮仮殿地判指図」では「玖珠郡」と一括され、本来は国衙領であったが、まず、十一世紀末から十二世紀にかけて、太政大臣藤原信長の建立した九条堂（のちの城興寺）を本家とする長野本《ながののほん》荘が成立し、つぎに保延五（一一三九）年に安楽寿院《あんらくじゅいん》領（皇室領）長野新荘《ながののしん》（球珠荘《くす》）が成立する。九条堂は信長死後、その後家によって白河院に寄進されており、玖珠郡に成立した荘園はすべてが院領荘園となる。日田郡《ひた》は国衙領はなく、その八〇％を占める日田荘は鳥羽院《とばいん》御願寺《ぎょがん》金剛心院領、残りは宇佐宮領や弥勒寺領や大宰府安楽寺領であった。郡別では、国東郡・速見郡は宇佐宮・弥勒寺領が多く、大分郡・海部郡・直入郡は国衙領や権門領が多い。玖珠郡・日田郡は院領荘園が主体となっている。

豊前国の宇佐郡と下毛郡には、御封田《みふうでん》がおかれ、宇佐郡には封戸郷《ふべ》・向野郷《むくの》・高家郷《たけい》・辛島郷《からしま》・葛原郷《くずはら》が封郷《ふうごう》とされ、下毛郡では大家郷《おおえ》・野仲郷《のなか》が封郷とされた。宇佐郡は封郷五郷と安心院《あじむ》の二つからなり、それぞれに郡司《ぐんじ》がおかれたようであるが、十二世紀には、開発によってそのなかに江島《えじま》別符や平田《ひらた》別符などの別符や荘園が形成された。下毛郡は二つの封郷と深水《ふこうず》荘のほかは、散在常見名《さんざいつねみみょう》の半不輸田と弥勒寺の徳善名《とくぜんみょう》に含まれる下毛荘などが存在した。

以上の事実から、大分県域の二豊荘園は、なんといってもその六割以上を占めた宇佐八幡宮領に大きな特色をみいだすことができる。また、十二世紀にはいってから形成された郡荘としての院領にも注目する必要がある。それでは、まず宇佐八幡宮領について考えてみることにしよう。

九州最大の荘園領主宇佐宮の登場と摂関家●

八幡宇佐宮は、奈良時代の政争にまきこまれ、封戸《ふこ》の返却を余儀なくされた時期もあったが、古代をつうじて一四〇〇戸という膨大な封戸や神田《しんでん》をかかえる神社であった。この封戸の収入は直接宇佐宮に集められるのではなく、延暦年間（七八二～八〇六）以降、大宰府の府庫《ふこ》に一旦おさめられるようになっており、宇佐宮の経済は大宰府によって掌握されてきた。

元命一族と宇佐大宮司の系譜

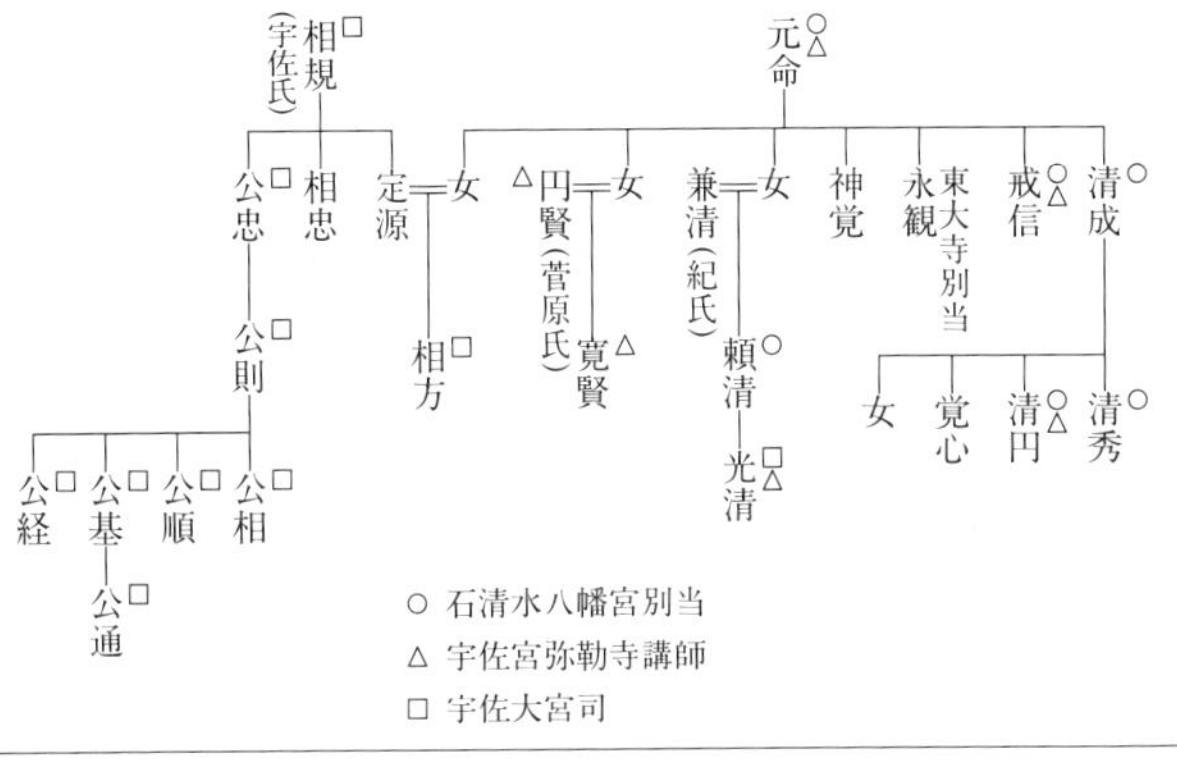

しかし、十世紀後半には、しだいに独自な荘園形成の動きが神宮寺《じんぐうじ》の弥勒寺を中心にみられはじめる。長保元（九九九）年に弥勒寺の講師《こうじ》として豊前出身の元命《げんみょう》という僧侶《そうりょ》が就任する。当時、大宰府の長官である帥《そち》は平惟仲《これなか》という人物であり、この時期大宰府は弥勒寺再建を停止したり、大宰府任命の権講師《ごんのこうじ》を弥勒寺に送りこんだり、府使の派遣を行うなど惟仲は宇佐宮の自立化の動きを牽制する。これに反発した宇佐宮側は、大宮《だいぐう》司《じ》大神邦利《おおがのくにとし》と元命が手を結び、中央政府に大宰府の非法を訴えた。これを長保《ちょうほう》事件というが、この顛末《てんまつ》は藤原道長《みちなが》と結んだ宇佐宮の勢力が大宰《だざいの》帥《そち》平惟仲を罷免に追い込むことになり、宇佐宮は独自な荘園体系を形成できる基盤をもった。

元命はつぎに協力して大宰帥平惟仲を打倒した大宮司邦利をも罷免に追い込み、外孫である宇佐相方《すけかた》を大宮司に就任させ、宇佐宮全体を掌握した。やがて彼は中央に進出し、石清水《いわしみず》八幡宮の草創以来別当職をほとんど独占してきた紀《き》氏の一族を排除して別当職に就任し、八幡宮寺という宇佐宮弥勒寺と石清水八幡宮を結合した宗教権門をつくりあげることに成功する。彼の時代、道長や頼通《よりみち》の権勢を背景に弥勒寺や宇佐宮に荘園の集積が進み、弥勒寺は香春社《かわら》・大分宮《だいぶ》・筥崎宮《はこざき》（以上福岡県）、千栗八幡宮《ちりく》（佐賀県）、新田八幡宮《にった》・大隅正八幡宮《おおすみ》（以上鹿児島県）、壱岐《いき》八幡宮・対馬《つしま》八幡宮（以上長崎県）などを支配下においた。

元命の子息清成《せいせい》・戒信《かいしん》や孫清秀《せいしゅう》・清円《せいえん》らもあいついで石清水の別当、弥勒寺の講師などに任じられ、十一世紀をつうじて膨大な所領が形成される。しかし、十一世紀末にはふたたび紀氏が力を復興し、十二世紀初頭には元命の子孫は死にたえて、石清水の紀氏の別当一族が弥勒寺を支配するようになる。

一方、元命が永承六（一〇五一）年に死去すると、宮方では天喜二（一〇五四）年に元命の一族の姻戚関係をもたない宇佐公則《きんのり》が大宮司に就任する。これ以後、宮方は摂関家と積極的に結び、宮独自の荘園拡大をはかる。彼の時代、宇佐宮は大宰府の宇佐町とよばれる倉町を掌握し、これを中心に常見名《つねみみょう》とよばれる国々に散在する名を拡大し、荘園の集積も積極的に行っていった。

緒方英夫氏は、宇佐公則はこれらの宇佐宮の所領を藤原頼通に寄進し、それは頼通の娘四条宮藤原寛子《ひろこ》（のち冷泉天皇の皇后）に伝えられ、これが関白藤原忠実《ただざね》へ伝領され、忠実から高陽院《かやのいん》を経て近衛《このえ》家領となったとし、また、大宮司公則はのちに惣検校《そうけんぎょう》となるが、この職は勅任官である大宮司とは異なり、宇佐宮領荘園を総括する職として成立したのであると推定した。これらの見解は基本的に首肯されるが、頼通への宇佐宮領寄進の事実は確認されず、むしろ四条宮に直接寄進し、その荘園管理の総括職が宇佐宮惣検校職であったとも考える余地もあるのではなかろうか。いずれにしても、公則の時代は宇佐宮荘園の形成の重要な画期をなした。

弥勒寺の元命と宇佐宮大宮司宇佐公則とその子孫らは積極的に摂関家に接近し、その力を背景に二万町歩余ともいわれる膨大な荘園の形成を進めていたのである。また、摂関家側からしても、宇佐八幡宮への接近は、その所領の拡大の面はもちろんであるが、摂関家の国家支配のイデオロギーとして八幡護国思想を利用する意義ははかりしれない。

院権力と二豊地域●

しかし院政が開始されると、摂関家と宇佐宮の蜜月時代にも大きな変化がおこる。白河上皇は、摂関家の八幡護国思想の利用に楔《くさび》を打たずして院政の確立はないと考えていたのである。永保元（一〇八一）年に摂関家の国家支配イデオロギーの拠点であった八幡宇佐宮の境内地に、白河天皇の御願で新宝塔院《しんほうとういん》が建立される。これは、摂関家による八幡護国思想の独占体制を切りくずし、院政の開始を告げるファンファーレにほかならなかった。

危機感をいだいた摂関家側は、宇佐宮領を明確に荘園として組織する方向を打ちだし、頼通の娘四条宮藤原寛子を本所する宇佐宮領荘園をつくりあげる。四条宮は後冷泉天皇の皇后であり、太皇太后《たいこうたいごう》として後三条・白河の摂関家への攻勢に対抗できる摂関家側の切札として機能したと考えられる。四条宮は摂関家の忠実の時代まで生き、大治二（一一二七）年、九二歳で他界する。その後、四条宮領は一旦四条宮の養子となっていた忠実に伝えられ、鳥羽院に入内《じゅだい》した忠実の娘高陽院泰子《かやのいんやすこ》に伝えられる。院への宇佐宮への介入はむしろ摂関家と宇佐宮との関係をより親密にする結果となった。

これに対して、院権力は院独自の宗教政策を打ちだしていくことになるが、それが熊野《くまの》信仰にほかならない。白河院は寛治四（一〇九〇）年に熊野へ御幸し、紀州国内の五カ所に一〇〇余町の田地を寄進した。以後、白河院一〇回、鳥羽院二八回と熊野行幸を行い、後白河院に至っては行幸は三五度にのぼった。平治の乱以後、後白河院は東山《ひがしやま》の法住寺殿《ほうじゅうじどの》に院の御所を移し、その鎮守として鳥部野《とりべの》に永暦元（一一六〇）

年熊野那智《なち》の御神体を勧請《かんじょう》した。これが新熊野権現《いまくまのごんげん》である。当初、新熊野社の検校職《けんぎょうしき》は熊野社検校の経験者が任じられたが、やがて両職は兼帯の職として、新熊野社検校は熊野信仰の頂点にたった。

養和元（一一八一）年には、新熊野社には仏聖灯《ぶっしょうとう》油料《ゆりょう》として全国二八カ所の荘園などが寄進された。そのなかに豊前国彦山《ひこさん》がある。彦山はもともと宇佐宮弥勒寺の支配に属する山岳寺院であったが、長寛元（一一六三）年作成の長寛勘文《かんもん》に引用された『熊野権現垂《すい》迹縁起《じゃくえんぎ》』にすでに「鎮西日子之山《ちんぜいひこのやま》」の名が登場し、十二世紀なかばには熊野信仰の流入があった。豊後でも久安年間（一一四五〜五一）造営という熊野神社があり、菅尾《すがお》の石仏（豊後大野市三重町）のように、十二世紀なかばには熊野権現を示す石仏がつくられている。

荘園においても十二世紀にはいると、玖珠《くす》郡や日田《ひた》郡などの摂関家領の形成が進まなかった地域に皇室領荘園が成立する。先にのべたように、玖珠郡では、まず太政大臣藤原信長の九条堂に寄進された長野本荘が

菅尾石仏(豊後大野市三重町)　近くに熊野社があり，千手観音・薬師如来・阿弥陀如来・十一面観音・毘沙門天という尊像の配列は，熊野信仰と関係があるといわれている。

成立するが、九条堂は信長死後の康和五（一一〇三）年にその後家の手によって白河上皇に寄進される。その後、保延五（一一三九）年に安楽寿院領長野新荘が成立する。安楽寿院は保延三年に鳥羽院が鳥羽殿のうちに建立した寺院であり、ここに玖珠郡は郡規模で院領となる。

一方、日田郡では長寛元（一一六三）年に金剛心院領として郡のほとんどが院領となる。金剛心院は、鳥羽離宮内に近衛天皇の御願所として建立された寺院であり、このときの院は後白河院である。長寛元年は「鼻豊後」（鼻が大きいところからつけられたニックネーム）の名で知られる藤原頼輔《よりすけ》が豊後守に就任した年である。

十二世紀をつうじて院権力は確実にこの二豊に浸透していったが、摂関家勢力と院権力の最後の対立の分岐点が保元《ほうげん》の乱である。保元の乱については、これまで京における崇徳《すとく》上皇・藤原忠実・頼長父子勢力と後白河・藤原忠通勢力の権力争いに焦点があてられてきたが、二豊においても熾烈《しれつ》な両派の対立が存在した。豊前・豊後は、対大宰府という点からは九州の要衝という位置づけをもちはじめており、院権力と対立を続けて摂関家の権力の回復をはかる忠実は、国司として自分の家司《けいし》の親である紀宗広《きのむねひろ》（久安五〈一一四九〉年補任《ぶにん》）、家司である高階清泰《たかしなきよやす》（仁平三〈一一五三〉年補任）を送りこみ、さらに忠実・頼長派の軍事権を統率している源為義《ためよし》の子息、鎮西《ちんぜい》八郎為朝《ためとも》が豊後に派遣されたのも、このような豊後をめぐる政策の一つと推定される。この点についてはのちにくわしく展開することにしたい（八四〜八七頁参照）。

一方、豊前国では、宇佐宮の大宮司職をめぐって、藤原忠通派の宇佐公通《きんみち》と忠実・頼長派の宇佐公経《きんつね》（公通の叔父）という両派の対立が存在していた。宇佐宮とその荘園はこの時期、忠実の娘高陽院泰子を本家としており、摂関家における忠実・頼長と嫡子忠通の争いが宇佐宮のなかにもちこまれる可能性を秘めていた。

3　六郷満山文化と豊後の磨崖仏

六郷満山の成立と展開●

古代から中世、近世にかけて、国東《くにさき》半島では六郷山《ろくごうさん》、あるいは六郷満山《まんざん》の名で知られる仏教文化が栄えた。これらの寺院のなかには、高山寺《こうざんじ》のようにいまだその所在のつかめない寺もあれば、伝乗寺真木大堂《まきおおどう》（豊後高田市）のように、残された仏像の威容のみから往時をしのぶほかのない寺院もある。また旧千燈寺《せんどうじ》（国東《くにさき》市国見《くにみ》町）のように鬱蒼《うっそう》たる林のなかにるいるいと石垣や建物遺構がならぶ廃寺もある。一方富貴《ふき》寺《じ》や熊野胎蔵寺《くまのたいぞうじ》、長安寺《ちょうあんじ》や天念寺《てんねんじ》、両子寺《ふたごじ》や岩戸寺《いわとうじ》などのように、寺を取りまく坊集落の面影を残す農村景観のなかで、往時の寺院空間を維持しつつ今も寺院としての法灯をまもり続けている寺もある。これらの寺院あるいはその遺跡の周辺には、多くの仏教建築・仏像彫刻・石造美術品があり、さながら半島全体が壮大な仏教文化の宝庫となっている。この半島を称して「仏の里」というゆえんである。

いうまでもなく、六郷山というのは国東六郷、つまり来縄《くなわ》・田染《たしぶ》・安岐《あき》・武蔵《むさし》・国埼《くにさき》・伊美《いみ》の六郷に広く分布する天台寺院の総称である。『太宰管内志《だざい》』に引く仁安三（一一六八）年の「二十八本寺目録」によれば、これらの寺院は本山《もとやま》・中山《なかやま》・末山《すえやま》の三山の体系に編成され、六五カ寺にのぼる寺院があったとされている。しかしこの目録に記されたのは中世以降の実態であって、その成立・発展の過程については、なお多くの謎《なぞ》を残している。

六郷満山寺院は養老二（七一八）年に仁聞菩薩《にんもんぼさつ》によって開かれたという伝承をもっている。この仁聞についてはさまざまな説があるが、『託宣集』にいうように八《はち》幡神《まんしん》の応化《おうげ》（化身《けしん》）というべきものであり、特定の僧であったとは考えられない。六郷山の寺院の建立を養老年間（七一七〜七二四）とするのも、ほとんど伝説の域をでないのはいうまでもない。

『託宣集』は六郷山の起源について四人の僧の伝承をのせている。すなわち法蓮《ほうれん》は宇佐山本に虚空蔵《こくうぞう》菩薩をまつり、華厳《けごん》は宇佐郡瀬《ごうぜ》に如意輪観音《にょいりんかんのん》をまつった。また覚満《かくまん》は来縄郷に薬王菩薩を、胎能《たいのう》は六郷山に薬師如来をあがめたという

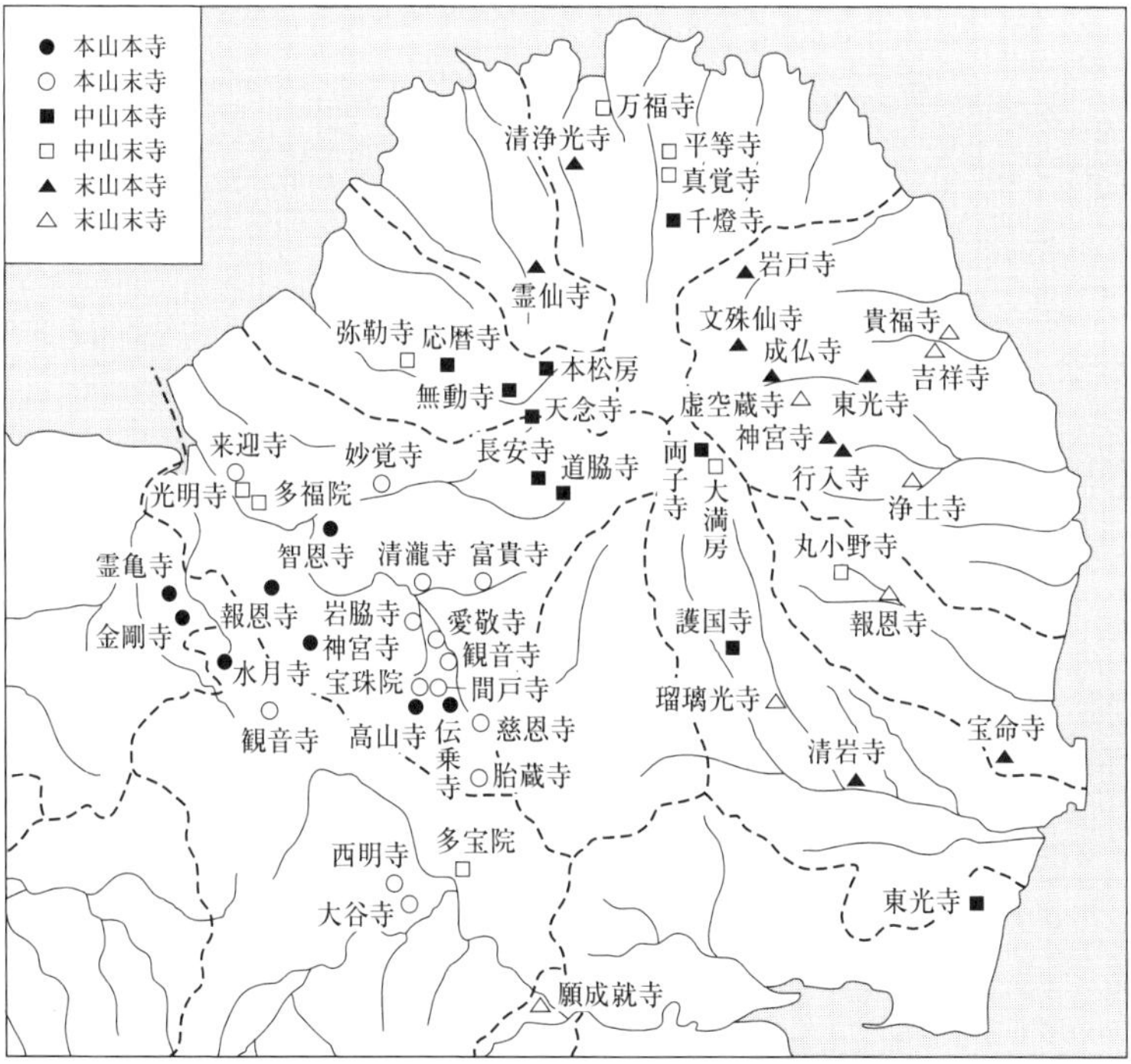

六郷満山寺院分布図(仁安3年目録による。『宇佐・くにさきの歴史と文化』より作成)

のである。この伝承は『託宣集』の史料的性格からみても、そのまま史実とするわけにはいかないが、ただ伝承としてかたづけることのできない部分がある。法蓮が虚空蔵菩薩をまつったという宇佐の山本には、虚空蔵寺跡という白鳳《はくほう》末期ないし奈良時代初期の寺院跡があり、華厳が如意輪観音をまつったという郡瀬には法鏡寺《ほうきょうじ》という寺院跡がある。覚満の来縄郷には奈良時代寺院こそないが、九世紀の瓦を出土する智《ち》恩寺《おんじ》があり、さらに近年カワラガマ遺跡では、ロストル式の構造をもつ瓦窯が発掘されている。

これらのなかで実在の僧である可能性の強い法蓮は、少なくとも大宝三(七〇三)年以降、宇佐の虚空蔵寺に住み、周辺の山にはいって禅定《ぜんじょう》の行を積んでいたと思われる。法蓮を含む四人の僧の伝承は、法蓮とこれに師事した僧たちの山岳修行をふまえて伝承された可能性が考えられよう。そうした奈良時代の禅僧たちの伝承が六郷山の起源として伝えられたものであろう。

六郷山の寺院にかかわって確実な遺跡や遺品がみられるようになるのは、十世紀代になってからのようである。応保三(一〇八三)年の経筒《きょうづつ》で知られる津波戸山《つわどさん》の麓《ふもと》では、十世紀代の向野《むくの》廃寺跡が発掘されている。六郷山本山の高山寺のものといわれる木造聖観音像《しょうかんのんぞう》も十世紀代のものである。これらの寺は整備された伽藍《がらん》としてあったとは考えられない。多くは山岳の岩屋や小さな堂として存在したものと思われる。

その後十二世紀初めに六郷山寺院は天台宗無動寺《むどうじ》の末寺となり、大きな画期を迎える。近年の宇佐風土記の丘歴史民俗資料館(現大分県立歴史博物館)による総合調査の成果によれば、六郷山後山《うしろのやま》や辻小野《つじおの》寺《じ》などの寺院の奥の院の裏山で多く経塚《きょうづか》が確認されている。これら経塚信仰こそ、六郷山寺院としての起源にかかわるのではないかという指摘もある。保延七(一一四一)年の屋山長安寺《ややまちょうあんじ》銅板法華経、大治五(一一三〇)年の高山寺経筒などの優品もすべてこの時期のものである。長安寺太郎天童《たろうてんどう》など仏像の秀作もこのころのものが多い。ちなみに高山寺経筒や長安寺銅板法華経には「六郷高山」とか「六郷御山屋山」の字がみえる。六郷山の確実な初見もこの時期なのである。

その後六郷山の整備は急速に進んだ。長承四（一一三五）年僧行源解案《ぎょうげんげあん》（「余瀬《よせ》文書」）では「本山」のほか屋山・長《なが》石屋・黒土《くろつち》石屋・夷《えびす》石屋など、石（岩）屋とされる「中山」の呼称がみえる。その後末山が組みこまれていわゆる六郷山三山の組織が確立されるのであろう。このころ六郷山全体では五八〇人もの僧が住むという巨大な寺院組織を確立していた。

豊の国の浄土世界●

豊《とよ》の国に華開いた古代の仏教文化は、多くのすぐれた仏像彫刻や寺院建築の遺産を残している。古く白鳳《はくほう》期（六七二〜?）には宇佐虚空蔵寺跡出土の塼仏《せんぶつ》や法隆寺系の忍冬唐草文軒平瓦《にんどうからくさもんのきひらがわら》、長谷寺《はせでら》の金銅仏などの優品がある。奈良時代では天福寺《てんぷくじ》奥の院の塑像《そぞう》、柞原《ゆすはら》八幡宮の金銅仏が注目される。平安時代になると、県下各地にすぐれた仏像彫刻が数多く残されている。大楽寺《だいらくじ》（宇佐市）や永興寺《ようこうじ》（日田市）の仏像群、大《たい》山寺《さんじ》（大分市）の普賢延命《ふげんえんめい》菩薩坐像《ざぞう》、天念寺《てんねんじ》（豊後高田市）の木造釈迦如来《しゃかにょらい》坐像などがそれである。

十一世紀以降、浄土信仰の広まりとともに阿弥陀《あみだ》堂や阿弥陀如来像など、多くのすぐれた浄土教美術がうみだされた。平安時代の浄土信仰隆盛の背景には、あいつぐ戦乱や凶作・飢饉《ききん》という社会情勢のなかに、仏教のいわゆる末法《まっぽう》思想が大きな影をおとしていた。末法思想とは釈迦入滅後正法《しょうぼう》・像法《ぞうぼう》の世を経て末法の世となるというもので、その年紀については諸説があるが、たとえば法相《ほっそう》宗の教えでは、正法一〇〇〇年、像法一〇〇〇年を経て永承七（一〇五二）年より末法の世となるとされていた。そうしたなかで西方無量寿の阿弥陀浄土への往生を願う信仰が広まっていった。

浄土信仰の大きな流れをつくったのは、時の権力の頂点にいた藤原道長《みちなが》である。道長は寛弘四（一〇〇七）年に吉《よし》野《の》金峯山《きんぷせん》に経筒を埋経した。以後五六億七〇〇〇万年後の弥勒下生《げしょう》を願って法華経などを埋経する風習は全国に広まる。その後の道長は阿弥陀浄土の教えに傾斜する。寛仁三（一〇一九）年より法成寺《ほうじょうじ》建立に着手、翌年その中核となる無量寿院が落慶している。道長はこの間、弥勒寺講師兼石清水《いわしみず》八幡別当元命《げんみょう》をつうじて宇佐宮に喜多院法華堂を寄進、豊前・豊後への法華経信仰・浄土教信仰の浸透に大きな影響をあたえた。その後永保元（一〇八一）年白河天皇御願により宇佐弥勒寺《みろくじ》に新宝塔院《しんほうとういん》が建立されたが、豊後国内出土の経筒で最古の銘をもつ津波戸山《つはどさん》の経筒が埋経されたのはその二年後、永保三年のことであった。

　道長の法成寺は焼失して現存しないが、そのあとをついだ頼通《よりみち》の平等院鳳凰堂《ほうおうどう》は、本尊阿弥陀如来坐像とともに、平安時代浄土教美術の精華といえるものである。その後十二世紀前半には、奥州の藤原清衡《きよひら》が平泉中尊寺《ちゅうそんじ》に金色の阿弥陀堂を建立した。これらの阿弥陀堂と並び称されるの

富貴寺大堂内陣後壁の壁画(豊後高田市)

が富貴寺大堂《ふきじおおどう》（豊後高田市）である。

富貴寺は六郷山寺院としては本山末寺で、往時六坊があったというが、寺そのものはとくに大きいものではない。「到津《いとうづ》文書」によれば、貞応二（一二二三）年宇佐大宮司宇佐公通《きんみち》が蕗浦《ふきうら》阿弥陀寺に（田染荘）糸永名《いとながみょう》一町五反を寄進したという記事があり、このころには阿弥陀寺と称されていたことがわかる。大堂は九州では唯一現存する平安建築として国宝となっている。正面梁間《はりま》三間・桁行《けたゆき》四間の単層宝形《ほうぎょう》の堂は、流麗にして荘重な平安建築である。内陣にはもともと阿弥陀三尊がおかれ、その後壁には阿弥陀浄土の変想図が描かれた。内陣の四天柱や長押《なげし》のうえの小壁には、あわせて一二〇体におよぶ仏菩薩がならび、そのあいだを宝相華文《ほっそうげもん》で埋めている。外陣長押のうえの小壁には、釈迦・阿弥陀・弥勒・薬師の浄土が描かれている。今、壁画の剝落《はくらく》著しいが、往時は極彩色の絢爛《けんらん》たる浄土が現出していたはずである。

『栄花物語』によれば、藤原道長は法成寺の阿弥陀堂で、阿弥陀如来像の手につないだ紐《ひも》をにぎって往生した。宇治平等院の頼通の小御所は、鳳凰堂の阿弥陀如来の正面、池越しにあった。それは鳳凰堂の阿弥陀の功徳《くどく》を独占するにふさわしい位置にあった。また奥州平泉の藤原清衡・基衡《もとひら》・秀衡《ひでひら》の三代は、それぞれ金色堂《こんじきどう》をみずからの墓所として、文字どおり阿弥陀浄土で眠りについた。これらの阿弥陀堂には、ともすれば権力者の過度の自愛がにおうが、富貴寺大堂は、六郷山の天台僧たちの常行三昧《ざんまい》の行場であったと伝えるように、本来の信仰の行場としての特色をもっていた。

富貴寺大堂のほかにも、県下には阿弥陀浄土信仰にかかわる文化財は多い。とくに馬城《まき》山伝乗寺《でんじょうじ》の仏たちが集う真木《まき》大堂（豊後高田市）の本尊は、上品上生《じょうぼんじょうしょう》の定印《じょういん》を結ぶ丈六《じょうろく》阿弥陀坐像の傑作である。伝乗寺にも富貴寺に劣らぬ阿弥陀堂があったのであろう。また臼杵磨崖仏《うすきまがいぶつ》群のうちホキ第二群は、よく知られている阿弥陀三尊像のほかに、地方では珍しい九品《くほん》の阿弥陀を配している。

国宝臼杵磨崖仏●

豊後国は磨崖仏の宝庫といわれる。現在その数八〇余カ所、四〇〇体を超える尊像が確認されている。磨崖仏は六郷満山の国東半島、古代豊後国中枢であった大分市周辺、そして豊後大神《おおが》氏一族が栄えた大野川流域（臼杵を含む）に集中する。国東半島の磨崖仏は熊野磨崖仏（豊後高田市）の大日《だいにち》如来像や不動明王《ふどうみょうおう》像のように半肉彫りのレリーフ状のものが多い。これは一つには安山岩《あんざんがん》の礫《れき》を多く含む岩質によると考えられる。これに対し大分市周辺から大野川流域の磨崖仏は、やわらかい阿蘇《あそ》溶結凝灰岩《ようけつぎょうかいがん》の岩肌に、ほとんど丸彫りの状況で造顕されている。元町《もとまち》石仏（大分市）、菅尾《すがお》石仏（豊後大野市三重町）、宮迫《みやさこ》石仏（同市緒方《おがた》町）、臼杵石仏（臼杵市）など多くのすぐれた磨崖仏がある。これらの磨崖仏群には、造顕年代や製作者を記した確かな手がかりがほとんどなく、それぞれどういう歴史的背景のなかで造顕されたかは、なお多くの謎《なぞ》につつまれている。ただ、これらの磨崖仏の造顕のはじまりが、十一世紀後半以降の宇佐・国東半島を含む豊前・豊後への天台信仰の展開を契機としていること、とくに大分市以南の磨崖仏については、豊後国衙に結集する在庁官人であった大神一族と、中央の摂関家、あるいは院の勢力がからんで造顕されたものであることは確かである。

これらの磨崖仏のなかでも白眉《はくび》とされるのは六〇余体の尊像がならぶ国宝臼杵磨崖仏であろう。臼杵磨崖仏は、臼杵市深田《ふかた》の地にある。石仏は臼杵川の支流である深田川が丘陵をきざんでできた谷あいにきざまれている。順路にそって進むとまずホキ第二群（ホキ石仏）がある。ここでは臼杵石仏を代表する阿弥陀三尊のほか九品《くほん》の阿弥陀如来像がならぶ。ついでホキ第一群（堂ケ迫《どうがさこ》石仏）、山王山《さんのうさん》石仏と続き、大日如来坐像で知られる古園《ふるぞの》石仏に至る。古園石仏の大日如来坐像については、その仏頭の復元をめぐって長く論議があったが、平成七（一九九五）年に完全に復元され、往時の尊像がよみがえった。

これらの磨崖仏は、近年保存施設として覆屋《おおいや》がかけられるまで、長いあいだ雨ざらしの状況にあった。しかしもともと造顕の当初からなんらかの形で堂宇がかけられていたことがわかっている。のみならず石仏に面する深田川沿いの水田では、発掘調査により鎌倉時代初期にさかのぼるたくさんの掘立柱《ほったてばしら》建物がみつかっている。このなかには石仏造顕のための工房とみられる遺構もある。またこの水田をはさんで古園石仏と対峙《たいじ》する位置にある現満月寺《まんがつじ》本堂の下には、古園石仏前と同じような礎石建物の跡がみつかっている。要するに磨崖仏群のいます深田の里は、かつて全体が壮大な石仏寺院としてあったのである。

臼杵磨崖仏（臼杵市）　ホキ第２群阿弥陀三尊像。平成の修復前の状況。

臼杵磨崖仏の造顕年代とその歴史的背景についても、なお多くの謎が残されている。とくに古園石仏についていえば、美術史の研究者の多くは十一世紀、藤原時代のものとするが、十二世紀にさげる意見もある。近年の古園石仏前の建物基壇の発掘調査では、十二世紀後半より古い遺物は出土していない。堂ケ迫石仏の裏山にある二基の五輪塔が嘉応二（一一七〇）年と承安二（一一七二）年の銘をもつこととあわせて、これらの石仏の造顕を十二世紀後半までさげる説には説得力がある。十二世紀後半の臼杵といえば、豊後大神氏一族の臼杵氏の全盛期をきずいた惟隆《これたか》の時代である。豊後大神一族の臼杵惟隆は弟の緒方惟栄《おがたこれよし》とともに、いわゆる源平の争乱では源頼朝・義経について活躍した。この惟隆と、当時豊後国守にして後白河院と密接な関係にあった藤原頼輔《よりすけ》が石仏造顕に深くかかわった可能性は強い。

なお近年の発掘調査の結果によれば、臼杵磨崖仏では、その後鎌倉時代初めに大規模な修復が行われている。古園石仏の覆堂もこのときに瓦葺《かわらぶき》建物とされたとみられている。瓦には、宇佐宮弥勒寺と同じ連《れん》珠文《じゅもん》軒平瓦が採用されていた。この瓦は四天王寺や興福寺など畿内《きない》の寺で採用されている瓦である。この大修理はだれが進めたのであろうか。

周知のように、石仏造顕の功労者とみられる臼杵惟隆は、緒方惟栄とともにその後源頼朝と義経の対立のなかで義経に味方してとらえられ追放されている。もうひとりの重要人物である藤原頼輔も失脚している。飯沼賢司氏は、そこに豊後国をみずからの知行国として直接支配を進めた頼朝の存在が浮かびあがるという。頼朝はもともと法華経に深く帰依《きえ》した信心深い人物であり、奥州の藤原氏を滅亡させたあと、中尊寺の復興に格別の配慮を示したことはよく知られている。義経に同心したとして豊後大神一族を滅ぼしたあと、その信仰の拠点である臼杵磨崖仏を復興しようとしたことは十分うなずける見解といえよう。

3章

神の世から武家の世へ

伝源頼朝像

1　豊後武士団と大友氏

海と草原の国、豊後●

古代が宇佐八幡《うさはちまん》に象徴される豊前《ぶぜん》の時代とすれば、中世は大友氏《おおとも》を中心とした武家の時代、すなわち豊後《ぶんご》の時代といえるかもしれない。武家の時代は、十世紀の承平《じょうへい》・天慶《てんぎょう》の乱にその端緒がある。関東と西国でおこった二つの反乱は、馬の文化と海の文化を背景としており、それはのちの西国の海の民を政権基盤とした平氏政権と、関東の馬をあやつる武家を基盤とした鎌倉政権へとつながっていく。実は、海に囲まれ、山がちで平野のないという豊後の土地がらは、中世の武家の時代の基盤となった海と馬の両方の文化がはぐくまれた場所であった。

佐賀関《さがのせき》半島と佐多岬《さたみさき》にはさまれる豊後水道は、西北の日本の出入り口である下関《しものせき》とならぶ南の出入り口で、海岸地帯は古来海部《あまべ》郡とよばれる海の民の居住するところであり、この一帯の古墳にも海の民の足跡が色濃く残っている。また、承平・天慶の乱のさいは、日本の南の出入り口である豊後水道を掌握できる日振島《ひぶりじま》に反乱の徒藤原純友《すみとも》らが巣窟《そうくつ》をなし、海峡をはさんだ伊予《いよ》と豊後が藤原純友の乱の舞台となった。純友の副将佐伯是本《さいきこれもと》は、豊後の佐伯院を襲撃しととらえられ、豊後国海部郡一帯での活動が推測される。

一方、古来、豊後の山と高原は重要な役割をはたしてきた。阿蘇《あそ》山やその北に続く、くじゅう連山、由布《ゆふ》・鶴見《つるみ》の火山活動で形成された山岳地帯は、九州横断道路とよばれるハイウェイがとおり、そこは一面の草原地帯が形成され、独特の景観をつくりだしている。この草原は、現在、放牧地や牧場のほかに自衛隊の広大な演習地に利用されているが、この草原の維持には、毎年の春の野焼き・山焼きが欠かせない。人が山野を焼いて維持してきた景観ということである。

この一帯での野焼きがいつからはじまったかを記す史料はないが、「廐牧令《きゅうぼくりょう》」には「牧地《まきち》、恒《つね》に正月以後をもって、一面よりもって次漸《じぜん》に焼く、草生に至って遍《へん》せしむ」とあり、古代、牧では野焼きが行われた。律令国家の管理する牧について記した『延喜式《えんぎしき》』兵部式《ひょうぶしき》にも豊後国に官牧《かんまき》がおかれたという史料は

くじゅう高原の野焼きの風景

伊美別宮社の神舞神事　国東半島先端の伊美別宮社の御神霊が，海を渡って山口県上関町の祝島に迎えられる。

ないが、天平九（七三七）年の豊後国正税帳《しょうぜいちょう》の直入《なおいり》郡の記載には「牧」があり、豊後国の国司《こくし》が管轄する牧は存在していた。

また、天長三（八二六）年に大宰府《だざいふ》管内では軍制改革が行われ、軍団を基盤とした軍毅《ぐんき》―兵士制度が廃止され、統領《とうりょう》―選士《せんし》が採用された。このさいにだされた官符には、「この間、民俗甚《はなは》だ弓馬に遠し。但し、豊後大野・直入両郡、騎猟《きりょう》の児《じ》をだし、兵において要《かなめ》と為《な》れり」と記載があり、大野・直入両郡はすぐれた選士の供給地とみられていた。大野郡や直入郡の台地状地形や阿蘇・くじゅうの裾野《すその》が放牧や騎猟の舞台となったとみられる。このような海と草原という環境のなかに登場してきたのが豊後武士団である。

鎮西八郎為朝伝説と豊後大神氏●

保元《ほうげん》の乱で崇徳《すとく》上皇方として活躍した鎮西《ちんぜい》八郎為朝《ためとも》は世に弓の名人として知られる。八郎為朝が「鎮西」を号したのは、彼が九州の地に育ったからである。『保元物語』（陽明文庫本）では、源為朝は「阿蘇平四郎忠景が聟《むこ》になりて」（半井本では、「アワノ平四郎忠景」〈「アワ」は薩摩阿多説有力〉、京大図書館本では、「阿曾平四郎忠宗」）とあり、一三歳（一一五〇年ころ）から一五歳まで九州豊後の「おとなしがはら」というところにおり、各所で戦をおこし、三カ年で九国を攻めおとし、みずから「惣追捕使《そうついぶし》」を号したとある。父為義《ためよし》はこの乱行のため久寿元（一一五四）年に検非違使右衛門尉《けびいしうえもんのじょう》を解官され（『台記《たいき》』）、久寿二年四月三日には「源為朝、豊後国に居り、宰府を騒擾《そうじゅ》し、管内を威脅《いきょう》す、よって与力《よりき》の輩《ともがら》を禁遏《きんあつ》すべきの由、大宰府に宣旨を賜う」とあり、朝廷は為朝への与同を禁止している（『百練抄《ひゃくれんしょう》』）。

為朝はなぜ豊後にいたのであろうか。為朝が下向する直前の久安五（一一四九）年には、関白藤原忠通《ただみち》の家司《けいし》源季兼《すえかね》にかわって親藤原忠実《ただざね》派の紀宗広《きのむねひろ》が豊後守に任命され、仁平三（一一五三）年には忠実の家

❖コラム

鍛冶の翁と炭焼き長者

大分県には、二つの黄金にかかわる不思議な伝説がある。一つは、八幡縁起《はちまんえんぎ》の鍛冶《かじ》の翁《おきな》の伝説である。翁は八幡神の化身とされ、宇佐《うさ》神宮の境内には鍛冶の翁の鍛冶跡があるといわれている。この話から、八幡神は、東大寺大仏の建立に協力するために、奈良の京へ上っているが、金属神として、大仏の銅や鍍金《ときん》のための金の確保に深くかかわったという説がある。

もう一つは炭焼き長者伝説である。豊後《ぶんご》の炭焼きは、小五郎という名前で、都から観音様のお告げで、貴族の娘が押しかけ女房にやってくる。あるとき、女房は買い物のため、父からもらった黄金を渡すが、小五郎はこの大切な黄金を水鳥に投げつけ失ってしまう。女房から咎《とが》められた小五郎は、あれがそれほどの宝であるかといって、「あんな小石が宝なれば、わしが炭焼く谷々に、およそ小笊《こざる》で山ほど御座《ござ》る」と、それを拾ってみるみる長者になったという。小五郎はのちに真名野《まなの》長者ともいわれ、臼杵《うすき》の石仏のある満月寺《まんがつじ》には、今も長者夫妻の中世の石像がたたずんでいる。

臼杵の真名野《まなの》長者は、臼杵を含む海部《あまべ》郡一帯に「丹生《にゅう》」の地名があることから、黄金ではなく水銀鉱山との関係を指摘する説があるが、これらの伝説のごとく、大分の地は金属資源にめぐまれた所である。宇佐宮の周辺では、八幡神と深いかかわりをもつ豊前《ぶぜん》香春岳《かわらだけ》採銅所や安心院《あじむ》の銅所などがあった。また、国東《くにさき》では砂鉄が採取され、古代・中世と鉄生産が盛んであり、年貢も鉄素材や鉄製品でおさめる所もあった。金鉱山は、確実に中世にさかのぼるものは少ないが、玖珠《くす》郡や速見《はやみ》郡には、江戸時代から近代まで多くの金山が開発され、南部の大野郡にも鉛・錫《すず》をだす木浦《きうら》鉱山がある。

司高階清泰《たかしなきよやす》が任じられる。豊後国は、久安年間（一一四五〜五一）までは関白藤原忠通派の影響下にあったが、久安五年からは忠実がこの国の国務権を掌握したのである。豊後国では保元の乱で骨肉の争いを演じる関白藤原忠通とその父前関白藤原忠実と弟頼長《よりなが》との対立の前哨戦《ぜんしょうせん》がはじまっていたのである。

為朝の父為義は、公的には検非違使として朝廷の検察権力の要《かなめ》にいたが、私的には忠実・頼長父子に扈《こ》従《じゅう》し、彼らの軍事力となっていた。子息八郎為朝の鎮西派遣も乱暴ものを都から遠ざけたというのではなく、忠実―頼長派の軍事的基盤を西国に形成する意図があったと推測される。久寿二年にだされた宣旨《せんじ》では、為朝への与力を禁止しているように、軍事力の組織化が進むことを朝廷は警戒している。豊後は忠実派が掌握した国であり、ここを拠点に為義・為朝父子は鎮西武士の組織化をはかろうとしたのであろう。

また、為朝派遣の場所が豊後とされた理由には、その地理的・歴史的な環境があると思われる。豊後から肥後には多くの為朝伝説が残る。豊後では、直入郡瀬口《せぐち》の騎牟礼《きむれ》城（竹田《たけた》市）、大分郡の雄城台《おぎのだい》（大分市）、速見《はやみ》郡の野田・別府《べっぷ》（別府市）、玖珠《くす》郡の角牟礼《つのむれ》城（玖珠郡玖珠町）、臼杵《うすき》（臼杵市）などにその伝説が残る。臼杵をのぞくと、別府から阿蘇へ連なる草原地帯の縁辺に伝説が分布する。為朝の居住した「おとなしがはら」は、玖珠郡九重《ここのえ》町の千町牟田《せんちょうむた》の音無《おとなし》川付近という説もあるが不明である。「はら」とよばれるように阿蘇・くじゅう・由布《ゆふ》・鶴見の草原地帯との関係を想定させる。阿蘇との関係を考えると、直入郡あたりがその場所にふさわしい。さきにのべたように直入は古来「騎猟の児」をだした場所であり、源頼朝が富士山麓《さんろく》で巻狩《まきがり》を行うにあたって、梶原景高《かじわらかげたか》と仁田忠常《にたただつね》を阿蘇大宮司《だいぐうじ》のもとへ派遣してその作法を学ばせたが、そのさいに直入郡久住《くじゅう》の高原で演習をしたという伝説が残る。八郎為朝の弓はこのような草原での巻狩でみがかれたのではなかろうか。

また、この九州の中央に位置した草原地帯は、古代以来、交通の要路となっていた。直入・大野郡は、国府の所在地の現在の大分市からみると、奥豊後といえる位置にあるが、直入郡は日田《ひた》・玖珠盆地から飯《はん》田《だ》高原を抜け、黒岳《くろだけ》の山麓《さんろく》をとおり直入郡にはいる道、熊本から阿蘇の草原を抜け直入郡にはいる「草原の道」の結接点に位置する。この草原の道の利点は、馬でのすみやかな移動が可能な道ということである。為朝が九州各所の城を短い期間に攻撃したのも、この草原の道を使ったためと推測される。さきにものべたように、為朝のいたという伝承の残る竹田市の騎牟礼城や玖珠町の角牟礼城、別府市野田《のだ》は、この「草原の道」の出入り口に位置している。

そして、この草原の道を掌握していたのが豊後武士団、ことに豊後大神《おおが》氏であった。豊後大神氏は、かつては宇佐宮《うさぐう》神官大神氏の分流といわれたが、現在では九世紀末に豊後介《ぶんごのすけ》となった大神良臣《よしおみ》の子孫といわれる。その系図では、祖母嶽大明神《そぼだけだいみょうじん》を祖とあおぎ、三輪《みわ》信仰の影響を色濃く残し、大蛇《だいじゃ》の末裔《まつえい》と称する。大神氏の一族は、平安時代末には国府周辺の稙田《わさだ》荘・賀来《かく》荘・阿南《あなみ》荘を拠点に、一の宮由原《ゆすはら》八幡宮を掌握しており、国衙《こくが》在庁の中心にいた一族である。また、海部郡の戸次《へつぎ》荘・臼杵荘・佐伯《さいき》荘、大野郡の大野荘・緒方《おがた》荘、直入郡の城原《きばる》・直入郷・朽網《くたみ》郷、速見郡の山香《やまが》郷、国東《くにさき》郡の都甲《とごう》荘など、荘園や郡郷の荘官・郡司《ぐんじ》・郷司《ごうし》をつとめるばかりではなく、日向《ひゅうが》の臼杵郡にも蟠踞《ばんきょ》していた。平安末期、豊後国最大の勢力であり、また、豊後磨崖仏《まがいぶつ》の造立主体者でもあった。おそらく、為朝の豊後派遣のもう一つの意義は、この豊後大神氏の掌握にあったという考えもあながち見当はずれではなかろう。

治承・寿永の内乱と豊後武士●

西国において、治承・寿永の内乱の方向を決定づけたのは、豊後大神氏の動向と宇佐大宮司の動向であっ

豊後大神氏略系図

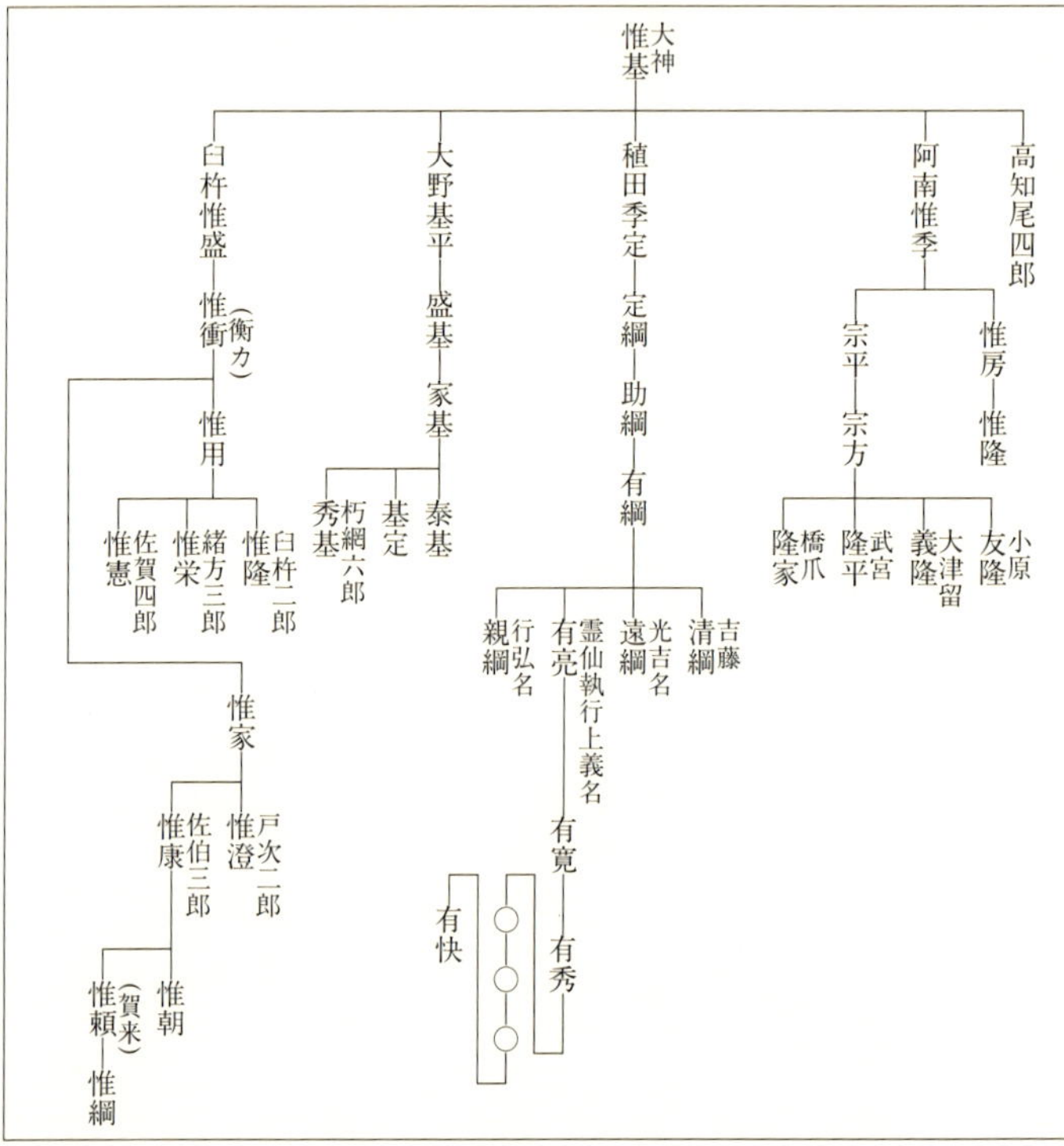
大神惟基
高知尾四郎
阿南惟季
惟房
惟隆
宗平
宗方
小原友隆
大津留義隆
武宮隆平
橋爪隆家
稙田季定
定綱
助綱
有綱
吉藤清綱
光吉名遠綱
霊仙執行上義名有亮
有寛
有秀
行弘名親綱
有快
大野基平
盛基
家基
泰基
基定
朽網六郎秀基
臼杵惟盛
惟衝（衡カ）
惟用
臼杵二郎惟隆
緒方三郎惟栄
佐賀四郎惟憲
惟家
戸次二郎惟澄
佐伯三郎惟康
惟朝
惟頼（賀来）
惟綱

た。寿永二（一一八三）年七月に木曾義仲に都を追われた平家は、八月二十八日に大宰府に到着している。原田種直《たねなお》らの平家方の大宰府の官人は、安徳天皇の行宮《あんぐう》をかまえ守護し、宇佐大宮司宇佐公通《きんみち》はこれを支援した。

宇佐大宮司公通は、四九年にわたり七度大宮司に任命された人物であり、宇佐宮の本家である近衛《このえ》家が完全に平家勢力に取りこまれたため、積極的に平家と結んで宇佐宮の発展をはかろうとしてきた人物である。大宰府にも進出し、大宰権少弐《ごんのしょうに》の地位を得て、さらに安元二（一一七六）年には絹二万疋《びき》の成功《じょうごう》で対馬守《つしまのかみ》、治承四（一一八〇）年には一万五〇〇〇疋で豊前守に任じられた。豊後・筑前・筑後の北部九州は、平家方の勢力によって占められた。

これに対して後白河法皇は、九州において反平家の勢力の蜂起《ほうき》を画策した。大宰府とその周辺の北部九州の国は完全に平家に掌握されていたので、反大宰府の拠点は豊後国がもっとも都合がよかった。保元の乱以後、豊後国は摂関家の影響が弱まり、院と深い関係をもつようになっていた。永暦元（一一六〇）年に豊後守に任じられた藤原頼輔《よりすけ》（通称鼻豊後《はなぶんご》）は、院方として活動した藤原伊通《これみち》や松殿基房《まつどのもとふさ》のもとで国務執行人となり、最後はみずからが知行国主となり、二三年間も豊後国務にかかわった人物である。『平家物語』では、頼輔が平家を九州から追いだすように子息頼経《よりつね》に命じ、これを頼経が院宣として緒方惟栄《おがたこれよし》ら豊後武士団に伝達したとあり、頼輔が院宣をいつわったように書かれているが、これは院の意志であった可能性が高いとみられる。

緒方惟栄はただちに院宣をうけ、反平家の旗色を強める。平家方も平資盛《すけもり》に五〇〇騎をさずけ、緒方惟栄の説得にむかわせるが、かえって惟栄は子息野尻惟村《のじりこれむら》を大宰府に派遣し、平家の九州退去をせまった。

当然、平家はこれを拒絶し、緒方惟栄らは三万騎の兵を率いて大宰府を攻撃することになった。『豊後国日《ひ》田《た》郡《ぐん》司《じ》職《しき》次第《しだい》』によれば、攻撃軍は、肥後から筑後をとおり大宰府にむかった緒方惟栄軍と宇佐方面をとおり三笠《みかさ》郡へむかった臼杵惟隆《これたか》軍と日田から大宰府にはいった日田（大蔵《おおくら》）永秀《ながひで》軍からなり、日田軍が大宰府を陥落させたとある。『平家物語』では、筑後竹野《たかの》本荘（福岡県田主丸《たぬしまる》町・北野町〈現久留米市〉・大《た》刀洗《ちあらい》町・久留米市一部）で平家方の軍と緒方軍が衝突し、緒方惟栄は大宰府を陥落させた。安徳天皇を戴《いただ》く平家軍は、水城《みずき》をでて北上し、筥崎津《はこざきのつ》にむかった。その後、山鹿《やまが》城（福岡県芦屋《あしや》町）にはいったが、追撃の風聞があり、海路豊前柳ケ浦《やながうら》（宇佐市柳ケ浦または福岡県北九州市門司区柳ケ浦）にむかい、宇佐大宮司公通をたよったが、内裏をつくる経費が調達できず、ふたたび海路を讃岐《さぬき》の屋島《やしま》に着いたのである。

豊後の辺境の緒方軍がなぜ大宰府を陥落できたのであろうか。三万騎といわれる大軍は真実ではないだろう。しかし、彼らは強力な騎馬軍団であり、それは豊後の草原の世界で養われた。寿永二年十一月二日には、玖珠郡の松木内野司狩場《まつきのうちのじかりば》が清原通房《きよはらみちふさ》から佐賀殿（緒方惟栄の弟佐賀惟憲《これのり》）にゆずられているが、清原氏の所領にはこのような狩場が数多くみられ、それは日出生台《ひじゅうだい》やくじゅう・飯田の草原地帯に設定されている。松木は、玖珠から由布あるいは豊前の宇佐郡への草原ルート、玖珠からくじゅう・飯田そして直入への草原ルートの結接点であり、豊後大神氏によるこの地の確保は、玖珠・日田・大宰府ルート、さらに宇佐・豊前ルートをかためる意義があったと思われる。

その後、緒方軍は、元暦元（一一八四）年に九州における平家方の拠点となっている宇佐宮を攻撃し、神殿に乱入し御験《みしるし》や御正体《みしょうたい》を奪うという暴挙にでている。

一方、屋島《やしま》に結集した平家軍は、源義経《よしつね》の急襲によって海上を九州方面へ逃走した。文治元（一一八五）年正月に陸路を長門《ながと》・周防《すおう》方面に進出した源範頼《のりより》軍は、平家軍を攻めあぐね、平家軍の補給の拠点となっている大宰府・豊前を攻撃するため渡海を決心する。このさいに兵船八二艘《そう》を提供したのが、緒方惟栄・臼杵惟隆・佐賀惟憲の兄弟である。臼杵氏や佐賀氏の拠点である臼杵や佐賀関は、のちの大友《おおとも》水軍の拠点であり、彼らは豊後水道で活動する海部《あまべ》の海民を掌握していたとみられる。緒方一族は、騎馬軍団のみならず海賊衆も組織していたのである。二月一日、上陸が敢行され、九州からの支援を分断し、長門壇《だん》の浦《うら》に追いつめられた平家軍は三月十四日、義経軍によって殲滅《せんめつ》されるのである。これに対して、後白河法皇は二月二日、豊後住人につぎのような院庁下文《いんのちょうくだしぶみ》をだしている（『吾妻鏡《あづまかがみ》』）。

　当国の軍兵等、堅《かた》く王法を守り凶醜《きょうしゅう》に与《くみ》せず、ついに数船を艤《ぎ》して官軍を迎え取り、九国の輩《ともがら》を服従せしむる由、その聞えあり、殊《こと》に以て叡感《えいかん》あり、いよいよ鋭兵《えいへい》を増やし、かの凶徒を討滅せしむべきなり、その勲功に随《したが》い、請いによって賞賜《しょうし》あるべきなり、当国大名等よろしく承知し違越《いえつ》せしむることなかるべし云々

豊後の兵の動向はまさにこの内乱の幕引きにも重要な役割をはたした。内乱終息後、緒方一族の宇佐宮乱入が問題となったが、文治元年十月十六日に、平家追討の勲功にかんがみて非常の恩赦《おんしゃ》を得る。しかし、後白河法皇と源頼朝の共通の敵であった平家が滅亡すると、両者の対立が表面化してくる。法皇は義経を取りこみ、鎌倉政権にゆさぶりをかけ、さらに関東に一線を画していた平泉や豊後の武士団を院側の軍事勢力として取りこもうとした。義経が都をおちるさいには、豊後武士に先導させ豊後におちる計画をたてたが、一行は摂津《せっつ》大物浜《だいもつはま》（兵庫県尼崎市）で難破して、おちゆく先を平泉に変更することになった。

これに対して源頼朝は、義経・行家《ゆきいえ》の探索を口実に国々への守護・地頭の設置を認めさせ、文治元年十

二月には、義経・行家に加担する公卿《くぎょう》の追放と議奏《ぎそう》公卿の採用を院に申請し、義経・行家派の公卿の知行国一〇カ国を頼朝派の公卿にあたえるように要求した。このなかに院―義経派の藤原頼輔の知行国豊後国もいれられており、とくに豊後は頼朝自身の知行国としたのである。緒方惟栄らの豊後武士団も、表むきは義経加担の罪ではなく、宇佐宮への乱入の罪がむし返され流罪となった。

大友氏の豊後入部と在地勢力●

頼朝の知行国は関東周辺に限定されるなかで、あえて豊後国をその直轄としたのは、頼朝自身の言葉によれば、この国が国司《こくし》といい、国人《こくじん》といい、行家・義経の謀反《むほん》に同意したため、その党類を探索するためであるという（『吾妻鏡』）。知行国となった段階でも緒方一族の処分は決まっておらず、院の軍事力として活動してきた彼らをいち早く一掃し、院権力の基盤を殺《そ》ぐことが目的であったと思われる。また、九州の制圧は、大宰府の掌握では不十分であることは平家政権の崩壊過程で証明された。大宰府を小京都とすれば、九州における小関東は豊後であり、鎌倉政権としては、ここを掌握しなければ九州支配を完全ならしめることはできないと考えたのであろう。

頼朝は、側近である毛呂太郎《もろたろう》藤原季光《すえみつ》を豊後守に任命するとともに、腹心の天野遠景《あまのとおかげ》を鎮西《ちんぜい》奉行に任命し、大宰府を中心にその権限を行使させた。遠景の罷免後、鎮西奉行は中原親能《ちかよし》に引きつがれたという説もあるが、九州全域におよぶ惣官《そうかん》的奉行は遠景一代とみられ、その後は複数の守護をかねる鎮西守護がおかれ、肥前・筑前・豊前の三前と二島は武藤《むとう》（少弐《しょうに》）氏、豊後・筑後・肥後の三後は中原親能（大友氏）、日向・大隅《おおすみ》・薩摩《さつま》の三国は島津氏と分割されたのである。

しかし、武藤資頼《すけより》や大友能直《よしなお》は「鎮西奉行」と記されていることは事実である。これはおそらく、前述のように九州を統治するさいに大宰府だけでは不可能であり、大宰府に対抗してきた豊後の力を掌握する意味から、豊後の守護職をあたえられたものが一方の鎮西奉行とよばれるにふさわしかったのである。

中原親能の養子大友能直《よしなお》が豊後に入部したのは、建久七（一一九六）年といわれる（建久四年説もある）。『大友家文書録』などでは、大友能直を鎮西奉行、豊前・豊後の守護とするが、この段階の豊後守護は中原親能であり、建久七年の下向が真実とすれば、養父中原親能の代官としてであろう。

大友能直は、相模《さがみ》国住人古庄《ふるしょう》（近藤）能成《よしなり》の子息で、文治四（一一八八）年に一七歳で元服し、頼朝の「無双の寵仁《むそうのちょうじん》」（一説には寵童《ちょうどう》ともいわれる）といわれ、頼朝に近侍した人物であり、中原親能の養子として鎮西奉行（豊後守護職を含む）をうけついだ。渡辺澄夫説によれば、建永元（一二〇六）年ころに豊後の守護権を獲得したと推定されるが、『吾妻鏡』によれば、能直は京都に住みほとんど下向することはなく、貞応二（一二二三）年に五二歳で他界し、後家《ごけ》の尼深妙《しんみょう》はその後も京都大谷《おおたに》でくらしていた。大友初代の能直とその嫡子親秀《ちかひで》の時代は、前代の豊後大神《おおが》氏の勢力を一掃し、大友氏の勢力を扶植していく時代といえる。

建久七年の下向の年、大野九郎泰基《やすもと》が謀反をおこし、大野郡神角寺《じんかくじ》にたてこもったという。「大神系図」によれば、義経に同心した罪で所領を没収されたためであるという。大友能直の豊後の所領の中心は、養父中原親能からうけついだ大野荘の地頭職《じとうしき》であるが、この所領はこの大野氏の謀反によって得たのか、あるいは中原親能の地頭補任《ぶにん》が大野氏の謀反を引きおこしたのか、いずれかであると思われる。

大野氏は、緒方一族没落後は豊後大神氏の中心となった勢力と思われ、国衙周辺や国東にも所領をもっていたが、九郎泰基の謀反で、それらを大友能直に譲与せざるをえなくなったと推定される。大野荘地頭

大友氏略系図(一)

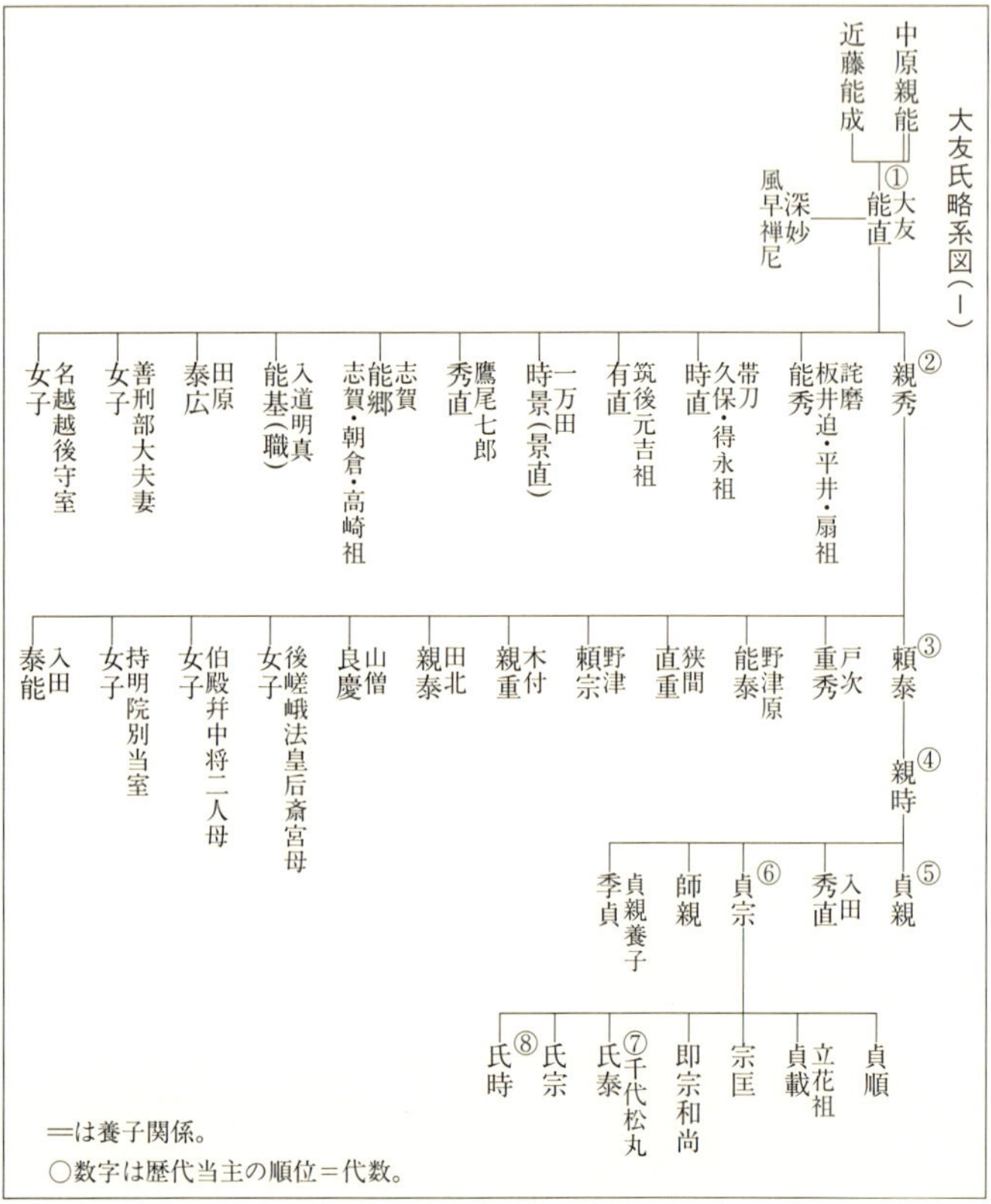
中原親能
近藤能成
①大友能直
深妙
風早禅尼
②親秀
詫磨
板井迫・平井・扇祖
能秀
帯刀
久保・得永祖
時直
筑後元吉祖
有直
一万田
時景(景直)
鷹尾七郎
秀直
志賀
能郷
志賀・朝倉・高崎祖
入道明真
能基(職)
田原
泰広
善刑部大夫妻
女子
名越越後守室
女子
③頼泰
戸次
重秀
野津原
能泰
狭間
直重
野津
頼宗
木付
親重
田北
親泰
山僧
良慶
後嵯峨法皇后斎宮母
女子
伯殿弁中将二人母
女子
持明院別当室
女子
入田
泰能
④親時
⑤貞親
入田
秀直
⑥貞宗
師親
貞親養子
季貞
貞順
立花祖
貞載
宗匡
即宗和尚
⑦千代松丸
氏泰
氏宗
⑧氏時
═は養子関係。
○数字は歴代当主の順位＝代数。

職は、庶子《しょし》の詫磨《たくま》能秀《よしひで》、一万田《いちまんだ》景直《かげなお》（時景）、志賀《しが》能郷《よしさと》、九郎入道能基《よしもと》（職）、犬御前、美濃局《みののつぼね》、帯刀《たてわき》左衛門尉後家らに分割譲与されるが、とくに勝津留《かちがづる》（大分市）、安岐《あき》の横城山院主《よこぎさんいんじゅ》職（杵築《きつき》市）や夷《えびす》の長小野《ながおの》（豊後高田市）、諸田名《もろたみょう》（国東市）などは、能直との約束で大野氏の一族とも思われる備後僧都幸秀《びんごそうずこうしゅう》から志賀能郷にゆずられ、また、九郎能基は大野荘下村《しもむら》地頭職を得て大野泰基の跡をつぎ、その子孫は大野氏を称する。

　大友能直は、なくなる直前に妻の尼深妙に、相模国大友郷の地頭郷司職や大野荘の地頭職は処分し（「志賀文書」）、鎮西の一方《いっぽう》奉行の職は嫡子《ちゃくし》次郎親秀《ちかひで》がつぐことを決め、京都で他界する（『吾妻鏡』）。遺骨は京都に埋葬されたと思われるが、大野荘下村にも墓堂がつくられる。これは大野荘に対するなみなみならぬ関わりを示していると思われる。

　さて、これまで二代目親秀の業績についてはさほど注目されてこなかったが、実は大友氏の豊後国内の支配権の強化がはかられたのはこの時代といえる。親秀も父と同じく京都にいたと思われ、妻も貴族から迎えているが、その子息からは戸次《べっき》・野津原《のつはる》・狭間《はざま》・野津・木付《きつき》・田北《たきた》・入田《にゅうた》がでており、これらは豊後大神氏などの跡に子息をいれ、その所領をつがせたものが多い。たとえば、大友戸次氏初代の重秀《しげひで》は、豊後大神氏の一族戸次氏の名跡をついで、戸次荘の地頭職や本来大神氏の所領であったと思われる速見《はやみ》郡大神荘地頭職を得ている。

　田原別符《たわらべっぷ》（杵築市）でも、親秀に本郷《ほんごう》（宇佐宮神官紀《き》氏所領）や波多方《はだかた》（清原氏所領）の地頭職が寄進され（長谷雄景信氏所蔵「紀氏系図」）、本郷は大友惣領家（代官は田原氏）、波多方は戸次氏へ相伝される。来《く》縄《なわ》郷司職も宇佐宮神官の「たねとし」より親秀に寄進されているが、これは親秀の子息からはじまる野津氏に伝えられる。親秀の所領集積の全容はつかめないが、この代に大友氏は着実に豊後に根をおろしていった。

鎌倉幕府と八幡宇佐宮

九州最大の荘園領主であった宇佐宮は、大宮司宇佐公通《きんみち》が平家方についたため、鎌倉幕府成立後は苦境にたたされるとだれもが考えていた。しかし、源頼朝はきわめて寛大な態度を示した。文治元（一一八五）年、当代の宇佐大宮司（宇佐公房《きんふさ》、実は公房の父公通ともいわれる）にその職を安堵《あんど》し、神官らは恩給に浴すべきこと、合戦による破損は修造すべきこと、などの方針を示し、翌年二月には鎮西奉行天野遠景にこれを伝えた（『吾妻鏡』）。

文治二年には、緒方惟栄らの宇佐宮乱入による破損を修復するため、臨時の宇佐宮の造営がはじまり、この年には九州の平家方の中心にいた宇佐公通がこの事業を担当することになった。宇佐公通については、朝廷や幕府で罪科が云々《うんぬん》され、造営の方式を九州管内の一国平均役で行うか、宇佐公通の成功《じょうごう》をつのるのか議論があり、正殿の造営は文治四年までずれこんだが、南中楼は北条政子、国司屋は肥前国役《くにやく》、正殿は宇佐大宮司公通の所課《しょか》で建てられた。頼朝は、源氏の氏神である八幡宮に対しては特別な措置をとったのである。

しかし、幕府はただ大宮司職を公通に安堵したわけではなく、強力な大宮司体制の弱体化を進めた。社務の中心にあり、大宮司家の掌握下にあった宇佐宮の政所惣検校《まんどころそうけんぎょう》職を現大宮司から切りはなし、その職に大宮司傍流の益永《ますなが》氏をつけた。ここに近衛《このえ》家を本家とあおぐ大宮司と幕府の代理人としての政所検校という社務の二頭体制が出現した。このような幕府権力の浸透に危機を感じた大宮司公通は、代々の大宮司のもとに集積してきた常見名《つねみみょう》を中心とする所領を保全するためか、それを京都の貴族に嫁いだ女子にわけ、別相伝という三六〇〇余町ともいわれる膨大な荘園をつくりだし権力基盤の維持をはかろうとした。

一方、宇佐宮の神宮寺弥勒寺《じんぐうじみろくじ》とその所領は、十二世紀前半には石清水《いわしみず》八幡宮の傘下に組みこまれ、十二世紀末には石清水別当祐清《べっとうゆうせい》からはじまる善法寺《ぜんぽうじ》家の家領と化していた。弥勒寺も弥勒寺領も、宇佐宮同様に当然頼朝によって保護された。

建久三（一一九二）年、弥勒寺の金堂が焼失するが、金堂の造営は、弥勒寺の長官である講師《こうじ》職を所持していた祐清と宇佐大宮司公通に命じられた。公通はおりからの式年遷宮《しきねんせんぐう》のこともあり、また建久四年には当人が他界したこともあって、石清水別当祐清が中心となり再建が行われたが、往時のごとき堂は建てられず仮堂にとどまった。現在宇佐宮に残る国宝の孔雀文磬《くじゃくもんけい》（承元三年銘）は、この再建のさいに祐清がおさめた荘厳の一つである。

このように宇佐宮は、鎌倉幕府の成立後も頼朝の保護によって急激な勢力失墜はまぬがれた。しかし、大宰府をとおし

孔雀文磬　承元3年に石清水八幡宮別当祐清が弥勒寺金堂に寄進。

て九州管内の荘園・公領に賦課して遷宮や弥勒寺の改造を行ってきたものが、大宮司や弥勒寺講師（石清水別当）の役となったことは、その権威の失墜はいなめない。かくして治承・寿永の内乱をのりこえた宇佐宮も、承久の乱でさらなる危機に直面した。建久八年の「豊後国図田帳《ずでんちょう》」の断簡によれば、速見郡や国東郡の宇佐宮の荘園は、関東の御家人《ごけにん》などは任命されておらず、地頭もほとんどが宮の沙汰《さた》であったり、神官が任命されていた。ところが、弘安八（一二八五）年の「大田文《おおたぶみ》」や「図田帳」では、幕府が任命した関東御家人などの名が大量にみられる。

中野幡能氏は、これは承久の乱（一二二一年）で、宇佐宮の大宮司宇佐公仲《きんなか》や神官らが上皇方に与同したためと推測している。それを示す確実な史料はないが、たとえば、田原別符（杵築市）では、本来、神官紀氏が地頭であったようであるが、承久の乱をさかいに本郷・波多方には大友親秀、小野一万《おのいちまん》には伊賀《いが》国御家人八十島《やそしま》氏が地頭職を得ている（長谷雄景信氏所蔵「紀氏系図」）。これは寄進という形式をとっており、没官《もっかん》（所領没収）による地頭の補任ではないが、明確な与同はなくとも、幕府の圧力によって在地職の寄進が強要されたと推測される。これによって、宇佐宮領や弥勒寺領に幕府任命の地頭が配置され、宇佐宮領への宮の統制力は大きく後退した。

このようななかで、弥勒寺の金堂の再建も、仮堂はできたが本格造営が思うにまかせず、宝治元（一二四七）年に栄西《えいさい》の孫弟子神子栄尊《じんしえいそん》が勧進上人《かんじんしょうにん》として宇佐宮にはいった。大宮司公仲の協力を得て栄尊は境内に妙楽寺《みょうらくじ》を建立し、金堂の建立に着手したが、瓦《かわら》を葺《ふ》くことができず、建物はくちはて、栄尊も文永九（一二七二）年に宇佐の地に永眠した。宇佐宮の神威の衰退は決定的なものとなった。

2　蒙古襲来とその影響

人の戦い・神仏の戦い●

モンゴルの平原におこったつむじ風は数十年でユーラシア大陸を駆け抜け、西は東ヨーロッパ、南はイラン、東南アジア、東は朝鮮（高麗《こうらい》）へせまり、ついに文永九（一二七二）年には海を渡り日本に到達した。

最初は、元《げん》の皇帝フビライは国書をもって日本の降伏をせまったが、幕府は返牒《へんちょう》せず毅然《きぜん》たる態度を示した。その結果、文永十一年十月、フビライは兵三万余・軍船九〇〇艘《そう》（高麗・宋《そう》軍を含む）を送り日本征服の計画を開始した。十月五日、モンゴル軍はまず対馬《つしま》をおそい、さらに十四日には壱岐《いき》にせまり、一隊は平戸《ひらど》から筑前《ちくぜん》国怡土《いと》郡今津《いまづ》へ上陸し、元軍の本隊は十九日から二十日にかけて博多《はかた》湾に侵入した。幕府が動員した地頭・御家人の日本軍は海岸線をまもれず、水城《みずき》に後退したが、その夜船に引き揚げたモンゴル軍は、おりからの強風で打撃をこうむり退却した。

この戦いのさいの豊後守護は、大友氏二代親秀《ちかひで》の嫡子頼泰《よりやす》であった。大友氏は中原親能《ちかよし》以来鎮西一方奉行《ちんぜいいっぽうぶぎょう》であり、もう一方の少弐《しょうに》氏とともに現地の最高指揮者となった。大友頼泰は東方《ひがしかた》奉行、少弐経資《つねすけ》は西方《にしかた》奉行とよばれ、文永九年二月には、二人は合《あい》奉行として幕府の要害を守護せよという命令をうけ博多にむかい、管内の御家人・地頭を動員して役所（分担地）の地に配備した。

文永の役のさいの豊前の御家人らの動きは不明であるが、豊後では大友氏の指揮下で志賀泰朝《しがやすとも》・曾根崎《そねさき》慶増《けいぞう》・都甲惟親《とごうこれちか》・日田永基《ひたながもと》らの活躍が知られ、都甲惟親は鳥飼浜《とりがいはま》、日田永基は姪ケ浜《めいがはま》・百路原《ももちばる》の陣で奮戦した。
元軍を嵐《あらし》という偶然で撃退したが、幕府は再来を予想し、海岸線を常時監視する「蒙古警固結番《けごけちばん》」を定めた。これは春夏秋冬の三カ月を二国ないし三国で分担する体制であり、豊前は四〜六月の夏、豊後は七〜九月の秋を担当した。さらに建治二(一二七六)年には、文永の役の経験から海岸線に防衛ラインとしての石築地《いしついじ》をきずくことになった。石築地は国府に分担区域が決められ、西から今津は日向・大隅、今宿《いまじゅく》は豊前、生ノ松原《いきのまつばら》は肥後、姪ケ浜は肥前、中心部の博多の海岸部は筑前と筑後、箱崎《はこざき》は薩摩、そして豊後はいちばん東の香椎前浜《かしいまえのはま》であった(「生桑寺《いくわじ》文書」)。

モンゴル軍は、弘安四(一二八一)年ふたたび来襲した。東路軍四万人・軍船九〇〇艘は対馬・壱岐をおそい、六月六日には博多湾の志賀島《しかのしま》に上陸するが、日本軍の思わぬ抵抗にあい、鷹島《たかしま》に移動し遅れてくる江南《こうなん》軍を待った。江南軍一〇万人・軍船三五〇〇艘は準備が遅れ、六月下旬に平戸島に着き、七月二日両軍は合流した。七月下旬には鷹島に集結してここを占領したが、晦日《みそか》の夜半から暴風雨で翌日の閏《うるう》七月一日には多くの

蒙古襲来絵詞(鎌倉時代中期)

軍船が海の藻屑《もくず》となった。かろうじて鷹島にのがれた敵軍の残兵は、日本軍の掃討作戦で命を失った。

大友頼泰の子息貞親《さだちか》（兄親時の嗣子）は、豊後の地頭・御家人を率いて奮戦しているが、大友一族では志賀泰朝・田原泰広《たわらやすひろ》・詫磨時秀《たくまときひで》・同泰秀《やすひで》、そのほか野上資直《のがみすけなお》・小田重成《おだしげなり》・右田道円《みぎたどうえん》代子息能明《よしあき》・古後通《こごみち》重《しげ》・帆足道員《ほあしみちかず》・日田永賢《ながかた》・都甲惟親らの活躍が確認される。とくに都甲惟親子息惟遠《これとお》は鷹島のモンゴル軍掃討作戦に参加し、七月七日に島に渡り東浜《ひがしはま》で合戦におよび戦功をあげている（「都甲文書」）。また、豊前でも宇都宮通房《うつのみやみちふさ》（法名尊覚《そんかく》）や下毛《しもげ》郡の野仲《のなか》左衛門三郎宗通《むねみち》法師が参戦し、勲功の賞を得ている。

ところで、モンゴル合戦は現実の人の戦いだけでなく、神仏の戦いとして位置づけられ、朝廷や幕府の意をうけて八幡・伊勢をはじめとする諸国の寺社は「異国降伏」の祈禱《きとう》を盛んに行った。その神仏の戦いの中心にあったのが八幡神であった。鎌倉末期に石清水八幡宮の社僧によって書かれたという『八幡愚童《ぐどう》訓《くん》』は、文永・弘安の役の八幡神の神の戦いを描こうとしたものである。ここに描かれた神々の戦いは九州がその中心であった。とくに戦いの最前線であり、かつ新羅《しらぎ》（朝鮮）を意識して建てられた筥崎《はこざき》八幡宮には、「敵国降伏」の四文字を紺《こん》紙に金字で書かれた亀山天皇の宸翰《しんかん》が奉納され、異国降伏の祈禱が行われた。今や神功《じんぐう》皇后がたたかった新羅は「モンゴル」にかえられ、八幡神は軍神としての面目を躍如とした。

また、石清水八幡宮でも祈禱が行われ、西大寺《さいだいじ》の叡尊《えいぞん》は愛染明王《あいぜんみょうおう》法による敵国降伏の祈禱を行い、八幡の本宮である八幡宇佐宮でも異国降伏の祈願が行われた。建治元（一二七五）年十月二十一日には、幕府は、宇佐宮に対して、文永の役の戦勝報賽《ほうさい》として豊前国到津《いとうず》（福岡県北九州市）・勾金《まがりかね》（同県香春町）両荘地頭職を寄進し、弘安の役では弘安七年二月二十八日には日向国村角別符（宮崎市）地頭職を寄進している（「到津文書」）。また、古来八幡神が修行した霊山として知られる六郷山《ろくごうざん》（天台宗）も、関東の祈禱所として幕府の依頼により異国降伏の祈禱を行い、その後も十四世紀初頭まで異国降伏の祈禱巻数を幕府に送り続けた。

このようにモンゴル襲来という未曾有《みぞう》の国難は武士の奮闘と嵐と祈禱によって回避されたが、経済的にも精神的にも日本人に大きな後遺症を残すことになる。

徳政令と神領興行法の世界●

モンゴル戦争は勝利したとはいえ、国土防衛の戦いであり、領土を得ることはなく、幕府は参戦した地頭・御家人の恩賞に苦慮した。鎮西両奉行である大友頼泰と少弐経資は恩賞責任者として恩賞にかかわったが、あたえるべき土地はなく、竹崎季長《すえなが》のように鎌倉に参訴するものも多かった。地頭・御家人は犠牲のわりには十分な恩賞を得ることはできなかったのである。

また、文永・弘安の役がおわったあとも、モンゴル襲来の噂《うわさ》や情報があり、幕府は臨戦体制をとり続けた。文永の役後整備された「蒙古警固結番」は、建治二（一二七六）年の石築地の築造の開始に伴って異国警固番役《ばんやく》として整備され、国ごとに警備の場所を定めて通年つとめるようになった。その場所は石築地役所と重なっており、豊前は青木横浜《あおきよこはま》（今宿）、豊後は香椎前浜であり、石築地の修理も負担となった。また、寺社への異国降伏の祈禱依頼も長期化した。この長期の負担は重くのしかかり、わずかな恩賞ではつぐなうべくもなかった。その一方で、この臨戦体制のため、九州に主たる所領をもつ地頭・御家人は、現地居住が恒常化し、大友惣領家も京都から豊後府内へ本拠地を移すことになった。

弘安七（一二八四）年四月、モンゴル戦争を指揮してきた執権北条時宗《しっけんほうじょうときむね》が死去し、一四歳の子息貞時《さだとき》が執権となった。ここに貞時の補佐として登場したのが外祖父安達泰盛《がいそふあだちやすもり》である。すでに恩賞奉行として幕府政策の中枢にいた安達泰盛は、十一月に「弘安徳政《こうあんとくせい》」という政策を打ちだした。それは、⑴九州の主要な寺社の社領の回復、⑵九州の名主職《みょうしゅしき》の安堵《あんど》という二つであった。前者は異国降伏の祈禱への恩賞の意味あいをもち、後者は文永以降、幕府の指揮下にはいった本所一円地《ほんじょいちえんち》の住人への報奨であり、彼らを御家人の枠へ組みこむことを意味した。これは幕府の人的基盤の拡大と大量の本所一円領を武家領に組みこむことをねらったものであった。ただし、最近の研究では、弘安に突如現れたのではなく、本来、宇佐宮の三三年の遷宮と対応しており、その執行のための興行が目的であり、すでに承久以来行われてきたとする説がでている。「弘安徳政」もそのような遷宮に伴う興行をベースに幕府がだした政策法令とみられる。

しかし、この急進的政策は、本所側や旧御家人の反発もあり、弘安八年十一月に安達泰盛一族は執権貞時の命令をうけた御内人《みうちびと》らによって攻め滅ぼされた。この際、五〇〇人以上の有力御家人が安達側に加わり、戦死したり、自殺した（霜月《しもつき》騒動）。九州でも少弐景資《かげすけ》らが与同して所領没収となり（岩門《いわと》合戦）、皮肉にもその所領は不足していた恩賞として分与された。

安達泰盛の政策は否定され、弘安九年に博多に設置された鎮西談義所《だんぎしょ》は弘安徳政によってだされた、さきの二つの政策を白紙に戻すことが最初の仕事となった。しかし、臨戦体制の維持は御家人らを困窮へと追いこんでいき、借金などで所領を手放すものも多く、たとえば、豊後では大友氏の庶子志賀氏の一族で大野荘志賀村近地名《ちかじみょう》の地頭志賀禅季《ぜんき》の場合も、祖母尼深妙《しんみょう》の墓所のある泊寺《とまりでら》の院主職《いんじゅしき》と付属の田畠を大野太郎基直《もとなお》後家尼善阿《ぜんあ》に四五〇貫文で売却せざるをえなくなった。このような事態に、幕府は永仁五（一二九七）年に不知行二〇年以内の所領を無償で返還できるという御家人保護の徳政令をだした。これによって志賀禅季は失った泊寺の所領を回復することができたが、病のため惣領志賀泰朝にこれを譲渡せざるをえなくなった。しかし、善阿は本証文を返却せず相論となっている。

永仁の徳政は武家領と武家被官《ひかん》領のみを対象としたはずであったが、宇佐宮領でも一円神領をつくりだす神領興行法《こうぎょうほう》として神官たちにはうけとめられた。永仁五年九月に宇佐宮番長《ばんちょう》宇佐保景《やすかげ》は、宇佐郡向野《むくの》郷内（宇佐市）の三カ所の売地の返却を幕府に求めている。また、朝廷への神領回復の訴訟が行われるようになり、宇佐宮領に対して翌永仁六年に神領興行の天皇の綸旨《りんじ》がだされた。たとえば豊後国田原別符（杵築市）では、開発領主の子孫で本主《ほんしゅ》の宇佐宮御馬所検校《おうまどころけんぎょう》紀高実《きのたかざね》が、永仁六年の綸旨にまかせて大友貞親に田原別符の地頭職の返還を求め、延慶三（一三一〇）年に三分の一の返却の約束を得ている。

このような永仁徳政の神領への拡大化として幕府がだしたのが、正和《しょうわ》の神領興行法である。正和元（一三一二）年に、得宗貞時の死去による、いわゆる代替り徳政として鎮西五社に対する「興行御事書《おことがき》」が発布され、「関東奉行人」が鎮西探題に派遣され、神領興行の実務が実施されたといわれる。九州宗社神領にだされた弘安徳政に比べて限定的であったが、その政策は幕府滅亡まで維持された。ことに五社のほとんどを占める宇佐宮領は、正和二年を中心に宇佐宮神官や弥勒寺僧による神領返還の訴訟があいついだ。

現在知られる神領興行に関する訴訟は宇佐宮領・弥勒寺領で六三件にもおよぶ。大分県域でも、豊後の速見郡の石垣《いしがき》荘末吉名《すえよしみょう》・末国《すえくに》名（別府市）、国東郡の田染《たしぶ》荘永正《ながまさ》名・末次《すえつぐ》名・近弘《ちかひろ》名・恒任《つねとう》名・重安《しげやす》名（豊後高田市）、同郡安岐《あき》郷秋丸《あきまる》名・仁保《にほ》名（国東市）、同郡来縄《くなわ》郷小野名（豊後高田市）、同郡田原別符石丸《いわまる》名、豊前国下毛郡野仲郷全得《ぜんとく》名・千万《せんまん》名・得光《とくみつ》名・弁分《べんぶん》（中津市）、同郡内四郎丸名・久枝《ひさえだ》名（同市）、宇佐郡向野郷内（宇佐市）、同郡封戸《ふべ》郷内（同市）、同郡葛原《くずはら》郷光方《みつかた》名（同市）などで訴訟がおこり、このうち大友氏とその一族被官に対する訴訟は一六件にもおよんだ。さきの田原別符の事例においても、幕府は宇佐宮神官紀高実の訴えを認め、大友惣領家に田原別符半分のうちの三分の一の返還を裁下し、大友惣領家は庶子田原氏の当知行分をこれにあてることにしたが、田原氏の押領は続いたままであった。

八幡信仰の高揚と宇佐宮の衰退●

モンゴル軍の撃退は、八幡神をはじめとする神々や仏教などの仏の力を高揚させた。律《りっ》宗の叡尊《えいぞん》や日蓮《にちれん》宗の日蓮などの行動はその典型である。石清水八幡宮では、モンゴル戦争の神の戦いのようすを描いた『八幡愚童訓』が社僧によって編纂《へんさん》される。八幡宮の本宮である宇佐宮でも、正和年間(一三一二〜一七)には弥勒寺僧の神吽《じんうん》が託宣《たくせん》によって宇佐宮の歴史・由緒を語らせる『八幡宇佐宮御託宣集』一六巻が完成している。この託宣集は八幡神に関する記録や託宣などが治承・寿永の内乱の過程で失われたことをうれえて作成されたもので、八幡神の神威高揚と結びつく編纂といえる。また、『託宣集』は三部作として作成され、『八幡大菩薩《だいぼさつ》本末《ほんまつ》因位縁《いんいえん》起《ぎ》』(奈多宮《なだぐう》所蔵)と『大神宮縁起』(『続々群書類従』「宇佐神宮縁起」と同一か)も神吽の作成といわれる。

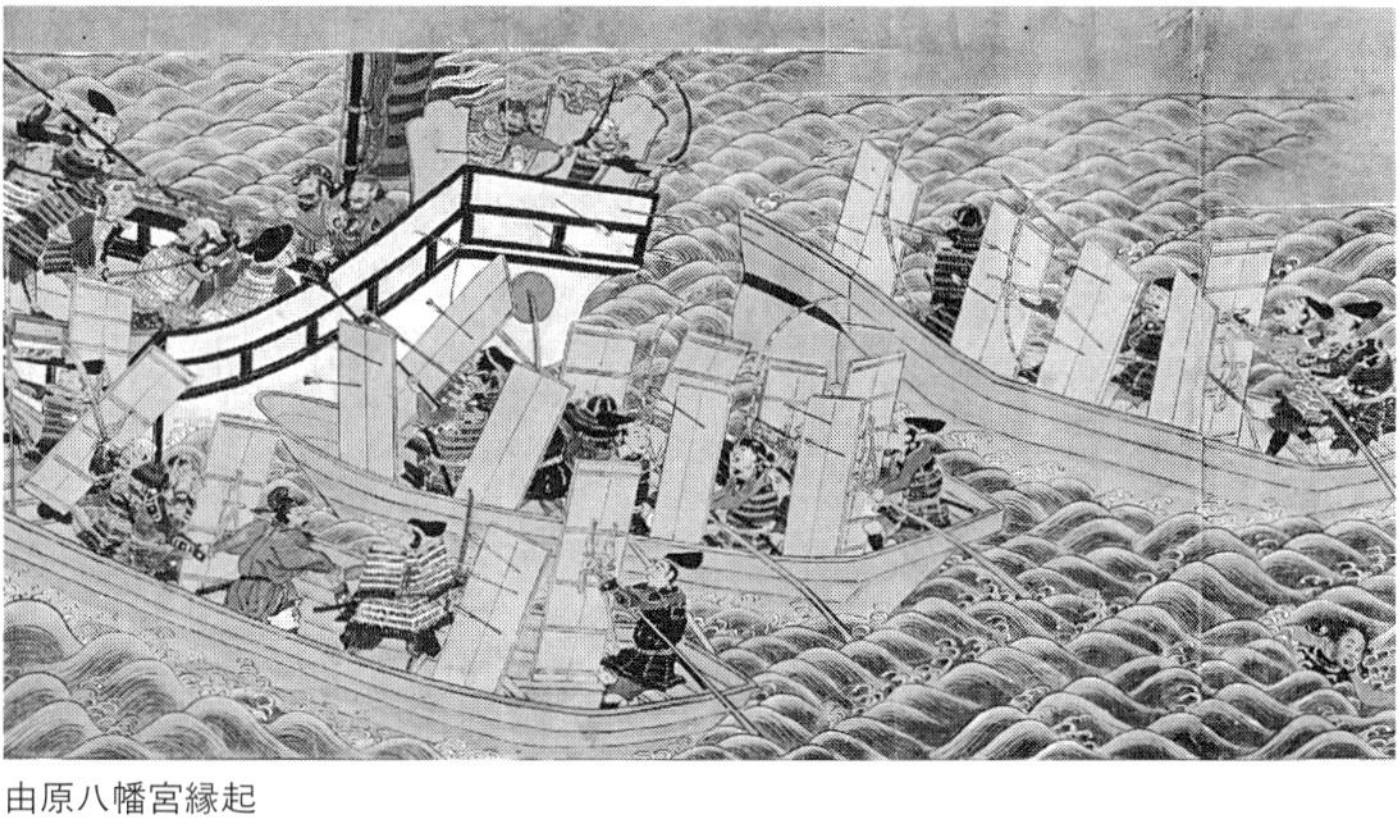

由原八幡宮縁起

現在各地に流布する八幡縁起は、古いものでも応永（一三九四〜一四二八）ころの書写のものが多いが、奈多本の『八幡大菩薩本末因位縁起』の存在を考えると、その原型はこの時期にできたと推定される。八幡縁起はほとんどが絵巻としてつくられ、そのモチーフの中心は神功皇后《じんぐう》が新羅に出兵したという話が中心となっており、対新羅神としての八幡神の力を描いている。これはモンゴル戦争と新羅との戦いを重ねあわせ、八幡神の力を人びとに誇示するものであり、その後の日本人の対外意識形成に大きな影響をあたえた。

一方、モンゴル襲来の神戦の功績と以後の異国降伏の祈禱にむくいるためにだされた弘安徳政や永仁六年の公家《くげ》徳政、さらに正和の神領興行によって、神官である本主の手をはなれていた所領は回復されるかにみえた。ことに最後の九州五社における神領興行は、幕府の影響力を寺社領へより浸透させることになったことは事実であるが、所領回復をめぐって武家と寺社の対立を激化させることになった。幕府は越訴《おっそ》（再審）などは認めず、硬直した強権的政策を強行したため、在地の反発はますます強まっていった。

そのような状況のなかで、徳治二（一三〇七）年に宇佐宮の式年遷宮が行われた。本来は正応二（一二八九）年が遷宮の年にあたっており、前年の正応元年には、幕府は少弐浄恵《しょうにじょうえ》（経資《つねすけ》）・宇都宮尊覚《そんかく》（道房《みちふさ》）を宇佐宮式年造営奉行に任じ、大宰府管内の諸国に用途を配分した。しかし、造営がなかなか進まず、永仁の初年に弥勒寺の僧侶《そうりょ》が観世音寺《かんぜおんじ》で殺害されるという事件によって、神輿《しんよ》の動座《どうざ》のことがあり、永仁七（一二九九）年に神事を行おうとしたが、新造の正殿がこわれ、奉行人浄恵に筑前漆生荘《うるしう》（福岡県嘉麻《かま》市）を付して造営をとげようとしたが、これもうまくいかず、神宝の調進も延引するという事態になった。さらに嘉元二（一三〇四）年十二月には、怒った宇佐宮の神人《しんじん》らが馬場の頓宮《とんぐう》に神輿を移すという事件がおこる。御神体は仮殿におかれたまま十数年を送り、仮殿・神宝がくちはてるという異常事態となってしまったが、徳治二年、ようやく正殿遷宮が行われ、八月十五日には放生会《ほうじょうえ》も無事行われた。

しかし、ここに追討ちをかけるように、延慶二（一三〇九）年に宇佐宮の大火災がおこる。宇佐宮の宮《ぐう》中《ちゅう》（宇佐宮と宇佐町を含む空間）の境となる社頭の松隈《まつくま》の在家から出火した火事は、たちまちのうちに宮中をなめつくし宇佐宮の境内地におよんだ。上宮の本殿・若宮などの神殿はもちろん、御炊《みけ》殿（下宮）とその関連の建物、馬場の頓宮、祈皇寺《きこうじ》、黒尾《くろお》社《しゃ》、大鳥居、さらに弥勒寺の大講堂や金堂をはじめとする堂舎がことごとく灰燼《かいじん》に帰した。「社頭境内、地を払い跡を削り、草創以来、此の例を聞かず、……偏《ひと》へに天魔の所行たるか」というありさまであった。

幕府は宇佐宮にまず筑前国竹野《たかの》荘の年貢三年分（延慶二年〜応長元年）を寄進し、式年仮殿の跡地に仮殿を造営した。また、翌年の延慶三年には、石清水八幡宮の弥勒寺寺務通清《つうせい》の沙汰として食堂《じきどう》跡講堂の後門に弥勒寺の仮堂を建立した。本尊の弥勒・薬師の二尊も造立され、応長元（一三一一）年五月十六日には、京都で持明院・同新院の行幸を得て供養が行われ、同年六月十一日に宇佐の和間《わま》の浜に運ばれ、十五日には仮堂に安置されたのである。

本格造営は、元亨元（一三二一）年の式年遷宮を契機に行われ、宇佐宮造営奉行には大友貞宗《さだむね》が任じられるが、貞宗が辞退したため少弐貞経と越中《えっちゅう》顕資《あきすけ》にこの役目が命じられ、造営のために九州の荘園に賦課がかけられていく。それでも用途徴収は進まず、嘉暦元（一三二六）年には、関・津の年貢運上船を差しおさえ、造宇佐宮用途米をわかちとるという強行手段にでたが、本殿の造営は遅滞したまま、この年には仮殿が焼失してしまったのである。

一方、弥勒寺堂塔の本格的な再建には、銭四万四一八九貫九六〇文・米三二六五石四斗が必要であることが文保二（一三一八）年に注進され、元亨元年に幕府は鎮西探題北条英時《ひでとき》に宇佐宮弥勒寺の造営を命じる。元亨三年には木作《きづくり》のことがはじまり、弥勒寺の造営料が大宰府管内に配分されるが、宇佐宮の造営と重なり、弥勒寺の造営料徴収は困難をきわめ、堂塔は一部再建されるにとどまったとみられる。

やがて、幕府政治の混乱、さらに元弘の乱によって幕府そのものが崩壊し、南北朝の内乱に突入していく。宇佐宮はもっとも重要な祭礼である放生会や行幸会などの常の神事をとり行うことができなくなり、応永の大内氏の再建まで一〇〇年近く建物の建立も神事の興行も停滞し、危機的な状態におかれたのである。

国東にみる「里」と「山」の景観●

平安時代の後半以降、国東半島の「里《さと》」はほとんどが宇佐宮やその神宮寺弥勒寺の荘園となり、「山《やま》」は天台宗延暦寺《えんりゃくじ》の末寺《まつじ》六郷山《ろくごうざん》の土地となった。

国東は「仏の里」「神の里」「鬼の里」などとよばれ、今も富貴寺《ふきじ》や真木《まき》の大堂《おおどう》の仏たちに代表される仏教美術、国東塔・板碑《いたび》・五輪塔、磨崖仏《まがいぶつ》・石仏などの石造文化財、修正鬼会《しゅじょうおにえ》・国東盲僧琵琶《もうそうびわ》など有形・無形のさまざまな文化財の宝庫である。しかも、国東の本当の魅力は、このような歴史的文化財が数多く残っているというだけではなく、このようなすぐれた歴史遺産をはぐくんだ環境、自然が残されてきたことである。しかし、国東地域も時代の開発や嵐のなかで、道路の整備、圃場《ほじょう》整備の進行、ゴルフ場開発などによって、文化財やそれをはぐくんだ歴史的景観は危機に瀕《ひん》している。

それでも、国東の文化財や景観は魅力にとんでいる。なかでも豊後高田市の田染《たしぶ》地区や都甲《とごう》地区、西国東郡大田村（現杵築市）や香々地《かかぢ》町夷《えびす》（現豊後高田市）、東国東郡国見《くにみ》町旧千燈寺《せんとうじ》地区・安岐《あき》町両子《ふたご》地区、同郡国東町岩戸寺《いわとじ》や文殊仙寺《もんじゅせんじ》などの地区（いずれも現国東市）には、往時の雰囲気を伝える文化財や歴史的環境が残っている。

田染地区は、宇佐宮の宮方《みやかた》の荘園であり、とくに奇岩の岩山に囲まれた小崎《おさき》地区や棚田《たなだ》の美しい大曲《おおまがり》地区は中世の景観を今日に伝えている。小崎の台薗《だいそん》は、宇佐宮の神官でもあった田染氏の館《やかた》がおかれた場所であり、ここは神領興行の舞台となり、宇佐宮神官田染氏がこの法令によって台薗の屋敷のほとんどを得た。台薗の集落は鎌倉時代の屋敷区画が今も生き続け、水田景観も中世のおもかげを伝えている。富貴寺や真木の大堂や、熊野《くまの》磨崖仏も実はこのような田染のなかに存在している。

都甲は、鎌倉時代、宇佐宮の神宮寺弥勒寺の荘園であるが、荘園の奥には、六郷山の惣山である屋山《ややま》や長岩屋《ながいわや》や加礼川《かれがわ》という六郷山の寺院がある。屋山寺は現在は長《ちょう》安寺《あんじ》とよばれ、坊跡が残り、奥の院に六所権現《ろくしょごんげん》、講堂跡

田染大曲の水田風景　大曲谷には,中世,永正名の水田があり,谷の奥には南北朝期の国東塔や室町時代の観音像がある。

鬼の棲む国東

国東《くにさき》の山は、奇岩が連なり、無数の霊窟《れいくつ》が点在し、今も鬼が住んだという岩屋がいくつもある。熊野磨崖仏《まがいぶつ》へ至る石段は一晩で鬼が積みあげたという伝説をもち、毎年旧暦の正月には、この地には今も鬼が登場する。六郷満山《ろくごうまんざん》の僧侶が川で身を清め岩屋にはいり、鬼に変身してあらわれる。鬼は全身を蔦葛《つたかずら》で縛《しば》られ、寺の講堂に招かれる。そこから松明《たいまつ》をもった鬼は夜の闇のなか、村へむかい、家々をまわり、里人にその年の福を約束する。これを地元では、修正鬼会《しゅじょうおにえ》とよぶ。

鬼といえば、恐ろしくて嫌われ者であるが、国東の鬼は人びとに福をもたらすのである。国東の両子寺《ふたごじ》所蔵の六郷満山の縁起によると、その昔、日本に蒙古《もうこ》の鬼たちが襲来した。国東では、この地の寺を開いた仁聞菩薩《にんもんぼさつ》や法蓮和尚《ほうれんおしょう》らの僧侶が異国降伏《いこくこうぶく》のために、五大明王《ごだいみょうおう》を配する五壇《ごだん》法という行法を行い、このことによって、蒙古は滅び、その蒙古の魁将《かいしょう》の首が、岩戸寺《いわとじ》という寺の岩屋におさめられたという。今の鬼は、この首のおさめられた岩屋から登場する。したがって、鬼は、蒙古の鬼にほかならない。しかし、なぜ、蒙古の鬼が福をもたらすのであろうか。

民俗学や文化人類学の研究によれば、異邦人や恐ろしい外来者を鬼とみなし、その鬼は災いと福をもたらす両義性をもつ。毒も転じて薬となるように、鬼は蔦葛で縛られることによって、その力は、福の方向に使われる。そのため、鬼は国東の六郷満山の寺々を開いた仁聞菩薩や法蓮和尚の化身、あるいは不動明王や愛染明王《あいぜんみょうおう》の化身ともみなされている。

仁聞菩薩は八幡大菩薩の応現であり、八幡は鎮座する宇佐から、宇佐宮の神宮寺の初代別当であ

❖コラム

る法蓮とともに、この魔界の山々で、菩薩の苦行を行ったといわれる。国東は古代「国埼」と書き、日本の西の先端であり、その先は、まつろわぬ隼人《はやと》の国、日向《ひゅうが》があった。八幡神は、この隼人を討つ軍神として八世紀はじめに宇佐の地に出現し、同じころ沙門法蓮は、この国境の地で、隼人との戦いによる殺生《せっしょう》から生まれる災いとくに病から人びとを救う「放生《ほうじょう》」という仏法医療に従事していた。この両者はやがて融合し、八幡宇佐宮を創設する。殺戮《さつりく》の軍神と殺生の罪を救う仏法の結合は神の菩薩、八幡大菩薩を出現させる。八幡大菩薩は法蓮とともに、隼人の国への入り口である国東の山林にむかい、恐ろしき鬼たちの力を自分のものとした。その結果、八幡大菩薩や法蓮は鬼の力をもつ菩薩として多くの衆生《しゅじょう》を苦しみから救う神となった。

今日でも、六郷満山の僧侶は、八幡=仁聞菩薩らの苦行の跡を追い、四日で一五〇キロほどの山道を踏破《とうは》するという「峰入《みねい》り」を行う。旧暦の正月、僧侶は鬼となり、仁聞や法蓮の末裔《まつえい》として、鬼の力をも取り込み、人びとに福をあたえ続けてきた。だから、今も国東には鬼が生きている。

天念寺(豊後高田市)の修正鬼会

があり、重要文化財の太郎天像《たろうてんぞう》、銅板法華経など、十二世紀の寺の草創期の遺物が残る。この屋山の南側の谷、加礼川はこの寺の払《はらい》とよばれる開発所領として屋山寺の経済をささえてきた。谷には今も屋山寺の坊から発展して集落となった坊集落が残り、そこの小堂には中世の仏像が残り、古い国東塔や五輪塔がある石積み基壇をもった墓がある。水田景観も中世の雰囲気を伝える。

また、屋山の北側の谷の長岩屋も坊集落である。応永の文書では六二カ所の屋敷があり、この谷の住人は「住僧《じゅうそう》」とよばれ、住僧でないものは谷に居住することは禁じられている。この住僧の伝統は、今も長岩屋の後身である天念寺《てんねんじ》の講堂で行われる修正鬼会のなかに残り、修正鬼会は今も寺の祭であると同時にムラの祭として行われる。

国東の鬼会は、修正月会《しゅしょうがちえ》の鬼走りが肥大化した法会《ほうえ》であり、鬼は六郷山を開いた仁《にん》（八）聞菩薩《もんぼさつ》（八幡神）と法蓮の化身であり、不動明王・愛染《あいぜん》明王といわれるが、一方では蒙古の鬼として異形のものと認識され、全身を蔦葛《つたかずら》でしばられて登場してくる。蒙古襲来を契機に現在のような鬼会の形態ができたと推定されるが、村人は恐ろしい蒙古の鬼の力のうえに仁聞や法蓮の国東を開いた伝説の僧侶の力、不動明王や愛染明王という異国調伏の仏の力を重ね、さらに祖霊の力をあわせてその年の福を約束される。

また、国東の世界は、今も祖霊への祭祀《さいし》が盛んであり、系図祭や先祖祭が根強く残り、墓も中世以来のものが数多く残る。杵築市の財前家《ざいぜんけ》墓地は、元応二（一三二〇）年の国東塔をはじまりに中世の宝塔・五輪塔・板碑などが残り、その墓地のうえには近世・近代の墓地が連続的に残っている。鎌倉時代の墓が現在まで連続しているこのような墓は、熊野墓地（豊後高田市）・長木家《ちょうきけ》墓地（国東市）などにもみられ、寺でも国東の高野《こうや》といわれる旧千燈寺の一〇〇〇基を超える五輪塔・宝塔なども、中世へ直結する国東の世界ならではの風景である。

このように国東半島は、開発の波に洗われ変貌《へんぼう》をとげながら、今も中世の荘園の世界を体感することが可能な貴重な空間となっている。

3　南北朝の内乱と二豊の武士

内乱を生き抜く知恵●

大友《おおとも》氏は、鎌倉初期には九州三国（豊後・肥後・筑後）の守護職をかね、鎮西の一方《いっぽう》奉行《ぶぎょう》として幕府の九州支配の要《かなめ》にいた。しかし、肥後・筑後の守護職もしだいに北条《ほうじょう》氏によって奪われ、モンゴル襲来のさいも東方奉行として御家人の指揮にあたっていたが、豊後国内も多くの北条得宗領が設定され、ことに鎮《ちん》西探題《ぜいたんだい》の成立以降は、幕府草創の立役者の一人である中原親能《ちかよし》の流れをうける名門の面目を失いつつあった。また、幕府のだした神領興行法《しんりょうこうぎょうほう》は、その適用の中心が宇佐宮領であったため、豊後の大友惣領家や一族被官《ひかん》の所領にもおよび、大友氏は、幕府すなわち北条得宗の専制的体制に不満をくすぶらせていたことはまちがいない。

元弘三（正慶二＝一三三三）年三月、護良《もりよし》親王は密使を派遣して、鎮西奉行をつとめてきた大友・少弐《しょうに》の両氏に倒幕の協力を依頼した。両氏は北条氏に不満をもっていたが、まだ中央の形勢を見きわめられずその去就に迷った。大友貞宗《さだむね》は少弐貞経《さだつね》・菊池《きくち》武時《たけとき》と密約し、博多の鎮西探題北条英時《ひでとき》を攻める計画をたて博多周辺に探題警護を名目に駐屯していたが、攻撃を躊躇《ちゅうちょ》し菊池武時だけがこれを攻め敗死した。さらに、閏三月二十三日には、大友貞宗に軍勢催促にやってきた後醍醐《ごだいご》天皇の密使を斬《き》るなど、京都周辺の情勢をつかみかねていた。

この博多の陣中で、大友貞宗は急遽《きゅうきょ》家督を嫡子（五男）千代松丸（氏泰《うじやす》）にゆずり、長子二郎貞順《さだより》や次子三郎貞載《さだのり》らには戦場に召し具すから所領をあたえないという嫡子単独相続の体制を確立した。これは内乱を生き抜く体制であり、貞宗はイエ存続のためと考えていたが、実は大友家内紛の火種となってしまうのである。

やがて、五月、後醍醐天皇が伯耆《ほうき》より帰洛《きらく》するという風聞があり、天下の形勢は一変する。五月二十五日、大友氏と少弐氏は菊池氏に協力し、鎮西探題の館《やかた》を攻撃し、北条英時は一族郎党三四〇人とともに自害してはてた。このさいに大友貞宗は、豊後の大友一族・国人《こくじん》ばかりでなく、豊前の宇佐郡の新開《しんがい》氏などの国人を動員していた。この年の十二月に京都において貞宗が死去し、大友貞載が千代松丸の名代として表舞台にたった。ただし、貞載を名代ではなく豊後守護であったとする説もある。

建武元（一三三四）年に北条氏の一族で元肥後国守護規矩高政《きくたかまさ》と元豊前国守護糸田貞義《いとださだよし》が筑前と筑後で兵をあげると、新政府は大友貞載と少弐頼尚《よりひさ》にこれを討たせた。翌建武二年七月になると、信濃《しなの》で北条時行《ときゆき》らが反乱を企て、足利直義《あしかがただよし》のまもる鎌倉に侵入した（中先代《なかせんだい》の乱）。足利尊氏《たかうじ》は天皇の許可を得ず、かってに「征東大将軍」を称して関東に下向し、八月にはこれを撃破したが、天皇の帰京命令を無視して鎌倉にとどまり、新田義貞《にったよしさだ》の追討をせまり、建武政府に反旗を翻した。

中先代の乱にあたって出陣要請をうけ上洛《じょうらく》していた大友氏は、尊氏追討軍に編成され関東へくだった。十二月十二日、伊豆《いず》の国府で追討軍は竹下《たけのした》へむかう軍と箱根路をいく軍（大将新田義貞）にわけられ、大友左近将監《さこんしょうげん》貞載は前者、大友千代松丸は後者の軍にわかれた。官軍は初戦にやぶれ後退し、翌日伊豆佐野山でふたたび交戦したさいに、大友貞載らが官軍を裏切り尊氏軍に寝返ったため、官軍は総崩れとなり西に敗走した。大友千代松丸はそのまま新田軍にしたがい京都に戻るが、翌建武三年正月には建武政権を見かぎり、足利方へはせ参じることになった。ここにも貞載と千代松丸の行動には微妙なズレが存在している。

官軍を追って足利軍が京都にはいると、後醍醐天皇は比叡山《ひえいざん》に臨幸した。結城親光《ゆうきちかみつ》は天皇とともに比叡山にあったが、伊豆における大友貞載の寝返りを恨み、貞載を討ち取ろうとして洛中へ戻った。『梅松論』と『太平記』では記述が異なるが、結城親光はわざと足利軍にとらえられ、大友貞載に近づきこれに斬りつけ殺害した。『梅松論』では二人が組み合って相討ちになり、貞載は親光を斬り殺したが、自分も深手

木造足利尊氏坐像(室町期)

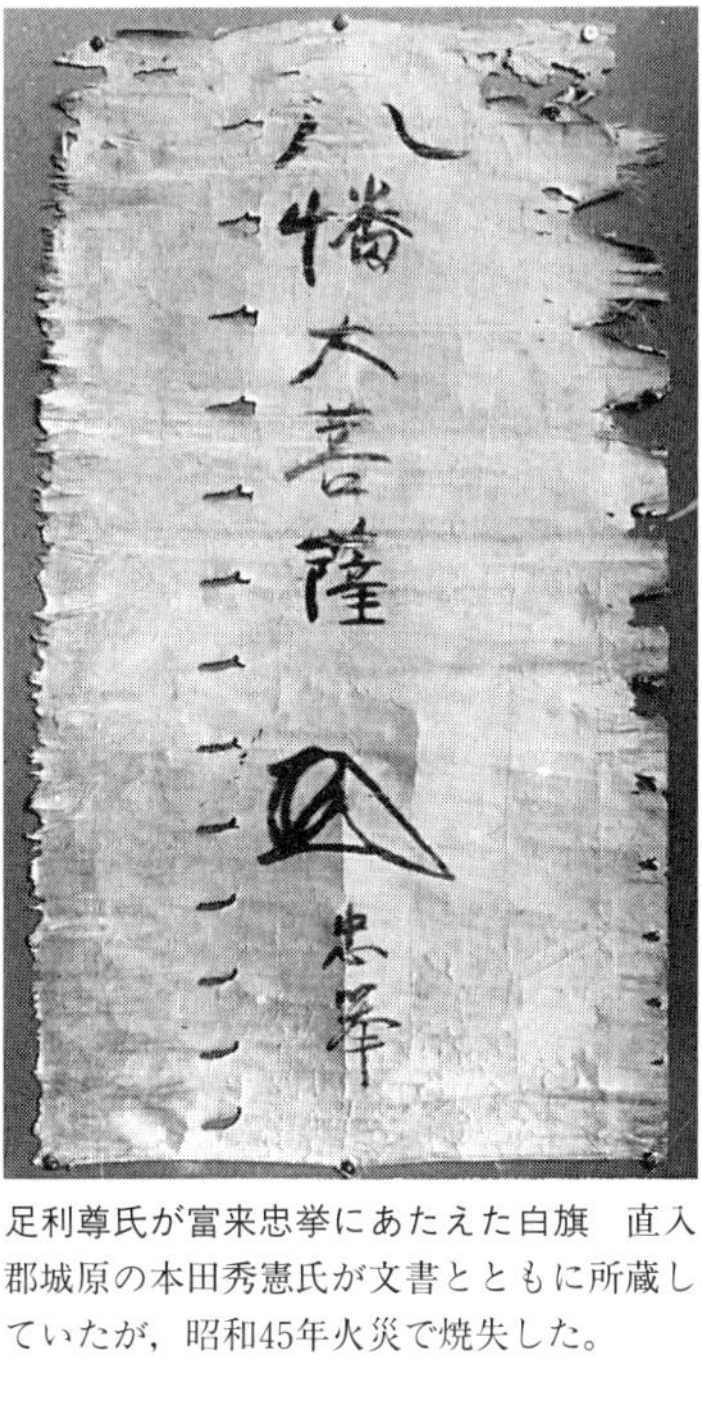

足利尊氏が富来忠挙にあたえた白旗　直入郡城原の本田秀憲氏が文書とともに所蔵していたが，昭和45年火災で焼失した。

をうけ翌日死去したという。『太平記』では親光が三尺八寸の太刀で斬りかかり、貞載を殺害したので、若党がこれを討ち取ったとある。

大友千代松丸の名代といわれる大友貞載は壮絶な戦死をとげた。こののち正月二十七日には、足利軍は陸奥《むつ》から破竹の勢いで進撃してきた北畠顕房《きたばたけあきふさ》軍と交戦しやぶれ、京都を追われ九州におちるが、このときに足利尊氏は大友千代松丸を猶子《ゆうし》にし、九州における大友氏の力に期待した。しかし、大友氏は貞載の戦死によって惣領と庶子の矛盾が一気に噴出していくことになる。

玖珠城と高崎山城の攻防●

九州にはいった足利尊氏は大友・相良《さがら》・島津などの協力を得て体勢をたてなおし、三月二日には筑前の多々良浜《たたらはま》に天皇方の菊池武敏《たけとし》を破り、弟直義《ただよし》は大宰府《だざいふ》にはいった。筥崎《はこざき》に陣した尊氏は西国の兵士をつのり、ふたたび上洛の機をねらう。

同じころ豊後では、肥後の菊池と提携した豊後の武士の一部が天皇方として玖珠《くす》城にたてこもった。玖珠盆地に伐《き》り株のようにうえが平らになった独立山がある。名も伐株山《きりかぶさん》というが、この山が玖珠城である。当時の古文書には「高勝寺《こうしょうじ》城」などとして表れ、山の上に天台宗の洪樟寺《こうしょうじ》（高勝寺）があり、寺の近くには水が湧《わ》き、絶好の要害であった。玖珠郡は、日出生台《ひじゅうだい》を越えて由布《ゆふ》さらに豊後国府へ、万年山《はねやま》を越えて肥後菊池方面へ、またくじゅう山《さん》の高原を越え豊後の南へ通じる交通の要衝であった。鎮西八郎為朝《ためとも》以来の豊後武士の活動拠点である草原の世界への入口である。また、豊後では珍しく皇室領荘園が集中し、そのすべてが大覚寺統《だいかくじとう》の御領であった。

籠城軍は、小田顕成《あきなり》・魚返宰相房《おがえりさいしょうぼう》ら玖珠郡の清原《きよはら》一族の一部と日《ひ》田《た》の日田楢原《ならはら》兵衛次郎、敷戸普練《しきどふれん》・

賀来弁阿闍梨《かくべんあじゃり》・同舎弟孫五郎・沙弥道円《しゃみどうえん》ら大分郡の武士、大友一族では大友貞順《さだより》・入田《にゅうた》士寂《しじゃく》らが知られる。すでにのべたように、大友貞順は大友千代松丸すなわち氏泰の兄であるが、戦死した貞載とともに父の意志によって所領も分与されない庶子として戦場をかけ回る日々を送っており、兄貞載の死後、むくわれない庶子の悲哀を痛烈に感じていたと思われる。ここに惣領家に反旗を翻し、天皇方についたのである。南北朝時代の南党と北党の分裂の原因は、天皇家の分裂だけではなく、各武士の家の惣領と庶子の複雑な対立が根底にあったといわれる。

尊氏はこの天皇方軍を討つため、一色頼行《いっしきよりゆき》を大将として派遣した。頼行は三月二十四日に玖珠に着き攻撃を開始したが、玖珠城をめぐる攻防は八カ月にもおよんだ。攻撃軍は、豊後・豊前・肥前の武士が動員され、玖珠郡の清原一族では伐株山の反対側になる玖珠川右岸の帆足《ほあし》・綾垣《あやがき》・野上《のがみ》氏は尊氏方に加わっていた。

籠城衆は、この山城にじっと八カ月こもっていたわけではなく、豊後の国府を二度にわたって攻略しようとしている。

玖珠(伐株山)城跡遠景

初回は三月十一日で、大友貞順・入田士寂は玖珠城攻めで手薄になった国府を攻撃しようとしたが、志賀頼房がただちに高国府《たかごう》にはせ参じ国内の国人《こくじん》の結集をよびかけ事なきを得た。大友貞順・入田士寂の侵入ルートは不明であるが、直入《なおいり》郡入田に拠点をもつ入田氏がいることから、万年山からくじゅう高原を越え、直入にはいり、ここから野津原《のつはる》方面へむかい攻撃をかけようとしたと思われる。二回目は六月である。四月に足利尊氏は九州を後にして都へ軍を進めた。大友軍の主力はこれに加わり、残りは玖珠城に張りついていた。敷戸普練・賀来弁阿闍梨・同舎弟孫五郎らは城を抜けだし、大分郡の霊山《りょうぜん》にはいり、霊山寺の執行《しぎょう》稙田《わさだ》大夫房《だいゆうぼう》有快《ゆうかい》の館を攻撃し在家を焼き払い、国府に侵入しようとした。しかし、このような策略も効果なく、玖珠城は十月十一日に落城した。

この間、足利尊氏は六月二十五日に湊川《みなとがわ》で楠木正成《くすのきまさしげ》を破り京都にはいり、八月十五日に光明天皇をたて、十一月には幕府を開いた。後醍醐天皇は十二月に神器を奉じて吉野《よしの》へ移った。ここに南北両朝の並立の時代がはじまる。

九州では、玖珠城を失ったあとは、南朝方の拠点は肥後の菊池のみとなっていた。九州探題一色範氏《いっしきのりうじ》は肥後攻略をめざすが、決定打がなく、延元四（暦応二＝一三三九）年十二月ころには、少弐資時《すけとき》が菊池武敏に味方し情勢がかわった。尊氏は大友氏泰を九州へ帰し、一色範氏に協力させたが、正平三（貞和四＝一三四八）年に懐良《かねよし》親王が征西大将軍に任命以来一三年目にして菊池郡にはいると、九州の南朝軍は勢力を盛り返した。

一方、京都では翌正平四年ころから、尊氏の執事高師直《こうのもろなお》と尊氏の弟直義のあいだで対立が表面化していた。足利幕府の政治は、軍事・恩賞の権限を握る尊氏と、裁判権いわゆる統治権を握る直義の二頭政治となっており、これが党派をつくりだす原因となっていた。尊氏は執事高師直の要求をいれ、直義の権限を剝奪《はくだつ》した。これに対して直義は南朝側に降伏し尊氏軍を破ったため、尊氏は高師直を出家させることで和議が成立した。しかし、直義は師直を殺害したため、尊氏は今度は南朝方にくだり、直義を殺害した。この尊氏派と直義派の対決がいわゆる「観応《かんのう》の擾乱《じょうらん》」である。

九州では、尊氏の庶子で弟直義の養子となっていた直冬《ただふゆ》が直義派として鎮西の武士を組織化しようとしたため、宮方・尊氏方・直冬方の三つどもえとなった。九州の武士は中央の政争に振りまわされ、大友氏も直冬方についたり、尊氏が南朝にくだると宮方についたりと目まぐるしく党派をかえ、自家の生き残りをはかった。

この幕府の混乱のあいだに、懐良親王は着実に勢力をのばしていった。正平七（文和元＝一三五二）年十一月に直冬は少弐頼尚《よりひさ》とともに宮方にくだり、懐良親王は肥後から肥前方面を攻略、さらに日田から玖珠・由布・狭間《はざま》を経て、豊後国府をおとし、速見郡・豊前宇佐郡・城井《きい》（福岡県みやこ町）を経て筑前殖《うえ》木《き》（同県直方《のおがた》市）から博多へ侵入した。このとき、豊後国守護大友氏時《うじとき》（氏泰《うじやす》の弟）も宇佐宮大宮司も降伏し、懐良親王は宇佐八幡宮に「白鞘入剣《しらさやにゅうけん》」（国重文）を奉納している。

しかし、大友氏時はまもなく離反して高崎山（大分市）にこもった。親王は正平十三（延文三＝一三五八）年には筑後から日田・玖珠を経て狭間方面にはいり、高崎山を囲み、その翌年はくじゅうから侵入し、志賀《しが》城を攻め、高崎山を囲んだが、二度とも攻略できなかった。正平十六（康安元＝一三六一）年には、懐良親王は大宰府にはいり、九州はほとんど南朝勢力におさえられ、唯一北朝方の拠点として残ったのが高崎山であった。

この年、幕府は一色道猷《どうゆう》（範氏）を罷免し、斯波氏経《しばうじつね》を九州探題として北朝の拠点豊後に派遣した。氏経が海路を経て高崎山にこもると、翌年には宮方の菊池武光がこれを攻めた。これに対して、大友氏時は少弐冬資《ふゆすけ》や宗像《むなかた》・松浦《まつら》一族ら二万余騎を動員して、筑前国長者原《ちょうじゃばる》（福岡県糟屋《かすや》町）で宮方軍四万騎と対戦するが、やぶれて大友の主力は高崎城、少弐冬資は岡城（福岡県岡垣町）、宗像大宮司らは棟堅《むなかた》城（同県宗像市）にこもったのである。

探題斯波氏経は罷免され、渋川義行《しぶかわよしゆき》がこれにかわったが、九州にはいれず、大友氏を中心とする北朝軍は孤立感を強めていた。業を煮やした田原氏能《うじよし》の直談判もあって、建徳二（応安四＝一三七一）年には名将として知られる今川貞世《さだよ》（了俊《りょうしゅん》）が探題に就任した。了俊の子息義範《よしのり》が田原氏能に伴われ、海路高崎山にはいると、これを知った南朝軍は菊池武政が伊倉宮《いくらのみや》を奉じて猛攻をかけ、両軍の交戦は一〇〇余度におよんだという。しかし、南朝方はこれをおとせず、今川了俊の弟頼泰が肥前に侵入し、了俊の本隊が門司から攻略を開始すると、高崎山の囲みはとかれ、南朝優位の戦局はしだいに変化していった。

南北朝動乱のなかで、玖珠城と高崎山城の攻防はその戦局を大きく左右した。豊後は九州の草原の道をおさえる国であり、高崎山は瀬戸内海を背にする都と九州を結ぶ接点となった。九州の要衝としての豊後の位置がふたたびクローズアップされたのである。

大友庶子戸次氏と田原氏からみた内乱●

さきにものべたように、南北朝の内乱は惣領と庶子というイエ内部の矛盾が表面化し、内乱を長引かせる原因となった。豊後守護大友氏もその例外でなく、ここでは戸次《べっき》氏と田原《たわら》氏という代表的な大友庶子家の側からみた内乱を描いてみる。

戸次氏は大友一族最大の庶子である。大友二代親秀《ちかひで》の子息重秀《しげひで》が大神《おおが》姓戸次氏の跡をつぎ、国東郡・速見郡・大野郡に所領をもち、豊後では惣領家につぐ所領を保持していた。鎌倉時代には、鎮西評定衆・同引付衆など幕府の要職にもついていた。内乱がはじまると、大友惣領家につきしたがい東上し、大友家中最大の軍団を擁して奮戦した。しかし、恩賞は十分にあたえられず、不満をつのらせ、九州探題一色範氏《のりうじ》からあたえられたと称して、大野郡井田《いだ》郷（豊後大野市・千歳《ちとせ》町）や国東郡来縄《くなわ》郷（豊後高田市）などを押領し、幕府に訴えられている。

大友惣領家では、貞宗によって、氏泰《うじやす》（千代松丸）に子がないときは舎弟亀松丸（氏宗《うじむね》）にと決められていたが、氏泰は父の意に反して同母の氏時《うじとき》に家督をゆずることを決心した。このさいに、惣領家に不満をもっていた戸次氏は氏宗に加担して正平二（貞和三＝一三四七）年六月一日に氏宗、戸次朝直《ともなお》、同頼時《よりとき》、左中将伊房《これふさ》らは、阿蘇《あそ》大明神に起請文《きしょうもん》をささげ同盟を結んで、南朝方についた。翌年、大友一族と思われる近江孫次郎が攻めてくるとのことで、一時大友氏泰と戸次頼時は同心したが、直後の四月二十九日には、大友氏泰は戸次朝直の日出《ひじ》荘の四分の一を志賀頼房にあずけおき、戸次氏を切りすてようとした。

また、正平七（文和元＝一三五二）年には、戸次朝直の所領であった日出荘、大神・藤原荘（速見郡日出町）、豊後国里《さと》屋名《やみょう》（別府市）、戸次頼時の所領であった田原別符波多方《はだかた》（杵築市大田波多方）、阿南《あなみ》荘光一《みついち》松《まつ》名（由布市狭間町・庄内町）などは幕府によって没収され、日出荘は田原貞広《さだひろ》、大神・藤原荘、田原別符波多方、阿南荘光一松名は田原正曇《しょうどん》（直貞《なおさだ》）、里屋名は竹田津《たけたつ》詮之《あきゆき》に勲功の賞としてあたえられた。しかし、翌年には戸次氏が北朝に復帰し、「本主降参《ほんしゅこうさん》」の法により、大神・藤原荘、田原別符波多方の半分が戸次氏に返還された。さらに正平十八（貞治二＝一三六三）年には、戸次頼時の子息直光《なおみつ》の降参によって阿南荘光一松名も返還された。

戸次氏は、大友家最大の勢力であり、大友惣領家から一目おかれる存在で、自律的な傾向が強く、内乱のなかでは反惣領から南朝方についたが、それも一時的なものにおわり、勢力は後退の一途をたどった。

一方、田原氏は初代大友能直《よしなお》の子息泰広《やすひろ》にはじまる。泰広の母は白拍子《しらびょうし》といわれ、所領も分与されない無足の庶子である。田原氏は幕府の要職にも就任した戸次氏とは対照的な存在であり、弘安八（一二八五）年の図田帳では、わずかに田原本郷四〇町を借上地あるいは売買地として押領していたにすぎない。おそらく代官としてここに居住していたのであろう。モンゴル合戦では、勲功の賞として筑前国怡土《いと》荘一〇町をあたえられ、応長元（一三一一）年には筑後国田口西方《たぐちにしかた》（福岡県大川市）・豊後国田原別符本方《ほんかた》・筑前国怡土荘末永《すえなが》名（福岡県糸島市）のそれぞれの三分の一を安堵《あんど》されるが、正和の神領興行のさいに大友惣領家は田原別符の神領の返還をせまられると、田原氏の当知行分の本方三分の一をそれにあてた。田原氏は鎌倉時代をつうじて庶子の悲哀を味わってきた。

内乱がはじまると、田原氏は大友惣領家のもとで各地に転戦したが、当初は惣領家から軍功が注進される小さな庶子家にすぎず、惣領家に反発して南朝方へ加担する力量もなかった。しかし、しだいに頭角を現し、足利尊氏の信頼を得て、延元四（暦応二＝一三三九）年十一月には田原直貞（法名正曇）に筑後国田口西方・豊後国田原別符本方・筑前国怡土荘末永名のそれぞれの三分の一地頭職が安堵される。さらに、興国二（暦応四＝一三四一）年には新恩の所領として肥前国山田荘の地頭職をあてがわれる。興国五（康永三＝一三四四）年には大友惣領家氏泰と田原正曇の確執を、幕府が仲介するという事件があり、もはや大友家の一庶子家を脱却し、大友惣領家にもものいうことができる豊後の有力武士として幕府と密接な関係をもった。

観応《かんのう》の擾乱《じょうらん》にさいしても尊氏方として活躍し、正平五（観応元＝一三五〇）年十二月には田原正曇に使者がだされ、「今、九州は孤立状態で苦しいが、四国・中国を平定すれば、近く九州に下向するつもりであるから、それまで頑張ってほしい」とのべ、そのあとで大友氏泰の行動を褒《ほ》めている。この文面からも、尊氏が大友惣領家とのパイプ役として田原氏をいかに重要視していたかは十分に察せられる。正平六年には田原貞広は豊前守に任じられ、勲功の賞として直義《ただよし》派の二階堂行珍《ぎょうちん》の跡の国東郷地頭職をあたえられる。国東郷は鎌倉時代は幕府の政所執事《まんどころしつじ》が管理する政所領で、国衙《こくが》領、かつ院御領《いんごりょう》でもあり、瀬戸内海へつうじる良港をもつ重要な場所であった。尊氏がこのような要衝を田原氏にあたえたのは、幕府の九州支配の拠点とする意図があったとみられる。

田原氏は尊氏の期待にこたえ、田原貞広《さだひろ》は正平八（文和二＝一三五三）年に筑前針摺原《はりずりはら》（福岡県筑紫野《ちくしの》市）で懐良《かねよし》親王・菊池武光《たけみつ》軍とたたかい壮絶な戦死をとげている。尊氏

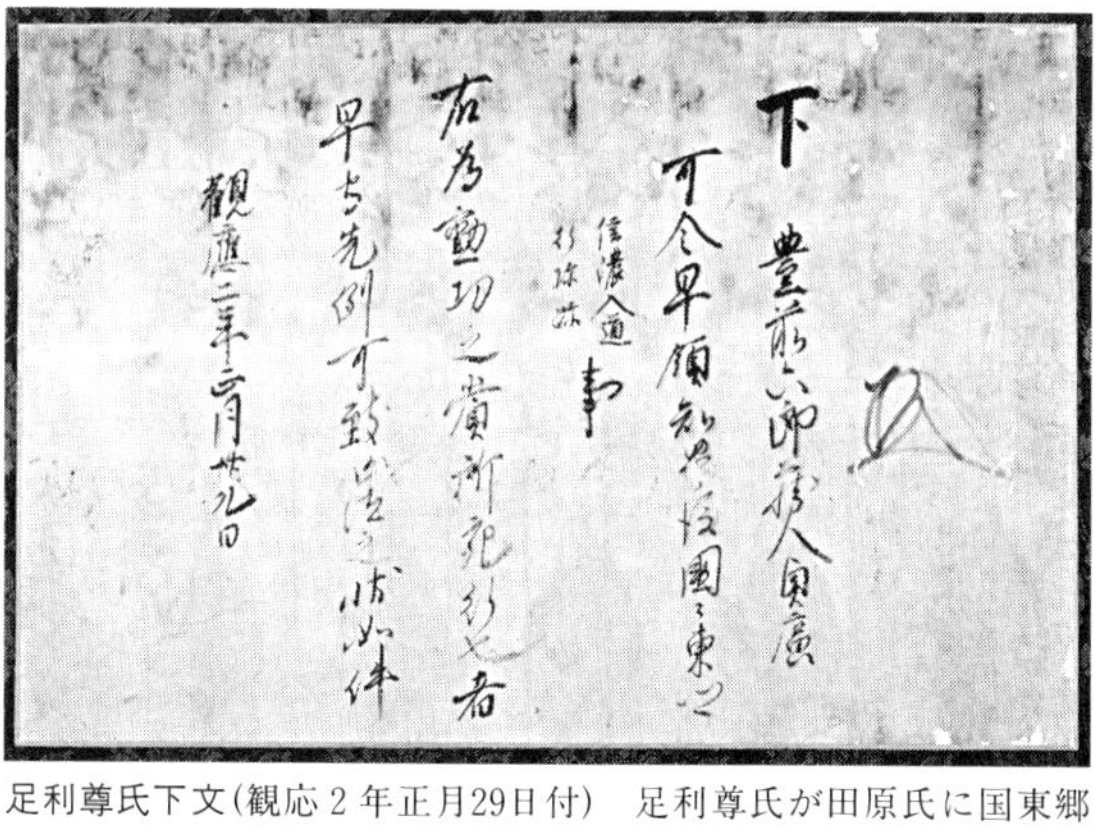

足利尊氏下文(観応２年正月29日付)　足利尊氏が田原氏に国東郷(現国東町域)をあてがった文書。

も同年九月には子息徳増丸《とくますまる》（氏能《うじよし》）に所領を安堵し、九州探題一色道猷と豊後守護大友氏時《うじとき》に扶持を加えるように要請している。氏能も祖父や父と同じく将軍と親密な関係を保ち、宮方が圧倒的優位となり北朝軍が高崎山に孤立したさいに、京都におもむき有能な九州探題の下向を要請し、海路、今川了俊の子息義範《よしのり》を伴い高崎山にはいった。以後、九州探題今川了俊のもとで幕府の勢力回復に奔走し、田原氏は今川了俊によって小番衆《こばんしゅう》（のち奉公衆《ほうこうしゅう》）に組織され、将軍の直轄軍として守護を牽制《けんせい》する役割をあたえられた。

国東町（国東郷域）の田原氏の居館、飯塚《いいづか》（居塚）城跡の近接地には、安国寺《あんこくじ》という寺がある。この寺は、足利尊氏が元弘《げんこう》の乱以後内乱で死んだ人びとの霊をとむらうために各国ごとに建てた安国寺の一つである。ほとんどの安国寺は、各国の守護が中心となり、暦応から貞和年間にかけて建てられるが、豊後国では大友氏ではなく田原氏が安国寺を建てている。安国寺の建立時期は応永とも観応年間ともいわれるが、これは将軍家と田原氏の密接な関係を示すものであろう。戸次氏と田原氏は、両方とも幕府の奉公衆に組織されるが、同じ庶子でも名族と無足では内乱の生きぬき方は異なっていたのである。

内乱の終息と今川了俊●

今川了俊任命の直前は、全国的には幕府勢力が南朝方を圧倒していたが、九州ではまったくその逆であり、足利義詮《よしあきら》の跡を継いだ義満《よしみつ》の政権は、九州平定なくしては統一政権たりえなかった。そのような情勢のなかでの九州探題今川了俊の登場は、九州の勢力地図を大きくかえることになった。

建徳二（応安四＝一三七一）年二月に了俊は任につき、背後をかためるため備後・安芸国の守護にも任じられた。了俊は、大内氏をはじめとする西国の雄族の力を結集し、翌年八月には大宰府を奪回し、懐良親王を菊池へ追いおとす。天授元（永和元＝一三七五）年、了俊は菊池を攻めるため肥後国水島《みずしま》（熊本県菊池市）に至って九州の有力守護大友・少弐《しょうに》・島津の参陣を求めたが、探題の存在をよろこばない少弐はこれに応じなかったので、島津を介して少弐冬資《ふゆすけ》の来援を依頼、これにしぶしぶ応じた冬資を討ち果たした。島津はこれに怒り陣を去ったため、探題軍はもちこたえられず、肥前国府まで撤退した。

この水島の陣における少弐誅伐《ちゅうばつ》事件は、了俊の九州統治を象徴する事件といえる。幕府権力の代行機関としての九州探題の権力強化のためには、大友・少弐・島津らの守護の存在が障害となった。ことに少弐は探題のある筑前の守護であり、守護の領国支配権の強化と探題の権力強化とは対立せざるをえない宿命にあった。了俊は少弐の筑前の守護職を奪い、大宰府の権限をも吸収し、高麗・朝鮮との外交権も掌握することに成功した。すでに、了俊は九州入りしてまもない文中元（応安五＝一三七二）年には日向の守護を兼帯し、文中二年には筑後・肥前・肥後の守護職をかね、その翌年、宮方についた宇都宮氏を豊後の田原氏など豊後武士、中国地方の国人《こくじん》を動員して討ち、豊前を探題の守護兼補国としていた。筑前の守護の兼帯は探題にとって悲願であった。

また、この水島の陣を口実に南九州に対しても一門の今川満範《みつのり》を大将として派遣し、島津の大隅・薩摩の守護職をも奪った。彼は守護に対抗する勢力をつくるため、反守護の国人一揆《いっき》を結ばせた。このようにして九州の守護は豊後をのぞき探題に独占されたのである。

了俊はまた、それまでの探題とは異なり、九州の宗教的権威である宇佐宮の再建にもかかわり、「御内《みうち》」岩部宗宣《いわべむねのり》を奉行として在宮させている。了俊の政策はそれまでの守護主導の内乱の体制の流れをかえ、守護に取りこまれようとする国人層に、反守護として動きを、たとえば一揆《いっき》などに組織化するなどして探題―幕府権力の強化に奔走した。唯一、豊後守護職を保持できた大友氏も筑後の守護職を奪われ、建徳二年八月には、大友一門でも名門である戸次直光《べっきなおみつ》に筑後守護補任《ぶにん》のことが約束されている。これも大友惣領家に対するゆさぶりであり、了俊は大友惣領家の本拠地豊後には最後まで手をだせなかったが、戸次氏や豊後の一大勢力となっていた田原氏を取りこむことによって、豊後守護を牽制した。

しかし、水島での強硬手段は探題の強化とはなったが、島津氏の離反によって後退を余儀なくされ、再度大内義弘《よしひろ》を援軍とたのむことになった。探題軍は肥後白木原《しらきばる》（熊本県玉東町《ぎょくとう》）で菊池武朝《たけとも》軍を破り、九州の北朝方優位を決定づけ、さらに弘和元（永徳元＝一三八一）年には菊池本城をおとし、元中八（明徳二＝一三九一）年までにほぼ九州を制圧した。この大内への借りが了俊のきずきあげた探題体制の崩壊へつながった。天授五（康暦元＝一三七九）年閏四月、了俊の支持者であった管領細川頼之《よりゆき》が失脚して、大内氏と関係の深い斯波義将《しばよしまさ》がこれにかわると、豊前国守護も了俊の手をはなれ、大内義弘の手に渡る。

やがて応永二（一三九五）年閏七月、突然の了俊の罷免となる。了俊は将軍に忠実な家臣であったが、一一カ国の守護をかねる了俊の存在は、山名《やまな》氏と同様に脅威となっていたかもしれない。了俊の存在そのものが、専制化を強める将軍義満には幕府の九州統制をはばんでいるとみえてしまったとも考えられる。

しかし、了俊体制の崩壊は突然おとずれたのではなく、すでに、まず天授六年には大内氏が豊前の守護職を得たのを皮切りに、元中四（嘉慶元＝一三七八）年には少弐が筑前守護に復帰、元中八（明徳二）年には島津氏が日向・大隅・薩摩の守護職を回復し、了俊失脚の道すじがつけられた。了俊は、『難太平記』のなかで、大内義弘が今川了俊・大内義弘・大友親世《ちかよ》の反幕府戦線を提案し、これに応じなかった了俊を恨んで失脚の画策をしたとのべている。反幕府戦線の謀議があったかはあきらかではないが、九州進出をねらう大内氏と奪われた筑後などの守護職の回復をねらう大友氏にとっては、了俊の存在が重くのしかかっていたことは事実であり、了俊失脚を画策した可能性は十分にある。

こうして、了俊の時代はおわり、大分県域では豊前の大内、豊後の大友という支配体制ができあがった。

鎌倉仏教の展開●

鎌倉時代から室町時代にかけて発展したのは禅《ぜん》宗・時《じ》宗・律《りつ》宗である。大分の地にはじめて禅宗をもたらしたのは、栄西《えいさい》の法孫《ほうそん》神子《じんし》栄尊《えいそん》である。彼は鎌倉中期に宇佐《うさ》宮にはいり、その再建に尽力した人物であるが、この流れから大分の禅宗が展開したのではない。また、大野荘の領家《りょうけ》三聖寺《さんせいじ》は京都東福寺《とうふくじ》に隣接し、東福寺開山の聖一《しょういち》国師（円爾《えんに》）が兼務した寺であり、大野荘の志賀《しが》氏は、領家の影響からはやくから禅院を建立する。しかし、これも大分への禅宗普及の決定的要因とはならなかった。

やはり大分では、大友氏の庇護《ひご》のもとで真の禅文化の発展がみられた。徳治元（一三〇六）年に大友惣領家の貞親《さだちか》は、博多の承天寺《じょうてんじ》に滞在していた直翁智侃《じきおうちかん》を招いて豊後府内《ふない》（大分市）に万寿寺《まんじゅじ》を創建した。大友氏は文永・弘安の役では東方奉行として博多に在津し、その後も鎮西談義所《ちんぜいだんぎしょ》や探題《たんだい》のメンバーとして博多での活動が多く、聖福寺《しょうふくじ》や承天寺の聖一国師の流れをくむ僧侶《そうりょ》を中心に多くの禅僧と親交を結んだ。直翁智侃は足利泰氏の子息であり、鎌倉建長寺《けんちょうじ》の蘭渓道隆《らんけいどうりゅう》の門にはいり入宋し、その後京都東福寺の円爾のもとに参じ、その印可をうけ、博多承天寺に住していたのである。

直翁以後、万寿寺には闡提正具《せんだいしょうぐ》・雪村友梅《せっそんゆうばい》・放牛光林《ほうぎゅうこうりん》・天境霊致《てんきょうりょうち》・中巌円月《ちゅうがんえんげつ》・独芳清曇《どくほうせいどん》らの名僧が住し、寺は五山十刹《じっさつ》の十刹に列している。その下には諸山があるが、豊後では海蔵寺《かいぞうじ》（臼杵市）、岳林寺《がくりんじ》（日田市）、実際寺《じっさいじ》（国東市）、勝光寺《しょうこうじ》・大智寺《だいちじ》・妙観寺《みょうかんじ》（大分市）、宝陀寺《ほうだじ》（杵築市）、長興寺《ちょうこうじ》（大分市）がこれに列する。また、直翁には、自聞正聡《じもんしょうそう》・豊山正義《ほうざんせいぎ》・不肯正受《ふこうしょうじゅ》・悟庵智徹《ごあんちてつ》・無染正真《むせんしょうしん》・東叟正《とうそうしょう》日《じつ》・信庵正香《しんあんしょうこう》・大機正碩《だいきしょうせき》・密室正機《みっしつしょうき》・東震正誉《とうしんしょうよ》の十門とよばれる法弟がおり、彼らが豊後を中心に実際寺・報恩寺《ほうおんじ》（杵築市）・宝陀寺・万弘寺《まんこうじ》（国東市）など、多くの禅院を開いた。

同じ臨済宗では、日田氏が元《げん》の禅僧明極楚俊《みんきそしゅん》を招き、元徳二（一三三〇）年に岳林寺を開いている。また、絶崖宗卓《ぜつがいそうたく》は国東田原氏の援助で高田（豊後高田市）に円福寺《えんぷくじ》を創建し、みずからは二世となり、師南《なん》甫紹明《ぽじょうみょう》（大応《だいおう》国師）を開山としている。円福寺の創建は建治三（一二七七）年というが、当時の田原氏が大友氏の無足に近い庶子であったことと、田原氏が国東郡来縄《くなわ》郷に所領をもった時期が興国元（暦応三＝一三四〇）年であることを考えると、田原氏によるこの時期の創建は考えがたい。最近の説では、大応国師の開いた京都円福寺が荒廃して大内氏の仲介で高田円福寺に移されたため、開山伝承に混乱が生じたのであると考えられている。

ところで、足利尊氏は元弘の乱以降の戦没者の冥福《めいふく》を祈るために各国に安国寺《あんこくじ》を建立した。豊後では、

放牛光林画像（挾間町龍祥寺）

大応国師坐像（豊後高田市円福寺）

国東田原氏の本拠地の国東郷に建立されている。

このように鎌倉時代末から博多を通じて移入された臨済禅《りんざいぜん》に対して、曹洞禅《そうとうぜん》は南北朝末に日向《ひゅうが》の地から大分の地にはいってくる。天授元（永和元＝一三七五）年、田原氏能《うじよし》の母無伝仁公尼《むでんにこうに》に招かれた無著妙融《むちゃくみょうゆう》が国東郷の横手（国東市）に泉福寺《せんぷくじ》を開いた。無著は日向皇徳寺《こうとくじ》の無外円昭《むがいえんしょう》の弟子であり、文中三（応安七＝一三七四）年に守護大友氏時《うじとき》の子息利根千代松丸のために佐賀関《さがのせき》に永泉寺《えいせんじ》を開き、その翌年に田原氏の招きで国東にはいった。泉福寺のある国東半島は六郷山《ろくごうさん》とよばれる天台宗の勢力圏であったが、当時衰退しつつあったこれらの寺と融合しようとする態度を示し、その教線を広げていった。無著にはその禅風をしたって一六人の法嗣《ほうし》がいたが、死後一年の輪番制によって泉福寺の住持をつとめ、豊後の国東半島から豊前に寺院を建立し、筑後・肥前・日向にもおよんだ。曹洞禅は、臨済禅が有力領主層と結びついて菩提寺《ぼだいじ》化していくのとは対照的に、村落レベルの堂や庵を拠点にその教線をのばし、現在も浄土真宗につぐ寺院の数をほこっている。

一方、鎌倉時代から室町時代にかけては、時宗教団の活発な活動がみられる。日向から豊後を経て四国に渡ろうとした一遍《いっぺん》に、大友頼泰が保護をあたえ、時宗第二祖他阿上人《たあしょうにん》はこのさいに建治三年に豊後で一遍上人に帰依しその弟子となった。すでに弘安十（一二八七）年ころには府内名号小路《みょうごうこうじ》町に時宗称名寺《しょうみょうじ》があったという（「雉城《ちじょう》雑誌」）。大友初代能直《よしなお》の後家尼深妙《しんみょう》ゆかりの大野荘の風早《かざはや》東西阿弥陀《あみだ》堂にも、弘安年間、時宗の活動がみられる（「志賀文書」）。石造物の銘文からも、鎌倉末から室町時代にかけて時宗の足跡が知られ、豊前善光寺《ぜんこうじ》（宇佐市）は、境内に「建武四（延元二＝一三三七）年」の板碑《いたび》があり、これは時宗の活動と関係があるといわれ、寺は南北朝時代に時宗寺院化している。

また、律宗は、西大寺《さいだいじ》の活動によって、鎌倉時代末から南北朝時代に府内や宇佐に寺院が建てられる。大友貞宗は、荒廃していた府内の金剛宝戒寺《こんごうほうかいじ》を再興し律院とした。現在、大日堂《だいにち》安置の丈六《じょうろく》の大日如来(国重文)にある「文保二年」「元徳三年」「建武二年」などの年紀銘から、この再興のさいにつくられたものとわかる。また、宇佐では、正慶二(元弘三=一三三三)年、宇佐大宮司宇佐公連《きんつら》(到津《いとうづ》家の祖)が後醍醐《ごだいご》天皇の勅許を得て、西大寺から道密《どうみつ》上人を招き、八幡宇佐宮大楽寺《だいらくじ》を開いた。西大寺律《りつ》は港湾などの交通の要衝に寺を配置しており、大楽寺も駅館《やっかん》川河口の左岸の江島に円福寺・西方寺・蓮福寺《れんぷくじ》・成願寺《じょうがんじ》、その対岸に宝光明寺《ほうこうみょうじ》などの末寺があった。

4章

九州の覇者への道とその挫折

大友宗麟画像

1　大友氏と大内氏

大友氏の両統迭立●

豊後《ぶんご》における領国《りょうごく》支配権の確立は、九州探題今川了俊《たんだいいまがわりょうしゅん》の失脚とともに本格化する。了俊入部のとき、大《おお》友惣領《ともそうりょう》家の氏継《うじつぐ》は、北朝勢力の孤立化から、突然南朝方にはしった。すでに兄にかわり、今川了俊の下向を国人《こくじん》衆に伝えていた親世《ちかよ》は、大友家督を得ることになった。親世は、ほかの九州の守護《しゅご》勢力が守護職を了俊によって奪われるなかで、了俊にしたがい、豊後国守護職を保持し続け、応永八（一四〇一）年ころには、守護職を兄の子親著《ちかつぐ》にゆずった。

『大友家文書録』「親世譜」によれば、「親著は氏継の正嫡なり、按《あん》ずるに、氏継、親世を立つ。故に以て、親世多子を措き、親著を挙ぐるものか」とあり、正嫡氏継系への家督返還の美談としているが、氏継の南朝への合力の真実は不明といわざるをえない。一説には、大友家存続のために兄弟で両朝にわかれたとする考えもある。また一説には、氏継は病弱で国人衆を統率する力量に欠けるため、一族・国人衆にせまられ家督を弟親世にゆずることになり、当時南朝絶対優位のなかで、一部南朝方国人衆にかつがれたという見方もある。いずれにしても、この兄から弟への家督移動によって、大友家では嫡流である氏継流と親世流の二つの守護家ができた。渡辺澄夫氏は「嫡子単独相続制に原因する嫡庶《ちゃくしょ》後の分裂を克服する」兄弟交替の家督相続制度であるとみているが、これがかえって一族や国人の対立の原因となったのである。

親著は、正式には幕府から応永二十三年に筑後《ちくご》・豊後両国の守護職を安堵《あんど》されるが、それからまもない応永三十年には、親著は親世の子息持直《もちなお》にゆずり、同年七月に幕府の安堵をうけた。親著の長子孝親《たかちか》はこれによって家督の夢を断たれ、反乱を企て「三角畠《みすみばた》」（大分市古国府《ふるごう》または由布市挾間《はさま》町古野《ふるの》）で討たれた。この乱の背後に大内盛見《おおうちもりはる》（「もりみ」とも。豊前《ぶぜん》・周防《すおう》・長門《ながと》守護）の策動があったとする説もある。応永三十二年、少弐《しょうに》満貞《みつさだ》・菊池《きくち》兼朝《かねとも》と探題渋川満頼《しぶかわみつより》を後見する大内盛見が対立し、盛見は九州に下向した。大友持直と大内盛見は対立関係にあり、盛見下向にあわせたように、この三角畠の乱がおこっている。

その後、大内盛見は幕府の御料国筑前《ちくぜん》の代官となり、筑前の大友領をしばしば奪おうとし、両者の対立は極みに達した。永享三（一四三一）年、幕府の和睦《わぼく》調停もならず、大内盛見は大友氏の筑前支配の拠点

南北朝期以後の大友氏略系図(2)

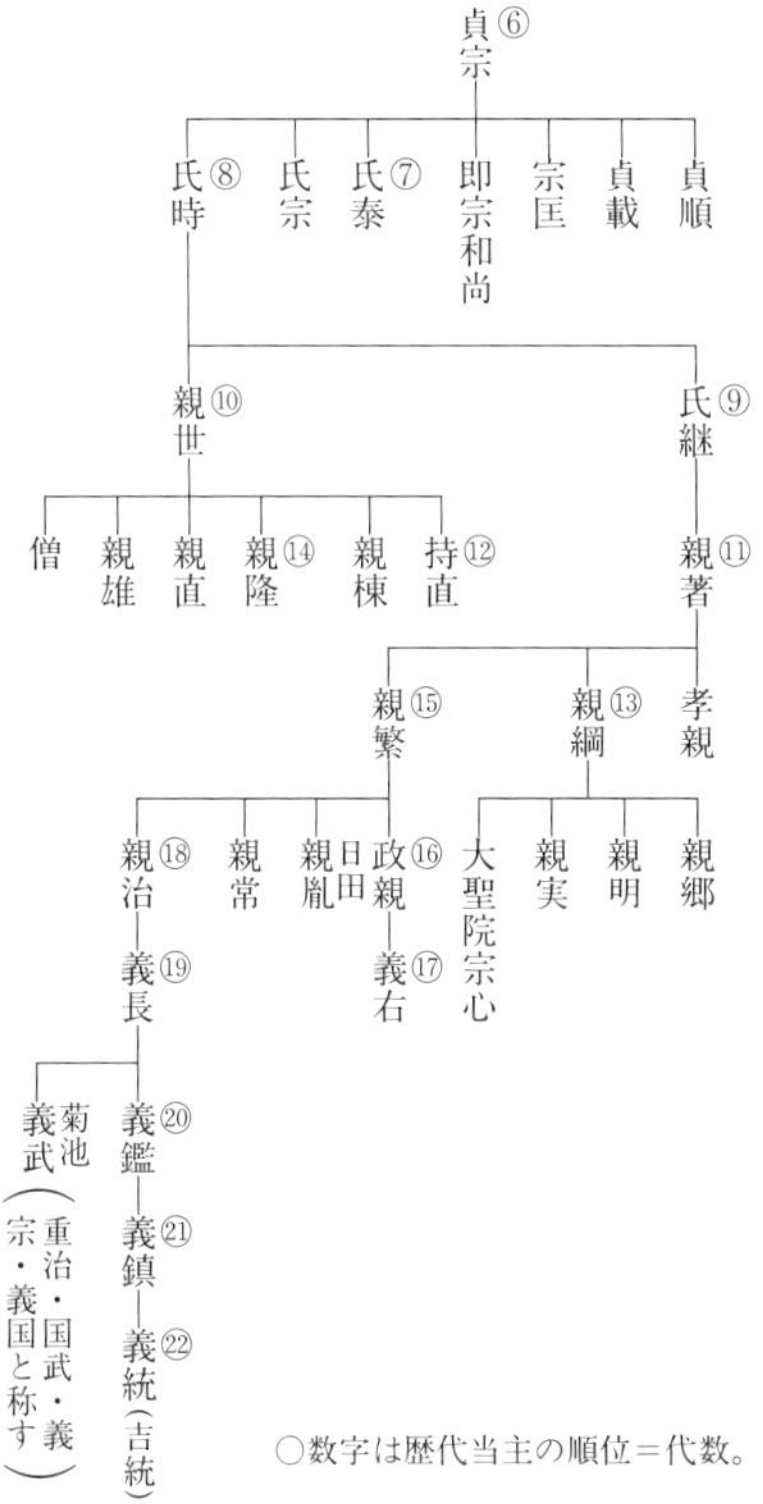

○数字は歴代当主の順位＝代数。

立花《たちばな》城を攻めたが、六月、逆に盛見は筑前国怡土荘《いとのしょう》萩原《はぎわら》（福岡県糸島《いとしま》市内）で討たれる。

幕府はその命にしたがわない大友持直の所領を没収し、親著の子息親綱《ちかつな》を豊後国守護に任じた。しかし、持直は幕府のこの措置をまったく無視したため、永享五年、大内盛見の家督をついだ持世《もちよ》は、幕府の意をうけて持直討伐の軍を組織した。八月に筑前に進出、二嶽《にたけ》城・秋月《あきづき》城をおとし、持直に味方した少弐満貞を滅ぼし、豊後府中（大分市）を攻め持直を追った。

それでも、持直はまもなく体勢をたてなおし、大友親著を味方につけ、大友親綱は豊前に出奔した。持直は翌年九月から十一月にかけては筑前から筑後へ転戦し、大内方の菊池軍を破る。そこで永享七年には、幕府は島津氏を豊後にむかわせ、北と南から豊後を包囲する作戦をとり、持直は一旦肥後《ひご》へおちるが、六月には豊後国の多くの国人衆を組織して、津久見《つくみ》衆など海賊衆の補給をうけながら海部《あまべ》郡の姫岳《ひめだけ》（臼杵《うすき》市と津久見市の境）に籠城する。大内軍と四国の河野《こうの》通久《みちひさ》の軍が激しい攻撃を加えるが、攻略できず、ついに河野通久は戦死し、幕府軍は退却する。翌年幕府はふたたび大軍を組織し、攻撃が行われ、田北親増《たきたちかます》らの内応者もでてようやく陥落した。

姫岳合戦のあとも、持直・親著・親繁《ちかしげ》（親職《ちかもと》）の残党の活動はあったが、大友家の家督は氏継系の親綱の流れに固定されるかにみえた。しかし、永享十一年ころに親綱は突如家督を持直の弟である親隆《ちかたか》にゆずった。さらに文安元（一四四四）年には、親隆が、持直らとともに一貫して幕府に抵抗してきた親繁に、親隆の娘を妻とすることを条件に家督をゆずった。このような氏継系と親世系の家督交替をみてくると、これは大友家内部の調整によって行われたというより、守護権力の強大化をおさえようとする幕府の巧みな守護支配の政策の一つとみるべきだろう。

大内氏の豊前・筑前支配と宇佐宮の再興●

一方、九州探題今川了俊の解任により、豊前は中国地方の大名である大内義弘《よしひろ》が守護として進出し、さらに筑前方面をうかがうが、応永の乱で敗死してしまった。義弘のあと、弟の盛見が大内一門を統制し、周防・長門・豊前の守護職を安堵される。盛見は、筑前守護少弐満貞と肥後の菊池兼朝のため没落した九州探題渋川義俊《しぶかわよしとし》を支援する命を幕府からうけ、これを口実に筑前へ進出し、少弐氏を討伐した。将軍足利義教《よしのり》はいちだんと専制化を強め、探題の管轄下にあった対外貿易を独占するため、永享元（一四二九）年ころ筑前を御料国（直轄国）に組み入れ、大内盛見をその代官に任命した。盛見は将軍権力を背景に探題体制の崩壊後の九州の統制者をめざし、鎌倉時代以来の北九州の有力武士である少弐氏や大友氏と激しく対立した。その意味で、大内氏は九州探題今川了俊の道をめざしたともいえる。

大内氏は、探題渋川氏を傀儡《かいらい》として、筑前の実質支配権をもち、守護職を失った少弐氏は東肥前の一勢力に没落した。また、永享三年には、大内盛見は大友氏の筑前の拠点、立花《たちばな》城を攻撃し、逆に糸島郡で討たれてしまう。盛見の跡をついだ持世《もちよ》は、九州に渡って再三、少弐・大友氏を攻め、盛見の宿敵であった大友持直を永享八年の姫岳合戦にくだす。その後、嘉吉元（一四四一）年には、専制をきわめた将軍足利義教が赤松満祐《あかまつみつすけ》によって殺害され、幕府の守護統制の体制は大きくゆらぐ。ここに幕府の筑前国の直轄支配もおわり、大内持世は筑前の守護に就任することになった。

ところで、九州の覇権をめざす大内氏には、今川了俊の宗教政策を継承する必要があった。了俊は宇佐《うさ》宮再興事業を開始していたが、突然の解任によってこれは頓挫《とんざ》しており、大内盛見はこの再興事業をうけつぎ、応永二十五（一四一八）年から宇佐宮の再建に着手した。その意味で、宇佐宮の再興事業は豊前支配の強化にとどまらず、全九州を意識したものであった。この盛見の再興事業のようすは「宇佐宮寺御造営并《ならびに》神事法会《ほうえ》再興日記」にくわしく記されている。

応永二十五年五月三日、宇佐宮惣検校《そうけんぎょう》益永政輔《ますながまさすけ》が幕府に召喚され、将軍足利義持《よしもち》に謁見、その場で造営の御書があたえられ、盛見は直接造営の担当として事業の指示、財政的援助を行うことになった。同年に弥勒寺《みろくじ》の伽藍社《がらんしゃ》（八坂《やさか》社）が建てられ、二十六年には一の御殿の立柱上棟《りっちゅうじょうとう》、二十七年には放生会《ほうじょうえ》などの行事の再興がはかられ、若宮・北辰社《ほくしんしゃ》・西脇殿《にしわきでん》の再建、二十八年には三の御殿・弥勒寺金堂・上宮鳥居・西中門の立柱上棟、二十九年には二の御殿、仏名会《ぶつみょうえ》の再興、三〇年には御鵜羽屋《おんうばねや》・東湯殿《ひがしゆどの》・東脇殿・護摩堂《ごまどう》、行幸会《ぎょうこうえ》などの再興、三十一年に講堂・御経蔵の立柱上棟、三十三年には下宮の御炊《みけ》殿・竈《かま》殿《どの》や上宮の門などの整備、三十四年には弥勒寺金堂の瓦葺《かわらぶき》、正長元（一四二八）年には、上宮・下宮の垣

木造金剛力士像（宇佐神宮）　嘉吉元年に大内氏が製作した弥勒寺仁王門の仁王像。

❖コラム

歴史を動かした「妹の力」の終焉

伊勢神宮とならぶ西の鎮護の神、宇佐八幡宮には、女禰宜《にょねぎ》という神の声を聞く巫女《みこ》がいた。八世紀の宇佐の女禰宜は、八幡神の憑坐《よりまし》であり、その身体に神を宿し、神の声を発した。天平勝宝元(七四九)年十二月に奈良の京にはいり、鎮護国家の神となった八幡神は女禰宜大神社女《おおみわのもりめ》に依り憑《よつ》いており、聖武《しょうむ》太上天皇・光明《こうみょう》皇太后・孝謙《こうけん》天皇が見守るなかを、社女のの る紫の輿《おおごし》が東大寺にはいったのである。また、道鏡《どうきょう》事件の天位託宣《たくせん》によって、古代国家を揺るがしたのも、八幡の女禰宜辛島与曽売《からしまのよそめ》であった。与曽売はシャーマンとして二度の天位託宣にかかわり、託宣を操る「妹《いも》の力」(女の力)の脅威を国家に認識させた。

これ以後、「妹の力」におびえた国家は、宇佐宮の女禰宜が託宣をだすことに制限を加え、女禰宜は薦の御験《みしるし》(御神体)に仕える女官へと変身していくことになる。しかし、宇佐宮の神人が嗷訴《ごうそ》を行う場合は、天平勝宝元年の例に則《のっと》り、輿に女禰宜をのせ、都に赴いた。その限りでは、シャーマンの力は幻想であっても、女禰宜が消滅する十四世紀まで続いたのである。

応永年間(一三九四~一四二八)に大内氏は、豊前の守護として、南北朝の内乱で荒廃した宇佐神宮の建物を再興し、祭礼の復活も行った。放生会《ほうじょうえ》もそのさいに再興されるが、そのなかに女禰宜の装束《しょうぞく》の調達が行われた書類が残っている。しかし、装束はあっても、それを着る女禰宜は、もはや宇佐八幡宮に存在していなかった。南北朝時代は、女性の力が急激に奪われ、時代を動かす「妹の力」がすっかり陰を潜《ひそ》めた時代である。女禰宜消滅もそのような時代の趨勢と対応していた。

や築地《ついじ》の整備、二年には呉橋《くれはし》から摂社《せっしゃ》・末社の整備に移ったが、翌年、造営の完成を直前に推進者であった盛見は筑前で戦死してしまう。その後、造営事業は持世、教弘《のりひろ》と引きつがれ、代々の大内氏の家督によって宇佐宮は手厚く保護される。

守護職を得た初期の段階の盛見期の大造営・再興は、豊前国の国人層を大内氏の支配体制に組みこませることにきわめて有効であった。大内氏は豊前守護代として杉《すぎ》氏を配し、各郡ごとに郡奉行人（郡代《ぐんだい》）をおき、これらが郡内の国人の動員の要《かなめ》となっていた。盛見は、豊前国郡々奉行人に人夫の徴発を命じ、命令違反者は名簿を提出させ罪科に処するという強い態度で造営事業を進めたのである。

また、単に建物を造営するというだけではなく、大《だい》宮司《ぐうじ》家の四家交替制度の確立、祭礼の復興による宇佐宮の宗教権威の復活をめざし、宇佐宮領関係の国人の動員と、大内氏への奉公を義務づけたのである。これによって、国人の大内氏への信頼は高まり、九州外の

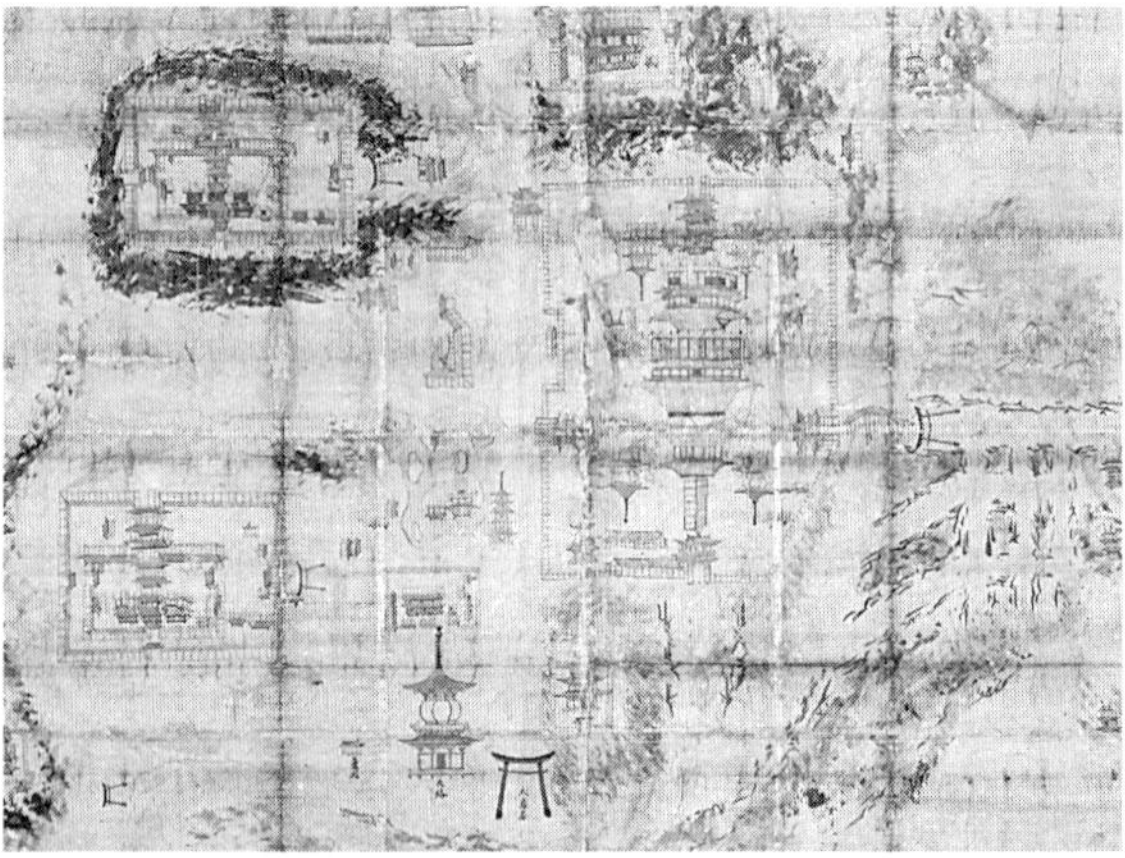

宇佐宮古図　応永の再興のさいに，再興のための資料として往時の宇佐宮の状況を描かせたものと推定される。

大名である大内氏が領国を巧みに経営できるようになった。今日でもこの造営に使われた「応永の宇佐宮古図」「応永の宇佐宮指図《さしず》」が宇佐八幡宮に残されている。

大友氏と大内氏の血で血を洗う争い●

大友・大内の両氏は宿命のライバルであった。その抗争は、一族の家督争いや国人と守護の対立と複雑にからみあって、大内氏滅亡まで続いた。さきにのべた姫岳合戦に至る大友と大内の争いにおいても、大内氏内部でも盛見《もりはる》の跡職をめぐって、義弘《よしひろ》の子息持世《もちよ》と持盛《もちもり》（盛見の嗣）が対立、大友氏内部では持直《もちなお》と親綱《ちかつな》が対立した。このとき、大内持世と大友親綱が結び、大内持盛と大友持直が提携して、単に大内と大友という対立構図では理解できない争いとなった。

応仁の乱では、大内氏は持世の孫にあたる政弘《まさひろ》が、西軍の山名宗全《やまなそうぜん》を支持して入京した。大友氏は入京しなかったが、将軍義政《よしまさ》を支持する東軍につき、文明元（一四六九）年、大友親繁《ちかしげ》が対馬《つしま》にのがれていた少弐頼忠《しょうによりただ》とはかって、大内の支配する豊前・筑前・肥前の城を攻撃した。将軍義政は翌文明二年二月に大友親綱に命じて、持世に殺害された持盛の子息教幸《のりゆき》と協力して、政弘の分国備後《びんご》・安芸《あき》・周防を攻めさせたのである。しかし、その間、大友親繁が北部九州において積極的作戦にでなかったこともあり、大内教幸は政弘の家臣に破られ、豊前国馬ケ岳《うまがだけ》城にはいり自刃した。

将軍権力は守護大名の分国支配を弱体化させるために、家督の争いを巧みに助長し、権力の分断化をはかってきた。この政策の極地が義教政権にほかならず、応仁・文明の乱は、将軍家みずからまいた家督をめぐる争いに、将軍家そのものもまきこまれ、各守護大名の家督の争いも、この対立を激化させたのである。それゆえ、この戦乱は簡単に終息することができないほど深刻な骨肉の争いになっていった。しかも

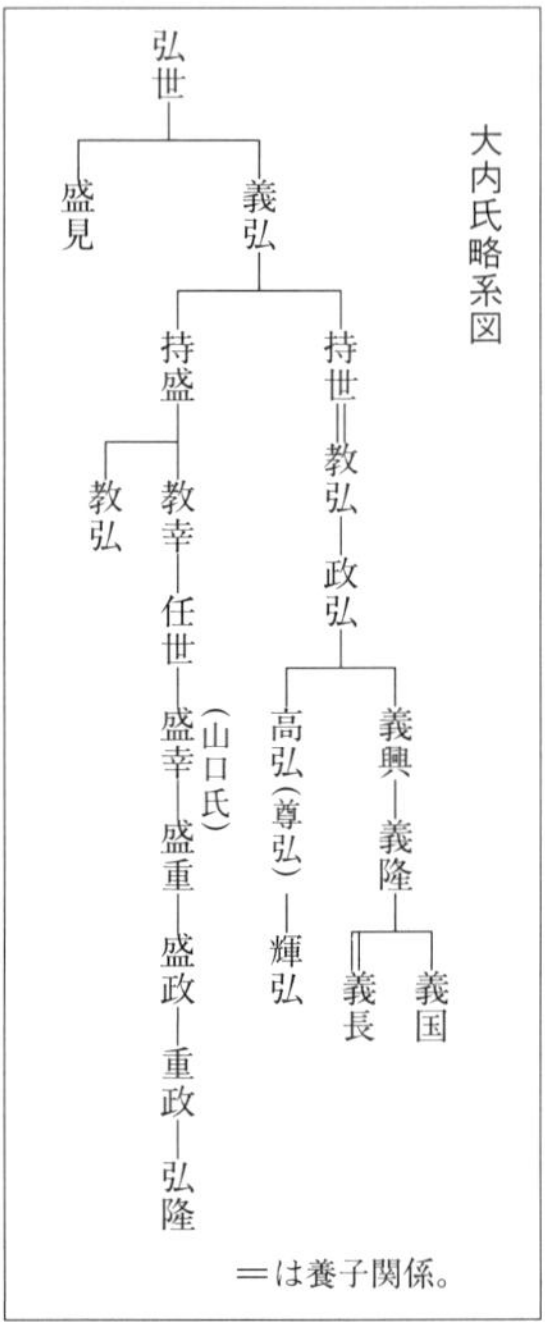

大内氏略系図

この乱は、つぎの激しい戦乱の時代の序章にすぎず、家督をめぐる争いも、国人衆と大名の関係も、実はこの時期から新しい段階に突入していくのである。

大友氏の南北朝末にはじまった氏継《うじつぐ》系と親世《ちかよ》系の家督交替も、親世系の親隆《ちかたか》の跡をその娘を妻とすることで継承した親繁が親世系にゆずらず、寛正三（一四六二）年に自分の嫡子政親《まさちか》に家督をゆずり、幕府は豊後国守護職、筑後国半国守護職と惣領家の所領を政親に安堵《あんど》した。これによって大友家における二統迭《てつ》立《りつ》の時代はおわり、以後、大友家の家督は氏継系の嫡子相伝となっていく。しかし、家督をめぐる争いはこれで終焉《しゅうえん》したわけではなく、父と子のあいだの親権と家督権の争いという段階にはいっていくのである。

寛正三年の親繁から政親への家督譲与は、親世系の親隆との約束であったふしがあり、親隆の没した寛正六年には、親繁は筑後守護職に任じられ、寛正三年の幕府の補任《ぶにん》が反故《ほご》にされている。また、政親は家督相続から一五年にわたって、守護としての発給文書や守護政親あての幕府からの文書を確認することができないという。ようやくそれができるのは、文明八（一四七六）年であり、このとき、政親は家督を相続した修礼として幕府に金品を贈っている。このような事態は、守護の家督相続を操作してきた幕府将軍権力の弱体のためと思われる。この将軍権力の弱体化が応仁・文明の乱を深刻化させたのであり、各大名権力はみずからの力で家督問題を解決していかなければならなくなった。

家督を掌握した政親は、文明十六年に嫡子義右《よしすけ》（親豊《ちかとよ》→材義《もとよし》→義右と改名）に家督をゆずったといわれるが、嫡子義右は父の政親と対立し母の実家である大内氏にたよって山口に出奔してしまう。同十九年には帰国し、和解が成立するが、延徳元（一四八九）年の政親の上洛《じょうらく》中に、政親の異母弟日田《ひた》七郎親胤《ちかたね》が義右の家督を不満として肥後に挙兵し、これを同じ異母弟の親治《ちかはる》が平定する。この乱の背後にも父がいると義右は猜疑《さいぎ》するが、父子の対立が抜き差しならなくなるのは、明応の初年ごろである。それは義右が父の意に反して一三代親綱の子大聖院宗心《だいしょういんそうしん》にあやつられ越中《えっちゅう》に追放されていた前将軍足利義材《よしき》方に加担したためという。

まず、義右と大友家の重臣は佐伯《さいき》境に出奔し、これに対して、政親は裏で手を引く宗心派へ討伐軍を差しむける。一方、義右は、延徳元年の日田親胤の乱は父の差し金であるとして、府中に兵を集めた。政親は直入《なおいり》郡朽網《くたみ》（竹田市）にしりぞき、国人は義右派と政親派に二分されてしまった。政親は国の将来を憂慮して起請文《きしょうもん》をかわし和平をはかるが、義右に反故《ほご》にされ対立は激化するばかりであった。この間、明応三（一四九四）年に筑後詰《づめ》郡代として筑後にいた田原親宗《ちかむね》が府中を攻撃するが撃退され、国東に撤退する途中、安岐の蓑崎《みのさき》（杵築《きつき》市）で木付親久《きつきちかひさ》に討たれる。この田原親宗の乱入について、政親支援とする説と本宗家を奪おうとしたという説がある。明応五年五月十三日、臼杵《うすき》に潜伏していた政親は海路筑前立花《たちばな》城へむかおうとする。その間、五月二十七日に義右が府中で没してしまう。この死については、毒殺説もあり、義右死亡の知らせはただちに母の実家の大内氏に伝えられる。大内義興《よしおき》は赤間関《あかまがせき》で筑前にむかう途中の政親をとらえ、出家させ詰め腹を切らせた。これに伴って両派の粛清が行われ、市川・田北一門、朽網三河守などが殺害され、両方あわせて五〇〇人も討ちはたされたという。

大友氏と博多●

大友氏は、豊後国の守護から戦国大名に発展したとして、つねに豊後という視点からだけみられてきた。しかし、大友氏は九州の東をおさえる豊後を拠点にするだけではなく、中世をつうじて筑後やさらに博多《はかた》とも深い関係を保ちながら発展してきたのである。大分という土地も博多という土地を抜きにしては語れないのである。

すでに大友氏は鎌倉時代の初めから博多に拠点をもつ少弐氏とともに、鎮西の一方奉行として幕府の九州支配に関与してきた。第一次、第二次の蒙古《もうこ》襲来は、鎮西談義所を発足させ大友氏の博多在住を恒常化させた。さらに鎮西探題の成立は、既存の勢力を得宗北条氏が排除する形で成立するが、大友・少弐氏は引付頭人《ひきつけとうにん》に任命され、大友や少弐の惣領である大友貞宗《さだむね》・少弐貞経《さだつね》は得宗の北条貞時の「貞」の字を得て、北条得宗専制下の幕府出先機関の官吏となり、博多との関係は継続した。

鎌倉幕府が滅亡し、建武政権が成立すると、大友氏は鎌倉時代以来、対外貿易の拠点となりつつあった博多の北部の息浜《おきのはま》を勲功の賞として得て、大友氏の博多支配は本格化するかにみえた。しかし、その支配は長くは続かず、正平元（貞和二＝一三四六）年八月、室町幕府は鎮西管領《かんれい》（探題）の一色範氏《いっしきのりうじ》の申請によって、息浜を管領在所に指定し、大友氏はその支配権を失う。以後、南北朝時代から室町初頭までは、管領さらに九州探題が息浜を支配し、対外貿易をリードしてきた。

ところが、探題今川了俊の失脚後、豊前の守護職を得て九州に進出してきた大内氏が筑前へ触手をのばすと、筑前の少弐氏と抗争が激しくなる。大友氏は、少弐氏と協力し、博多支配をうかがい、永享元（一四二九）年七月には、大友持直《もちなお》は朝鮮に対して、博多冷泉津《れいぜいつ》を支配している領主として、寺院の建立のため大般若経《だいはんにゃきょう》・大鐘を求めている。しかし、将軍足利義教《よしのり》はいちだんと専制化を強め、探題の管轄下にあった対外貿易を独占するため、同年ごろ筑前を御料国（直轄国）に組み入れ、大内盛見《もりはる》《もりみ》をその代官に任命し、博多は大内と大友の争奪の地になった。博多をおさえる目的は、対外貿易の独占であり、室町・戦国期をつうじて両氏の対立は続いた。一四七一年に撰せられた朝鮮の申叔舟《しんしゅくしゅう》の『海東諸国紀』はつぎのように記している。

　博多は覇家台《はかた》・石城府《せきじょうふ》・冷泉津・筥崎津《はこざきつ》などと称し、居民は万余戸、少弐殿と大友殿とが分治している。少弐は西南四千余戸を治め、大友は東北六千余戸を治め、藤原（田原）貞成《さだしげ》を代官としている。

この記述から大友が息浜、少弐が旧博多を掌握していたことが推測されるが、文明十（一四七八）年に大内政弘が少弐政資《まさすけ》を筑前から駆逐し、博多の旧博多部を掌握した。以後、大友氏は息浜を拠点に代官田原氏をおき、大内氏は博多代官飯田氏―博多下代官山鹿《やまが》氏をおいて、旧博多部を支配した。豊前と豊後で対立する両氏の対立縮図が博多にできあがったのである。十六世紀にはいると、大内氏に息浜の支配権を争奪されることが多く、幕府仲介の和与《わよ》が天文七（一五三八）年に行われ、天文十二年には大友氏に安堵《あんど》される。しかし、天文二十年に大内義隆《よしたか》が殺され、大内氏が滅亡すると、大友氏が息浜も旧博多部もすべて一元的に支配し、大友氏は豊後国の領主から北部九州の覇者への道を歩みはじめるかにみえた。

2　戦国大名大友氏への道

大友親治・義長父子●

政親《まさちか》・義右《よしすけ》父子の争いの顛末《てんまつ》は大友氏を存亡の危機におとしいれた。そのあとをうけたのが、政親の弟の親治《ちかはる》であった。実は、政親・義右父子の争いと自滅は親治の仕組んだ陰謀という考えもある（『大友家文書録』）。その真実はあきらかではないが、あながち事実無根ということもない。明応五（一四九六）年の義右の毒殺と政親の切腹事件の直後の親治の動きはきわめて迅速であり、あまりにも手際のよさがめだっている。親治は、政親・義右父子の事件に関しておこった日田一族の内紛を御所《ごしょ》の辻《つじ》（日田市）の合戦において平定し、この事件の讒者《ざんしゃ》であった義右の年老《としより》のうち市川親清《ちかきよ》と朽網繁貞《くたみしげさだ》を討ち、これによって大友家の家督権を確立した。

明応七年二月には、嫡子五郎親匡《ちかただ》（のち義親・義長）を義右の嗣子とするため、勝光寺光瓚《こうさん》を使者として、将軍足利義澄《よしずみ》と越中にあった前将軍義材《よしき》に許可を求め、さらに八月以前には、親治に豊前国守護職があたえられた。これに対して、義材派の大内義興《よしおき》は、大友親綱の子である大聖院宗心を還俗させ、義右の跡目を相続させる策謀を行った。翌年、義澄と義材の対立が決定的となると、大友親治は豊前制圧のために出陣し、宇佐・下毛《しもげ》・築城《ついき》郡を手中にした。文亀元（一五〇一）年閏六月二十三日に豊後・筑後・豊前の三国の守護職が親匡に安堵され、翌日には義澄より偏諱《へんき》を賜り、義親と名乗る。

しかし、永正五（一五〇八）年六月には、大内義興が足利義材を奉じて入京し、将軍義澄を廃して義材を将軍につけ、みずから管領《かんれい》となった。このため、大友氏は悲願で手にいれた豊前国守護職を失うが、大内義興も出雲尼子《いずもあまこ》氏の領国侵入に恐れ在京を続けることができず、義材政権は長くは続かなかった。もはや将軍権力はもとよりその権威も地におちた。大名はみずからの力だけで領国支配を確立しなければならない時代へと突入していたのである。

親治・義長期は大友氏の大名権力の確立期であるといえる。明応五年十二月までに親治は給地の没収・充行《あてがい》をおえ、政親の二人の年老を処分し、新体制を発足する。郷《ごう》・荘《しょう》に配置された政所《まんどころ》を整備し、郡代あるいは方分《ほうぶん》を配置し施政の徹底をはかっている。方分は豊後においては郡単位、そのほかでは国単位で分担するといわれているが、芥川龍男氏の研究では、筑後・肥後でも郡単位におかれたともいわれる。義長は文亀元年に家督をつぐが、病弱であり、父の親治より一一年もさきになくなる。義長の時代は親治との共同統治であり、義長は前代の政親・義右父子とは異なり、父親治への尊敬の念が強く、政親・義右父子の轍《てつ》をふむことを恐れた。

永正十二年十二月十三日に作成された義長の条々は、一七条と追加八条からなり、親治・義長父子の思いと戦国大名大友氏の登場を示すものと評価されている（「大友文書」）。その内容は四つの要素からなる。

(1)第一条〜三条は公儀(幕府)への忠節、寺社の造営、神領寄進などの公の事が記される部分である。

(2)四条〜八条までで、親治夫妻に対する孝養奉公、母を大切にすること、肥後の菊池に菊法師(義武)を養子にいれること、妹や身内の伯母への心掛けなど、家族・一族の結束に関するものである。

(3)九条〜一七条までで、家臣に関するものである。年寄衆の常時の在宅を禁止し、式日の出仕(四つ以前の出仕と七つ前の帰宅)を求め、対面は朔日《ついたち》と十五日に定め、近郷のものの出仕無沙汰《ぶさた》は交名《きょうみょう》

（名簿）を提出すること（九条）、寄合の聞次《ききつぎ》は一人で披露のときは贔屓偏頗《ひいきへんぱ》なきのこと（一〇条）、傍輩《ほうばい》の交際規定（一一条）、寄力の規制（一二条）、若輩の楽言禁止（一四条）、内訴・陰謀野心の禁止（一五条）、所帯没収の規定（一六条）などである。これらは前代以来の大友家の内紛を教訓につくられた条々といえる。

(4)追加の八条であり、ここでは、諸郷荘に目付《めつけ》・聞耳《ききみみ》を配置すること、豊後の侍を一、二人筑後に在国させること、大内高弘ら亡命者の取り扱い、文学・歌道・蹴鞠《けまり》の諸芸への対応、狩鷹野《しゅようの》の禁止、召仕への教訓などを記している。

この条々は、いわゆる戦国家法《かほう》の一つである。いまだその内容は未熟なものであり、家訓的なものにとどまっているが、これ以後につくられる、大友義鑑《よしあき》条々事書、大友府蘭《ふらん》（宗麟《そうりん》）条数覚、大友義統《よしむね》条々事書などの一連の大友家の条々（家訓的家法）の出発である。その意味で親治・義長の時代に大友氏が戦国大名へ脱皮したことを示すものと考えられるのである。

義鑑の時代●

永正十五（一五一八）年に大友義長は死去し、その嫡子親安《ちかやす》（のちの義鑑）が家督をつぐことになるが、すでに永正十二年十二月十三日に作成された義長の条々は、親安に示された家訓であり、病弱な義長はこの段階で家督を渡したといわれる。たしかに永正十三年八月におこった朽網親満《くたみちかみつ》の乱のさいには、親安の名で感状や知行預ケ状が発給されている。しかし、親安はいまだ十三、四歳の少年であり、父と同じく祖父である親治《ちかはる》が後見として実際の政治に深くかかわったとみられる。

永正十五年六月、義長は遺言ともいうべき条々を残している（「大友文書」）。このなかで、一族田原氏や筑後の星野氏、肥後の阿蘇《あそ》氏・相良《さがら》氏・名和氏などとの関係を指示している。とくに、第一条に「田原親述《ちかのぶ》兄弟三人之事、子々孫々何れも許容有間敷候、彼田原か事ハ以上八代と哉《な》らん無本（謀反）をたくミ候由申候」とあるように、田原家を警戒すべき存在と位置づけ、八代にわたって惣領家に謀反を企ててきたと記す。八代にわたってこのような事実はないが、田原氏は幕府の小番衆や奉公衆として、大友惣領家を牽制する位置にあり、大内氏とも親密な関係にあった。田原親述の父親宗《ちかむね》も前代の政親《まさちか》と義右《よしすけ》の対立の間隙をぬって反乱を企て、また、親述自身も文亀元（一五〇一）年、大内氏に呼応して雄渡牟礼《おとむれ》城（国東市）にこもっている。

また、彼は永正十三年八月の朽網親満の乱にも深くかかわっていた。朽網親満の謀反は事前に発覚し、親満らは玖珠郡道場寺にはいり、これを支援したのが国東の田原氏であり、田原親述の弟政定は玖珠にむかっている。朽網親満の父親繁《ちかしげ》は、政親・義右父子の年寄で讒言《ざんげん》によって政親・義右父子の対立を企図したとして討たれた。親満自身も親治・義長父子の加判衆であったが、親治・義長父子の権力拡大のなかで、これに脅威を感じてふたたび大聖寺宗心の担ぎだしをはかった。これに田原氏や宇佐宮祠官永弘氏輔《ながひろうじすけ》が呼応したのである。

この乱は永正十五年までに収拾されるが、乱の張本人である親満の筑後逃亡を許し、この反乱の背後にいた田原氏も永正十五年の義長条々の「許容有間敷候」という文言とは裏腹に復帰を許さざるをえなかったのである。ここに戦国大名大友氏の国衆《くにしゅう》との関係が集約されており、この乱においてかかわった国衆を厳格に処断できなかったことが、戦国大名としての大友氏の限界を示すといわれる。

その後、大友惣領家の目は外へむけられていく、義鑑は父の遺言にしたがって、弟義武《よしたけ》（重治・国武・

義宗・義国）を肥後の菊池武包《たけかね》の跡にいれ、肥後への勢力拡大をはかったが、その意図に反して、弟義武は大友宗家に反旗を翻し、対立するようになった。大内家との関係は、義鑑の初期には回復し、大内義興《よしおき》の尼子《あまこ》討伐に協力するが、義興が享禄元（一五二八）年に死去すると、跡をついだ義隆《よしたか》は北部九州に進出し大友領をおびやかしたため、天文《てんぶん》年間（一五三二〜五五）にはいると、北部九州をめぐってふたたび対立し、天文元（一五三二）年十一月には宇佐郡の妙見岳城の攻防戦がはじまり、翌年には大友方の拠点筑前志摩郡柑子岳《こうじだけ》城（福岡市西区）や糟屋《かすや》郡立花城（福岡市東区・新宮町・久山町）が大内方によって攻めお

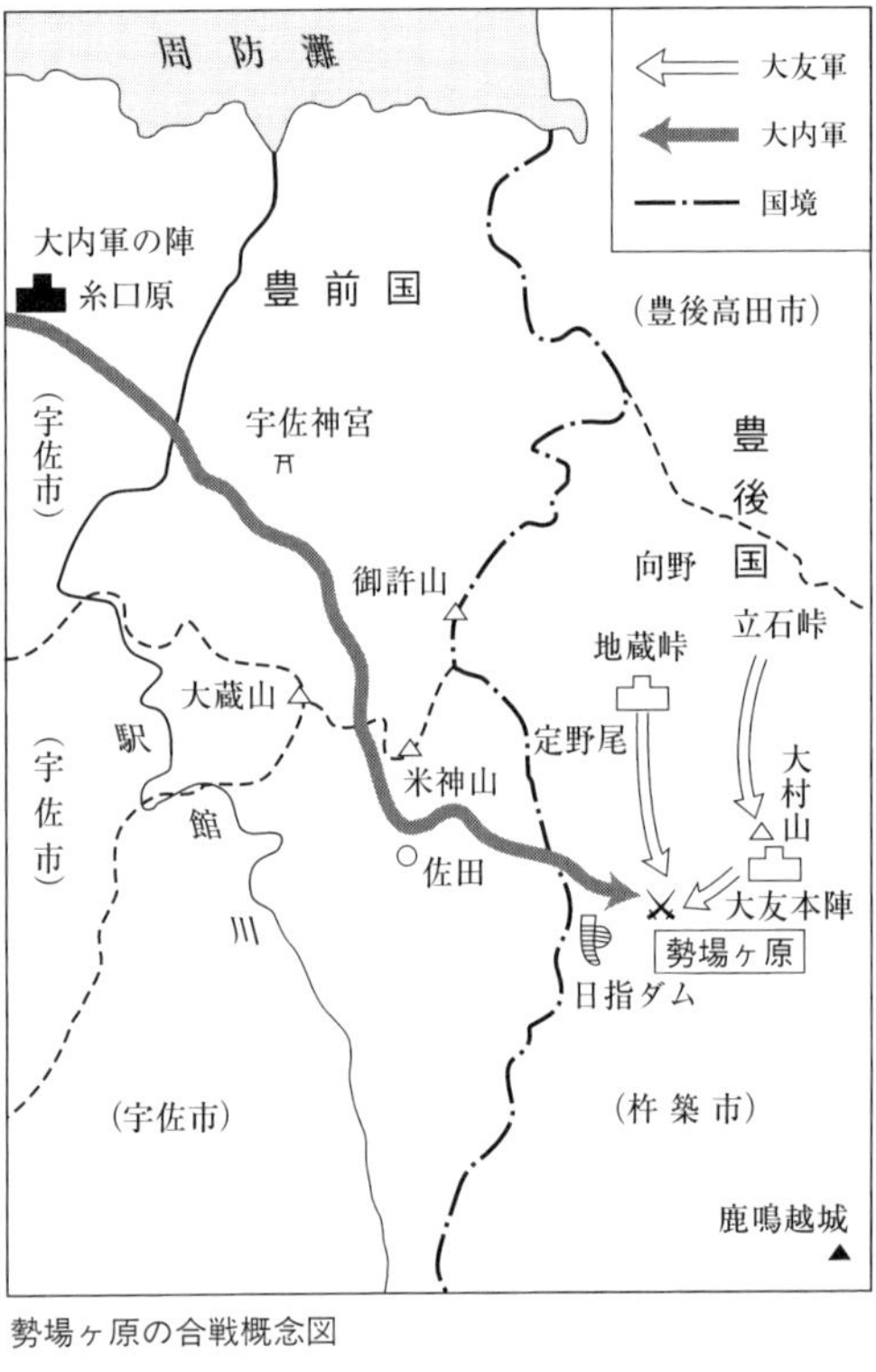

勢場ヶ原の合戦概念図

とされる事態となった。

さらに、天文三年四月、大内義隆は重臣陶興房《すえおきふさ》・杉重信・佐田朝景《ともかげ》の三〇〇〇騎をもって宇佐郡から豊後国に侵入しようとした。これを迎え撃ったのが義鑑の重臣吉弘氏直《よしひろうじなお》と寒田親将《そうだちかまさ》らの率いる二八〇〇余騎である。大友軍は大村山に本陣を張り、地蔵峠と立石峠からの侵入を予想し、その方面に一八〇〇騎の兵を派遣したが、大内軍は予想に反して宇佐郡佐田から大村山の西の勢場《せいば》ヶ《が》原《はら》に侵入した。本陣の吉弘氏直・寒田親将ら一〇〇〇騎をもってこれに応戦したが、吉弘氏直・寒田親将らの主将以下二七三騎は戦死し、大内軍も地蔵峠と立石峠から戻った大友軍の攻撃で杉長門守ら三五八人が戦死、両軍とも多くの犠牲者をだし、結局、大内軍は退却した。

その後も、大内は肥後の菊池と提携して大友軍を攻め、肥後において大友と結ぶ少弐《しょうに》資元《すけもと》を滅ぼし、筑前を完全に掌握した。これによって大友家の博多支配は後退したが、大友家の領国拡大が停止したわけではない。義鑑は、天文十二年に肥後国守護職を得て、豊後・筑後・肥後の三カ国支配を完成し、さらに西《さい》園寺《おんじ》領の四国宇和《うわ》郡に出兵するほどであった。しかし、この領国の拡大政策は、守護権という上からの支配の拡大であり、家臣団に組織されるべき国人《こくじん》との対立を内包しており、この点では対立相手の大内家もまったく共通していた。この結果が、天文十九年の二階崩れの変による義鑑の横死であり、大内家においては、翌年の陶晴賢《すえはるかた》の反逆による義隆の最期である。

義鎮の登場●

義鑑には、三人の男子があり、長子は義鎮《よししげ》（塩法師丸）であった。義鎮を嫡子として跡をつがせることは当然と思われていたが、義鑑は気性の荒い義鎮に将来を託すことに不安をもっており、塩市丸の母のわが子を嗣子に立てようという考えに動かされ、年老《としより》の入《にゅう》田《た》丹後守親誠《たんごのかみちかざね》に支援をたのんだといわれる。実は塩市丸の母と入田親誠が結託したともいわれる。さらに義鑑は、斎藤播磨守・小佐井《こざい》大和守・津久見《つくみ》美作守《みまさかのかみ》・田口蔵人佐《くろうどのすけ》らに協力を依頼したが、これを承諾しなかったため、天文十九（一五五〇）年二月十日朝、登城途中の斎藤播磨守・小佐井大和守を殺害させた。このことを聞きつけた津久見美作守・田口蔵人佐は、館の裏から殿中の二階の間に乱入し、塩市丸とその母や息女二人、侍女などを殺害し、義鑑自身にも深手をおわせ、やがて義鑑が落命する事態となった。津久見・田口の両人も近習《きんじゅ》によって討ちとられ、さらに事件の原因をつくった入田丹後守親誠が殺害された。これがいわゆる「二階崩れの変」である。

この事件の最中、義鎮は湯治のため別府に滞在しており、急報によって府内に帰り、事件の処理にあたった。義鎮は、田北《たきた》左近将監《さこんしょうげん》や田原近江守・河野伝兵衛や殖《うえ》田《た》少輔《しょうゆう》に対して直後の十五日に感状を認め、

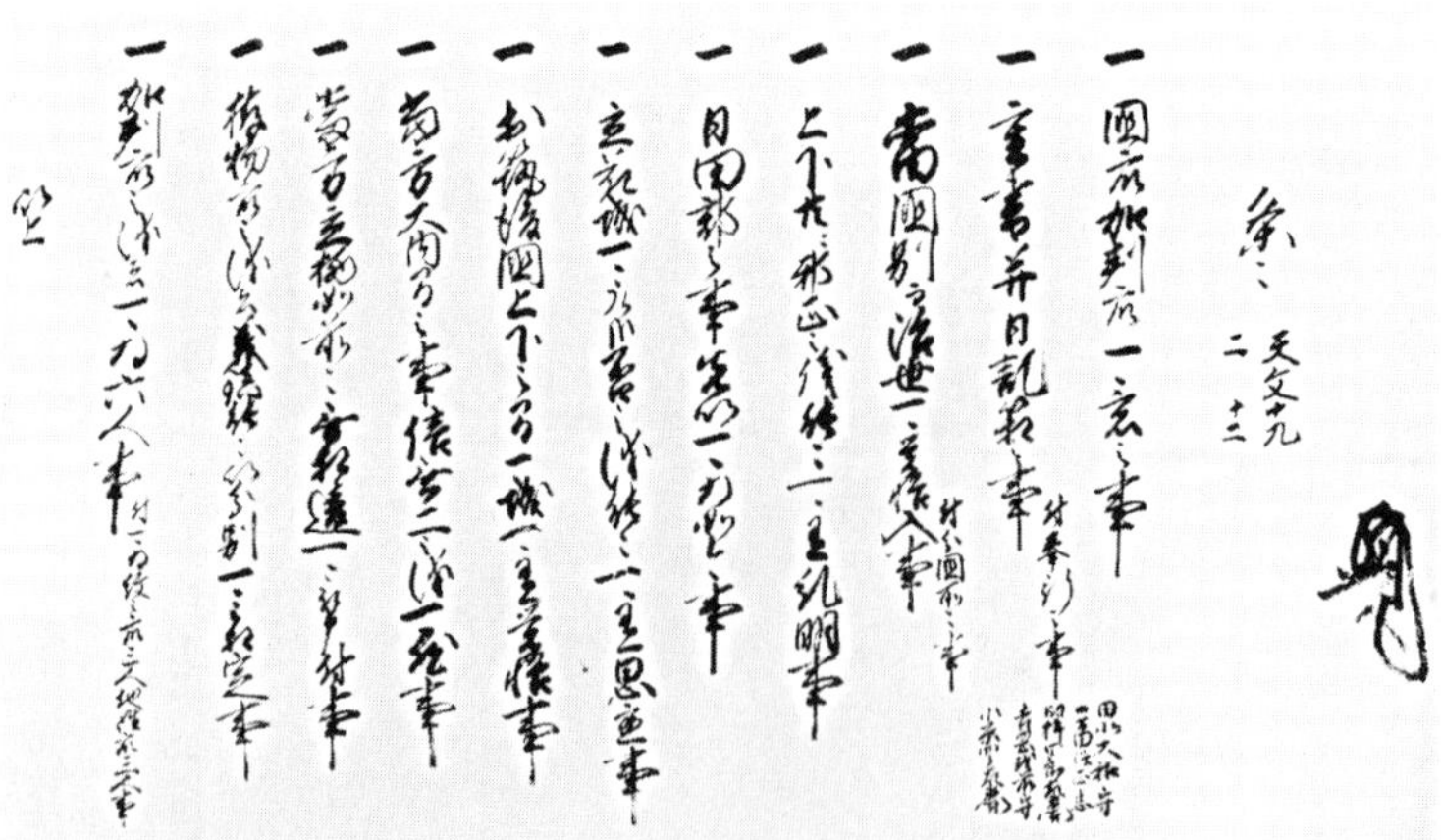

大友義鑑条々事書（「大友文書」天文19年２月12日付）　義鑑が死の直前に書いたものであるが，本人の作成か疑問視されている。義鎮作の可能性は高い。

その防戦の忠義を称賛している。一方、殺害された斎藤播磨守に対しては、その跡職を子息鎮実《しげざね》に安堵《あんど》している。また、危険を感じた入田親誠は入田郷（竹田市）の津賀牟礼《つがむれ》城にこもったため、義鎮は「尊霊（義鑑の霊）の御憤を休んじ奉るべきこと指掌に候」としてこれを攻めた。親誠は舅《しゅうと》である阿蘇惟豊《あそこれとよ》をたより逃亡するが、惟豊は親誠の不義をせめ、これを斬《き》り首級《しるし》を義鎮に送った。

義鑑は死去の直前に義鑑条々事書を書き残し、国衆と加判衆が気持を一つにすることなど一〇カ条のことを定め、義鎮体制への布右を打った。これら一連の手際のよい事件処理から、事件そのものが義鎮の陰謀であったとする説すらある。義鎮は自分の廃嫡をめざした父を非難することなく、義鑑は入田らの佞臣《ねいしん》の陰謀にまきこまれた被害者として事件を処理した。そのため、廃嫡の陰謀に加担せず父を殺害した津久見・田口の両人は「慮外の企」をしたとして、防戦した義鑑の腹心を賞し、父義鑑によって討たれた斎藤播磨守の子息にはその跡職を安堵したのである。すでに指摘されているように、義鑑条々事書の花押《かおう》も死の床にあった人物のものとは思えないのびのびとしたものであり、条々事書も義鑑自身が作成したのではなく、実質的には義鎮新体制の宣言文であり、それを義鑑の名を使用してだしたととらえるべきものである。

事件の真相は闇《やみ》のなかである。しかし、義鎮がほとんど混乱なく事件を処理でき、家督をうけつげたのは、みずから義鑑の体制を否定せず、義鑑の死を「憤死」であるとして位置づけた義鎮の巧妙さゆえであるといえる。義鎮への武将としての評価は高いものではないが、初期の義鎮は評価すべきものがある。

ところで、家督の混乱は、それまでもそうであったように、宿敵大内氏の介入を招いた。この事件でも、入田父子が肥後に逃亡すると、義鎮は先年の大内との対決のさいに叔父の菊池義武が大内と結んだ動きが再現することを警戒し、三月九日には義武に書状を送りその動きを牽制しているが、直後に、菊池は兵をあげ、南では田島氏・鹿子木《かのこぎ》氏の一族が同意し、北では三池氏・溝口氏・西牟田氏などが菊池方として筑後方面に進出し、筑後の蒲池《かまち》氏や田尻氏がこれに応戦した。

この肥後での混乱はその年いっぱいまで続いたが、天文二十年には終息の方向にむかった。この年の九月一日に中国・北部九州に君臨した大内義隆が、重臣陶隆房《すえたかふさ》（晴賢）の謀反によって自殺に追いこまれたからである。陶隆房は、逆臣の誹り《そし》を避けるため、一度義隆の猶子《ゆうし》となっていた大友義鎮の弟晴英《はるひで》を家督に迎えることを将軍足利義輝《よしてる》に申請した。義鎮は晴英の大内入りに反対したが、晴英は乱国の大将となるのは武門の面目であると強くのぞんだため、これを承諾したという。当時、晴英は豊後府内におり、天文二十二年正月に陶隆房・杉隆相《たかすけ》・飯田興永《おきなが》らの大内家重臣が府内にはいり、対面の儀が催され、晴英は大内家の家督をつぎ、将軍の偏諱を拝領し、義長《よしなが》と名乗った。ここに義鎮の新しい時代がはじまった。

九州の覇者の実像●

大内氏は、義隆のときまでに北部九州の豊前・筑前の二カ国を完全に掌握し、さらに少弐を滅ぼし肥前方面に進出していた。しかし、義隆の死後、大内氏の九州への影響は急激に後退した。とくに肥前は、少弐滅亡ののち、大内・大友両氏の争奪の地となっており、大友義鎮は肥前国の守護職をのぞみ、将軍義輝に南蛮鉄砲を贈るなど巧策を行い、「かの国の者は、皆一味同心して、義鎮の下知以外はあるべきではないと望んでいる」と訴えた（『大友家文書録』）。この結果、大友義鎮は天文二十三（一五五四）年七月には肥前国守護に補任《ぶにん》されたのである。一方、同年には、義鎮の家督相続以来兵をおこし反旗を翻していた肥後の菊池義武を追いつめ、出家に追い込み、豊後への護送中直入郡宝泉庵《ほうせんあん》において殺害させた。これによって肥後における反対勢力は一掃されたのである。

さらに、翌弘治元（一五五五）年十月、大内氏の実権を掌握していた陶晴賢が、厳島《いつくしま》において毛利元就《もとなり》軍に破られ、弘治三年には、大内家をついだ義鎮の弟大内晴英も長門《ながと》の勝山城を毛利元就に攻められ、大内氏は滅亡した。この混乱のなかで大内氏の九州支配は崩壊し、義鎮は豊前・筑前方面の実質的な支配にのりだし、豊前国検使・筑前国検使を定め、闕所《けっしょ》地の確認をさせている。さらに弘治四年には四国伊予《いよ》まで兵を進めている。そして翌永禄二（一五五九）年六月には、大内の所持した豊前・筑前の守護職を手にいれ、十一月には九州探題職と滅亡した大内家の家督をあわせてあたえるとの将軍の御書を得ることに成功した。さらに翌年には足利一族の待遇を認められ、「左衛門督《さえもんのかみ》」に任官した。ここにいたって、義鎮の領国は豊後・筑後・肥後・肥前・豊前・筑前の六カ国となり、鎮西最大の大名、九州探題として、名目的には九州の覇者となった。それは大友家初代以来の夢の実現であった。

永禄三年三月十六日　宣旨
源義鎮
宜任左衛門督

正親町《おおぎまち》天皇口宣案《くぜんあん》(左衛門督任官，「大友文書」永禄３年３月16日付)
袖判は将軍足利義輝の花押。

しかし、義鎮の支配は守護権や探題権という実態を失いかけている前代支配機構をつうじてのものであり、実質的に国人を掌握することは困難をきわめた。大内家の滅亡で漁夫の利を得て、豊前・筑前を確保したかにみえたが、その支配は脆弱《ぜいじゃく》であり、このような矛盾は陶晴賢の滅亡の翌年、弘治二年には小原《おはら》鑑元《あきもと》の乱として現出した。小原鑑元は、大友家の他姓の加判衆（重臣）であったが、義鎮が大友一族の同紋衆を重視することに不満をもち、佐伯惟教《さいきこれのり》・本庄親左衛門尉・賀来《かく》紀伊守・中村長直らとともに反乱を企てた。小原鑑元は肥後の関城（熊本県南関町《なんかんまち》）、佐伯惟教は佐伯の栂牟礼《とがむれ》城などに立てこもり、戦死者七〇〇〇人におよぶという大乱となった。

義鎮が六カ国守護職を手にいれたあとも、毛利氏の動きははやく、同年秋には関門《かんもん》を越えて九州に侵攻し、門司《もじ》城をめぐって両軍の攻防が行われた。豊前の国人長野吉辰・野仲鎮種《しげたね》、筑前の国人秋月種実《たねざね》・宗《むな》像《かた》氏貞・筑紫惟門《つくしこれかど》・原田隆種らがこれに内応してそむき、北部九州は混乱状態となった。

永禄五年になると、毛利軍は門司城を破り、豊前へ侵入した。同年五月に、義鎮は府内をでて臼杵《うすき》の丹《に》生島《うじま》に移り、出家して宗麟《そうりん》と号した。義鎮が丹生島城にはいったのはこれが最初ではなく、弘治二年の小原鑑元の乱のさいにもここが使用された。臼杵への宗麟の移動については、古くから夫人との不和説、宗麟の凶病（精神疾患）説、夫人の兄弟田原親賢《ちかかた》を用いたことからの政治的混乱からの逃避説など諸説あり、毛利軍の侵入期の混乱のなかでの移転については宗麟の現実逃避とみられてきた節《ふし》がある。しかし、最近は海路の掌握という積極的な意味があったという評価もある。臼杵は、佐賀関《さがのせき》の若林《わかばやし》水軍、南には津久見の薬師寺《やくしじ》水軍などの拠点があり、村上水軍を掌握した毛利に対抗するためには、この海の機動力を巧みに使う必要性があったのである。

永禄七年、毛利は背後の尼子《あまこ》氏との対決に決着をつけるため、大友家と和議を結んだ。この間に、毛利は永禄九年に出雲の尼子の拠点月山富田《がっさんとだ》城をおとして後顧のうれいをなくし、ふたたび九州に侵入した。永禄十年から十二年にかけて、和議のあと、宗麟にくだっていた筑前の秋月種実・筑紫広門《ひろかど》（惟門の子）、肥前の龍造寺隆信《りゅうぞうじたかのぶ》らがふたたびそむき、一族の高橋鑑種《あきたね》までが内応する事態となった。

これに対して、永禄十二年十月、宗麟は筑後の高良《こうら》山の陣から突如退却し、亡命中の大内輝弘《てるひろ》を若林水軍に護衛させ、山口に突入させた。輝弘は茶臼《ちゃうす》山（山口県防府《ほうふ》市）で戦死するが、同年七月には尼子勝久《かつひさ》が但馬《たじま》から出雲へはいり、毛利の諸城をおとしいれ、毛利の本国に危機がせまったため、毛利軍は退却を余儀なくされた。帰国した毛利元就は尼子軍を追却したが、元亀二（一五七一）年に病死し、その後、織田信長の登場によって毛利は対信長戦に全力をそそぐこととなり、九州へ目をむけることはできなくなった。この機に宗麟は九州の毛利勢力を一掃し、宝満《ほうまん》城主高橋鑑種をくだし、吉弘鎮種に高橋家をつがせ、のちに戸次道雪《べっきどうせつ》（鑑連《あきつら》）を立花城にいれ、立花氏をつがせた。そして、肥前の龍造寺隆信を大友親貞に討たせるが、夜襲をうけて大敗してしまう。これによって肥前の支配は断念せざるをえなくなる。毛利のうれいはなくなったが、国人の自立化につねに悩まされて、これが守護から戦国大名に成長した大友氏の弱点であった。

大友領国支配の特質●

中世は荘園・公領体制の時代である、荘・公の単位所領ごとに中央の京にいる権門領主が異なっていた。守護は、鎌倉時代までは、地頭職《じとうしき》の獲得などによってその影響力を強めたが、南北朝内乱以降は、国衙《こくが》機構の掌握による段銭《たんせん》・棟別銭《むなべちせん》など平均役徴収権の確保、京都の領主の年貢を守護として請け負う守護請《うけ》の展開などにより、国内支配体制を完備していった。大友家においても、このような動きのなかで、南北朝・室町時代から戦国時代にかけて荘園・郷《ごう》単位と郡・国単位の支配体制がしだいに整備されていった。ここでは、荘園・郷単位の「政所《まんどころ》」と郡・国レベルの「方分《ほうぶん》」、それにこれらの支配を調整する役割をもつ「方角」という制度を取りあげてみる。

まず、いわゆる政所体制というべきものであるが、これは荘園にみられる荘政所や地頭政所などとは異なり、大友宗家が任命する荘・郷支配のための代官支配の体制であり、豊後国国内に認められる制度であった。政所は土地給与の打渡《うちわたし》事務機関としてばかりではなく、司法警察権・徴税権などが認められ、大友親治・義長期に整備が進み、義鑑期にほぼ完成するといわれている。

山香《やまが》郷（杵築市）や田染《たしぶ》荘（豊後高田市）の例をみると、両政所・両役所・両役人などとよばれ、二人体制をとっている場所も多かった。大永四（一五二四）年の豊後国山香郷と豊前国佐田荘の境相論では、山香郷の生え抜きの在地領主である野原氏・志手《しで》氏が政所をつとめこの処理にあたっていた。これに対して、田染荘では都甲《とごう》氏・吉弘氏・田原氏・古庄氏・長野氏などが政所をつとめたようである。彼らは隣郷・隣荘に拠点をもつ在地領主層であり、山香のように内部の領主が任命されるタイプと他郷の領主が任命されるものがあったことがわかる。田染荘には、蕗《ふき》と相原《あいわら》の二カ所の政所地名があり、有名な富貴寺《ふきじ》に隣地する蕗の政所は、かなり大規模な堀切をもつ屋敷遺構が残っており、江戸時代はそこに蕗村の庄屋屋敷があった。しかし、政所はすべての荘・郷に設置されたのではなく、かわりに検使が任命されている荘・郷もある。政所が設置された荘・郷と不設置の荘・郷のあいだに、どのような違いがあるのかは解明されていない。

つぎに、郡・国の支配体制のために設けられたのが方分である。これは政所体制よりやや後れて戦国時代になって整備されたものであるが、方分の宿老とよばれ、「郡の聞次《ききつぎ》」といわれた。外山幹夫氏の研究では、戦国時代にはいり、加判衆の成立にともなって、年老《としより》の一部が方分として一定地域の支配をまかされる体制が成立したとしている。さらに、方分は豊後本国では郡単位、そのほかでは一国単位で任命されているとした。しかし、筑後や肥後でも郡単位の方分が存在したという批判もある。豊後国内の方分は、府内に在府した可能性が高いが、本国以外では、赴任したという説もある。しかし、肥後国方分の小原鑑元は現地に赴任しているが、これは関城の城督《じょうとく》としての赴任であるとみられている。方分の権限は、闕《けっ》地訴訟《ち》のあつかいなどの公事沙汰《くじざた》のほか、司法・警察権にもおよんだともいうが、いまだ不明な点が多い。とくに、肥後国の関城督、筑前国粕屋郡の立花山城督・同国志摩《しま》郡柑子岳城督、豊前国宇佐郡の妙見岳城督など、軍事拠点の統率者と方分の関係があきらかでない。

また、方分と似たものに郡代がある。田原親宗《ちかむね》は筑後詰郡代といわれ、筑後では、十五世紀末以降、上《こう》妻《づま》郡代・三潴《みずま》郡代など、筑前では志摩郡代などが確認される。豊前でも宇佐郡代・上毛《こうげ》郡代・下毛《しもげ》郡代・築城《ついき》郡代・京都《みやこ》郡代などがみられるが、方分との関係が不明である。豊前や筑前では、大内時代に郡奉行(郡代)が設置されており、大友家もこれを踏襲したと推測されるが、この地域には荘・郷を単位とする政所(役所)のような支配形態がないことからすると、郡代は本国外の在地支配のために設置された制度とみることもできるかもしれない。

最後に、豊後を中心に大友領国には方角という制度というか慣習が見いだせる。藤木久志氏の研究によれば、これは在地世界の横の連合の論理「近所の義」に近い制度であり、相論などの調停において、大友氏の支配機関の裁判権者に助言をあたえるのが事件発生地域近辺の方角衆である。方角衆は、大名権力機構の特定の下部組織ではなく、相対的に独立した機能を有していた。助言にしたがって裁定が行われた場合は、相論が再発しても方角衆の指南にまかせるという事例があり、上級権力は、在地の世界において助言の独自性を前提とした対応が必要であった。

大友氏は、政所や方分などによって在地の世界に権力編成を進めたが、方角に象徴される在地世界の論理をそのなかに組みこまなければ、支配が不可能であったともいえる。大友権力は、国人・国衆・土豪らの在地秩序を越える権力支配をうちたてることはできなかったのである。そこに、大友氏の大名権力の脆《ぜい》弱《じゃく》さがあり、やがて迎える領国崩壊の一因はこの在地支配の構造によるところが大きい。

3　キリシタン大名大友宗麟の夢の果て

宗麟とキリスト教●

天文十八（一五四九）年七月にフランシスコ゠ザビエルが鹿児島に上陸した。ザビエルは平戸・山口を経て、二十年八月に豊後府内《ふない》に到着した。このザビエルの府内訪問は、大友義鎮《よししげ》の招きもあったが、同年七月に豊後日出《ひじ》沖にポルトガル船が入港し、これに本国およびインドの指令の書簡がのせられていると期待したからであった。ザビエルは上陸し、義鎮の館《やかた》に赴き、西洋の事情を伝えるとともに、キリスト教の布教の許可を求めた。しかし、ザビエルは期待していた書簡が得られなかったため、みずからインドに戻る決意をかため、十一月下旬、義鎮の使節を同道して沖ノ浜を出発した。義鎮がポルトガル人をはじめてみたのは、天文十四年、一六歳のときであるが、このザビエルの来訪は、義鎮のその後の人生をかえることになった。

おりしも、ザビエル来訪の直前に義鎮は二階崩れの変で大友家督を得て、ザビエル訪問の直後には、山口では大内義隆《よしたか》が陶晴賢《すえはるかた》のために横死するという事件がおきた。ザビエルとの出会いをさかいに、義鎮の人生は西国最大の領主への道を着実にあゆみはじめたのである。のちの宣教師の報告には、子にめぐまれたことや、戦争に勝って父祖の時代より二カ国（豊前・筑前）も多く征服し、日本の領主中もっとも金銀にとんだものになったのは、宣教師がきたからだと考えているらしいと書かれている。

インドのゴアに着いたザビエルは、ただちに神父バルテザル＝カゴらを日本にむかわせた。翌天文二十一年カゴらは鹿児島に上陸し、府内にやってきた。カゴ神父は、ザビエルがあとを託した古参神父コスメ＝デ＝トルレスにあうため一旦山口にむかうが、まもなく帰国した。義鎮は山口同様の布教の許可をあたえ、府内にも教会施設が建設されたのである。以後、大内氏が滅亡すると、府内は日本におけるイエズス会活動の拠点となった。初代日本教区長トルレス神父や二代日本教区長カブラル神父は、ここを中心に布教にはげんだ。また、アルメイダなど多くの宣教師が訪れ滞在した。アルメイダは、府内に病院を建て、西洋式手術をはじめて行った人物として有名であるが、入信前は商人であり、宣教師となったあとも布教活動の資金を得るため、ポルトガル商船との交渉にあたった。弘治二（一五五六）年からほとんど毎年のようにポルトガル船が府内を訪れるようになり、イエズス会通信によれば、「豊後の市」府内は京・堺・博多の商人が来住して取引を行う場所となった。

トルレス神父は五年間府内に滞在したが、義鎮の受洗は実現できず、義鎮はトルレスの去った永禄五

（一五六二）年には、出家して宗麟《そうりん》と号した。この時期、豊後府内では「市民と地元出身者は、だれ一人キリシタンにはならなかった」という状況にあり（フロイス『日本史』）、民衆への布教活動を重視する彼は、活動を肥前方面へ展開していった。元亀元（一五七〇）年に、トルレスのあとをうけて教区長となったカブラルは、トルレスの日本人庶民への理解、民衆の重視の姿勢とは異なり、高圧的で、貴族的な人物といわれ、一三年間日本に滞在しながら日本語をおぼえなかった。彼は、支配階層のキリシタン化によって一挙に信者を拡大するという方針の持ち主であり、宗麟へ接近し、彼の信頼を得るに至った。察するに、秩序を重視し高圧的な宗麟とは、貴族的なカブラルは馬があうこともあって、トルレスのときには入信しなかった宗麟が、天正六（一五七八）年、カブラルのもとで受洗したのである。

この入信をさかいに、豊後における布教の状況は一変した。それまで豊後における入信者は二五〇〇人を超えることはなかったが、天正八年までに一万人を超え、そのなかには多くの「殿」「貴人」が名を連ねるようになった。翌九年には、府内周辺の村々を中心に豊後全体では六一五〇人が受洗するほどであった。

このようななか、天正七年七月、巡察使アレキサンドロ＝ヴァリニアーノが来日した。ヴァリニアーノは日本を三教区にわけ、京・豊後・下区とし、コレジオ（学院）・ノヴィシャド（習練院）・セミナリオ（神学校）・レジデンシア（住院）の設置を決定した。翌年には豊後に赴き、府内で大友義統《よしむね》に謁見し、臼杵で宗麟に面会した。ヴァリニアーノは、八月二十七日から九月十二日のあいだ臼杵でイエズス会協議会を開き、日本人理解に意を欠くカブラル教区長を罷免し、日本人の神父への道を開くなど、布教の転換をはかった。豊後にはノヴィシャド・コレジオ・レジデンシアが設置された。とくに臼杵には当時インドのゴアにしかなかったノヴィシャドが建設され、ゴアの習練院長であったラモン神父が習練院長となった。

さらにヴァリニアーノは、日本布教の成果をアピールし、イエズス会に対する支援を期待して、天正十年正月に四人の日本人少年使節をローマに派遣した。正使伊東マンショは豊後王の姉妹の子息とされ、千々《ちぢ》石《わ》ミゲルはキリシタン大名有馬《ありま》・大村の親類、中浦《なかうら》ジュリアン・原《はら》マルチノは肥前の有力武士の子弟とされている。一行はヴァリニアーノに伴われ、マカオを経てインドのゴアに至った。ここからインド管区長となったヴァリニアーノと別れ、喜望峰まわりで、スペインのリスボンに到着し、そこからローマにむかい、ローマではたいへんな歓迎をうけ、法皇に謁見したのである。

しかし、この使節については、臼杵習練

天正遣欧使節の少年使節たち　上段の左は中浦ジュリアン，右は伊藤マンショ，下段の左は原マルチノ，右は千々石ミゲル。

院長のラモン神父が告発文をイエズス会総長に送っている。それによれば、伊東マンショは豊後王の甥ではなく、親のない親戚であり、宗麟自身も彼にあったことがなく、ヨーロッパになぜ少年使節が派遣されたのかも知らず、法皇への書状も認《したた》めていないとのべていると、ヴァリニアーノの独走を非難している。渡辺澄夫氏によれば、現在ローマに残る使節がもたらした宗麟の書状は、その花押《かおう》から判断してまったくの偽文書と断定されており、天正遣欧少年使節は、ヴァリニアーノが仕組んだ偽使節であった。

この使節がローマから日本への帰路にあった天正十五年、豊後は島津軍のために国運が衰退し、豊臣秀吉の傘下にはいり、宗麟（宗滴《そうてき》）も人生の終焉《しゅうえん》のときを迎える。その年、豊後国の国東《くにさき》郡岐部《きべ》の豪族岐部氏の一族のロマノ岐部の子息として、ペトロ岐部カスイがうまれた。ペトロ岐部は、慶長十一（一六〇六）年、有馬のセミナリオを修了し、イエズス会にはいるとの願をたて、ローマをめざした。その旅はイエズス会の援助も得られず、困難をきわめ、六年の歳月をかけてローマに到着し、ついにその願いをはたし、ローマのラテラノ大聖堂で司祭に任じられ、イエズス会にはいることを許された。その後、ペトロ岐部はキリシタン弾圧が強まる日本に戻ることを決意し、日本に潜入し布教に従事するが、寛永十六（一六三九）年に仙台領で捕縛《ほばく》され、江戸で殉教した。天正遣欧少年使節は、ヴァリニアーノの「勇み足」であったが、豊後のキリスト教の種はしだいに成長し、ペトロ岐部の勇気ある求教の旅、殉教の道へとつながったのである。

幻のキリシタン理想王国●

日本におけるキリスト教の展開にとって、宗麟の受洗は大きな画期であったが、戦国大名大友家にとっても、この時期が家運衰退の転換点となった。宗麟の正妻で義統《よしむね》・親家《ちかいえ》・親盛《ちかもり》をうんだ奈多鑑基《なだあきもと》の娘は、宣教師たちからゼザベル（イスラエル王アハブの妻）と渾名《あだな》されるほど、ヒステリックでキリシタン嫌いであった。天正三（一五七五）年に子息の親家が臼杵で受洗すると、夫人を中心とする反キリシタン派の弾圧がはじまった。同じころ、宗麟夫妻が娘の婿と見込んだ田原親賢《ちかかた》の養子の親虎《ちかとら》が入信のことをいいだし、天正五年四月ひそかにカブラル神父について洗礼をうけた。養父親賢と宗麟の妻は棄教をせまったが、これをこばみ続け、廃嫡除籍となった。宗麟は同情的で、彼を府内レジデンシア（住院）にかくまい、のちに臼杵城に引きとった。

天正六年、妻との対立にたえがたくなった宗麟は、妻を離婚し、親家の妻の母を後妻に迎えた。七月十五日、ついにみずからも臼杵においてカブラル神父から洗礼をうけ、ドン＝フランシスコと名乗る。ここにおいてキリシタン容認派は力を得るが、反対勢力との軋轢《あつれき》が深刻なものになっていく。元来、有力国人衆の離反・裏切りに悩まされてきた大友家は、内部対立に油をそそぐような事態にたち至った。

そのようなおり、隣国日向国の情勢が緊迫してきたのである。天正五年、島津軍が日向に侵入し、都於《との》郡《こおり》の伊東家を攻撃、伊東義祐《よしすけ》は山裏《やまうら》（臼杵郡西中南部山間地）から高千穂をとおって豊後に逃亡し、宗麟をたよった。しかも、天正六年三月、臼杵郡県《あがた》（宮崎県延岡市）の土持親成《つちもちちかしげ》が島津につうじたため、義統が三万の軍を率いて県の松尾城をおとし、門川《かどがわ》（同門川町）、塩見・日知屋《ひちや》（同日向市）、山毛・坪屋（同日向市）、田代（同美郷町）の城を掌握し、臼杵郡境の耳川《みみかわ》に到達した。

同年九月、宗麟は十字架の旗を掲げ、日向に理想のキリスト教王国を建設すると宣言して、カブラル以下の宣教師・修道士らと数百人のキリシタン将兵をつれ、海路で臼杵から延岡にむかった。そのなかにはあのドン＝シマン（田原親虎）の姿もあった。宗麟は延岡の務志賀《むじか》に本営をきずき、仮会堂を建築し、教会や住院の建築にかかった。

一方、田原親賢は、先陣の総指揮をとり、南下して島津家久《いえひさ》を財部《たからべ》城（宮崎県高鍋町）まで退却させた。大友軍は、十月末には耳川《みみかわ》を越えて小丸川のほとりにある島津方の高城《たかじょう》を包囲した。島津軍は五〇〇〇人ほどであったが、これをおとせず、兵糧攻《ひょうろうぜ》めにした。その間、十一月上旬には島津義久《よしひさ》が大軍を率いて佐土原《さどわら》にはいり、十一月十一日から十二日にかけて両軍は激突した。この戦いで大友軍は総崩れとなり、田北鎮周《しげちか》・佐伯宗天《そうてん》・吉岡越中入道ら三人の加判衆と吉弘宗仭《そうじん》・臼杵鎮次《しげつぐ》などの重臣をはじめとして将兵三〇〇〇人が討ちとられるという大敗を喫した。大分県各地で板碑《いたび》やさまざまな墓状石塔類、位牌《いはい》などの

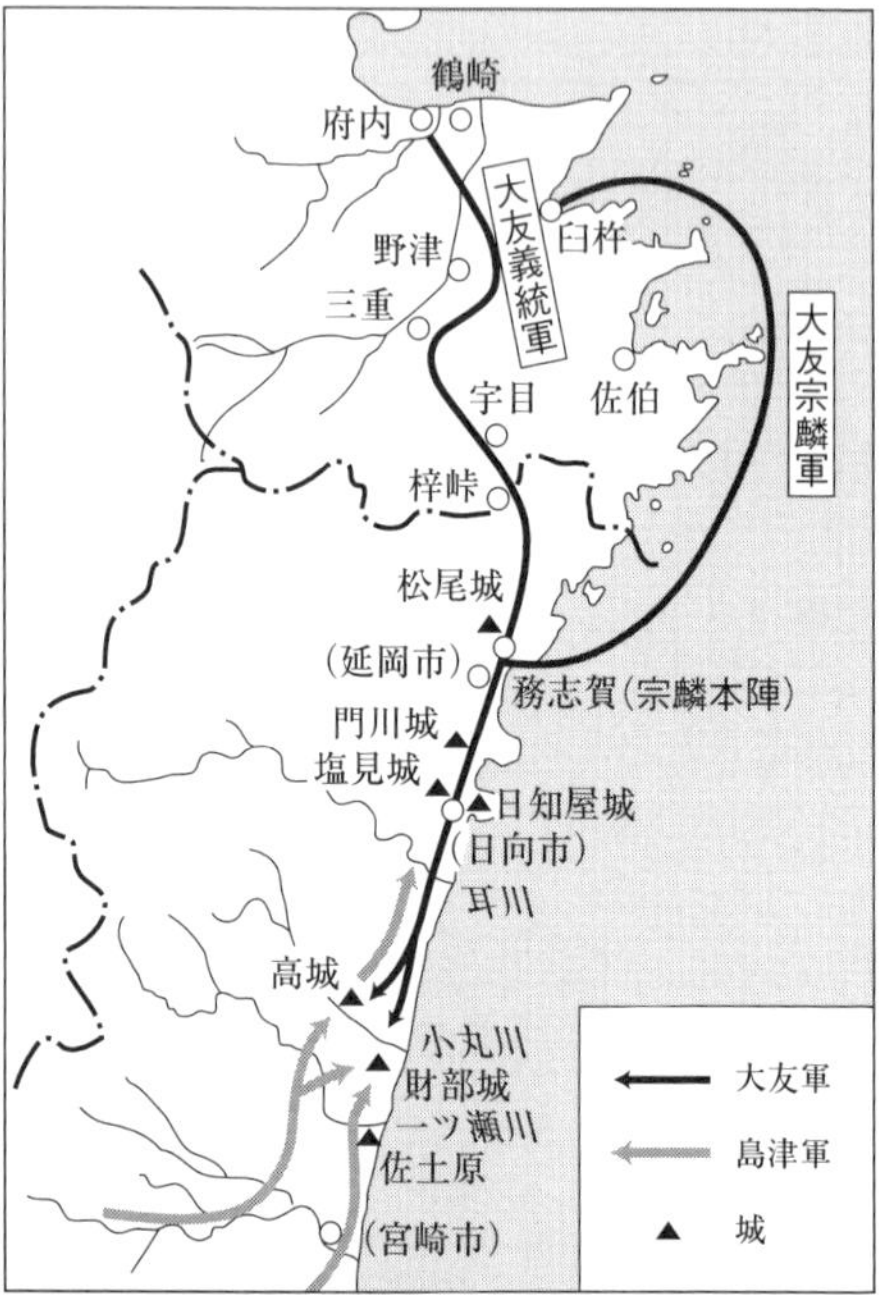

日向高城・耳川合戦の概念図

キリシタン教名合字鞍　前輪に宗麟のFRCOの教名文字を組み合わせた紋章がある。宗麟使用のものといわれる。

調査を行うと、天正六年十一月十二日の年紀をもつものが群を抜いている。この敗戦は、大友軍を構成する家臣の国衆の不協和音の結果であり、宗麟の夢は、わずか一両日の戦いでついえてしまった。その後、家臣団の不協和音は一気に表面化し、坂をころがるようにして大友領国は崩壊の道をつき進んでいくのである。

戦国都市府内・臼杵の繁栄●

府内の町にはおよそ八千戸の家があると考えられましょう。この町は臼杵の城から十二マイル離れた所にあります。そしてまたこの町は豊後の中心的町であり、現在こゝには、若い王とその家臣總《すべ》てが住んでいるのです。

フロイスは『日本史』のなかで、宗麟時代の府内のようすをこのように記している。大友氏は三代頼泰《よりやす》の段階から、豊後に下向し府内に本拠を定めたといわれる。当時は府中とか国府などとよばれ、すでに仁治三(一二四二)年には、二七カ条におよぶ豊後府中に関するいわゆる都市法が定められていた(「新御成敗状」)。しかし、これは当時の町の実態にあわせた法令というより、鎌倉に対する都市法の焼き直しという性格であるとみなされている。

府内が都市として飛躍的な発展を迎えるのは室町時代以降になってからである。大友氏の領国支配の強化に伴い、家臣へ出府を求めるようになり、十六世紀初めには年寄衆などの重臣の府内居住が定められた。義鑑《よしあき》期には「御用」ということで出府や在府が国衆に命じられることが多くなり、恒常的に在府する国衆が増加した。天文十九(一五五〇)年に大友義鑑が在府していた重臣に殺害された二階崩れの変や、同二十二年に府内で一万田《いちまんだ》弾正忠父子が上意討ちで殺害され事件は、府内が舞台となっており、府内への大友家臣の集住化が進んできていたことを示しているといえる。

天正十（一五八二）年正月二十二日には、大友義統が柴田礼能《らいのう》に対して、府内に関する条々の定書（都市法）を渡した。府内の万寿寺《まんじゅじ》の築地《ついじ》内、町屋敷のことが柴田にあずけおかれ、百姓中についても柴田の存分にまかせられた。また、人の被官といえども柴田に成敗権を認め、町役や伝馬《てんま》公事《くじ》の統括を行わせ、地下人《じげにん》の内訴をかたく禁止し、公役《くやく》をいささかも緩怠なくまっとうすることを定めたのである。これから、府内には町役・伝馬公事を負担する町人と被官や百姓などがくらしていたことがあきらかとなる。

府内がどのような都市構造をとっていたのか不明な点が多いが、天正十六年の参宮帳には、寺小路・柳小路・後小路などの小路名をもつ地名、唐人町・桜町・稲荷町・市之町などの町名をもつ地名、立市・下市・上市などの市《いち》地名、来迎寺《らいごうじ》・金剛宝戒寺《こんごうほうかいじ》・万寿寺・千手堂《せんじゅどう》・称名寺《しょうみょうじ》などの寺地名、古川など単なる地名がみえる。これらの地名のほとんどは江戸時代に作成された「戦国時代府内絵図」や同種の「高山絵図」にも確認される。

このことから、これらの絵図をある程度信頼して、戦国時代の府内を復元すると、南限は、現在の元町と上野の台地の金剛宝戒寺や円寿寺と大友館跡であり、北限は、現在の長浜小学校付近まで町場が展開しており、舞鶴橋に至る国道一九七号線より北は大分川の河道であったとされる。町屋敷は、現在の九州乳業・帆秋病院の付近にあった万寿寺とその西北にあった大友御屋敷（現在の顕徳《けんとく》町三丁目付近、上野の館とは別）を中心に東西を基本とする道筋の両側町としてみられ、寺と町と小路や市が整然とわかれているわけではなく混在している。一般に、戦国城下町では職人や商人などの町人と家臣団の混住が指摘されており、大友氏の場合も復元される状況からは他の大名と同様な傾向を示している。

大友氏時代の府内古図と天正16年参宮帳にみえる町名(木村幾多郎氏作成図を修正)

戦国都市では、市とよばれる部分は家臣団や職人・商人などの住居する屋敷町空間とは一定の距離をもって存在し、城下には完全に組みこまれていないことが多いが、府内では、市場空間と屋敷町はほぼ同一空間のなかに存在している。しかしこの市は十一世紀以前から存在している市と推定され（「八幡宇佐宮御神領大鏡」）、はやい段階で城下の屋敷町空間に取りこまれたと推定される。それでは、府内が特殊な城下町形態をとっているのかというと、そうではない。戦国時代には、府内の北の大分川の河口部砂州に「沖浜」とよばれる湊《みなと》町・市町があり、堺の商人、中国商人、ポルトガル商人などがここで商業活動を行ったが、慶長元（一五九六）年閏《うるう》七月の地震による水害で町は消滅したといわれる。この沖浜《おきのはま》が府内の市町の機能をもっていたとみられる。

一方、臼杵の町は永禄五（一五六二）年ころ、宗麟の城、丹生島《にうじま》城の城下町として整備された。文禄二（一五九三）年の臼杵荘検地帳写によれば、唐人町・畳屋町・唐人町懸ノ町・海添中町・横浜町・吉永小路片町・浜町菊屋町・横町・祇園洲などの町名が記され、四〇四筆のうち三七五筆が屋敷と記されている。屋敷の大きさは五段から六歩までかなりの幅があり、一〜二畝《せ》の屋敷が多い。名字のない名前からみても基本的に町人とみられ、ここには武家屋敷地区は記されない。それでは武家地がないかというと、もちろんそうではない。

大友宗麟夫人（一色義清の娘）の菩提寺《ぼだいじ》といわれる宝岸寺《ほうがんじ》（もと臼杵寺浦に所在）の過去帳には、戦国時代末から近世前期にかけての臼杵住人として、武士・町人・農民などの幅広い階層の名が認められ、永禄・天正・文禄までの大友時代に注目すると、唐人町・掛町・畳屋町・徳浦・横浜などの住民とともに、奈多鑑基《なだあきもと》・奈多政基《まさもと》・臼杵右京亮《うきょうのすけ》・臼杵少輔太郎・臼杵越中守鑑速《あきはや》ら数多くの大友家臣、その家族の名

幻の瓜生島

慶長元（一五九六）年閏七月の大地震による大津波によって、豊後府内の沖にあった瓜生島《うりゅう》という巨大な島が沈んだという。近世の絵図は、別府湾の二分の一を埋めるような巨大な瓜生島を描く。元禄十二（一六九九）年に完成した『豊府紀聞《ほうふきぶん》』では、瓜生島は勢家《せいけ》村の二〇余町ほど北にあり、沖浜町ともいったと記されている。瓜生島の名称は、戦国時代から江戸初期の宣教師の記録や日本や中国の記録には、まったくみえず、「アキナファマ」「沖の浜」「澳《おき》浜」などとみえている。

府内を訪れたフランシスコ＝ザビエルも沖の浜に停泊したポルトガル船を降り、そこから小船で大分川をさかのぼり、府内の大友館で大友宗麟に謁見した。沖の浜は府内の外港として機能しており、ルイス＝フロイスも「府内に近く三千（歩）離れたところに、沖の浜と言われる多数の船の停泊港である大きな集落、または村落があり」と書いている。大友氏滅亡後は、「沖の浜には多数の船が停泊していたが、それらの多くは太閤《たいこう》のもので、……これら以外に、そこには種々の商人たちの小船が無数に停泊していた」とあり、豊臣氏の直轄領の港として繁栄していたのである。

瓜生島調査会は、一九七七年と一九八〇年の二度、音波探査機によって、大分川河口部の五号埋立地沖の調査を行い、この付近に「瓜生島」の海没地崩れ跡を発見したと報告している。瓜生島は沖の浜とよばれているように、勢家から大分川河口部に突きだすように形成された砂州《さす》の先端にあった島状の砂州とみられ、さほどの面積とは思われないが、江戸時代になってから、豊後府内の沖の浜の繁栄を郷愁した人びとが別府湾に巨大な幻想の島を描いてしまったのではなかろうか。

前があり、それらには場所が記されていない。臼杵城下の全体構造は不明であるが、家臣団と町人が混住していたと推定される府内にくらべると、町屋と武家屋敷の区分が明確となり、町屋と記載がわけられ、武家地に住む家臣団はその場所が示されなかったのではないかと推定される。

また、臼杵は町立てにおいても、それまで町があったところに丹生島城をきずいたのではないので、政治的に町立てが行われたのである。すなわち、臼杵には、府内と同じ唐人町があったり、畳屋町や菊屋町などの畳屋・菊屋などの職人や商人が中心に行ったとみられる町があり、臼杵の町立ては、信長や秀吉などが安土《あづち》や大坂で城下町立てを行ったと同じように、府内を中心とする町人を移住させることによって町立てが行われたと推定される。とくに注目されるのは、唐人町懸ノ町の大友家の御用商人中屋宗悦《なかやそうえつ》である。宗悦の屋敷はここに六カ所あり、その面積・石高はこの町の約五五％を占めており、この町は中屋宗悦によって町立てが行われたとみられる。

『雉城雑誌《ちじょうざっし》』や『豊府紀聞《ほうふきぶん》』によれば、宗悦の父中屋乾通《けんつう》は府内に住み西海第一の商人とされ、享禄・天文（一五二八～五五）のころ活躍した。とくに外国船との取引に「乾通之遺秤《いしょう》」が用いられるほどの商人であった。宗悦自身も『大友興廃記』に「豊後府内の町人に中屋宗悦という大福人がいたが、かれは府内に居住しながら、大坂・堺・京などの富貴繁華の町々にはどこでも一軒をもち、下代や一族の者を派遣していた。唐船来朝のときは、京堺の豪商が寄り合って買い取ったが、その中でも宗悦が過半を買い取るほどの大福人であった」と書かれるほどの豪商であった。

乾通の史料は江戸時代の編纂《へんさん》物で実在を裏付ける史料はないとされるが、宗悦に関する同時代史料が鹿《か》毛《げ》敏夫氏によって集められ、その実像がみえてきた。宗悦は大友宗麟・義統父子の御用商人として、中国人やポルトガル人などとの交易にかかわり、京・大坂を往来した。その活動は商業活動にとどまらず、大坂の豊臣秀吉への大友家の使者の役をつとめたり、天正十四（一五八六）年には、秀吉に援軍を要請するために上坂した宗麟に同伴し、さらに天正十六年には、大友領国やその周辺での商業活動の実績から秀吉の松浦肥前守への使者を命じられたことが確認されるという。

大友領国の発展とともに、府内・臼杵は堺や博多とならぶ都市として、中屋氏に代表される豪商や、中国商人、ポルトガル商人の活動拠点となっていたのである。臼杵は近世都市として現在もその姿を一部とどめているが、中世の府内は豊薩戦争のため焼失し、近世に新しい町立てが行われたため、その姿はほとんどわからない。しかし、近年の発掘によって少しずつ大友時代の道や町屋や大友館《やかた》の一部、御蔵場《おくらば》などが発見されつつあり、宗麟の時代の都市の実態もさらにあきらかにされると思われる。

山城の時代と民衆●

山城《やまじろ》は、古代から存在するが、その数が急激に増加するのは南北朝以降であり、とくに戦国時代は山城の時代ともいえるほど各地にたくさんの山城が築造される。大友領国の中心である大分県域にも、あいつぐ戦乱のなかで数多くの山城がつくられ、そこをめぐって攻防が行われた。ここでは、山城というものからこの時代の領主のみならず民衆のあり方をのぞいてみることにしよう。

大友領国の山城は、(1)館《やかた》などを去ってこもるための詰めの城、(2)占領地区統治のための城、(3)境界を防衛するための城、(4)狼煙《のろし》などを焚《た》く連絡拠点や見張り所的機能をもつ小城などにわけられる。詰め城の典型は、大友家の高崎山城（大分市）、佐伯氏の栂牟礼城（佐伯市）、吉弘氏の屋山《ややま》城（豊後高田市）、田北氏の熊牟礼《くまむれ》城（大分市）、田原氏の雄渡牟礼城（国東市）などがある。高崎山城は大友家が府内の大友館を放棄したときの避難場所であり、南北朝時代以来、府内を攻撃されるとここにこもった。現在でも、細長い山頂部には竪《たて》堀や郭《くるわ》や堀切などの遺構が残っている。(2)の占領統治のための城は、筑前の立花城、豊前宇佐郡の妙見岳城、肥後の関城などが典型であり、ここには、立花城の戸次《べっき》道雪、妙見岳城の田原紹《じょう》忍《にん》、関城の小原鑑元など城督とよばれる大友家の年老《としより》格の人物が配置された。

(3)の境界の城は、国境や領域境におかれる防衛的城である。たとえば、豊後の北では鹿《か》鳴越《なごえ》城、南では朝日ケ岳城がその典型である。これらの城には城番がおかれ、給人《きゅうにん》などの周辺小領主がこの番をつとめた。鹿鳴越城は速見郡山香町(現杵築市)と日出町の境にある山城で、北からの大内勢の侵入をとめるためにきずかれ、山香郷の東西一揆衆が城番となった。南の朝日ケ岳城は、日向に対する境

北部九州のおもな山城(戦国時代)

目の城として機能し、天正十四（一五八六）年の豊薩戦争のさいにも、島津側から豊後の境界の城として、この城に島津軍の侵入にさきだって「針《はり》を伏《ふ》す」という呪術《じゅ》が行われた。なお、妙見岳城にも城番がおかれ、境界の城として宇佐郡衆が動員された。

(4)についてはは具体例をあげるまでもないが、最近は、山城について新しい論点がだされてきている。一つは、藤木久志氏や小林清治氏の指摘する城と地域の住民との関わりである。城は領主間の戦争の施設であり、築造の労役以外には民衆にとって関わりの薄い存在とみなされてきたが、戦国時代の戦争は、一般住民が高見の見物を決めこむほど甘いものではなかった。豊薩戦争のようすをフロイス『日本史』はつぎのように記す。

薩摩軍が豊後で捕虜にした人々は肥後の国に連行されて売却された。その年、肥後の住民は飢饉《ききん》と労苦に悩まされ、己が身を養うことすらおぼつかない状態にあったから、買いとった連中まで養えるわけがなく、かれらをまるで家畜のように、高来《たかく》（島原）に連れて行って、売り渡した。

別のところでフロイスは「敵は臼杵地方からだけでも、婦女子を含めて、二三千の捕虜を連行したらしい」「国（豊後）内では敵が荒らしまくっており、すべてが焼き払われ、婦女子の大群が各地から捕虜となって拉致《らち》されてゆくのを毎日耳にし」たとある。民衆は拉致され、奴隷とされ、最後はポルトガル船などにのせられ、外国に売られたのである。

このように、戦争では民衆も領主と一蓮托生《いちれんたくしょう》であり、戦争のさいには、住民が領主の城に避難するという事態が広範にみられる。たとえば天正六年の大友方の立花道雪と秋月種実との戦いのさいには、糟《かす》屋《や》・筵田《むしろだ》・院内《いんない》の郷人残らず、老人に至るまで立花城にのぼり、宇美《うみ》村の矢野・高武《こうたけ》などの村人は、極楽寺・障子岳《しょうじだけ》に引きこもって秋月方についた。

また、領主の城ではなく、「村の城」というべきものも存在した。天正七年、立花軍が龍造寺軍と対戦したさいには、筑前早良《さわら》郡の人びと（老人・婦女子を含む）が鳥飼《とりかい》村（福岡市城南区・中央区）の砦《とりで》にたてこもり、立花軍に抵抗した。また、天正十年に立花軍が岩戸荘（福岡県那珂川《なかがわ》町）を攻めたときに、大久庵の村人が村境の難所に八間もある堀をつくり、七、八百人がたてこもったという。豊後でも、天正十四年冬、野津《のつ》（臼杵市）のキリシタンらが三〇〇人ほど亀甲山の城塞《じょうさい》にこもり、島津軍に対して「この城塞には（我らが）従わねばならぬ（というような）城主がい（るわけでは）ない、付近の者や友人仲間が（集まって）いるだけだ。たとえ全員（討）死しようとも、妻子を渡すことは断じていたさぬ」とのべ、島津軍も引き揚げたという（フロイス『日本史』）。城は、決して民衆とは無縁ではなく、みずからをまもるためにも民衆は領主の城とかかわり、「村の城」をきずかなければならなかったのである。

また、城のつくられる場、「山」は、領主と民衆の開発の場であり、焼畑や狩倉（領主の狩猟場）や放牧、農民の再生産のための採草地が設定される場であった。その利用・開発は中世後期には急激に進み、山は焼かれ、ほとんど木のない草の「はげ山」が大分県域でも多くつくりだされた。そこは領主と民衆の開発のせめぎあう場であり、そのような場に山城はきずかれたともいえる。山城は軍事施設であり、軍事的要請から急増し、山の木が切られ、そこに城がきずかれたという見方があったが、むしろ「はげ山」の利用として、山城という存在があったという見方もできるのである。その意味で、山城は領主のための軍事施設というだけではなく、民衆もこの場を共有するものであり、開発史の面からみても山城は領主と民衆の開発の到達点であり、かつ接点であったといえる。それゆえに、城は戦争の場面においても、領主・

民衆が共有しなければならない場所となっていたのであろうか。

大友領国の崩壊●

日向耳川《みみかわ》・高城《たかじょう》の敗北をさかいに、家臣団・領国の国衆の不協和音はいっきに表面化する。天正六（一五七八）年の暮れには、肥前では龍造寺隆信が筑後へ進出、蒲池・草野・黒木などの筑後の国衆がこれに与同し、筑・豊でも秋月氏や長野氏・高橋氏らが毛利につうじた。また、留守をあずかっていた田原宗亀《そうき》（親宏《ちかひろ》）が不満をつのらせ国東へ帰国した。宗麟と宗亀との関係は交渉によって一旦修復されるが、天正八年正月、宗亀の養子田原親貫《ちかつら》が国東で蜂起した。これは、宗麟の子息親家に田原宗亀の跡をつがせたことが原因であり、親貫は鞍掛城《くらかけ》（豊後高田市）にたてこもる。同じころ、田北紹鉄《じょうてつ》が大分郡熊牟礼城にこもり、反旗を翻した。

　また、宇佐宮の社家の宮成公基《みやなりきんもと》・益永統世《むねよ》・時枝鎮継《ときえだしげつぐ》らが秋月につうじて、大友から離反した。宗麟は、天正九年十一月、田原親家を大将に宇佐宮に兵を送り、七〇〇〇余の兵をもってこれを包囲し、焼討ちにした。宇佐宮が兵火で回禄《かいろく》したのは、あとにもさきにもこれがはじめてであった。それより一カ月前、秋月につうじた彦山《ひこさん》が焼討ちされており、豊後も豊後以外の領国も騒乱状態となった。天正十二年三月二十四日、龍造寺隆信は有馬氏を討つため、大軍を率いて島原にはいったが、島津軍の支援をうけた有馬軍のため思わぬ敗北を喫し戦死してしまう。大友氏はこの機会に筑後の支配を一時回復するが、肥後方面は天正十三年閏八月ころまでに島津軍に屈した。この年九月、大友家のなかでもっとも信頼の厚い戸次道雪が筑後の陣中で病死した。

　一方、日向では、島津家久《いえひさ》が臼杵郡にはいり、宇目《うめ》・佐伯方面の侵入をうかがった。天正十四年には、南郡衆の入田《にゅうた》宗和が他の南郡衆をさそい島津につうじた。窮地にたたされた宗麟は、みずから大坂にのぼり、豊臣秀吉に謁見し、援軍を求めた。もはや天下の趨勢《すうせい》は定まっていた。秀吉はすでに前年の天正十三年に九州の停戦令をだし、島津と大友の戦いの中止を命じていた。

しかし、天正十四年七月には、島津軍は重鎮高橋紹運《じょううん》のまもる筑前岩屋城を攻めおとし、紹運は壮絶な戦死をとげる。十月、秀吉の監察使千石《せんごく》秀久が豊前方面へ出張し、義統も豊前に出陣すると、豊後は手薄となり、島津軍は島津家久が日向口から、島津義弘が肥後口から侵入を開始した。家久軍は宇目から三重《みえ》に侵入し、松尾城（豊後大野市）を本陣に周囲の城を攻めた。一隊は宗麟のいる臼杵丹生島城に攻撃をかけ牽制し、主力は利光宗魚《としみつそうぎょ》のまもる鶴賀城（大分市）を攻め、これをおとした。これを知った大友義統と千石秀久、長曾我部元親《ちょうそかべもとちか》・親信《ちかのぶ》父子の軍は、秀吉の専守防衛の方針にしたがわず、府内をでて戸次川に至り、渡河して島津軍を攻撃しようとしたが、伏兵のために大敗して長曾我部親信は戦死し、大友義統は安心院《あじむ》の竜王城、千石秀久は小倉城、長曾我部元親は日振《ひぶり》島にのがれ、秀吉の不興を買った。

島津家久は府内へ到達し、ふたたび臼杵の丹生島城を囲んだ。このとき、宗麟は二門の国崩しとよばれる大砲を放って島津軍をよせつけ

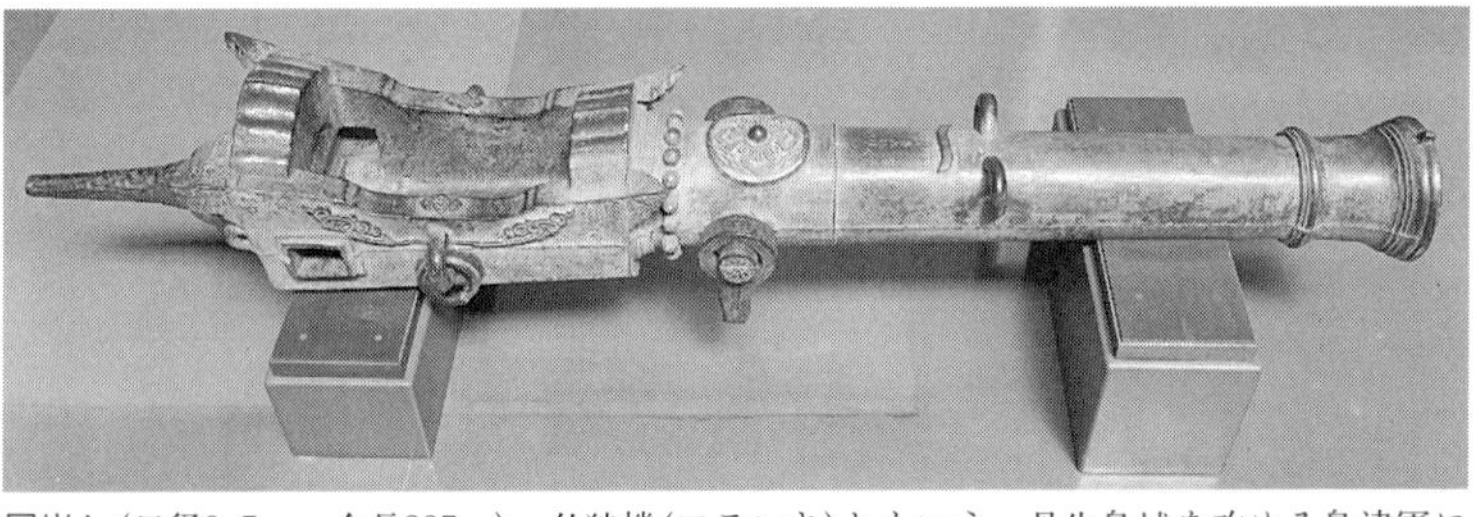

国崩し(口径9.7cm，全長287cm)　仏狼機(フランキ)ともいう。丹生島城を攻める島津軍に放たれたという。

なかったが、豊後は島津軍に席巻され、宗麟は孤立してしまった。直入郡にはいった島津義弘軍は、翌年天正十五年正月には、くじゅうを越え玖珠郡・由布院《ゆふいん》方面へはいり、まさに豊後は滅亡の危機に瀕《ひん》した。

しかし、三月には秀吉が大軍を率いて九州にむかい、羽柴秀長《はしばひでなが》と宇喜多秀家《うきたひでいえ》らは豊前方面にはいった。羽柴秀長は大友義統と黒田孝高《よしたか》に命じて、豊後の島津軍への攻撃を開始した。毛利・小早川《こばやかわ》・吉川《きっかわ》勢が島津義弘の軍勢と由布院方面で交戦したが、府内にいた島津家久は大軍到来の報を聞いて日向に撤退した。羽柴秀長に率いられた豊臣軍は日向に侵攻し、三月二十九日に土持《つちもち》城をおとして耳川を越え、島津家久のこもる高城を包囲した。これを大友義統を含む豊臣軍は攻めたて、四月十八日に陥落させ、島津家久は殺された。大友義統は天正六年の高城攻防の敗北の雪辱をはたした。

一方、秀吉は三月二十八日には小倉にはいり、田川を経て筑後にはいり、そこから肥後を攻略し、五月には薩摩の川内《せんだい》にはいっていた。五月三日、秀吉はここで島津義久が剃髪《ていはつ》して降伏したとの知らせを聞いたのである。五月八日には秀吉は日向一国を宗麟にあたえるとの決定をしたが、五月二十三日に宗麟は津久見において五十七年の生涯を閉じた。戦国大名大友家崩壊とともに宗麟の人生は終焉《しゅうえん》した。それは激動の生涯であった。六カ国の大守となり、九州に覇をとなえるかにみえた宗麟は、最後は滅亡はまぬがれたものの始祖以来の豊後を失い、その面目を失った。宗麟死後、秀吉の処分は変更され、豊後は子息義統に安堵《あんど》されるが、宗麟とともに大分の中世は終わりを告げたのである。

5章

小藩分立体制の確立

府内城(大分市)

1　太閤政権と二豊

秀吉の九州平定と豊前・豊後●

天正十五（一五八七）年五月、豊臣秀吉《とよとみひでよし》は九州を平定した。九州は戦国動乱を終結し、「天下静謐《せいひつ》」となり、秀吉の意向によって大名配置（国分《くにわけ》）が行われた。秀吉は、七月三日、現大分県下に編入されている豊前《ぶぜん》国宇佐《うさ》・下毛《しもげ》のほか六郡の領主として、みずからの取立て大名である黒田勘解由孝高《かげゆよしたか》（如水《じょすい》）を配し、豊後《ぶんご》一国八郡は旧領主大友義《よし》（吉）統《むね》の所領として安堵《あんど》した。

黒田氏は山国川《やまくに》河口の中津《なかつ》に城地を定め、城郭・城下町の建設に取りかかるとともに、領内に検地を実施して領国の掌握につとめた。検地帳に名請人《なうけにん》として登録されたものは、百姓身分に編入されたのである。検地は、実際には測量（竿入れ《さおい》）をしない、申告による差出し検地であったと筆者は考えている。新領主黒田氏のこうした政策に対して、城井《きい》（宇都宮《うつのみや》）鎮房《しげふさ》らを中心とする土豪たちは、黒田氏が肥後《ひご》土豪の反乱鎮圧援助に出発した機をついて反乱をおこした。孝高および嫡子長政《ながまさ》は城井谷（福岡県築城町《ちくじょう》）に兵を進め、また城井氏に呼応して宇佐・下毛・上毛《こうげ》郡の土豪たちも立ちあがった。黒田氏は苦労の末、十五年末にはほぼ鎮圧した。そして十六年から十七年にかけて領内の諸城を攻略し、十七年四月には中津城および城下の合元寺《ごうがんじ》で城井鎮房一党を討ちはたした。まさに「検地竿と鉄砲隊」で近世化したのである。

一方、豊後の大友《おおとも》氏は黒田氏のような強行的施策はとらず、秀吉の再三の「五畿内《きない》辺の如く」検地を実施するようにという命令のなかで、天正十九年に至って国高二三万四七九二石余の差出し検地を行った。

その間、秀吉は天正十八年に関東・東北を平定し、徳川家康《いえやす》を関東に移し、名実ともに全国統一政権を確立した。そして、西日本の諸大名を中心に朝鮮への出兵を命じたのである。

諸大名は、検地の結果だされた国高（領知高）に応じて兵馬の奉公（「軍役」）が義務づけられた。大名の領知高は全国に実施された太閤《たいこう》検地によって確定し、大名の格なども領地高の大小によって定められていった。朝鮮出兵への大名の出夫の基準として、検地の成果が使われたのであった。大友氏もさきの国高に基づいて六〇〇〇人の兵、軍船八二艘《そう》、肥前《ひぜん》名護屋《なごや》築城への加勢を命じられた。このほかにも農民などが陣夫として動員されている。

大友吉統が、「敵前逃亡」という戦陣での失態を理由に秀吉から「勘当」され、その領地を没収されたのは文禄二（一五九三）年五月のことだった。ここに鎌倉以来の大友氏の豊後支配は終了した。秀吉は、豊後一国を朝鮮出兵の兵站《へいたん》基地、諸将への恩賞供給源としての意味を

中津城(中津市)

含めてみずからの直轄領、太閤蔵入地《くらいりち》とした。

玄蕃竿と法印竿●

豊後は太閤検地をうけることとなった。秀吉は豊後北四郡（速見《はやみ》・国東《くにさき》・日田《ひた》・玖珠《くす》）には、因幡《いなば》国鳥取城主（鳥取市）宮部法印継潤《みやべほういんけいじゅん》（桂俊《けいしゅん》）を検地奉行とした。宮部は国東郡豊後高田と速見郡木付《きつき》（杵築）に本拠をおいた。一方、大分郡府内《ふない》を本拠とした加賀《かが》国大聖寺《だいしょうじ》城主（石川県加賀市）山口玄蕃頭宗永《げんばのかみむねなが》（正弘）は南四郡（大分・海部《あまべ》・大野《おおの》・直入《なおいり》）を担当した。この検地をそれぞれ「法印竿《ざお》」「玄蕃竿」といい、検地帳を「法印帳」「玄蕃帳」という。

山口は入国してまもない六月七日「当毛付《とうけつけ》之次第」という一四カ条の条書と十一日付けの書状を申し渡している（大分市「高橋家文書」）。そのおもな内容を示すと、(1)百姓失人の還住、(2)朝鮮に出夫のものよび戻しとなっている。まず、人の確保が問題となっている。肥後・日向《ひゅうが》・薩摩《さつま》など近隣諸国へも、豊後から逃散《ちょうさん》したり、買得した農民の送付を申しつけている。天正《てんしょう》の島津軍との戦い、ポルトガル人らによる人身売買、文禄《ぶんろく》の朝鮮出兵への出夫、大友氏の除国などの政治的動乱のなかで、豊後農民は大量に略奪されており、当時の豊後農村の荒廃状況はひときわのものだった（藤木久志『雑兵たちの戦場』）。

六月という田植えの限界の時期のなかで、積極的な耕作への努力も申しつけている。(3)従来の用水慣行にかかわらない水田植えつけの奨励、(4)他人の田畑でも持ち主へとどけでれば耕作許可、(5)耕作主不在の田地は惣作《そうさく》、(6)六月中の作毛への専念、まんさく（満作）をめざせなどと命じている。そして、(7)用水のゆきとどかないところや植えどきを逸した土地には豆・小豆《あずき》・粟《あわ》・稗《ひえ》・蕎麦《そば》などの雑穀を植えるようにとも命じている。一部の検地帳には畑地を中心に大豆《だいず》・「そは」・木綿などの注記がある。それは、この命令にしたがって稲作のできないところへの植えつけであり、野口喜久雄氏の商品作物生産との評価（「近世初頭の豊後国農村と綿作」）は必ずしもあてはまらない。

荒廃の著しい村々の状況をみて、まず満作を申しつけることが最初の施策だった。(8)七月にはいり作毛方がおわったならば、庄屋・年寄をよぶとし、後書きで「万事打ち置き毛付け油断あるべからず候」とのべている。

検地は七月初旬から開始された。現在「法印帳」「玄蕃帳」は二〇冊ほど残存している。検地には村位別石盛《こくもり》制が採用された。これは、村の生産条件などからそれぞれの村に上・中・下の村位を決定する。別に定められた石盛があるので、各村の耕地の等級を決定すると分米はすぐ算出される。これは豊後で最初に実施された方式であり、このあとの島津領国や和泉《いずみ》（大阪府）の検地でも採用され、太閤検地完成期の特徴を示している。各村の検地帳をみると、「主無」とか「失人」によって「荒」とされた耕地が非常に多い。たとえば、大分郡の曲《まがり》、片島、高城《たかじょう》・中村（大分市）では二〇％程度が荒となっている。そして、荒地は一筆が一町を超える広い

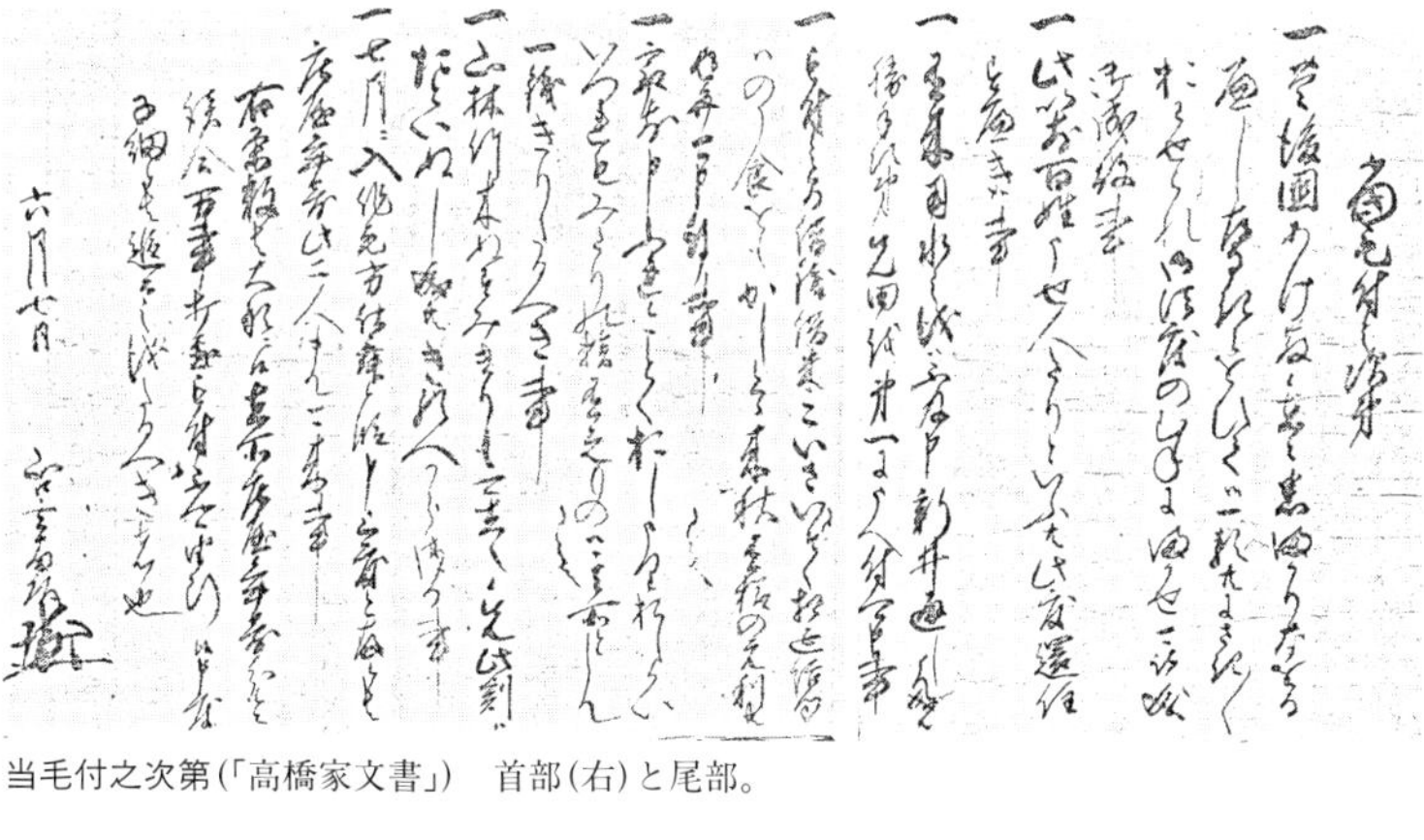

当毛付之次第（「高橋家文書」） 首部（右）と尾部。

ものがある。また失人には式部《しきぶ》・弾正《だんじょう》・右近《うこん》・外記《げき》など武士の名前が多い。片島村では名請人の上位二人（二六石以上）がいずれも失人となっている。兵農分離の過程および戦乱・出夫などによる農村の混乱を示すものであろう。

太閤検地の政策基調は「作合否定」「小農自立」である。たしかに、豊後農村でも小百姓が検地帳に名請人としてその名を登載されている。そのことの意義は評価できる。しかし、一方では海部郡広内村（大分市）の孫市良のように、村高八三石余を彼一人のみが名請けしている例もある。在地の状況に応じた対応が行われたのであろう。

「駒井《こまい》日記」所収の木下半介より泰宗《たいそう》巴《は》宛《あて》の書状によれば、閏《うるう》九月には「豊後より検地帳到来候、都合四拾弐万石御座候」とある。豊後の国高は四二万石（慶長三年の「蔵納目録」の国高は四一万八三一三石、三七万石余の説もあり）となった。そして、検地後の豊後の支配は、前頁図にあらわしたようになってい

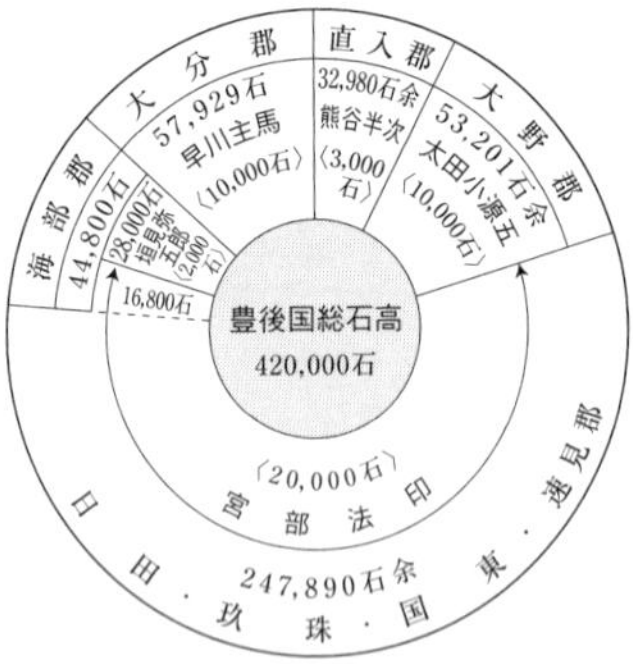

文禄2年検地直後の豊後国代官一覧
〈　〉内は代官給。「駒井日記」『大分県史　近世篇Ⅰ』による。

る。山口は「早々罷《まか》り登るべき」といわれ、南四郡へはそれぞれ海部郡には垣見《かきみ》（筧《かけい》）弥五郎（家純《いえずみ》）、大分郡には早川主馬《しゅめ》（長敏）、大野郡には太田小源五（一吉《かずよし》）、直入郡には熊谷半次（直陳《なおのぶ》）が代官として派遣されている。それに対して北四郡は、検地奉行である宮部が代官となっている。しかし、「近日毛利兵橘・宮木長仁など」が遣わされるので、「当年中」の代官といっている。

太閤政権下の二豊●

文禄二（一五九三）年末から翌年にかけて、大野・直入郡に中川秀成《ひでなり》が、大分郡に早川長敏、海部郡に福原直高、国東郡に竹中重利（重隆）・垣見家純・熊谷直陳、日田・玖珠郡に毛利高政・宮木（城）長次郎（長盛）が大名や代官として配置された。文禄三年段階において、筆者の推定ではつぎのような大名が各地にいた。彼らは蔵入地の代官を兼務している場合もある。

大分郡府内《ふない》―早川長敏、直入郡岡―中川秀成、海部郡臼杵―福原直高、国東郡高田―竹中重利、同富《とみ》来《く》―垣見（筧）家純、同安岐《あき》―熊谷直陳、玖珠郡角牟礼《つのむれ》―毛利高政、日田郡隈《くま》―宮城長盛

直入郡岡城にはいった中川氏は、幕末まで基本的な領地・城地を変更することがなかった。その入部の状況についてのべてみよう。

天正二十（文禄元〈一五九二〉）年、播磨国三木《みき》（兵庫県三木市）を領有していた中川秀政《ひでまさ》は、秀吉の命によって出陣した朝鮮で戦死した。戦死は不十分な警備で巡検をして不意打ちにあったという。これは「曲事《くせごと》」だが、父清秀《きよひで》が賤《しず》ヶ《が》岳《たけ》の合戦で「御用」にたったという「忠節」によって家督は弟秀成にゆずられた。朝鮮から帰国した秀成は、領地替えを命じられた。そのとき、淡路《あわじ》の洲本《すもと》（兵庫県洲本市）、伊予《いよ》の宇和島《うわじま》（愛媛県宇和島市）、豊後の岡の三カ所のうちでのぞみのまま、といわれ、秀成は家臣の石田鶴右

衛門と吉岡伝五兵衛を各地に派遣して調査させた。おりしも豊後は大友吉統が領地を没収され、秀吉の派遣した奉行（山口と宮部）によって検地の最中だった。伝《つて》をたよって山口の役人から情報を得て、豊後に決めたという（『中川史料集』）。

秀吉からの二通の朱印状は十一月十九日にあたえられた。それによれば、家来をすべて豊後に連れていくこと、領地は直入郡内で二万九〇三八石、大野郡内で三万六九六二石の合計六万六〇〇〇石で、このうち、五万石で奉公することとなっている。

中川秀成一行総勢四〇〇〇人が大船五〇隻で播磨国坂越《さごし》（兵庫県赤穂《あこう》市）を出発したのは文禄三年正月二十五日だった。二月八日に速見郡小浦（日出《ひじ》町）に着き、十二日に岡にはいっている。岡にはいる手前の赤岩谷（竹田市）に大友氏の浪人三〇〇〜四〇〇〇人が道に逆茂木《さかもぎ》（バリケード）をきずいて、進軍をさまたげた。それに対して「人数を引き払わざるにおいては、一々踏み潰《つぶ》し首切り掛けて通るべし」との強行方針をだし、ほとんどのものは引き揚げた。しかし、山林にひそみ、隙《すき》をうかがうものもいた。「雑兵八十四人打取り、十七人を生捕」ったという。そして、志賀《しが》湖右衛門親次《ちかつぐ》（善《よし》）の旧館（中世の岡城）にはいった。翌十四日には、昨日討ち取った八四人の首を入草《いりくさ》村（竹田《たけた》市）の道わきに梟首《きょうしゅ》とし、生け捕りの一七人は下木《したぎ》村（竹田市）で磔《はりつけ》に処している。

一方、親中川の浪人たちがめしだされた。浪人たちはそれぞれ甲冑《かっちゅう》、馬上で弓・鉄砲をもつという戦場のいでたちだった。それに対して、初目見《めみ》えで祝儀のことであるから、麻上下（裃《かみしも》）で大脇差《わきざし》に改めて白洲《しらす》にならぶように命じ、秀成は馬上で目見えをし、ねんごろの御意を示したので、浪人たちは感服したという。さきの梟首や磔が、強行姿勢を示すムチの政策とすれば、目見えはアメである。それにしても、浪人たちがいずれも武装し、武具をもっていることは、いわゆる「刀狩令」が、まだまだ徹底したものではなかったことが理解されよう。彼ら浪人たちは、前年まで国内外の戦場をかけめぐった人びとであり、領主大友氏の取り潰しによって、いわばすてられた武士だった。

中川氏はこの年八月二十五日には大分郡今鶴村《いまづる》（今津留、大分市）で四六二石余を「舟着」としてあたえられている。内陸に城地をもつ岡藩中川氏にとって、人や物の移動のためには瀬戸内沿岸での港湾の確保は不可欠だっだ。この舟入りは、のち萩原《はぎわら》（大分市）、さらに三佐《みさ》（同）へと移り、川港として犬飼《いぬかい》（豊後大野市）も水上交通の拠点となった。陸上交通の拠点も今市《いまいち》（大分市）に御茶屋が建設されている。

政治については、家老のほか奉行も決められ、「取固め（警備・軍事）」の担当者もおかれている。領民に対しては、年貢の古帳面を提出するようにと命じた。しかし、農民たちは古帳面はさきの兵乱によって紛失したと申しでた。少しでも少なく納入したい農民たちの抵抗の知恵である。藩では、鉄砲頭石田鶴右衛門が家来を引き連れ磔木《はりつけぎ》をもたせ、白滝川《しらたき》をはさんで岡城の対岸となる片ケ瀬（竹田市）庄屋宅へ赴いた。そして、これ以上古帳面を提出しなければはりつけにかける、と厳命した。このことを村々が聞き、古帳面はことごとく差しだされたという。ここでも強行姿勢がみえている。

2　徳川支配体制とあいつぐ領主交代

「西の関ヶ原」石垣原の合戦●

秀吉は慶長二（一五九七）年には朝鮮への再出兵を命じる。豊前・豊後に新しく配置された大名・代官も家臣や農民を動員してその陣にしたがった。黒田氏は三番備、中川氏は七番備、毛利・竹中・垣見・熊谷と早川（府内から木付に転封《てんぽう》）、福原直高（堯、臼杵《うすき》から府内に転封）、大野郡代官から臼杵城主となった太田一吉はそれぞれ目付（軍監）として出陣している。中川秀成はあらたに石火矢（大砲）四門を鋳造し、一五〇〇人を率いて参陣している。二四四年後の天保十二（一八四一）年の岡城下町において、町屋で朝鮮に渡ったものの子孫の調査が行われているが、三宅小左衛門ら三四家が随行したと申しでている（大分市「安部家文書」）。いわゆる慶長の役は翌年八月、秀吉の死によって休戦、大名たちは帰国するが、軍費の捻出《ねんしゅつ》のためであろうか、中川氏は三年十月に領内の総検地（石盛《こくもり》五升増し）を実施している。

二たびと　帰らんことも　また難し　いまぞ別れの　老いが身ぞ憂き

残し置く　そのたらちねの　妻や子の　嘆きを思ふ　風ぞ身にしむ

釜山浦《プサンほ》目付として出動した太田一吉の医僧として従軍した、臼杵安養寺の慶念の「日々記」は、厳寒と飢《き》餓《が》と苦戦のなかで帰国まで書きとめられたものであり、厭戦《えんせん》と信仰の書である。朝鮮からの人や文化の略奪は、知られたところであるが、捕虜のほか碧雲寺《へきうんじ》（のちに藩主菩提寺《ぼだいじ》となる）の額やボタンの根がもち帰られている（『中川史料集』）。この間、軍評議をめぐって不正があったとして福原は改易《かいえき》され、府内には早川が再入部している。

　豊臣秀吉の死は、中央政権における徳川家康《いえやす》と石田三成《みつなり》らとの対立を明確なものとした。岡藩主中川秀成は、慶長四年三月の時点で三河《みかわ》吉田（愛知県豊橋市）の池田輝政《てるまさ》を介して家康への「無二の忠節」を申しでているが、さらに翌五年二月には「秀頼《ひでより》様御取立なされの旨、内府様（家康）・中納言様（秀忠）に対し奉り、毛頭別心疎略を存じ間敷事」など、家康への忠節をちかう起請文《きしょうもん》を提出している。四月には上京し、家康の上杉景勝《うえすぎかげかつ》討伐にしたがう旨の申しいでをするが、「西国の儀御心元《(許)》なく、西国居城のことなれば頼み思召す」とのことで国元に帰っている。一方、豊臣五奉行のうち石田三成にくみした長束正《なつかまさ》家《いえ》・増田長盛《ましたながもり》・徳善《とくぜん》（前田）玄以《げんい》には豊臣秀頼への忠節がよびかけられたが、秀成は徳川方へ加勢として中川平右衛門以下六〇〇余人（ほかに船奉行柴山両賀の手勢一二〇余人）を派遣している。こうしたなかで、福原直高らの旧領地であった「速見郡由布院《ゆふいん》」六万石を徳川家康からあたえられた細川忠興《ただおき》（丹後国田辺城）は、木付城代として松井康之・有吉立行《ありよしたてゆき》を派遣していた。そして豊前中津の黒田氏や肥後熊本の加藤清正らと連絡をとり、徳川方に味方することをあきらかにし、事にそなえている。

　石田三成は毛利輝元《てるもと》・宇喜多秀家《うきたひでいえ》らを糾合し、七月に挙兵した。このとき、豊後の旧領主大友吉統は周《す》防《おう》国（山口県）にいた。彼は三成や毛利輝元の「旧領豊後の国を早々切取るべき」とのすすめに応じて豊後に戻った。そして、速見郡立石（別府市）に陣をおき、中津を出発した黒田如水（孝高）軍と対峙《たいじ》した。吉弘統幸《よしひろむねゆき》ら大友旧臣は木付城攻めを行った。このとき木付は「町より焼き立ち、下町・大手際迄焼き上がり申し候」となった（熊本大学「松井家文書」）。速見郡日出浦（日出町）の惣左衛門は木付の城にこもり、「忠節ひるい《(比類)》なく」ということで「日出浦之出ふね、入ふね其外之とい《(問)》之儀」を認められている（日出町商末分離の営業をしていたと推察される。「武内家文書」）。この（井上）惣左衛門家は、文禄の朝鮮出兵にも出陣したものだった。中世においても兵

中川家に与力として属していた田原紹忍《たわらしょうにん》・宗像掃部《むなかたかもん》もこれに加わった。そして、「中川秀成大友に力を合する」という流言をとばし、さらに中川家の旗指物《さしもの》を偽作し、大友方の陣頭に立てた。黒田は、関東（徳川家康）に中川は「大友家に一味なり」と報じた。黒田軍は徳川方において屈指の活躍をした。豊後高田の竹中氏を味方に取りこみ、国東半島の富来《とみく》・安岐《あき》城攻めをした。さらに大友方の攻撃をうけていた木付の救援をし、石垣原に在陣し、大友軍攻撃を決定したが、吉弘統幸の戦死などの状況のなかで九月十五日に大友方は降伏を申し入れた（『黒田家譜』）。大友吉統は中津から江戸に送られ、出羽秋田の秋田実季《さねすえ》にあずけられ幽閉の身となった。そして慶長十年に没している。

黒田軍は、さらに安岐・富来城の再攻撃を行い、毛利高政の居城であった玖珠郡角牟礼《つのむれ》城、日田郡隈《くま》城をも攻略した。黒田氏は、この功績によって筑前一国五二万三〇〇〇石に転封となり、福岡城をきずき、九州屈指の大大名となり、幕末に至っている。

一方、窮地にたった中川秀成は家康に申開きの使者を派遣するとともに、西軍についていた太田一吉の居城臼杵攻めを行うこととした。この間、九月十五日には関ヶ原合戦が行われ、徳川方が勝利をおさめた。秀成は大野郡から臼杵攻めをしようとしたが、船奉行柴山勘兵衛や石垣原合戦にやぶれ中川方に帰陣した田原紹忍らは佐賀関《さがのせき》を経て臼杵にむかおうとした。この一隊と太田軍との佐賀関合戦は、家老中川平右衛門・柴山両賀・田原紹忍ら多数の戦死者をだす激しいものだった。太田は臼杵城をすて、中川氏は臼杵城番を命じられた。臼杵城攻めなどの一連の行動によって中川氏は徳川方の大名としての地位を確保した。

新領主の入部●

関ヶ原合戦は徳川氏政権の確立を決定づけた。そして、現大分県下の大名配置も大きくかわった。豊前一国と豊後国東郡一円と速見郡の一部は細川忠興《ただおき》が三〇万石で子の忠利《ただとし》とともにうけ、慶長五（一六〇〇）年十二月に中津にはいった。翌年春から「村々山里共ニ田畑ノガレナシ」（禅源寺《ぜんげんじ》「年代記」）といわれる領内の竿《さお》入《い》れ検地を実施している。一二三カ条の「検地法度《はっと》」によれば、一反＝三〇〇歩制、田畑の地位は五段（上々・上・中・下・下々）などが定められている。検地後の領知高は三九万九五九九石余（物成《ものなり》一三万六〇〇〇石）となり、八月には国割（知行割）を行い、三〇万石が家臣団への知行地となり、蔵入地は九万九五九九石余となった。慶長七年忠興は小倉《こくら》城の造営を命じ、居城を小倉に移し、中津には継嗣《けいし》忠利がはいった。また、龍王（宇佐市安心院《あじむ》町）・高田・木付ら六城に松井・有吉《ありよし》ら有力家臣を城番に配置し、それ以外の城（切寄《きりよせ》）の破却を命じている。木付の松井康之は、速見郡由布院の徳川領をあずかっていた。

元和元（一六一五）年閏《うるう》六月、幕府は一領国内は一城のみという「一国一城令」をだした。しかし、忠興はなんとか中津城を残そうと考えていた。中津城の普請《ふしん》を一旦中止させたが、江戸にいた忠利に中津のことは老中土井利勝《どいとしかつ》と相談するようにといっている。こうした努力の結果、中津城の残置が決定し、忠興は本多正純《ほんだまさずみ》・本多正信《まさのぶ》・土井利勝ら幕閣の中心人物に礼をいうように、と忠利に指示している（『細川家史料』二）。元和六年、忠興は忠利に家督をゆずり、剃髪《ていはつ》して三斎宗立《さんさいそうりゅう》と号し、翌七年三斎は隠居城中津に移り、小倉へは忠利がはいった。三斎の領地は、「中津領」として小倉領とは独立した存在であった。三斎は中津城および中津城下町の整備を行っている。

竹中重利（重隆・重信）は大分郡に二万石と預かり地一万石（一万五〇〇〇石とも）をあたえられ、府内にはいり、福原の築城途中であった府内城の築城をし、府内城下町の建設をした。秀吉が「国中《くにじゅう》の喉《のど》」と称した府内城および府内城下町の近世化は竹中氏によってなされた。

毛利高政は海部郡南部に二万石をあたえられ、最初栂牟《とがむ》礼《れ》城、のちに番匠《ばんじょう》川河口の八幡山に鶴屋《つるや》城をきずき、佐《さ》伯《いき》城下町を経営した。高政は慶長六（一六〇一）年から元和二年まで旧領の一部玖珠郡・日田郡二五カ村、二万七九五三石余の幕府領をあずかっている。このなかから土佐《とさ》藩山内忠義夫人、佐賀藩鍋島勝茂夫人、小倉藩細川忠利夫人の化粧料田分、合計四〇〇〇石が引かれている。日田郡丸山には小川光氏《みつうじ》が二万石ではいった（領地は日田・玖珠・速見郡）。

速見郡日出《ひじ》には秀吉の正室ねいの甥《おい》木下延俊《のぶとし》が三万石ではいった。その領地はかつて細川氏の預かり地だったところで、築城には妻の兄忠興の助力があった。玖珠郡森には、村上水軍久留嶋《くるしま》康親《やすちか》がはいった。その領地は玖珠・日田・

毛利家墓所(佐伯市養賢寺)

速見の三郡二一カ村で一万四〇〇〇石だったが、城の造営は許されず、毛利高政の居城だった角牟礼城は「古城」となった。瀬戸内への拠点として頭成《かしらなり》（日出町）は、参勤はいうまでもなく領内年貢米・産物の集荷拠点として重要な意味をもった。海部郡臼杵には、慶長五年十二月稲葉貞通《さだみち》が丹生島城《にうじま》（臼杵市）へ五万石ではいった。当初その領地は海部郡中・北部と大野郡内であったが、同六年六月肥後藩（加藤清正）および佐伯藩との替地が行われ、大分郡内にも領地をもち、三郡領（五万六五石余）となった。佐伯・日出・森・臼杵の四藩は、幕末まで藩主家および領域には大きな変化はない。

慶長六年二月、肥後熊本の加藤清正は、肥後の一二郡に加えて豊後国海部・大分・直入郡のうちで二万三〇〇〇石をうけ、五四万石の大大名となった。熊本藩にとって瀬戸内への通路が確保できたのである。大野川河口の鶴崎（大分市）には御茶屋が設けられ、参勤交代および豊後領支配の拠点となった。この領地は寛永九（一六三二）年加藤氏の改易後は、細川氏にうけつがれ幕末に至っている。

城地をかえなかった中川秀成は、慶長六年四月に六万六〇〇〇石の本知を宛《あ》てがわれる知行目録をうけている。この目録では、大名配置替えの影響をうけて、岡藩の領域も若干の変更をみている。すなわち、かつて田原紹忍・宗像掃部にあたえられていた直入郡領および大分郡萩原村が岡藩領に編入され、直入郡久住・阿蘇野《あその》・田北《たきた》が肥後藩領や幕府領となっている。さらに翌七年にも替地が行われた。慶長九年八月には検地をし、それをふまえて十年に「御知行高七万四百四十石余」という届書を幕府へ提出し、表高七万石の岡藩領が確立した。

あいつぐ領主交代と幕府領の成立●

慶長十九（一六一四）・二十年（元和元年）の大坂の陣で勝利し、豊臣氏を滅亡させた徳川氏は、その政権安定化のために一国一城令や武家諸法度《はっと》をだして、大名の統制をはかった。そして、秀忠・家光政権をつうじて大名の取りつぶし、転封がしばしば行われた。県下の諸藩領でもその例をみることができる。

将軍秀忠の甥で娘婿でもあった越前福井城主松平忠直《ただなお》（一伯《いっぱく》）が豊後に配流されたのは、元和九（一六二三）年二月のことである。

忠直配流当時の府内藩主は竹中重義《しげよし》であった。竹中は寛永六（一六二九）年長崎奉行となるが、同十年在勤中の「奸曲《かんきょく》」によって領地は没収、十一年二月に「自殺」させられている（『徳川実紀』）。閏七月に下野国壬生《しもつけみぶ》（栃木県壬生町）から日根野吉明《ひねのよしあきら》が二万石で入部するまでの府内城番と松平忠直警備は、岡藩主中川久盛《ひさもり》と杵築藩主小笠原忠知《ただとも》がつとめた。この間、忠直の侍女の病気の治療にあたった岡藩医池田伊豆が、日根野入部後も治療を続けたため、池田は死罪、一族も家禄没収の処分をうけている。

日根野吉明は、明暦二（一六五六）年三月、七一歳で死去するが、嫡子吉雄《よしかつ》は正保二（一六四五）年にすでに死亡しており、後嗣なきとして断絶している。日根野府内藩時代の最大の事件は島原・天草《あまくさ》一揆である。寛永十四年十月肥前国島原藩（松倉勝家）領と肥前国唐津《からつ》藩（寺沢広高）領の肥後国天草のキリシタン農民の蜂起《ほうき》は、九州の諸大名に大きな衝撃をあたえた。大名たちは府内目付に行動についての指示を求めてきたが、牧野伝蔵・林丹波《たんば》の両目付は具体的な指示はなんらだすことができず、幕府は板倉重昌《しげまさ》を討伐の上使に任命した。

当時江戸に参勤していた日根野は帰国を命じられ、国元での忠直の警護についている。板倉の率いる幕府軍は、農民側の抵抗に手を焼き、幕府は老中松平信綱《のぶつな》と美濃《みの》国大垣《おおがき》城主戸田氏鐡《うじかね》を上使に任命した。板倉は寛永十五年正月の原城攻めに失敗し、幕府軍は大きな被害をうけ、みずからも戦死した。この報に接

松平忠直

忠直《ただなお》がその不行跡《ふぎょうせき》によって豊後に配流されたというのは、菊池寛《かん》の『忠直卿行状記』などで知られている。岡藩領だった沿岸の大分郡萩原《はぎわら》（大分市）へ厨《くり》料《や》五〇〇〇石（大分郡一六カ村、実高四四一三石余、のち替地により五〇二九石余）ではいった。居館は寛永三（一六二六）年正月に、津《つ》守《もり》村（大分市）に移された。府内藩主竹中重義は、萩原引渡しをみずから行い、幕府は付添いの目《め》付《つけ》二人（府内目付・豊後目付・豊後監検使などと称す）を江戸から派遣し、以後慶安三（一六五〇）年忠直逝去《せいきょ》まで府内城下に屋敷をおき、交替で常駐していた。

豊後配流後の忠直は、信仰の日々を送ったといわれてきた（『大分市史　中』）。事実、津守の熊野《くまの》神社所蔵の「松平一伯《いっぱく》関係文書」（『大分県史料』三七巻）によれば、近郊の社寺への祈念料の奉納が数多くみられる。しかし、忠直の豊後居住は幕府や諸藩に緊張をあたえたことは違いない。元和九（一六二三）年の岡藩の命令に「宰相《さいしょう》様（忠直）の儀、善悪の取沙汰《とりざた》一切仕《つかまつり》間《ま》敷事《じきこと》」とある。『佐伯藩史料　温故知新録《おんこちしんろく》一』所収の「古御書写」によれば、元和九年に「かちよせ」（梶寄、佐伯市）のものが船賃をとって人を送った罪により「ハた物」（磔《はりつけ》）にかけられ、以後他国・他所者《よそもの》の一宿・送り迎えを禁止している。また鶴見町渡辺家の「系図」によれば、当時梶寄で船頭をしていた同家の先祖は忠直の家臣から伊予宇和島への運送をたのまれた。それは藩にはばかる行為のため、梶寄から桑野浦（同市）へ移った、とある（『大分県史　近世篇Ⅰ』）。事実関係にまだ不明な点もあるが、当時の緊張状況を推察させる。

した日根野は兵四〇〇を率いて島原にむかった。九州大名へは出動が命じられ、中川・稲葉など豊後の諸大名も江戸から帰り、兵をだしている。しかし日根野吉明は信綱から「独り豊府に在《あり》て、堅く忠直を衛《まも》るべし」と命じられ、帰城している。幕府の忠直警戒の姿勢が継続していることがうかがえよう。

大量動員した幕府軍はオランダ船の援助もうけ、二月末に至って原城は落城し、一揆《いっき》勢は多くの犠牲者をだし、終結した。このとき島原藩四万石のうち、二万二〇〇〇石が「亡所《ぼうしょ》」となった。幕府は寛永十九年、九州諸藩にそれぞれの領内から島原・天草への農民の移住（高一万石につき一竈《ひとかまど》）を命じた。臼杵藩や松平（大給《おぎゅう》）忠昭《ただあきら》領からも移住している。

島原の乱は幕府の九州支配、とくに幕府領支配に大きな変更をもたらした。元和二（一六一六）年八月、徳川政権になって九州へのはじめての譜代《ふだい》大名石川忠総《ただふさ》が日田郡丸山（豆田《まめた》と改める）にはいり、豊後の諸大名（毛利・竹中・松井）への預け地や慶長六（一六〇一）年にはいった小川光氏《みつうじ》の領地を含めた日田・玖珠・速見六万石を領地とする日田藩主となった（大分・直入郡は竹中氏預かり）。忠総は元和五年検地を実施した。寛永十年石川は下総《しもふさ》佐倉（千葉県）へ転封となり、日田藩領地は中津藩（小笠原長俊）・木付藩（小笠原忠知）の預かり所となった。その支配は寛永十六年まで続くが、玖珠郡の一部と速見郡および大分・直入郡（二万二二〇〇石）は同十一年に速見郡亀川《かめかわ》（別府市、のち大分郡中津留《なかつる》・高松へ陣屋を移す）にはいった松平（大給）忠昭領に編入された。

これよりさき、肥後熊本城主で豊後にも二万石余を領有していた加藤忠広が寛永九年に取りつぶされた。加藤のあとには、小倉から細川忠利が移った。細川小倉藩領は譜代大名である小笠原忠真《ただまさ》（小倉）・小笠原長次《ながつぐ》（中津）・松平（能見《のうみ》）重直（龍王、のち高田）・小笠原忠知（木付）に分けられた。小笠原一門四家および松平氏の豊後入りという譜代大名の配置は、家光による「寛永政治」の一貫として行われ、幕府による九州掌握を確固たるものにした。

島原・天草一揆を武力鎮圧した幕府は、日田に幕府派遣の代官所（永山布政所《ながやまふせいしょ》）を設置し、幕臣の小川藤左衛門（正長《まさなが》）と小川九左衛門（氏行《うじゆき》）が代官として配置された。これが日田代官所のはじまりである。その後、代官所が大分郡高松（大分市）に移ったり、二人代官制や日田藩時代などもあったが、おおむね日田代官所（西国《さいごく》筋郡代役所）による幕府領（天領）支配が行われることとなった。

豊後では、正保二年松平重直の息松平英親《ひでちか》が、高田から木付への転封（三万七〇〇〇石）を命じられ、旧領地のうち一万七八一七石余の幕府領をあずかった。また明暦二年松平忠昭が府内に入部したことによって、幕末に至る大名配置はほぼ確定した。豊前には、享保二（一七一七）年小笠原氏のあとをうけて、中津に譜代大名奥平氏がはいることによって、幕末までの支配形態がほぼ確

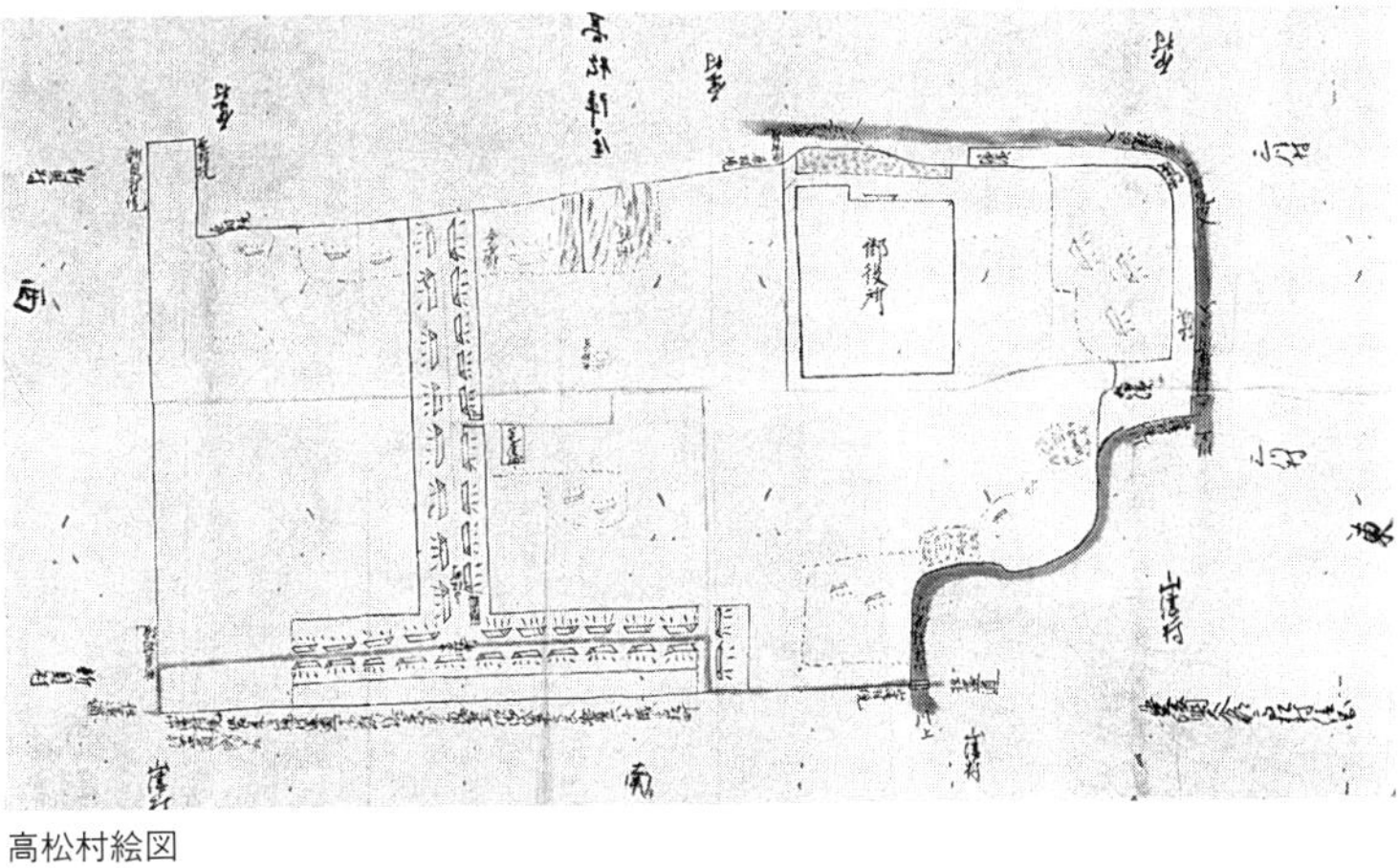

高松村絵図

立する。各藩は、それぞれの領国において、「藩」国家による独自の経営を行った。それは、分権国家の情況を示しているともいえる。しかし、あくまでも天下人という集権制のもとでの分権制であった。

3　各藩の支配体制

郷中支配の確立●

杵築（木付）藩松平氏は、松平光親《みつちか》を元祖とし、三河国額田《ぬかた》郡能見（愛知県岡崎市）を本貫とするところから能見松平と称し、いわゆる「十八松平」といわれる松平一族である。四代重勝《しげかつ》のとき、慶長十七（一六一二）年越後《えちご》国三条《さんじょう》城二万石をあたえられ、はじめて城主となった（その後下総《しもふさ》国関宿《せきやど》、遠江《とおとうみ》国横須《よこす》賀《か》）。五代重忠《しげただ》の元和七（一六二一）年には出羽《でわ》国上山《かみのやま》城へ移り、六代重直《しげなお》は寛永三（一六二六）年養父の死後摂津《せっつ》国三田《さんだ》に移封、そして九年三月に豊前国龍王城（宇佐市）三万七〇〇〇石に加増され、さらに十六年には豊後国国東郡高田へ城をきずき移った。転々と封地を移すのは譜代大名の一つの特徴であるが、まさに「鉢植えの松」という状況を示している。

　重直は寛永十九年十一月四二歳で死亡し、翌二十年正月嫡子英親《ひでちか》は父の遺領を相続する。正保二（一六四五）年正月十一日、豊後国速見郡木付城へ「壱万石御加増」で所替えを命じられた。幕府目付からの「木付江所替之節御目付衆御引渡帳」（土居文庫）では、松平市正《いちのかみ》（英親）と弟松平修理《しゅり》（重長）・松平宮《く》内《ない》（直政）の三人にあて三万七〇〇〇石が渡されている。ここに、能見松平木付藩が成立した（国東郡一〇八カ村三万二八一一・九石、速見郡四一カ村四一八八・一石）。木付への所替えのときあずかった国東郡の幕府領の一万四五四石余は、寛文九（一六六九）年に島原藩へ引き渡され、残りは元禄元（一六八八）年には天草代官支配（のち日田代官支配から延岡《のべおか》藩領）となり、幕府領預かりは消滅した（『追遠《ついおん》拾遺』）。

万治二（一六五九）年同じ譜代大名である大給松平氏が府内に入部し、豊後の譜代大名は二家となった。そのため、江戸への参勤は「府内侯松平対馬《つしま》守近禎《ちかさだ》在着以後」（『追遠拾遺』）というように、同時に両藩主が国元をあけない「御在所交代」の方式をとることとなっている。また幕府の城米（戦争・飢饉《ききん》などにそなえて幕府が備蓄した米）も府内に三〇〇〇石、杵築に一〇〇〇石が配置されていた。

二代藩主重休《しげやす》の正徳二（一七一二）年四月十一日将軍家宣《いえのぶ》よりあたえられた朱印状に、「豊後国杵築領国埼速見弐《に》郡之中《うち》……」とあったことから、七月十一日には、「木付」の文字を「杵築」と書き改めたいと願いでており、八月十四日より「領内都《すべ》て書き改」めた。以後、木付は杵築と書かれるようになった。

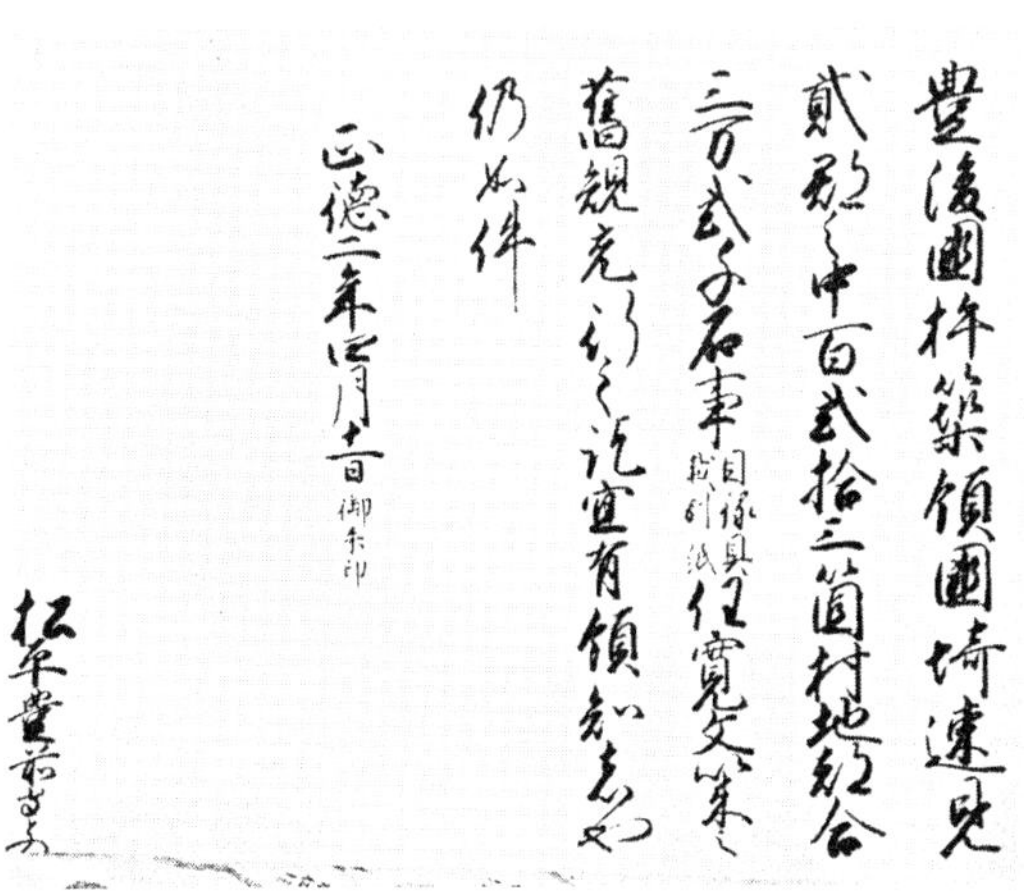

「杵築」と記された朱印状(写)

この間、入部前に江戸から発した「郷中仕置之条々《ごうちゅうしおき》」、入部後一〇年の承応四（一六五五）年に申し渡した「被仰渡《おおせわたされ》」を経て延宝七（一六七九）年に体系的な「郷中法度」（「三十五ケ条御定《おさだめ》」）とその付則ともいうべき翌八年の「郷中三十五ケ条外定控《ほかさだめひかえ》」がだされ郷中支配が確立している（『封事太宗《ふうじたいそう》』）。また寛文二年には地搉《ぢならし》を実施している。

岡藩三代藩主中川久清《ひさきよ》（入山《にゅうざん》）は、「中興の祖」「名君」と称される人物である。三九歳の承応二年から寛文六年までの治世中に、岡藩の諸制度は確立された。承応三年初入国してすぐに、家老の下に奉行、その下に郡奉行・勘定奉行・代官・銀子《ぎんす》奉行・綿紙漆奉行を、さらに郡奉行の下に諸役人を配置して職制と職務・規律を定めている。郡奉行の職務は、田畑の免相（年貢率）の決定、貸米銀紛争の裁判、キリシタン改めなどだった。久清は領内を巡回し、明暦二（一六五六）年には検地を実施した。

翌三年に六九カ条からなる「定（郷中式目）」（『大分県史料』一七巻）をだしている。内容は多岐にわたっているが、農民の生活や年貢の納入などについて細部まで規定されている。とくに千石庄屋の職務の重要性が指摘されている。千石庄屋のもとには一カ月に三度組中の小庄屋などを集め、また小庄屋のもとには組中の百姓が一カ月に三度集められ、「郷中式目」の趣旨の徹底がはかられている。諸藩の農村支配の基本姿勢は、十七世紀なかばから後半にかけて確立していった。

豊後崩れ●

現在大分県下の指定文化財（県指定以上）のなかで、キリスト教関係のものは銅鐘（キリシタンベル、竹田市中川神社所蔵、国重文）のほか、県史跡の下河原《しもかわら》キリシタン墓碑（竹田市）、掻懐《かきだき》キリシタン墓（臼杵市）、キリシタン洞窟《どうくつ》礼拝堂（竹田市）、重岡《しげおか》キリシタン墓（佐伯市）、由布院キリシタン墓群（湯布市）がある。キリシタン大名として知られる大友氏の支配のなかで、キリスト教は豊後の民衆のなかに浸透していった。

天正十五（一五八七）年バテレン追放令がだされると、大友吉統《よしむね》は宣教師の退去を命じるが、宗麟《そうりん》未亡人や志賀親次《しがちかつぐ》らの保護により信仰をまもるものもいた。天正十七・十九年の『イエズス会日本年報』によると、約三万の信者を擁していた豊後でも、教会は非常な苦痛をこうむり、信仰をすてるものもいた。一方、信仰を維持するものもおり、そのなかには豪族や武士もいたという。大友時代のキリスト教布教は、府内・臼杵・津久見という大友氏の政治的拠点および大野郡野津《のつ》・三重《みえ》・宇目地方、直入郡朽網《くたみ》、速見郡由布院地方など有力豪族の拠点を中心に行われていた。黒田氏入部後の中津も布教の拠点であった。

江戸幕府の成立後も布教は続けられた。従来のイエズス会に加えてアウグスチノ会系の宣教師も布教をした。小倉の細川氏も布教に好意を示し、小倉と中津に伝道所を設けている。しかし、慶長十七（一六一二）年八月、伴天連《ばてれん》門徒は制禁、信仰は「科《とが》」（罪）となり、翌十八年には宣教師を長崎から国外へ追放することとし、全国民の棄教を命じている。『日本切支丹《きりしたん》宗門史』の慶長十七年の記述によると、当時豊後には高田（大分市）、野津、志賀（竹田市）に伝道所があり、その中心は高田だった。この年にも新しい受洗者が五〇〇人いたが、禁教令の結果、高田と野津の神父たちは追放されたという。しかし志賀の宣教師は追放されなかったとある。

幕府の禁教政策は確実に実施されていった。細川忠興《ただおき》の妻（ガラシャ）がキリスト教徒であり、一族・家臣にも信者がおり、三〇〇〇人の信者がいたという小倉細川藩でも禁教政策がとられた。慶長十九年の「下毛《しもげ》郡伴天蓮《ばてれん》門徒御改帳」（熊本大学「松井家文書」）は、下毛郡内のキリシタン一二六人がどの寺院に所属しているか、それぞれが提出したキリスト教信仰道具類を書きあげたものである。下毛郡一四の手永《てなが》のうち、一二手永の惣庄屋（一三人）はキリシタンである。そして福島・宮永村（中津市）・守実《もりざね》村（同市）など特定の村に集中している。これはかつての土豪であり村落支配者である惣庄屋を中心に布教が行われていたことを物語っている。信徒は「くるす」（十字架）、「ごゑい」（御影、聖画）、「こんたす」（念珠）などを提出している。細川氏の支配していた速見郡由布院地方でも慶長十九年には六五六人が転宗している。なかでも石丸村では惣庄屋次郎右衛門・肝煎《きもいり》孫右衛門など二四五人が、怒留湯《ぬるゆ》村では肝煎清左衛門など一三五人が転宗している。

こうした禁教・転宗政策の展開のなかで、元和三（一六一七）年の秋から冬にかけてペドロ＝パウロ＝ナバロ神父が大野川下流域を巡回している。このとき「高田」「丹生《にう》・大佐井《おおざい》・志村《しむら》・種具《たねぐ》」「利光《としみつ》・清田《きよた》」（いずれも大分市）の信者七四人が、信仰を保持する旨の誓約を提出している（『大分市史　中』）。

岡藩では、元和五年十月に「切支丹御改として、侍両人御領分中差廻さる」とあるのが、キリシタン統制の初例である。しかし、寛永二（一六二五）年の「定」（御政事御定書《おせいじ》）にはキリシタン云々《うんぬん》の条文はない。ところが、島原・天草一揆鎮圧後の寛永十八年の「定」や正保四（一六四七）年・承応三（一六五四）年には「ていうす宗旨弥念《いよいよねん》を入れ申すべき事」などキリスト教徒の改めを命じている。明暦三（一六五七）年の「定」では、「宗門改め、毎年六月廿五日切に檀那《だんな》寺の書付を取り、組中一帳に結び差し出すべく候」と宗門改め・檀那《だんな》寺制が成立していることがわかる。

キリスト教からの転宗者（転《ころ》び切支丹）や非信仰者が身の証《あかし》をたてるために行ったものが絵踏《えふみ》（踏絵）である。これは、細川忠利の発案によるといわれ、寛永十一、十二年ごろからはじまっている。肥後藩領では転宗者は転《ころ》び証文（本人・家族）、寺請《てらうけ》証文（檀那寺）、俗請《ぞくうけ》証文（村役人）を提出させ、転宗者名簿（御改帳）を作成させている。臼杵藩でも寛永十二年から転宗者から誓約書（誓詞文）をださせ、名簿をつくり、「きりしたんの絵形」をふませ、村には十人組をつくらせている。正保三年には十人組が五人組となり、寛文五（一六六五）年からは全領民を対象とする絵踏がはじまっている。

　岡藩では万治三（一六六〇）年八月から、長崎奉行より踏絵を借用しての「切支丹類門御改」がはじまっている。さらに寛文三年からは宗門改帳をつくり、同四年からは「壱《いち》年ニ壱度ツヽ」の絵踏が、家中を含めた全領民（男のみ、女は寛文十一年から）を対象として義務づけられた。また、藩の役職としての切支丹（宗旨）奉行も、前年の幕府の指示をうけて寛文五年に設置されている。

　万治三年五月二十二日の『中川史料集』の記事はつぎのようになっている。

　肥後領高田切支丹類門男女七十余人、鶴崎へ搦取来《からめとりきた》る由、三佐表《みさおもて》より言上す

るいさの墓(県指定史跡，佐伯市)

これが有名な「豊後崩《くず》れ」「豊後露顕《ろけん》」「万治露顕」などとよばれる一連の事件の発端であった。万治三年から十数年にわたる恐怖の時代の幕開けである。

豊後の岡・臼杵・熊本・府内・幕府領のキリシタンとの嫌疑《けんぎ》をうけた人びとが逮捕・拘禁《こうきん》され、あるいは長崎に送られ転宗を強制され、拒否したものは死罪に処される場合も多かった。姉崎正治氏の研究(『切支丹宗門の迫害と潜伏』)では、万治三年から天和二(一六八二)年までのあいだに五一七人(幕府領、臼杵・岡・府内・肥後藩領、大分・海部・大野郡)がめしとらえられたという。マリオ＝マレガ編『豊後切支丹史料』『続豊後切支丹史料』によれば、臼杵藩領だけでめしとらえられた人数は五七八人となっており、実数は不明であるが一〇〇〇人を超えていると推測される。また、その逮捕は家族や近隣のものの密告によって行われたため、一族・一村で大量に捕縛《ほばく》者をだしている。たとえば臼杵藩領海部郡久土《くど》村(大分市)では、万治三年から寛文九年までに一五六人がとらえられている。幕府・臼杵・岡の三藩領だった大分郡葛木《かつらぎ》村(同市)では、幕府・臼杵領で一五四人がとらえられ、四六人が死罪となっている。また、捕縛の指令は長崎奉行から行われ、各藩が護送役をつとめている。

この間には多くの悲劇が生じている。実の母を訴え、懸賞金三〇枚(銀一貫二九〇匁)をうけた肥後藩領大分郡鵜猟河瀬《うりょうがせ》村(大分市)の喜左衛門、姉弟四人と母が死罪となった葛木村のふり、八人の兄弟がすべて死罪または牢死《ろうし》となった門田《もんでん》村(同市)庄兵衛、一人で一二人のキリシタン(?)を訴人した臼杵藩領海部郡久土村の長熊など、その例をあげれば枚挙にいとまない。豊後崩れはまさに恐怖の時代だった(『大分市史　中』)。

6章

町・村の形成

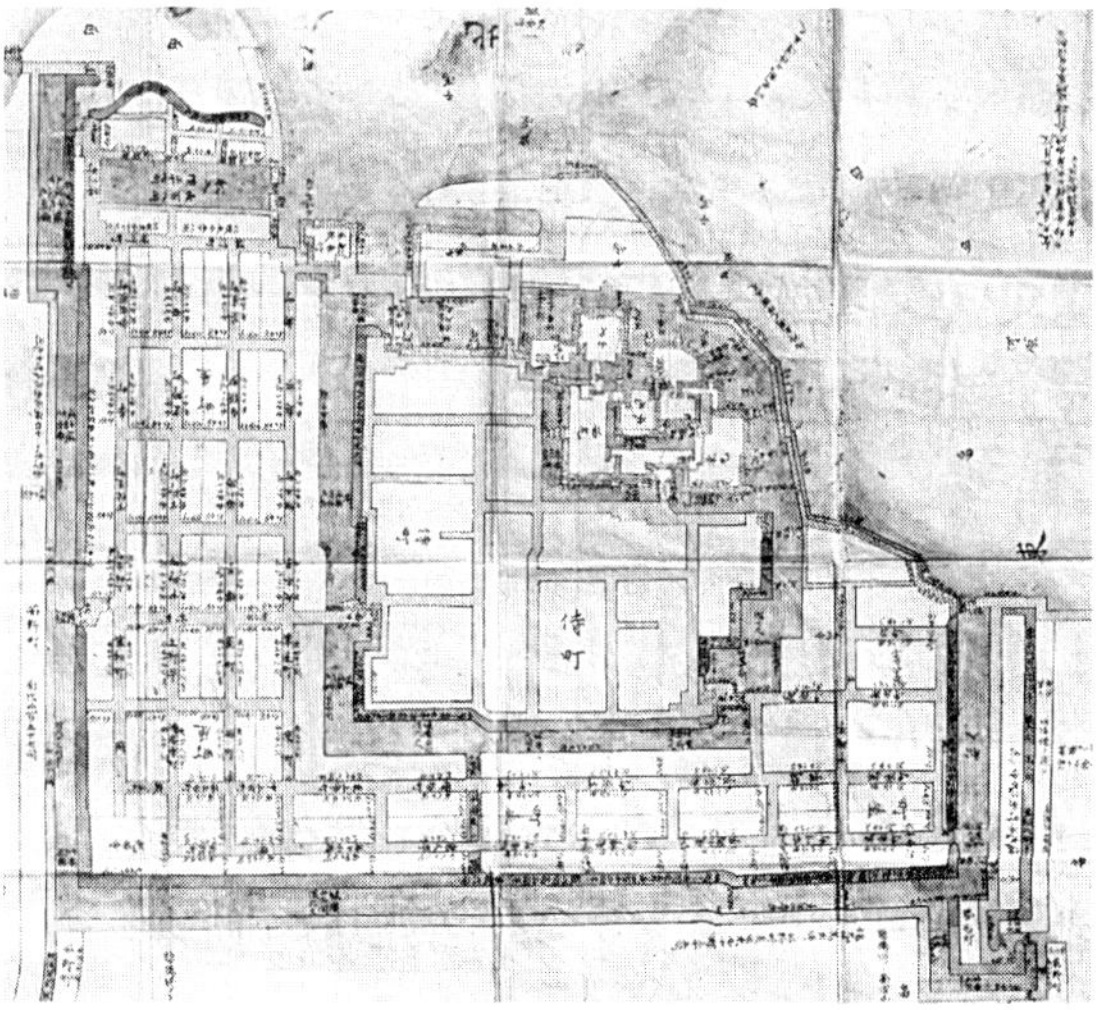

府内城下町絵図

1　城下町・在町の形成

城と城下町●

小藩分立体制では当然のことながら多くの城郭と城下町があった。角牟礼城《つのむれ》（玖珠《くす》郡玖珠町）は中世山城として知られていた。最近、ここに残る石垣が、近世城郭にみられる穴太《あのう》積みで行われており、また発掘調査によって楼門の礎石が判明し、竪堀《たてぼり》などの遺構も検出され、構造・築造者などについての本格的な調査が開始されている（『よみがえる角牟礼城』）。筆者はその築造者は「日田《ひた》郡隈《くま》の城、玖珠郡角牟礼の城は毛利民部大輔《もうりみんぶだゆう》が城にて」（「黒田家譜」）などの記述から、文禄三（一五九四）年から慶長五（一六〇〇）年にかけて玖珠・日田郡を領有していた毛利高政《たかまさ》によって行われたと推察している。

高政は、慶長六年には海部《あまべ》郡佐伯《さいき》に転封《てんぽう》となった。当初は栂牟礼《とがむれ》城（佐伯市）にはいり、やがて栂牟礼城をすて、あらたに城地としたのは、番匠《ばんじょう》川下流左岸塩屋《しおや》村（同市）の八幡山（城山）だった。ここは、要害の地であるとともに水上交通にも便利であった。築城は慶長十年ごろにおえた。鳥が翼《つばさ》を広げ、鶴《つる》の舞う姿に似ていることから鶴屋城（鶴ケ城）とよばれ、ここには三層の天守をもつ本丸のほか二の丸・三の丸などが設けられ、山城と称された。一方、山麓《さんろく》には下屋敷がおかれていた。

初代高政・二代高成《たかなり》のころまでは、藩庁は山城にあったが、寛永年間（一六二四～四四）には、交通その他の不便により藩庁機能は下屋敷に移され、下屋敷は三の丸とよばれることとなった。山城は十七世紀前半に修復されるが、天守は再建されず、実質的な藩庁は平地にある三の丸にあった。現在も残る三の丸櫓門《やぐらもん》（黒門、県指定）は、寛永十四年創建、享保十一（一七二六）年再建のものである。三の丸におかれた佐伯藩庁は、軍事的な備えより、山麓のかつての塩屋村であった武家町と、内町・船頭町（両町という）の城下町支配の拠点としての意味を優先したものだった。城は山から平地におりてきた。

山国《やまくに》川河口に位置し、扇《おうぎ》形をした城地の形状から、「扇城《せんじょう》」という美称をもっている中津《なかつ》城は、黒田如《じょ》水《すい》によって築城された。瀬戸内海に面し、濠《ほり》には海水を引きいれた典型的な平城《ひらじろ》であり、水城でもある。中津城と城下町の本格的な整備を行ったのは、慶長五年に豊前《ぶぜん》一国と豊後《ぶんご》二郡（国東《くにさき》・速見《はやみ》）を領有した細川忠興《ただおき》（三斎《さんさい》）であった。当初、中津に本城をおいた忠興は、慶長七年には本城を小倉《こくら》に移し、中津を嫡子忠利《ただとし》の居城とした。そして、領内にあった山城を、龍王《りゅうおう》など三城を残しすべて破却した。これは土豪たちの反乱の拠点となることを恐れたのであろう。前述したように一国一城令にもかかわらず、運動の成果によって中津城は残された。元和六（一六二〇）年忠興は隠居し、翌年からみずからの居城を中津城とした。寛永九年細川氏の熊本転封に伴い、中津城主は小笠原長次《おがさわらながつぐ》となった。享保二年からは奥平《おくだいら》氏が入部し幕末に至っている。

城下町は十七世紀なかばまでに整備され、一四町（新博多町・古博多町・京町・米町・姫路町・豊後町・新魚町・角木《つのぎ》町・諸《もろ》町・塩町・堀川町・船町・古魚《こうお》町・桜町）で構成されていた。中津城下町の町屋敷は、西を城郭、南を上士屋敷、東を寺町、北を下士屋敷が取り囲む形になっている。

海辺に位置している中津城下町では、飲料水の確保が当初からの課題であり、細川氏時代から水道工事がはじめられている。小笠原氏時代の承応元（一六五二）年には、城下町への水道工事が行われている。これは日本でもはやい例である。こうして、中津は北部九州の中核都市として整備されていった。

多くの藩が水辺に城郭と城下町をおき、領内の政治・経済・文化の中心とした。海岸に城地をもたない森・岡の両藩も、それぞれ速見郡頭成《かしらなり》（日出町）、大分郡三佐《みさ》（大分市）に港湾施設をもっている。

城下町のしくみ●

府内城および城下町は、大友時代の府内（府中）よりずっと海側（北）に移っている。府内は、慶長二（一五九七）年に入部した福原直高が大分川支流と住吉《すみよし》川の合流する荷落《におろし》とよばれた地に城郭をきずいたのが、その発端である。同四年に完成した城は荷揚《にあげ》城とされた。さらに関ヶ原戦後にはいった竹中重利（隆）とその子重義によって、城郭・城下町工事が完成に至ったのである。

町屋は中濠《なかぼり》と外濠のあいだにおかれ、笠和《かさわ》町・堀川町・米屋町（塩九升《しょくじょう》）口の三口には関門を設け、出入りを監視させた。原則として道に面した両側が唐人《とうじん》町・於北《おきた》町などという一つの町（両側町）とされ、四四町（四八町・四九町・五二町とも数えられる）の長方形（長辺を頬《つら》という）の町は、入り（奥行）は一五間（二七メートル）で統一されていた。また道幅も基本的には三間（五・四メートル）だった。元禄郷帳では、豊後全域で「町」というのは府内・笠和・千手堂《せんじゅどう》・松末《まつすえ》・同慈寺《どうじじ》の五町のみである。これらは、たとえば松末町が中町・下市町など一一町で構成されているように、府内城下町の町を統合した町である。

府内藩は、領内を一町三郷《ごう》制で支配している。一町とは、曲輪《くるわ》内の町に西三カ村（勢家《せいけ》・駄原《だのはる》・生石《いくし》）と東五カ村（牧・萩原《はぎわら》・花津留《はなづる》・中津留・今津留）をあわせた「町組」である。藩の責任者は町奉行二人で、その下に代官一人・手代二人・町廻《まちまわり》四人の役人を配した。また、町人身分に属する町役人で、町組全体を統轄するのは惣宿老《そうしゅくろう》だった。惣宿老は、城下町人が他の地域の商人と紛争となったさいの窓口であり、藩への願書や藩からの命令への請書《うけしょ》提出の責任者でもあった。「人品」よく「古来よりの筋目」のあるものが選ばれている。その下に五町には府内四庄屋《しょうや》（笠和・同慈寺は兼帯）がおり、勢家村庄屋をあわせた五庄屋は町組の年貢・地子《じし》の納入の責任者であり、惣宿老の補佐をしている。宿老は各町の責任者であった。

杵築《きつき》は、八坂《やさか》川と高山《たかやま》川にはさまれた「城の鼻」に城がおかれていたというが、近世には天守閣はなく、現杵築中学校の場所に御殿があった。八坂川河口には船入が設けられた。貝原益軒《かいばらえきけん》に「山と谷とにありて坂多し」（『豊国《ほうこく》紀行』）と評されたように、「酢屋《すや》の坂」「天神《てんじん》の坂」「飴屋《あめや》の坂」「富《とみ》坂」など実にゆかしい名が残っている。

城下町は、外周を矢来《やらい》で囲み、町への出入り口は六カ所であった。そのなかで武士の居住地域は、北台・南台が上・中級武士、北台の西端の古野《ふるの》と城の北の北浜は下級武士であった。城に近い北台の「勘定場の

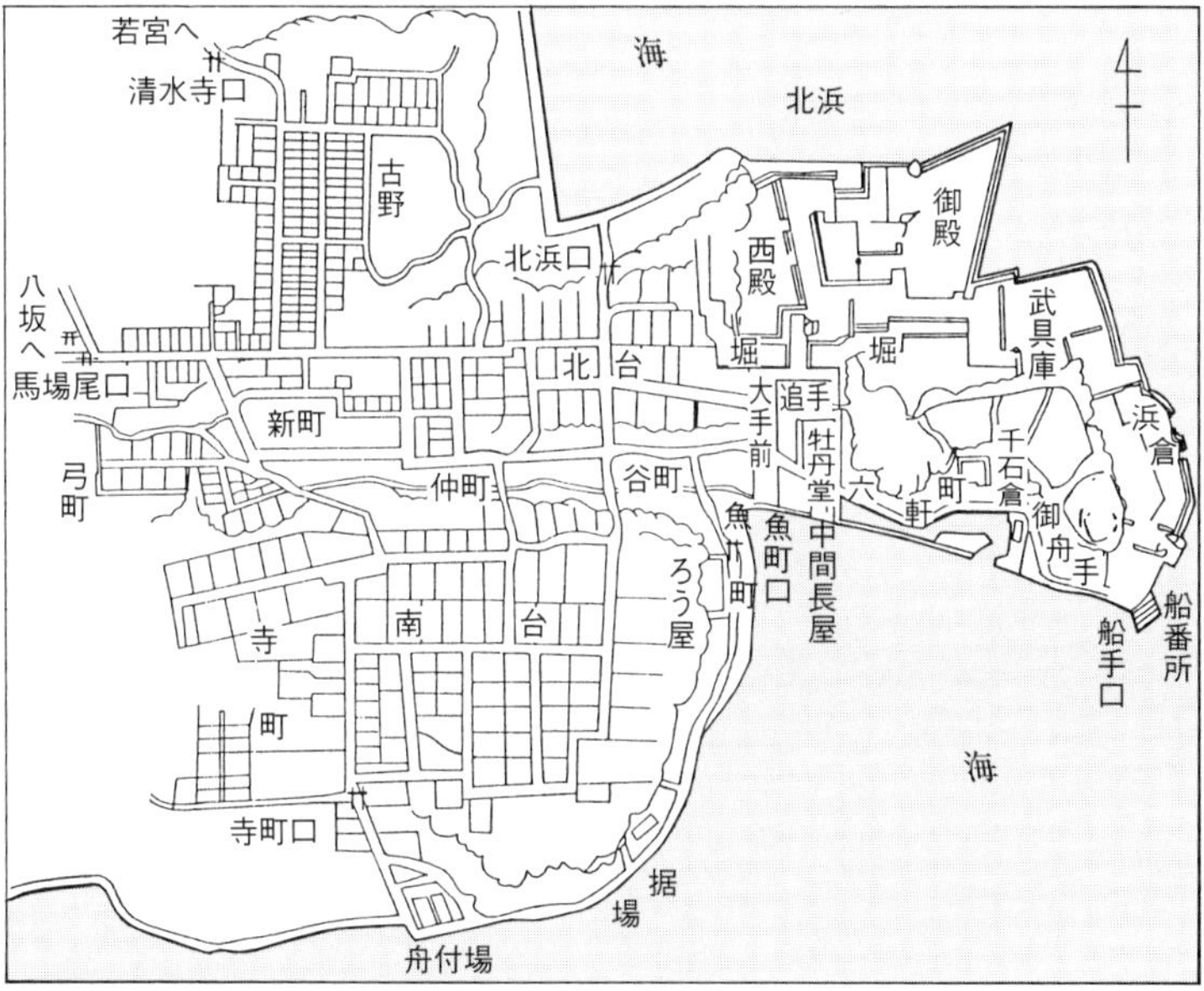

杵築城下町絵図　能見家の絵図から久米忠臣氏が作図したものに加筆。

坂」通り、南台の「塩屋の坂」に続く通りはともに家老丁とよばれるように重臣の屋敷があった。上・中級武士の屋敷は面積も広く（三〇〇坪＝九九〇平方メートル以上）、周囲を塀《へい》で囲まれていた。それに対して下級武士の屋敷はせまく（六〇坪＝一九八平方メートル以下）、地割は町屋と同じように短冊型《たんざく》だった。寺院の多くは南台の西の寺町にあった。町屋は南北両台にはさまれた谷町筋が中心だった。杵築城下町は町人の居住地を武家居住地が取り囲み、しかも高みからみおろすという、身分の上下を居住地の高低差に上のせするという形でつくられていた。城下町支配は、町奉行の下に町役人の責任者としての宿老が四人おり、月番で二人ずつ勤務した。その補佐役で町民と直接に接する組頭《くみがしら》は、城下六町（新・西・仲・谷・下・魚町）を一六組にわけて、一人ずつ配置されていた。

町人群像●

臼杵《うすき》城の美称を亀城《きじょう》というのは、立地する丹生島《にうじま》という岩山が亀の形に似ているからにほかならない。丹生島は実は亀の背で、敵がくると沖のほうに遠ざかっていくという話を古河古松軒《ふるかわこしょうけん》が紹介している（『西遊雑記』）。臼杵城は、十六世紀後半に大友宗麟《おおともそうりん》によって築城されたもので、当時は三方を海に囲まれていたという（フロイス『日本史』）。典型的な平山城《ひらやまじろ》で水城である。天正十四（一五八六）年の島津氏の攻撃により、「国崩し」とよばれた大砲も奪われ、町は焼失した。

臼杵城下町は、大友氏改易の直後の文禄二（一五九三）年に作成された検地帳が残っている。これは、全国的にも注目されるものである。検地帳には一〇町（唐人町・畳屋町・唐人町懸《かかり》ノ町・海添《かいぞえ》中町・横浜町・吉水小路片町・浜町・菊屋町・横町・祇園之洲《ぎおんのす》）の町人屋敷の面積や持ち主（名請人《なうけにん》）が記されている。このなかの祇園洲はのちに三の丸（城内）となり、横浜・菊屋は町名が消える。

その後、臼杵へは福原直高・太田一吉がはいるが、慶長五（一六〇〇）年末には稲葉氏が入部し、城郭や城下町にも大幅な改変が加えられる。城下町は「町八町」とよばれる唐人町・懸《かけ》町・浜町・横町・畳屋町・本町・田町・新町であった。武家屋敷は仁王座《におうざ》など高台に配置されている。臼杵城と臼杵城下町は、中世の城と城下町が近世的に改変され、その過程がある程度理解できるという点で珍しいものである。

文禄検地帳の名請人には、徳鳳《とくほう》・元明《がんみん》など大陸から渡来したと思われる人もいる。徳鳳・元明（陳《ちん》氏）・平湖《へいこ》と九郎右衛門の屋敷地には「大仏しっくい（漆喰）御免」との注記がある。彼らは、方広寺《ほうこうじ》および大仏建立に必要だった漆喰《しっくい》の技術への貢献によって、豊臣秀吉から屋敷年貢の上納を免じられている。また浜町には「堺鍛冶《さかいかじ》」や堺から来住した糸屋（内田氏）もいる。文化十四（一八一七）年に編纂《へんさん》された『役家《やくや》先祖書』によれば、慶長五年に入部した稲葉氏についてきたという美濃《みの》出身者、本町の鑰屋《かぎ》（可児《かに》氏）・美濃屋（古田氏）・真田《さなだ》屋（松浦《まつうら》氏）などもいる。鑰屋は家臣としてきたが、みずから城下町人になりたいと願いでて呉服・酒・油商売をはじめたという。万治元（一六五八）年からは城下町の年寄役となり、以後歴代当主が町役人をつとめている。

検地帳で臼杵最大の屋敷持ち（六カ所、一町一反六畝余＝三四八〇坪余＝一万一五〇〇平方メートル）は、宗悦《そうえつ》（仲屋、渡辺氏）であった。『役家先祖書』では、仲屋はもと堺の商人で、府内を経て臼杵にきたという。『大友興廃記』は、府内に居住しながら大坂・堺・京に家をもち、唐船がきたときには船の口開きをする「大福人」「九州第一の商人」としている。宗悦は、秀吉から大友氏や肥前松浦《まつら》氏への朱印状で、「委細《いさい》宗悦に直《じきに》仰せ聞かされ」とか「猶《なお》、豊後宗悦申すべく」といわれる存在だった。城下町にはいろいろな地域からの、いろいろな前歴をもった人びとが居住していたのである。

府内の伝説の豪商は山弥《さんや》長者である。山弥長者は本姓を守田（古田とも）といい、豊前松山城（福岡県行橋《ゆくはし》市）にいたが、祖父が府内城主竹中氏に招かれ、城下万屋《よろずや》町に方二町の屋敷をあたえられたという。日向《ひゅうが》の土呂久《とろく》鉱山を開発し、屋敷内に溶鉱炉・鋳金場・精錬工場をもち、巨富を得た。三代目守田山弥之助氏定《うじさだ》のとき、正保四（一六四七）年、府内城主日根野吉明《ひねのよしあきら》によって妻子一族もろともに処刑され、家財は没収されてしまった。その理由について『大分市史』（大正四年版）は、⑴前藩主竹中氏の再興をはかった、⑵密貿易の発覚、⑶キリスト教信者だったことの発覚、⑷幕府の命による、をあげている。

山弥長者については、井原西鶴《いはらさいかく》が『日本永代蔵《えいたいぐら》』で「国に移して風呂釜《ふろがま》の大臣　豊後にかくれなきまねの長者　程なくはげる金箔《きんぱく》の三の字」として取りあげている。また貝原益軒の『豊国紀行』でも、富裕ぶり、処刑のことなどをのべ、その残した財銀三〇〇〇貫、その他器物一〇〇〇貫を日根野氏が没収したと

山弥長者の逆修塔《ぎゃくしゅとう》（大分市）

記している。また地元大分の昔話としても残っているが、愛媛県松山市、宮崎県高千穂《たかちほ》町、鹿児島県下《しも》甑島《こしきじま》にも残っている。高千穂町土呂久の泉福寺《せんぷくじ》には供養塔もある。近世府内城下町を建設した竹中氏に誘致されてきて、府内を代表する豪商だった山弥長者は、時代の変化のなかで切りすてられていった。「初期豪商」の典型であり、その結末から「悲劇のヒーロー」として今も語りつがれている。

2　村社会の広がり

郡と村●

近世は村の社会だった。その概要を考えるため、近世大分の各郡と公式の「高《たか》」の変化と村数を次頁表に示した。豊後の天正十九（一五九一）年の国高を一とすると、正保四（一六四七）年は一・五二、元禄十四（一七〇一）年は一・五七、天保五（一八三四）年は一・七八、明治初年は一・九六と、二八〇年間で約二倍となっている。県下全域を同時期につかめる最初は元禄十四、十五年である。一〇郡の高合計は四七万六五二九石で、村数は一七七四であった。一村当りの平均の「村高」は二六八石となる。

　また元禄末の郡ごとの平均「村高」を算出すると、玖珠《くす》郡（四五八石）・下毛《しもげ》郡（四五三石）が大きく、速見《はやみ》郡・宇佐《うさ》・海部《あまべ》・国東《くにさき》・大分・日田《ひた》郡（二八三石）となっている。大野郡（一四六石）・直入《なおいり》郡（一四一石）は小村が多い。

　玖珠郡には村高一〇〇〇石を超える村が九村あり、戸畑《とばた》村（玖珠町）は二六三二石余である。下毛郡でも一〇〇〇石以上の村が七村ある。逆に大野郡では五〇石未満が二四％近い九三村もあり、もっとも小さ

近世大分各郡の高と村数・人口

郡名	天正19年	正保4年		元禄14年		天保5年		明治初年		(B)明治5年人口	(C)明治12年人口	(B)/(A)	(C)/(A)
		石高	村数	石高	村数	石高	村数	(A)石高	村数				
	石	石		石		石		石		人	人	人	人
国東	39,856	52,936	180	54,453	184	79,807	183	81,139	209		94,654		1.17
速見	29,278	48,829	87	50,314	124	57,839	120	59,139	124		61,374		1.04
大分	38,340	58,792	221	61,872	230	65,466	227	71,464	274		102,509		1.43
海部	27,136	46,373	182	48,436	154	56,685	154	60,922	320		154,683		2.54
大野	33,805	57,706	318	57,799	395	59,737	395	72,845	460		65,414		0.90
直入	24,014	35,481	247	35,879	254	37,305	254	50,357	303		39,838		0.80
玖珠	19,928	28,152	59	29,333	64	31,098	48	30,202	40		23,671		0.78
日田	22,425	29,032	104	31,490	111	32,977	92	33,077	94		54,045		1.63
豊後国計	234,792	357,301	1,418	369,547	1,516	417,514	1,473	459,145	1,824	563,613	596,208	1.23	1.30
	慶長6年	元和8年		元禄15年		天保5年		明治初年					
宇佐	76,355	75,723		70,024	177	77,039	186	77,579	239	60,289	64,319	0.78	0.83
下毛		26,283		36,688	81	47,779	81	47,593	98	58,860	62,939	1.24	1.32
総計				476,259	1,774	542,332	1,742	584,317	2,161	682,762	723,466	1.17	1.24

石未満切り捨て。『大分歴史事典』による。

い藤河内村《ふじがわち》（佐伯市）はわずか四・九石である。直入郡では五〇石未満が五三村で二一%に近く、最小が下迫村《しもさこ》（竹田市）の八・九石となっている。このように村高だけをみても、同じ「村」といっても大きな差がある。これは山間・海辺など地形的な条件、都市およびその近郊などの立地・生産条件などから「村切り」に差異があり、それが各藩の村落支配組織や村役人制度とその職務などが多様となる原因の一つとなっている。

　幕末までの各郡の高の変化を、正保と明治初年で比較すると、豊後全体では一・二九倍だが、もっとも大きくのびているのは国東郡（一・五三）で、以下直入・海部・大野・大分・速見・日田・玖珠（一・〇七）の順となっている。元禄と明治初年では県全体は一・二四であり、郡ごとの高の変化では国東（一・四九）・直入・下毛・大野・海部・速見・大分・宇佐・日田・

玖珠（一・〇三）となっている。

高の変化は、各郡の土地開発情況の一応の指標となる。増加の著しい郡は、新田開発などによって耕地がふえ、生産力が上昇したといえよう。しかし、それを全面的に信頼することは危険でもある。国東郡は、元禄から天保のあいだに大きく増加しているが、これをそのまま鵜呑《うの》みにはできない。実は、国東郡に多くの領地をもっていた杵築藩は、元禄より前の寛文二（一六六二）年に検地（地撫《ぢならし》）を実施したが、その成果を幕府にとどけでず、正保段階の村高をそのまま報告し、天保に至ってその増加を報告している。

また、大野・直入郡は、天保から明治初年に高をふやしているが、その理由としては、両郡に多くの領地をもっている臼杵藩が天保八（一八三七）年に検地をしたこと、また、それまでは朱印状の高で報告していた岡藩が、明治初年には内高（実高）で報告したことがあげられる。一方、のびの低い日田・玖珠郡は、幕府領が多く、年貢増徴策としての検地が実施されなかったことが、その理由の一つである。

村数の変化を同じ方法でみると、正保と明治初年では豊後全体では一・二九倍であるが、もっともふえているのは海部郡（一・七六）で、以下大野（一・四五）・速見・直入・大分・国東（一・一六）の各郡は増加している。それに対して、日田（〇・九）、玖珠（〇・六八）は減少しており、とくに玖珠郡は大きく減っている。元禄と明治初年では「県」全体では一・二〇倍であり、郡ごとの変化では海部郡のふえ方が二・〇八倍と断然トップで、以下、宇佐（一・三五）・下毛・直入・大分・大野・国東・速見（一・〇）となり、日田（〇・八五）と玖珠（〇・六三）は減っている。

海部郡の明治初年の急増は、浦方が多く耕地の少ない佐伯《さいき》藩が、浦々を統合して村を「創出」して幕府に報告していた上浦村・中浦村・下浦村という朱印村を解体し、各浦を独立させたからである。村数は実態に基づいたものとなったのである。宇佐郡では十九世紀にはいっての沿岸干拓による新田村（神子山《かみこやま》新田村など）の誕生と、従来一村としては大きかった村が、上・下、東・西などに分けられたからである。なかには高家《たけい》村（宇佐市）のように東・西・上・下高家《たけい》村の四村に分かれた村もある。日田・玖珠郡の減少は、元禄から天保のあいだに著しい。これは村の統合が行われたからで、玖珠郡太田村（玖珠町）のように、太田・川底・内匠《たくみ》・小清原《こきよはら》・鳥屋《とや》・志津利《しづり》の六村が一村となったものもある。

明治初年の現大分県域の高合計は、五八万四三一七石であった。廃藩置県後の明治五（一八七二）年の豊後大分県の人口は五六万三六一三人、当時小倉県に所属していた宇佐・下毛郡を加えると、六八万二七六二人となっている。人口と石高との関係をみると、郡ごとの情況が判明しない豊後では、一石につき一・二三人となっている。豊前二郡を加えた全県では、一石につき一・一七人である。豊後を含めた郡ごとの人口がわかるのは、明治十二年がもっとも古い。石高との時期のズレがあるが、海部郡の二・五四人がいちばん高い。日田（一・六三）・大分・下毛・国東・速見の各郡が一人を超えている。大野・直入・玖珠・宇佐の四郡が一人を下まわっている。近世八藩の領知高と人口との関係では、いちばん高いのは佐伯藩（三・〇八人）で、以下臼杵・府内の各藩が続いている（『大分県史　近世篇IV』）。

海部郡に領地をもつ佐伯・臼杵両藩が高いということは、石高制原理ではその生産力のとらえにくい浦方をもつことによるといえよう。また、一石当りの人数が多い郡は沿岸に位置し、郡内に城下町・在町などが多い。逆に一人未満の郡は純農村地帯や畑作地帯である。

組と村●

各藩領では農村支配にそれぞれ独自の方式をとり、また時代とともに変化している。

岡藩の農村支配機構の基本は十七世紀なかばに確立しているが、その後たびたびの変動がある。十九世紀初めの支配機構・村役人制度をのべることとする。藩の農村支配の責任者は郡奉行（原則として二人）であり、その下に当初は多くの藩でもみられるように代官がおかれていたが、十九世紀には地方《じかた》吟味役《ぎんみやく》となっている。

農村は、組—村によって編成され、村役人が配置されている。組は改称、分離、統合をしているが、十九世紀初めには大野郡三七組、直入郡二九組、大分郡三組の六九組に編成されている。この組は東三六組、西三三組に分けられ、それぞれ頭取が決められ、それは東組・西組担当の二人の郡奉行に対応している。また、宝永三（一七〇六）年からは四〜五組をあわせた組織（「四ケ組合」）が一七組合つくられ、藩の命令の伝達や地域的な相談が行われている。この組合では一カ月に一度の寄合《よりあい》が命じられ、各組の大庄屋一人と小庄屋のうち一人が参加することとなっている。

組の規模は、おおむね高一〇〇〇石程度となっているが、大分郡や竹田村は二〇〇石程度と小さく、宇目郷（重岡・小野市《おのいち》〈佐伯市〉）や四原《よはる》地方（恵良原《えらばる》・柏原《かしわばる》・葎原《むぐらばる》・菅生原《すごうばる》〈竹田市〉）などは二〇〇〇石を超えている。その下の村数も竹田・三佐《みさ》（大分市）の一村から二〇村以上の組もあり、ばらつきがある。なお、竹田・三佐は組を形成していないが、大庄屋が配置されているので、一応、組と同格とする。これは城下と港湾という両村の重要性に基づくものであろう。

組の責任者は六九人の大庄屋（宝永三年までは千石庄屋）である。藩政改革が実施された安永七（一七七八）年からは、一一人の「頭取大庄屋」が任命されているが、十九世紀には「加談《かだん》役」となっている。加談役は東西の頭取大庄屋の相談役として、かつて大庄屋だったものである。その職務は「御領分庄屋之上に立ち、郷中御制度取締方をも申談ず重き役前」であった。藩制当初から「家筋の者」として別格とされていた宇目郷の重岡・小野市両大庄屋と加談役は、残る六七人の組大庄屋の上にたつものとなっている。

組の名称は、十八世紀初めには確定するが、多くは大庄屋居住村をとっている。なかにはかつての大庄屋居住村名や地域的な名称をとっているものもある。各組では月に三度の寄合が命じられ、小庄屋・肝煎《きもいり》が集まることとなっている（明暦三〈一六五七〉年段階）。大庄屋の下に配置されたのが小庄屋である。小庄屋は原則として組を構成する各村におかれることとなっているが、二村以上の複数村を兼帯するものもいる。「御覧帳細注《ごらんちょうさいちゅう》」によると、村数は朱印状前では四三六村だが、その後の「村分《わか》り」によって五八六村になったという。また『豊後国舊県《きゅうけん》管地沿革記・付録』では二町・五九四村となっている。小庄屋のもとでも、月に三度の百姓の寄合が義務づけられている（明暦三年段階）

村横目《よこめ》は、かつては地《じ》横目といわれたもので、組に配置されており、大庄屋の下で組内の監視役をつとめている。安永七年の「条々」では大庄屋・小庄屋に続いて村横目が木綿羽織《もめんばおり》の着用を許されており、そのほかの小役人は惣《そう》百姓と同様に羽織禁止、着類・帯を青染・浅黄《あさぎ》（葱）染に限定されている。

ほかに下役《したやく》（天保八〈一八三七〉年段階）として宗旨《しゅうし》横目・蔵方封付《ふうつけ》・肝煎・山廻《やままわ》り・盗賊目代《もくだい》・組頭がいる。これらの役人も村運営にたずさわっていた。天保八年「定書」では、彼らは勤役中は自身のみが紋《もん》付《つき》羽織の着用を許されている。このとき、村横目は羽織のほか傘《からかさ》が許可となった。このように村役人には、それぞれその職務・年数などによって給与・引高・苗字《みょうじ》・帯刀などのきめ細かい格式があたえられている。一般的な傾向として、時代がさがるにつれそれが細かくなり、惣百姓との差を明確にするものとなった。

杵築藩の農村支配組織は、手永《てなが》（捌《さばき》ともいう）━村制をとっている。手永は、細川領時代に設定され、最終的には六手永となる。分知三〇〇〇石は、山間部の両子《ふたご》組八カ村と沿岸部の伊美《いみ》組七カ村の二組制をとっている。各手永の大庄屋は貞享二（一六八五）年の「分限帳」（「後藤家文書」）では知行方に列せられており、藩の公用などで出張のさいには、若党・馬口取《くちとり》などの従者を一四人連れていくこととなっている。杵築藩の大庄屋は踏絵にさいしても、妻子も宗旨奉行の前で行うという特別の取りあつかいをうけている。杵築藩の大庄屋は、士分に準ずる取りあつかいをうけていた。しかし、松平氏が領内支配を安定化した段階で方針がかわり、農民身分としての色彩を明確にしていった。山之口は、山林を管理する役人で、藩機構では山奉行の下に属しており、帯刀を許されている。小庄屋・弁差《べんざし》・肝煎は村ごとにおかれている。小庄屋は各村の責任者であり、弁差・肝煎はその補佐である。各村への通達は、一般的には「小庄屋・弁差」にあてられている。

井路・新田の開発●

年貢収入の増加をめざす各藩は新田（水田）の開発を積極的に奨励した。そのためには用水の確保が不可欠である。大野川上流の大野・直入郡は中世は畑作地帯であり、緒方上井路《おがたかみいろ》・城原《きばる》井路（井手）などの完成によって水田となったものが多い。溜池《ためいけ》（堤ともいう）灌漑《かんがい》は主として国東・速見郡下で利用されており、多くの地域は河川灌漑が主力となっている。しかし、大分川・大野川流域は河岸段丘地帯が多く、河川からの引水はかなりの難事業で、用水の確保に苦労している。県下の主要用水路の開発時期をまとめた次頁表によると、ピークの時期は十七世紀後半から十八世紀前半、とくに元禄・享保期と、十九世紀のいわゆる幕末期に集中している。なかでも大分川流域の開発が著しい。

大分川下流域をうるおす初瀬《はつせ》井路の開削の起源は、天正十（一五八二）年大友吉統《よしむね》の命によって起工し

大分県内の主要用水路開発時期

区　分	1600	1650	1700	1750	1800	1850 年
豊後高田市			御玉井堰			
大分市 大分郡		初瀬井路	鑰小野井路 享保井路 川平井路 大龍井路	提子井路		嘉永井路 元治水井路
佐伯市		小田井堰	浜後井路 鬼ケ瀬井路		常盤井路	高畠井堰
臼杵市 豊後大野市	緒方上井路	緒方下井路 小原井路	岩下井路 白石補水路			上井田井路
竹田市		城原井路 葎原井路	刈小野井路		宮ケ瀬井路 中尾井路 天保井路 瀬戸井路	
玖珠郡			万年井路		北方井路	
日田市					小ケ瀬井路 風呂元井路	
中津市		荒瀬井路				
宇佐市			桂掛井堰			広瀬井路

『大分県史　近世篇Ⅳ』による。

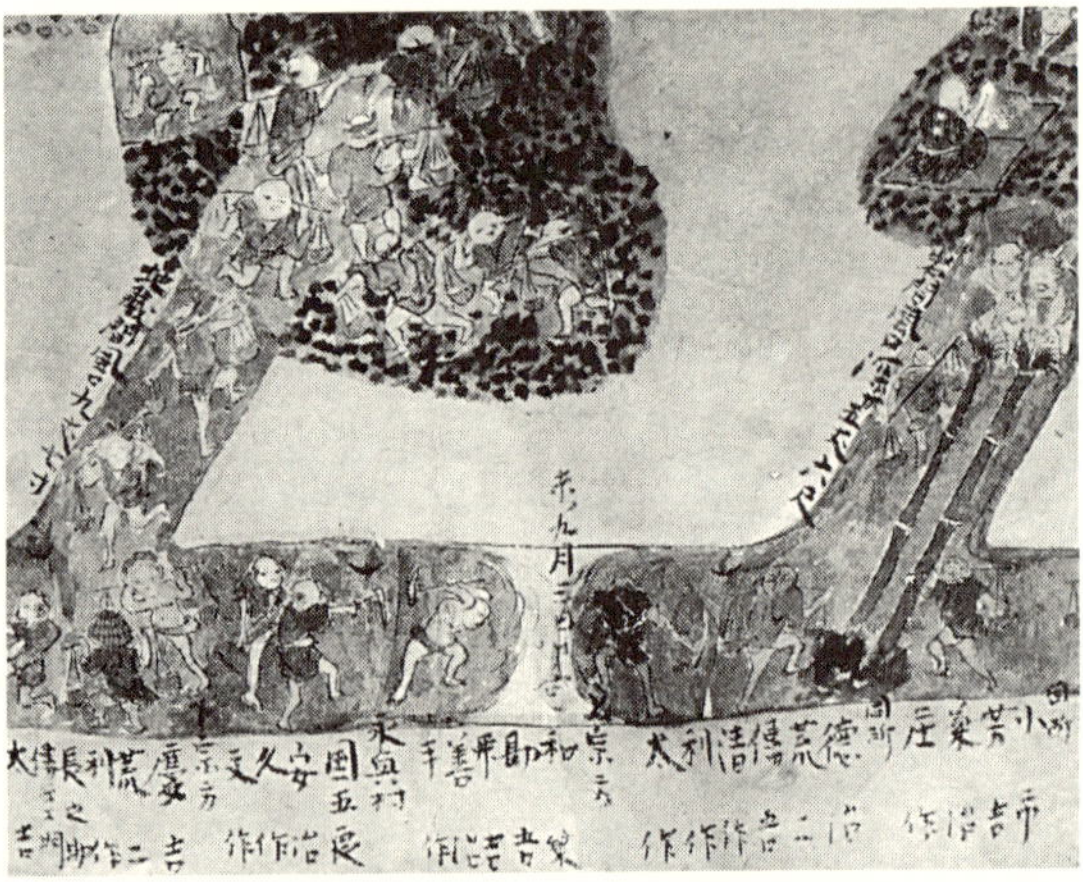

嘉永井路絵図

❖コラム

町人請負新田「透留新田」

宝暦九（一七五九）年六月、延岡《のべおか》藩領国東《くにさき》郡浜村（豊後高田市）の佐藤伴蔵は「新地開作御内願之覚」を大庄屋宛《あて》に提出した。浜村など三村入会の透留《とおる》入江に築堤《ちくてい》をして埋め立て、浜村の困窮救済のため、一六町余の耕地の造成をもくろんでいた。

伴蔵は、「開作」という言葉を使っている。これは、萩《はぎ》藩で干拓による新田開発をさす言葉として用いられたものである。翌年五月、伴蔵は塩田で知られた萩藩領周防《すおう》国三田尻《みたじり》（山口県防府《ほうふ》市）へ人を派遣し、調査をしている。項目は道具・石船・工事の時期・潮止め・指導者の招聘《しょうへい》など技術的なことのほか、作業人たちの紛争などについても調べている。

千歳《せんざい》役所からの正式許可は宝暦十年六月にだされている。工事の着工は、十年秋から冬に下準備が行われ、十一年から工事にかかったがうまくはかどらなかった。十二年正月には、大庄屋から三田尻の塩浜庄屋へ、亀屋又左衛門を「海（開）作目論見《もくろみ》世話人」、郷ケ崎権左衛門を「石方世話」として派遣依頼の書状がだされている。又左衛門・権左衛門は人夫を連れて、工事にはいった。十三年にはじめて作物の植え付けができた。しかし明和二（一七六五）年大土手が大破損し、一三〇貫余を出費した伴蔵は、藩の援助を願いでたが認められなかった。その後も決壊を繰りかえし、失意のなかで伴蔵は死去し、事業は末子周作に引きつがれた。透留新田が正式に高付けされたのは安永三（一七七四）年である。高五五石余で一四石余を上納している。比較的早期に実施された海浜干拓の町人請負新田の造成には、瀬戸内の代表的産業である塩田築調技術が導入されたのである。

た荏隈郷井手《えのくまごういで》（国井手）である。さらに慶安三（一六五〇）年府内藩主日根野吉明が一〇万人近い人夫を投じて完成させた阿南荘新井手《あなんのしょうしんいで》（初瀬河）と、元禄七（一六九四）年に築造された向原《むかいのはる》新井手をあわせた総称を初瀬井路という。この結果、大分川中・下流域の府内藩領の多くの村々では村高をふやし、野田・五福《ごふく》村（由布市）という新村もうまれている。水路が臼杵藩領をとおるため、井手床となった耕地（一町四反、一町＝九九二〇平方メートル）の補償、井路の維持、水利権などについて証文を取りかわしている。

野津原三渠《のつはるさんきょ》といわれる大龍《おおたつ》井路（元禄十二年）・鑰小野《かぎおの》井路（宝永四〈一七〇七〉年）・提子《ひさご》井路（安永二〈一七七三〉年）は、熊本藩領谷村《たにむら》手永の惣庄屋工藤三助が中心となったものである。工事の途中で巨岩にあたり、信仰する不動明王のお告げで、岩を焼き水をかけることで掘り抜いたと伝えている。朴木《ほうのき》井路でも、大石という難所で三日三晩火を焚《た》いて岩をくだいたという。

井路の開削には各所で隧道《ずいどう》（貫《ぬき》という）工事が行われ、鉱山技術が導入された例も多い。貝原益軒が岩壁の横穴（呼吸穴）をみて「奇世《きせい》の仕業《しわざ》、天工の自然になせるがごとし」（『豊国紀行』）と評したのは、山国川から取水する荒瀬《あらせ》井路のものであった。中津藩領の大庄屋の陳情により、藩では下毛郡草本《くさもと》金山（山国町）の奉行片桐《かたぎり》九太夫や中津城下の水道工事に貢献した内海《うつみ》作兵衛の指導によって貞享三（一六八六）年から元禄二年にかけて工事が行われた。岩山の掘抜きのさいには、草本金山を閉鎖して全坑夫《こうふ》を投入している。荒瀬井路の水は下毛・宇佐郡の農地におよんだ。臼杵藩領の嘉永《かえい》井路では、開削にあたり岡藩領の尾平《おびら》鉱山（豊後大野市）から二人の技術者を招き指導をうけている。

周防灘《すおうなだ》にのぞんだ国東郡西部から宇佐・下毛郡の沿岸地域では、海岸干拓によって新田の造成が行われている。とくに国東・宇佐郡では、十九世紀になっての文政から天保にかけての西国筋郡代塩谷大四郎によるところが大きい。彼は日田豆田町（日田市）の豪商広瀬久兵衛とくんで水利・新田開発をしたが、宇佐・国東の幕府領・島原藩領で神子山・郡中《ぐんちゅう》・久兵衛新田など一四の新田を、村請・郡請・町人請・農民請の形式で開発している。そのなかで最大のものは、三万両の資金が投入された一五一町余、二二二〇石余の呉崎《くれさき》新田（豊後高田市）である（『大分県史　近世篇Ⅲ』、資金・面積などには諸説あり）。資金は奉仕的な「徳者銀」、救恤《きゅうじゅつ》資金の運用である「助合穀銀《たすけあいこくぎん》」もあったが、日田・玖珠・下毛・国東・直入五郡の幕府領村々への半強制的な「郡出銀」がほとんどをまかなっている。そのため、天保九（一八三八）年直入郡を除く四郡の「惣代中」は、今は借銀で負担しており「十方《とほう》に暮」れる村も少なくないとして、「此上出銀何分出来不仕《つかまつらず》」とのべている。

3　産業の発達と地域社会

浦方と干鰯●

「大阪肥物商組合一班」に収録された寛政元（一七八九）年の文書に「諸干鰯《ほしか》ノ内、宇和・佐伯・臼杵・佐賀関《さがのせき》、右四ケ所の干鰯ハ格別ノ物故《ゆえ》、此四ケ所重《おも》（主）ニ引受候問屋共、申通リニテ買取可申様申入」とある。これは、大坂市場における豊後水道産干鰯の地位を端的に示しているものといえよう。長い海岸線をもつ豊後でも、とくに海部郡地方（臼杵・佐伯藩領）は水産資源の宝庫だった。その代表的産物が干鰯だった。

佐伯藩は文化七（一八一〇）年の段階で領内の竈《かまど》数は九一一〇、人口は五万二四八〇人だった。領内は、両町（城下）・在方・浦方に編成されていた。七万石の岡藩の人口が明治初年に七万七五七四人であることを考えれば、二万石の佐伯藩の水産資源のもたらせたものの大きさが理解されよう。

佐伯藩初代藩主毛利高政は入部まもなく耕作の奨励、走り百姓の帰参など農村への施策を積極的に打ちだしている。慶長十三（一六〇八）年の「在々近辺田畠ニ成るべきと存候所ニ、竹木これ有るにおいては悉《ことごとく》切払《きりはらい》起《おこし》ニ仕《つかまつり》田畠ニ仕るべき事」は、耕地拡大政策の典型である。開発をすれば公役《こうやく》や年貢減免の特典をあたえている。食料の不足していた浦方へも積極的な開発を奨励している。とくに元和四（一六一八）年の大嶋《おおしま》（佐伯市）宛《あて》の判物では、屋敷・野・山のいずれでも「麦成《な》り共、粟《あわ》成り共作付」けを命じ、年貢の永代免除を申しつけている。元和九年の「其浦組中山焼候事、当年より堅《かたく》無用ニ候、其子細《しさい》は山しげ（繁）らず候へハ、鰯《いわし》寄申さず候、其上井手かゝ（掛）りにてこれなき山田なとハ、山のしたゝ（滴）りヲ以て少しハたり（足）に成候ニ……」というのは、開発政策の修正を物語ったものである。浦方の漁業振興のために山林資源の保護を申しつけている。今も各地でみられる魚付《うおつ》き林はこうして保護された。

延宝二（一六七四）～四年の網仕立て願いをみると、地元の網主のほかに紀伊・淡路・伊予などのものが規模の大きな八太《やつだ》（八手《やつで》）網を願いでている。また、十八世紀なかばの宝暦十二（一七六二）年でも規模の大きな中高網は「旅」（他国網主）であったのが、寛政七年になると「地」（地元）だけとなる。小引網も旅がなくなり、地の数がふえ、全体として鰯《いわし》・鰺《あじ》などの網数が著しく増加している（『大分県史　近世篇Ⅰ』）。こうした増加は佐伯藩特産物としての干鰯・生魚《いけうお》など水産業の伸長を示している。

佐伯藩では浦方を、津久見湾内部の浦を津久見浦組（八浦）、四浦《ようら》半島から佐伯城下以北の浦は上浦村

（二六浦）、鶴見半島北岸と大島を中浦村（一二浦）、米水津《よのうづ》湾・蒲江《かまえ》から日向境までを下浦村《したうら》（一八浦）に組み入れている。下浦村はさらに米水津・入津《にゅうづ》・蒲江の三浦組に分けている。農業生産力の指標である石高では、各浦の高は極端に低くなってしまい、またそれぞれ距離がかなりはなれ、独立性の強い浦方の掌握のためにとられた方策であった。臼杵藩は佐志生《さしう》、大泊《おおどまり》（臼杵市）、松崎（津久見市）の浦方三組のうち、城下から遠くはなれた松崎組は、はじめ吟味《ぎんみ》方役人を派遣して取締まりをしていたが、ゆきとどかないとして享和元（一八〇一）年伊崎《いさき》役所を設けて、漁業や魚商売の取り締まり、浦方運上の徴収をしている。

藩では浦方に特別の課役を課している。浦方は、水夫《かこ》役・人夫役・塩役・萬《よろずわっ》割賦物《ぷもの》などのさまざまな「浦役」を負担している。干鰯では、鰯をとるための手段である網・船・漁場・漁獲量に課税しているし、加工のための干浜・煮釜《にがま》にも運上銀が課されている。製品の運搬のための廻船《かいせん》からも帆別《ほべつ》銀が徴収されている。さらに、市場である大坂の問屋からは口銭《こうせん》をうけている。

塩業では、杵築藩領国東郡姫島《ひめしま》（東国東郡姫島村）が知られている。その歴史は古く、慶長十五年から元和八年までに九町八反の塩田が開発されており、嘉永六（一八五三）年には九町あまりの入浜式塩田が完成した。そのほか別府湾沿岸の萩原・原《はる》・新貝《しんがい》・三佐・王ノ瀬（いずれも大分市）や佐伯藩領の浦方でも塩浜が設けられていた。

難船の救助は浦方の重要な役だった。杵築藩では延宝八年に「難損船幷《ならびに》助船御定」を定めている。領内六手永のうち一六カ所（二二浦）を指定して、どこの船であろうと船一艘《そう》に助船三〜五艘をもよりの浦からだすこととしている。船が破損したときには、杵築藩から遭難の証明書をだしている。幕府領大分郡原村（大分市）では、十八世紀初めまでに六回の難船救助を行っている。とくに肥後細川藩の関船《せきせん》が三六艘破船したさいには七カ所で篝火《かがりび》を焚き、その後三〇日ほど村人が番をしている（「原村浦役之次第」）。

陸上交通と水上交通●

正保・元禄「国絵図」には道が赤線で描かれている。道の重要度は、太線は城下・陣屋・代官所という政治的拠点を結ぶ道であり、中線は拠点と在町を結ぶ道、細線は村と村を結ぶ道となっている。元禄国絵図は豊前は小笠原小倉藩・中津小笠原藩、豊後は稲葉臼杵藩・中川岡藩を絵図元として作成された。そのため、食い違いを示すこ

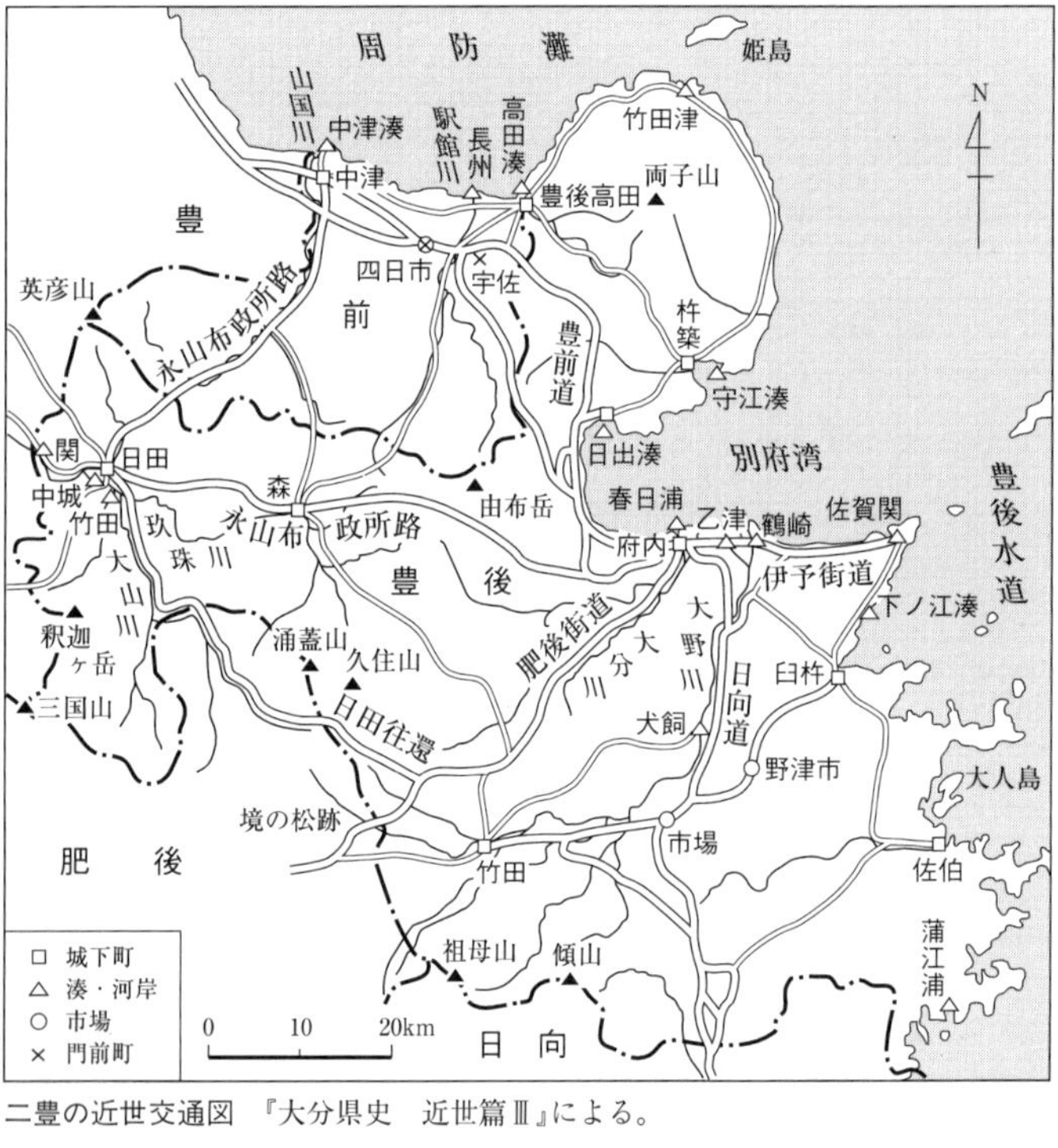

二豊の近世交通図 『大分県史 近世篇Ⅲ』による。

❖コラム

石橋―レインボー・ブリッジ

『おおいたの石橋―総合資料集―』には、県内の石拱《せっこう》橋として四九三橋（現存しないものも含む）があげられている。なかでも石造アーチ橋（車橋ともいう）はその優美な姿からファンも多く、熱心な研究が進められ、県や市町村の文化財に指定されたものもある。

神様のもとへの渡りである神橋のほか、人や物資の移動のためにかけられた石橋も多い。筏場目《いかだばめ》鏡《がね》橋（日田市）、オダニの車橋（由布市）、岩戸《いわと》橋（竹田市）などが江戸期の架橋である。大野郡三重《みえ》町と野津《のつ》町の境、三重川（鼓石《つづみいし》川）にかけられたのが虹澗橋《こうかんきょう》である。虹澗とは、谷にかかる虹《にじ》という意味で、まさに深い谷にかかった虹のように美しい姿を、今も残している。ここは、柳井瀬《やないぜ》の渡りという臼杵《うすき》・岡両城を結ぶ往還であり、臼杵藩領三重郷の農民は、城下への年貢米輸送には柳井瀬をとおっていた。米俵を馬の背からおろし、肩にになって谷をくだり、飛び石を伝って川を渡り、また対岸の崖《がけ》をのぼり、馬に積むという苦労をする難所だった。

野津町側の橋のたもとに「虹澗橋記」が残っている。これによると架橋の発起をしたのは臼杵城下畳屋町の茶屋（屋号、以下同）甲斐《かい》源助、三重市場村の油屋多田富治、同代屋後藤喜十郎だった。彼らは相談をし、文政三（一八二〇）年に藩に願いでて、勝手次第との許可を得、翌四年正月から工事に着手した。架橋工事には三年半の歳月を要した。莫大《ばくだい》な支出をした三人は家産をかたむけたという。石工《いしく》の棟梁《とうりょう》は領内下の江村（臼杵市）の伊（井）沢織平である。伊沢織平はのちに領内の岩崎井路開削の工事にも参加している。地域の人びとの財力や技術力の結集が、「夢の橋」だった。

とがある。豊前と豊後を結ぶ道（豊前道）は、豊後絵図では、別府から日出を経て立石（杵築市山香町）より宇佐に至る、現在の国道一〇号に相当する道を太線としている。対して豊前絵図では、宇佐から佐田（宇佐市安心院町）を経て別府に至る、佐田往還（国道三八七号から県道二四号）を中線で描いており、豊後絵図の豊前道は細線である。国・地域での道の認識の相違によってうまれたのであろう。

国絵図の道には一里ごとに道の両側に黒点が付されている。一里の起点は、豊後では府内につうじる道は、府内を起点としている。また、道に名称は付されていない。通常、道の名称は目的地の名称をとっている。たとえば、岡藩や熊本藩が参勤交代に利用した肥後と豊後を結ぶ道は、肥後では「豊後道」「豊後街道」といい、豊後では「肥後道」「肥後街道」とよんでいる。本書では『豊後国志』「豊前国絵図」などを参考にした半田隆夫（『大分県史　近世篇Ⅳ』）の名称にしたがい、豊後府内を起点としてむかうべき方向から、それぞれ豊前道、日向道、永山布政所（日田代官所）路、肥後街道、伊予街道とする。また臼杵・佐伯・岡などの各城下町と各地を結ぶ道もあった。幕府から諸国に派遣された巡見使は、天和元（一六八

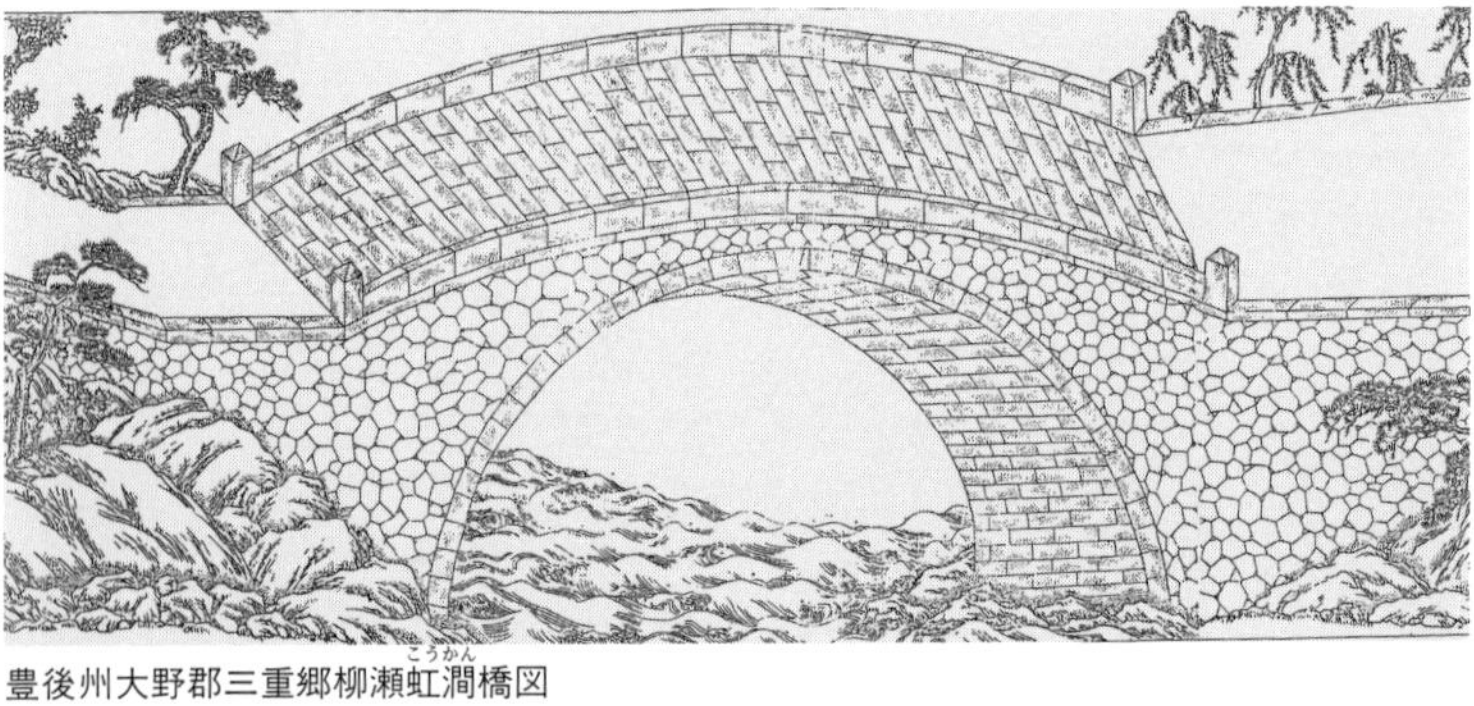

豊後州大野郡三重郷柳瀬虹澗《こうかん》橋図

一）年以降、九州を二分することになり、豊前・豊後は四国ルートにいれられた。大分県下では、中津・四日市（宇佐市）・豊後高田・竹田津（国見市）・杵築・立石・日出・別府・府内・並柳《なみやなぎ》（由布市）・森（玖珠郡玖珠町）・日田・竹田・佐伯・臼杵から伊予にわたっている。これは基本的には城下町を結ぶ道を通行している。

河川では筑後川水系の日田川船運（日田の中城河岸《なかじょうごうら》・竹田河岸《たけだごうら》から日田郡関河岸《せきごうら》〈いずれも日田市〉まで）と玖珠川船運（馬原河岸《まばるごうら》〈日田市〉から竹田河岸まで）は、元文三（一七三八）年の幕府領の年貢米の長崎回送を契機として発展した。天保三（一八三二）年には豆田・隈の商人一三人による株仲間が結成されている。大野川では中流の岡藩領大野郡犬飼（豊後大野市）から河口の同領大分郡三佐（大分市）、臼杵藩領吐合《はきあい》（豊後大野市）から同領家島《よしま》《いえしま》（大分市）が藩主の江戸参勤や年貢米・諸物資の運送をしている。犬飼には藩主の休息のための御殿なども設けられ、町奉行が配置されていた。

城下町のほとんどは港湾施設をもっていた。そこでは、参勤や年貢米の出荷だけでなく、地域の人びとや特産品・物資の輸送が行われた。また、浦辺の村々には廻船業も発達した。

七島莚と諸産物●

近世豊後を代表する産物は七島莚《しちとうむしろ》（青莚《あおむしろ》《せいえん》・豊後表《おもて》・琉球表など）だった。七島莚は国東半島東部、速見・大分郡の別府湾沿岸の農村、藩領では杵築・日出・府内・臼杵・幕府領領域で栽培される七島藺《い》を加工してつくられる。藺草《いぐさ》にくらべて肌ざわりは粗いが丈夫で、庶民の畳表として利用された。五月植付け、八月収穫という成長のはやさはあるが、多肥多労働を要し、一戸当りの栽培面積はかぎられていた。正徳四（一七一四）年には一四八万五四六〇枚（代銀一七二九貫余）、元文元（一七三六）年では出荷国は豊後一国のみで一二三万二五七枚（代銀一〇五四貫）という大坂入津量を示している。近世後期には庶民生活の向上のなかでさらに生産は拡大し、明治十一（一八七八）年の大分県下の産額は二三万八九〇六束（一束は一〇枚）となっている。

「旧来薩摩南島ノ産ナリシカ、後世豊後国ニテ織出スモノハ此名（豊後表）冠セシメ、遂ニ同地ノ特産トナレリ」（『大坂商業史資料』）とあるように、宝《たから》七島（鹿児島県十島《としま》村）から豊後へ伝来したものである。伝来には、府内藩・日出藩の二つのルートが伝えられているが、いずれも一六六〇年代のものである。

第一は府内城下桜町の商人（計《はかり》屋）橋本五郎左衛門の招来によるものである。苦労の末に領内の村々に広まり、十七世紀後半には府内城下町に莚《むしろ》問屋として橋本屋など四軒の「粗物《あらもの》仲間」が結成されている。府内領内の生産量は、天保十三（一八四二）年の莚会所取りあつかい量が三万二九九四束であり、幕

「織上たるむしろを仕立る図」（大蔵永常『広益《こうえき》国産考』）

末まで三万〜五万束台を推移しており、全国第二位の産地であった。

今一つのルートは、日出・杵築ルートである。日出藩の鶴成《つるなり》金山（杵築市）の薩摩・日向出身の坑夫がしいていた莚をみた金山奉行長谷川《はせがわ》久頓が、その導入を藩に献策し、一年がかりで製織法などを学び、藩主木下俊長《としなが》の奨励により領内に作付けが行われた。それはさらに杵築藩領にももたらされた。杵築でも藩主松平重休《しげやす》の奨励によって急速に普及し、延宝六（一六七八）年には莚買方商人が指定されており、天和二（一六八二）年には同藩域で五九町の「七島田」があった。産額に上下はあるが、享和二（一八〇二）年には九万一七八三束を出荷している。十九世紀にはいると急速に生産をのばし、文化五（一八〇八）年ごろには一二万束、幕末では二〇万束以上になっている。杵築藩領は全国最大の七島莚の産地であった。領内の村々では、最高時で村内の田方面積の一〇％程度に植えつけられ、主穀生産に影響をあたえるとの理由で、嘉永四（一八五一）年には「三歩（三〇％）の減反」が命じられている。領内では七島藺栽培そのものへの課税はほとんどなく、本田の年貢上納が原則だった。課税は川口運上として製品出荷時に行われ、出荷束数に課税されるときと、問屋からの定額上納のときがあった。

大坂の七島青莚問屋は、安永九（一七八〇）年、田沼意次《たぬまおきつぐ》の政策に基づいて株仲間を結成し、「官許ヲ得、冥加《みょうが》銀年々惣仲間ヨリ二十貫目ヲ上納」している。そして「七島ハ送荷ニシテ荷主ヨリ陸続之ヲ送致シ、又備後表《びんごおもて》ハ之ニ反シ皆問屋ノ注文ニ係ル」というように、大坂問屋の力が強かった（荷受け方式）ことが指摘されている。そのため、「売り捌《さば》き方、（大坂）問屋共を十分此方へ引き付け」ることが最大の課題であった（『杵築町役所日記』）。天保三年杵築藩は「青莚仕法」をだし、領内産の七島莚はすべて大坂蔵屋敷の売支配人宛《あて》への出荷として抜け荷を禁じている。大坂では売支配人から大坂問屋へ売却し、代銀は国元へ為替《かわせ》で送り、出荷者は藩札をうけとることとしている。

国東郡西部・宇佐・日田郡などは近世後期には櫨《はぜ》の産地となった。日田の豪商のなかには、十八世紀末にはマニュファクチュア的な製蠟《せいろう》工場を経営するものもいた。幕府領宇佐郡上田村（宇佐市）の上田俊蔵は群烏《むれがらす》という新品種をつくり、『櫨育口伝《ろくいくくでん》　試《こころみ》百カ条』をあらわしている。十八世紀なかば以降ほとんどの藩領で生産を奨励している。現在の大分県の特産品椎茸《しいたけ》も大野・海部郡などの産物だった。岡藩では幕末期に不況となった鉱山の炭山を椎茸山としている。

鉱産資源としては明礬《みょうばん》・金・銀・銅・錫《すず》・鉛・石灰・硫黄《いおう》などがある。明礬は速見郡の幕府領野田村・森藩領鶴見村（別府市）を中心とする温泉地帯で産出し、地域の特産品だった。野田・鶴見村では宝暦期（一七五一〜六四）には各七万斤を産出し、全国生産の七〇％を占めている。金銀山では幕府領草本《くさもと》（はじめ中津藩領、中津市）、幕府領日田郡鯛生《たいお》（日田市）・日出藩領速見郡鶴成・馬上《ばじょう》（杵築市）などが著名である。銅・錫・鉛では岡藩領大野郡尾平《おびら》（豊後大野市）・木浦《きうら》（佐伯市）がある。鉱山の技術は地域の井路・水道開発に活用され、七島莚の豊後導入にも意味があった。寛永十四（一六三七）年岡城下古町に幕府銭座が設けられたのも、「両山」によるものといえよう。岡藩では両山に町方制度をとり、奉行の下に乙名《おとな》—組頭の役人を配置した。石灰は臼杵藩領の特産品であり、天明元（一七八一）年には大野郡野津《のつ》川登《かわのぼり》組（臼杵市）の七郎兵衛が石灰焼きを申請し、寛政三（一七九一）年以降は海部郡小園《おぞの》・道籠《どうごもり》・警固屋《けごや》（津久見市）などに石灰小屋が設けられている。硫黄は、享保年間（一七一六〜三六）には幕府領玖珠郡田野《たの》村（九重《ここのえ》町）で長崎の松田金五平が三年の運上銀五貫文で請け負っていた。

7章

支配体制の変化と地域社会の変貌

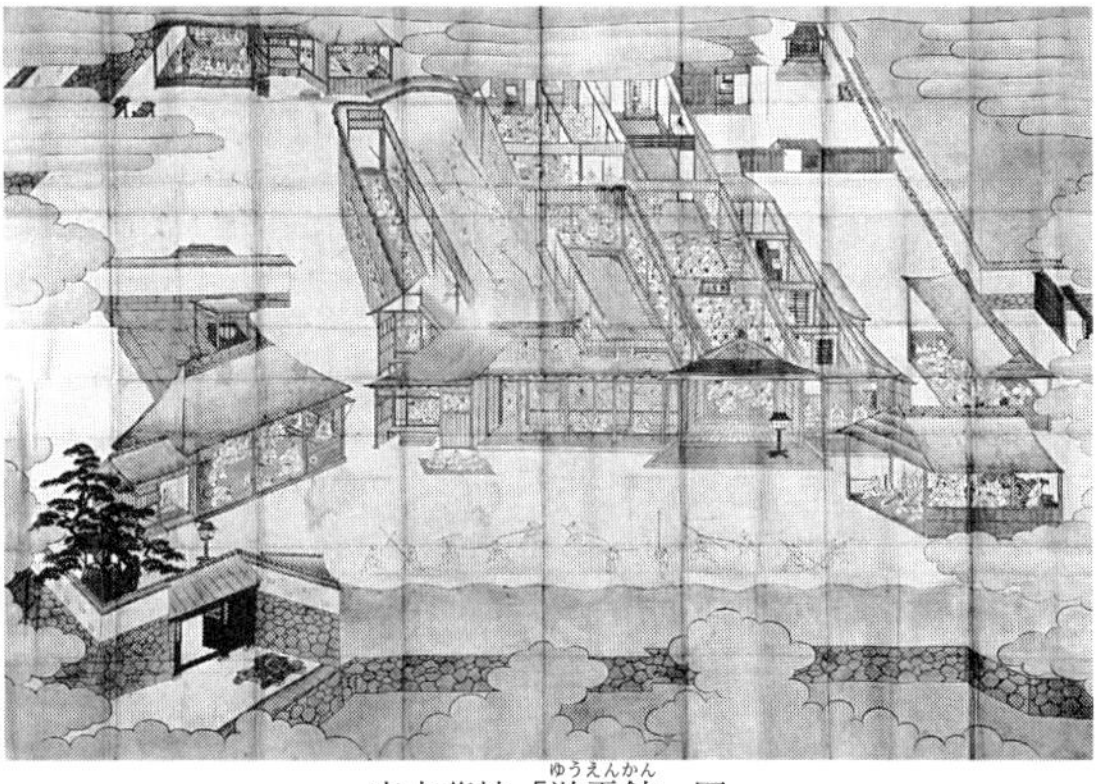

府内藩校「游焉館《ゆうえんかん》」図

1　商業・金融の発達

「九州のオランダ」日田の金融業●

日田《ひた》の金融業を「恰《あたか》も十五世紀に於ける和蘭《オランダ》」と称したのは、日本経済史研究の草分け竹越与三郎《たけこしよさぶろう》であった（「豊後《ぶんご》に於ける掛屋《かけや》」）。十七世紀前半、日田郡の旧丸山（永山《ながやま》）城の麓《ふもと》（日田市）におかれた代官所（永山布政所《ふせいしょ》）は、明和四（一七六七）年からは西国筋郡代《さいごくすじぐんだい》役所となることも多く、その支配地は一〇万石を超え九州の幕府領支配の中心であった。隈《くま》・豆田《まめた》町（両町という）の代官所出入りの掛屋《かけや》商人を中心とする豪商（七軒衆・士などという）が、九州各地の諸大名や町村・個人などへの貸付けを行った金融資本を「日田金《ひたがね》」という。

隈・豆田はそれぞれ城下町として、地子《じし》免除の特権を得て出発したが、公式には幕末までは隈は竹田村、豆田は中城《なかじょう》村の枝郷である。地域においては十七世紀なかば以降はそれぞれ「町」となり、住民は町人と称している。天明八（一七八八）年の隈町の家数は二四二、人口は一一二〇、豆田町は家数一九二、人口一〇三六で、酒造業・医師・大工・米問屋などがあり、町場を形成していた。

「両町」の有力町人は、代官所の公金をあずかる掛屋として登用された。掛屋の職務は、役所に提出された証文によれば、(1)豊前《ぶぜん》・豊後の幕府領年貢上納銀の掛け改め、(2)改銀の各地への運送であったが、享保年間（一七一六〜三六）代官岡田庄太夫によって設置された農民の相互救済制度である「助合穀銀《たすけあいこくぎん》」もあずかっており、そのほか郡中入用銭もあずかっている。天保十二（一八四一）年段階では、豊後国日出郡と豊前国下毛《しもげ》郡が隈町京屋（山田）半四郎・豆田町博多屋（広瀬）鉄之助・同町丸屋（千原《ちはら》）幸右衛門、豊後国直入《なおいり》郡は丸屋、豊後国玖珠《くす》郡は鍋《なべ》屋（森）藤右衛門が掛屋となっている。日田金は掛屋を中心とする金融集団だった。彼らは貸付け資金として、あずかった公金も利用している。

　日田金の金融業の特徴は、公金の預かりを含めて郡代役所（代官所）の権威を後ろ盾《だて》としていることにある。元治二（一八六五）年の両町の先の家のほか草野家など一〇軒の商人の「中極書之事」では、他国貸しがとどこおった場合は「御館入《おやかたいり》」のものが心添えをして其筋《そのすじ》へたのむ、としている。また、大名貸しには銀主団をつくり、共同での危険負担をしている。仲間は、金銀筋だけでなく家事の心配事も相互に世話をしている。日田金に加わった家は、一〇軒のほか、中村・三松《みまつ》・日隈《ひぐま》・手島などの家もあった。

　俗に日田金二〇〇万両といい、そのうち一〇〇万両が大名貸しだったといわれる。広瀬家の場合、六代久兵衛

通称下町通りの民家(日田市豆田)

から七代源兵衛のときが最盛期で、このとき関係のあった諸藩は、豊後では府内《ふない》・森・杵築《きつき》・岡・日出《ひじ》、筑前《ちくぜん》では福岡・秋月、筑後《ちくご》では久留米《くるめ》・柳川《やながわ》、肥前《ひぜん》の対馬《つしま》藩田代領・蓮池《はすいけ》・鹿島・大村・島原・平戸《ひらど》・唐《から》津《つ》、肥後《ひご》熊本、豊前小倉《こくら》、日向延岡《ひゅうがのべおか》であり、九州三四藩中一九藩に貸付けをしている。千原家では、文政年間（一八一八～三〇）には豊後府内・森、豊前小倉・中津《なかつ》など一一藩に貸付けをしている。その後、豊後杵築・日出、肥前唐津も加わっている。諸家では、郡代役所へもかなりの額を貸し付けている。

日田金の各家の経営にはそれぞれ特徴があった。千原家では地主的農業に端を発し、醤油《しょうゆ》・味噌《みそ》・油・酒などの製造、百姓・町人への貸付け、家屋の賃貸しなどに手を広げている。各地の特産品の仲介商業もしている。天保期以降は、掛屋のほか地主として日田郡内はいうまでもなく小倉領内にも土地を所有し、森藩の諸留《もろとみ》・羽田両村（日田市）の年貢すべてをうけ、さらに農民の使役権も得ている。

森家は用達《ようたし》・町年寄をつとめ、十八世紀中期には地域の産物と瀬戸内や九州各地の産物（楮《こうぞ》・綿・菜《な》種《たね》・干鰯《ほしか》など）の仲介商業が経営の中心だった。十八世紀後半になると、金融業のウエイトが高くなり、大名貸しや地域の商人や農村への貸付けをしている。一方、十八世紀末からの製蠟《せいろう》業は、十九世紀にはいって成長し、豊後国内だけでなく筑後方面からも櫨実《はぜみ》を買い集め、一五人の労働者が働く一種のマニュファクチュアとなっている。

広瀬家は典型的な金融資本である。広瀬家は貸付けのための自己資金の割合が低く、とくに公金の占める割合が高かった。金融業は文政末年から急成長をとげている。大名貸しのほか、両町の商人や近在の農民、他領の農民・町人などへの在町貸しがかなりの比率を占めている。久兵衛が九州一円に活動を広げた天保～弘化年間（一八三〇～四八）には他国貸しがふえている。全体としてみると、金融業にウエイトの高い広瀬・千原家と、商業・産業資本との兼業的な森・草野・手島家などに分けられる（『九州天領の研究』『日田市史』）。

彼らは本来の経済活動のほか、社会事業・文化活動でもその名を残している。日田文化の源である大原文庫を創立した手島新左衛門・同平左衛門、文人として名をはせた森春樹・千原夕田《せきでん》、井路《いろ》や道路など公益事業につくした草野忠右衛門・山田作兵衛などは著名な人物である。なかでも、博多屋の当主として井路や新田開発・水運などの公益事業のほか、財政危機にあった府内・福岡・対馬藩田代領などの藩政改革にたずさわった広瀬久兵衛、その兄で私塾咸宜園《かんぎえん》教育に生涯をつくした広瀬淡窓《たんそう》と弟で淡窓の養子となった広瀬旭窓《きょくそう》は代表的な人物である。このほか、十七世紀後半からの俳諧《はいかい》の普及、蹴鞠《けまり》や立花《りっか》などの文化活動も行われている。それをささえたのが日田金の経済力だった。

府内城下町の変化と浜の市、中津城下町

黒田家五二万石の城下町福岡・博多からきた貝原益軒《かいばらえきけん》は、府内《ふない》の町を「町も頗《すこぶ》るひろし、万《よろず》の売り物備《そなわ》れり」と評した（『豊国紀行』）。八九年後の天明三（一七八三）年に府内を訪れた古河古松軒《ふるかわこしょうけん》は『西遊雑記』で、昔は繁盛したところだが「今にてはさしての所とは見《みえ》ざりしなり」と二万石の大名にふさわしい城下町だとのべている。

県内諸藩の城下町の戸口《ここう》と領域全体の戸口を比較して、城下町の人口集中力をみると、府内城下町は一〇％を超え、二〜三％しかない臼杵・竹田・杵築などにくらべると大きな相違がある（『大分市史　中』）。秀吉が福原直高《なおたか》に府内をあたえるとき、「国中の喉《のど》」と称したのもうなずけるところである。しかし、府内藩および府内城下町の戸口の変化をみると、藩人口は十八世紀初めの四万一〇〇人を超えたものが、十

九世紀には三万一六〇〇人余となっている。そして、曲輪内《くるわうち》（郭内、四カ所）は五六〇〇人余から三六〇〇人余となる。町組全体は一万四〇〇〇人余が、一万一四〇〇人余となっているが、曲輪内の減少を考えると、東五カ村・西三カ村は微減、または横ばいとなっている。城下町部分は拡大したが、本来の城下町は人口減となり、ドーナツ化現象となっている。

　中世府内の繁栄を基に成立した近世府内は、二豊の城下町でもはやいスタートをきった。しかし、諸藩が領国経営、城下町振興につとめた結果、府内はその地位を低下させ、ふつうの城下町となった。

　府内城下町最大のイベントは浜《はま》の市《いち》だった。浜の市について益軒は「諸国の商人等来りあつまる」「人のあつまる事夥《おびただ》し」といい、古松軒も「市の節はにぎにぎしき」と伝えている。由原《ゆすはら》八幡宮の放生会《ほうじょうえ》に開かれる浜の市は、寛永年間（一六二四～四四）時の府内藩主日根《ひね》野吉明《のよしあきら》が開いたという祭礼市である。市は西三カ村の生石村《いくし》（大分市）の御殿原《ごてんばる》で、八月十一日から九月一日

府内城下浜の市のにぎわい（「御城下絵図」）

まで開催され、この間は城下および東・西新町では「飯米類幷《ならびに》当前入用の品（日用品）」以外の店頭販売は禁止されており、城下商人はほとんどが出店することとなっていた。市には他国商人も含めて三〇〇軒前後が小屋掛けの商いをした。そのほか、芝居小屋（三芝居）・遊女屋・芸子屋・花火・富籤《とみくじ》なども開催された。人出のピークは十五日の放生会の日であった。最高の数字が報告されているのは明和八（一七七一）年の二七万人であり、最低は文化四（一八〇七）年の一万二〇〇〇人である。一〇万人を超える年も多い。

『豊府指南《ほうふしなん》』によると「近国近郷諸国より諸色商売のため諸人あい集まり、市中惣銀高九百貫目程、此内七歩《ぶ》は所にあい残り、三歩は其先々に持ち帰り」とある。藩では、毎年市が終了後に「浜之市一紙（売買）目録」を提出させている。目録には、⑴芝居や見世物などの興行収益、⑵府内特産品である七島藺《しちとうむしろ》や米・大豆・小豆《あずき》・蕎麦《そば》・麦など諸商品の売買、⑶市に出店した城下や他国の商人売り上げ（市売買）、⑷入船数などが記されている。

その特徴をみると、興行収入にはあまり変化はない。諸商品は飢饉《ききん》や風水害の影響によって上下しているが、商品のなかでは、なんといっても府内藩特産の七島藺の売り上げが大きな比重を占めている。つねに諸商品売り上げのうち四〇〜五〇％を占め、なかには八〇％を超える年もある。七島藺は浜の市の代表的商品であった。市売買は、当初は他国商人の出店があった町筋が上位を占めているが、のちになると地位をさげている。他国の入りこみ商人が減ってきたのだろう。「日戻り」と「問屋附」に分けられた入船数は、遠国から府内の船問屋に着く問屋附の割合が大きく低下していく。これは、浜の市における商取引の内容や性格が変化してきていることを物語っている。

浜の市の商取引が魅力のないものとなると、常設店舗でそれなりの利益があがる城下商人たちは、「市に移る方便《ほうべん》なし」として出店しなくなる。これは藩にとって「心得違い」であった。府内藩では寛政九（一七九七）年には罪を申しつけるとしている。諸藩では城下町を中心とした藩経済体制の確立につとめる。城下町では常設店舗による営業が行われ、藩や住民に必要な商品はそこで確保できるようになった。そのために伝統ある祭礼市の商品交易の場としての意味は低下してきているのである。

中津奥平《おくだいら》氏は享保二（一七一七）年に入部した。もっとも遅れて入部しただけに城下町商業の保護には積極的な方針をとっている。その政策は、⑴城下への六カ所の口屋《くちや》で城下へのもちこみ商品への運上の賦課《ふか》と在方もちだし商品の制限、⑵酒造・油木（製蠟《せいろう》）・綿替《わたかえ》・蠟板場《ろういたば》・醤油・酢・古手《ふるて》などの城下三里（一二キロ）以内での生産・販売の禁止、他所醸造酒類の移入販売禁止、⑶城下商人の門外への出買い禁止であった。また、諸物価・賃金についても積極的に関与している。しかし、十八世紀もなかばをすぎたころから、城下周辺の萱津《かやづ》・宮永（中津市）などに「門外店《もんがいてん》」（外店）という在方商業がおこり、城下商業を圧迫する。安永八（一七七九）年には小犬丸《こいぬまる》村（福岡県吉富町）の利右衛門は油・醤油・味噌などの領外売りをしたため、城下商人は利右衛門のだす運上を負担する、として差しとめている。

寛政二年、藩では「外店二里四方禁止」と城下商業保護地域をせばめた。さらに文化三年には一里としている。在方商人の波が城下にむかっておしよせている。

在町・郷町の発達●

交通の発達と特産品生産の拡大は商品流通を盛んにし、各地に城下町以外の拠点的な町場を形成した。臼《うす》杵《き》藩は海部《あまべ》・大野・大分三郡にほぼ同程度の領地をもっていた。また、大野郡には野津市《のついち》（臼杵市）・三《み》重《え》市（豊後大野市）、大分郡には戸次《へつぎ》市・稙田《わさだ》市・森町（大分市）という在町があり、海の玄関下ノ江《したのえ》（臼杵市）もあり、城下町への人口集中力も低かった。年貢米の出荷も城下だけでなく、大野川河口の家島《よじま》《いえしま》（大分市）や府内城下の沖の浜町（大分市）でも行われた。

なかでも大野川中流の河港吐合《はきあい》（豊後大野市）は大野郡領の物資集荷地として重要な位置にあった。享保十六（一七三一）年城下商人は、吐合にだしている三重の灰荷物《はいにもつ》を城下にださせてほしい、認められたならば城下から運上をだす、との嘆願をしている。これに対して、吐合では「駒之足《こまのあし》」という通行税をとり上納する、としている。延享三（一七四六）年にも同様の願いがだされたが藩ではしりぞけている。

宝暦元（一七五一）年には城下「町中《まちじゅう》」は「吐合繁昌につき城下商人衰微《すいび》致し候」と、野津市に吐合と同じような荷物請込所を設け、城下に回送するようにと願い出た。一方、「在中」は従来どおりと申したて、藩では吟味のうえ荷物改めの足軽二人が常駐する「吐合新番所」を設置した。明和八（一七七一）年には「惣町中」と「浦船頭」が嘆願をし、藩は吐合荷物差しとめという決定をした。しかし、それは実情を無視したものだった。わずか三年後の安永三（一七七四）年には、吐合積みおろしが再開されるが、翌年末には「御城下え付け出し候荷物少なく」と禁止する。天明三（一七八三）年にはまた再開されるが、寛政十一（一七九九）年には三年間の禁止と二転三転している。こうしたなかで天明四年からは吐合通行の荷物にはすべて運上が課され、流通の状況が藩によって掌握されることとなった。天明四年から寛政十一年までの通行荷物をみると、大野川河口の鶴崎・三佐《みさ》・乙津《おとづ》などの商人との結びつきで、米・大豆・材木・板・錫《すず》・灰などが野津・三重・岡藩領から出荷されている。

臼杵城下町は浦方とも利害対立をおこしている。魚売りの権利は城下の魚問屋五軒と仲買商人がにぎっ

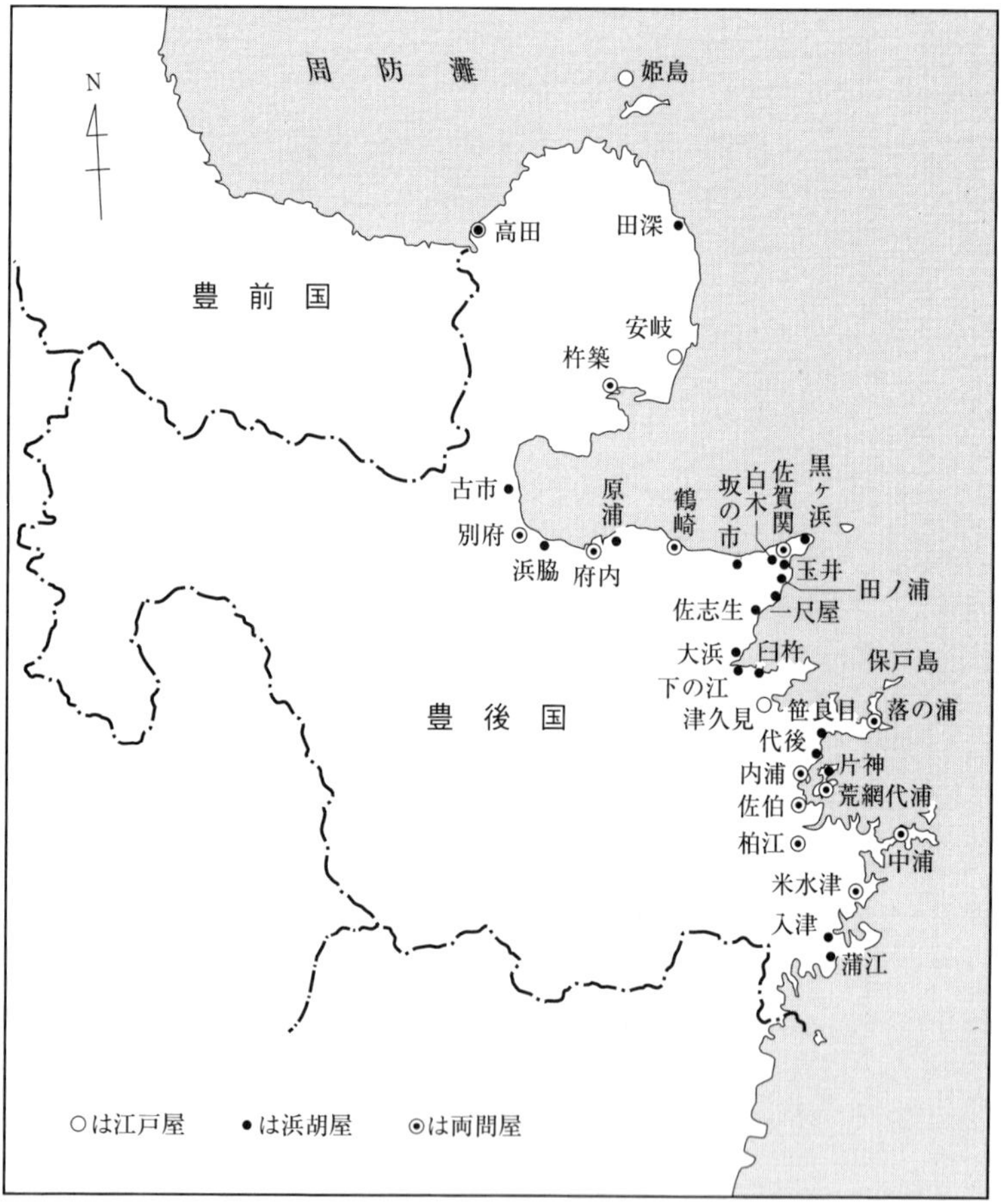

安芸国忠海港の問屋へ来航した豊後廻船の港籍地(『九州水上交通史』による)

ており、浦方から直接旅船に売ることは禁じられていた。しかし、それがまもられず、たびたび禁止令をだしているが、寛政七年には浦方の生活難渋《なんじゅう》を理由に期限を定めて漁獲量の二割の浦直売《じきう》りを認めている。これに対して、城下魚問屋は禁止を働きかけ浦方と対立している。

海岸に面した城下町をもつ諸藩領は、参勤交代・年貢米積みだし・他国の物資や商人の管理のため、港に番所を設けている。熊本藩は大分郡鶴崎に御茶屋をおき、参勤交代の基地とし、海部郡佐賀関《さがのせき》（大分市）を中継地としている。島原藩領では宇佐《うさ》郡長洲《ながす》（宇佐市）、延岡藩領では大分郡本三川《もとみつがわ》（大分市）、国《くに》東《さき》郡香々地《かかぢ》村（豊後高田市）、同浜村（同市）、速見《はやみ》郡別府《べっぷ》にある「郡津出蔵」へ年貢がだされている。幕府領では、中津城下町の日田蔵や宇佐郡中須賀（宇佐市）、速見郡小浦《こうら》（日出町）・別府、大分郡原・同乙津、日田郡関などへだされた。

国東半島の東半分を領地にもち、城下が瀬戸内海に対して領内最奥部に位置する杵築藩では、安岐《あき》（国東市）、古市（同市）、今在家《いまざいけ》・田深《たぶか》・富来《とみく》（同市）、小熊毛《こくまげ》・伊美《いみ》・竹田津（同市）にそれぞれの手永《てなが》の年貢米を収納・出荷する郷蔵《ごうぐら》がおかれ、港湾施設をもっていた。「郷町《ごうまち》」とよばれ、問屋などの商人が集住し、郷足軽《あしがる》も配置され、地域の政治的・経済的拠点となっている。

諸藩領のこうした港のほか、海部郡を中心とする浦々には廻船があり、瀬戸内から日本海沿岸・関東へむかって営業をしていた。前頁図に示した安芸国忠海《ただのうみ》港（広島県竹原市）の萬《よろず》問屋である江戸屋・浜胡《はまえびす》屋と取引のある豊後廻船の港籍地をみても、廻船業およびそれをささえる産業の隆盛をうかがうことができよう。

2 藩領支配のゆきづまり

財政窮乏と藩札の発行●

各藩の財政窮乏は意外とはやい時期からはじまっていた。臼杵《うすき》藩では延宝七（一六七九）年に、財政難を理由にそれまでの藩士の地方《じかた》知行を事実上廃止する通達をだしている。また、府内《ふない》藩でも天和三（一六八三）年ころから京都町人に金三〇〇両、府内町人に銀五〇貫の借財をしていた。佐伯《さいき》藩においても元禄十三（一七〇〇）年に借銀の利息を三三九匁《もんめ》余支払った記録があり、年利より逆算して銀約二二貫六〇〇匁の借財であったと推定される。

このように江戸時代のはやい段階から各藩の財政事情が悪化していった背景には、参勤交代をはじめとする幕府の対大名統制策があった。時代は少しさがるが、臼杵藩の文化四（一八〇七）年における江戸での経費は、米に換算して約一万二三八八石であったという。藩の収入の多くが江戸での出費にあてられていることがわかり、これに諸役の負担がかかればたちまち藩財政は破綻《はたん》することとなろう。

日出《ひじ》藩が天明元（一七八一）年にだした倹約令には、「今は藩主俊懋《としまさ》公も幼少で物入も少ないので、勝手向きも万事倹約し借銀等も整理する事ができようが、成人すれば御公役《こうやく》等も課されそのうえ兄弟への物入もできるので、今の時期に財政緊縮を果たさなければならない」という一節がある。いかに「御公役」が恐れられていたか、がうかがえるのである。各藩の財政は参勤交代などの経常的な経費の増大を背景として、公役（普請役など）の負担を契機に破綻し、飢饉《ききん》や旱魃《かんばつ》などの自然災害が追い打ちをかけるという経過をたどっていく。

では、このような財政の窮乏化に対し各藩はどのような対策をとったのか。もっとも特徴的であったのが奥平中津藩《おくだいらなかつ》である。徳川氏のいわゆる三河譜代《みかわふだい》の大名である奥平家は、享保二(一七一七)年丹後宮《たんごみや》津《づ》九万石より一万石加増され中津に入封した。二豊《にほう》諸藩のなかでもっとも遅くはいってきた大名である。藩の財政は入部当初から苦しく、上方《かみがた》などへの借財でおぎなう赤字体質であった。また、領内は小笠原《おがさわら》時代の圧政により逃散《ちょうさん》があいついだため、領内人口の確保が入封したばかりの奥平氏にあたえられた第一の課題であった。

入封の年の十一月に町方・村方へそれぞれ二三カ条・二七カ条の「定」を布令し、治安維持・倹約にあわせ、他領への奉公・婚姻などを許可制とするなどの施策を打ちだしている。また、城下諸産業の特権化と村方での農業外産業の禁止により、農と商を明確に区別した。これも御用金などで城下町商人層に依存しなければならなかった藩の財政事情を反映した施策であったということができる。藩では町と村とをより明確に区別するため、六口(小倉口・広津口・金谷《かなや》口・島田口・蠣瀬《かきぜ》口・大塚口)の口屋《くちや》(番所)を設け、城下と在中との出入りをきびしく制限した。すなわち指定一二品目の商品以外を許可なく在中へ売ることを禁止する一方、農村の商品の城下へのもちこみに運上をかけた。とくに年貢皆済以前に城下へ米をもちこむことは厳禁であった。

このように、入府当初からの藩の財政策は、農村の徹底した孤立化を下地とした年貢維持増徴策と、城下商人の特権化による運上・御用金の徴収であった。しかし、中津藩の領知構造にはこのような年貢増徴策を限界にするアキレス腱《けん》があった。すなわち、一〇万石の領地のうち城附領(宇佐《うさ》・下毛《しもげ》郡)は四万石しかなく、ほかは備後《びんご》領二万、筑前《ちくぜん》領二万および宇佐郡の添地《そえち》（宇佐市）二万と分散していたのである。このことが領知の一律な支配を不可能とし、年貢の徴収は率にして豊前《ぶぜん》領六五％に対し備後領・筑前領ともに四〇％前後と、豊前領にとくに重い税が強いられる構造であった（『中津の歴史』）。

このような矛盾の多い領知支配はしだいに破綻していく。まず主要な財源である宇佐郡添地における人口の激減という事態がおこった。それでも藩は増加する支出のために年貢増徴をはかり、享保七年には新田開発にものりだしている。しかし享保の大飢饉《ききん》がおこり、享保十七年の豊前領の年貢収入は享保二年当初の三四％にとどまり、急遽《きゅうきょ》幕府から金一万両の借金をする事態となった。また農民の抵抗もしだいに高まり、享保十四年から延享二（一七四五）年までのあいだに七回の逃散や一揆《いっき》未遂がおこっている。

そのようななか、梅田伝次左衛門《うめだでんじざえもん》による宝暦の改革が行われ、農村の復興と財政の再建をめざした。しかしこの改革のなかで評価しうるのは、庄屋の不正を正し高利の村貸しを禁じ、庄屋に支払われる給米や年貢免除が農民の負担になっていることから、村の統合を進めたことなどにとどまる。宝暦二（一七五二）年に発令された「郡中《ぐんちゅう》え申渡覚《もうしわたすおぼえ》」（のちにはこれを大ケ条《だいかじょう》とよんだ）の内容は、分地制限令や百姓の奢侈《しゃし》禁止などに終始し、とても社会の変動に対応しうるものではなかった。

また、各藩の財政がゆきづまったこの時期の共通した政策としては、藩札《はんさつ》の発行があげられる。中津藩では宝暦二年「宝暦札」を発行し、財政危機克服の手段とした。二豊諸藩では杵築《きつき》がもっともはやく寛延二（一七四九）年に銀札を発行したのに続き、臼杵藩は宝暦三年、府内藩は同四年、岡藩が明和九（一七七二）年、佐伯藩が寛政十（一七九八）年、日出藩が文化五年、森藩および立石《たていし》領は文政七（一八二四）年とつぎつぎに発行されていった。

しかし、これら藩札の発行は藩財政逼迫《ひっぱく》の根本的解決策とはなりえず、逆に乱発による経済の混乱をもたらした。杵築藩でおこった文政元年三月の五〇〇〇人におよぶ百姓一揆は、府内藩記録によると「御銀札不通用」からおこったという風聞が記されており、当の府内藩でもこの年七月、さらに同七年にも「銀札崩《くずれ》」の状況におちいり、文政八年には藩札の通用を停止せざるをえない事態となった。

享保の飢饉と助合穀銀

諸藩の財政逼迫の煽《あお》りはやがて農村へと転嫁《てんか》され、十八世紀なかば以降、農村の窮乏化はいっそうすすむ。このような農村の疲弊は臼杵・岡・熊本・延岡《のべおか》・府内藩領および幕府領が複雑に交錯した現大分市域においても例外ではなかった。享保期以降幕府領で定免《じょうめん》制が採用されたのと相前後して、延岡藩領・臼杵藩領においても年貢は固定化の方向をたどり、少々の凶作では定められた年貢を免除されないきびしい負担が農村に求められていった。年貢率は延岡藩を例外として漸《ぜん》

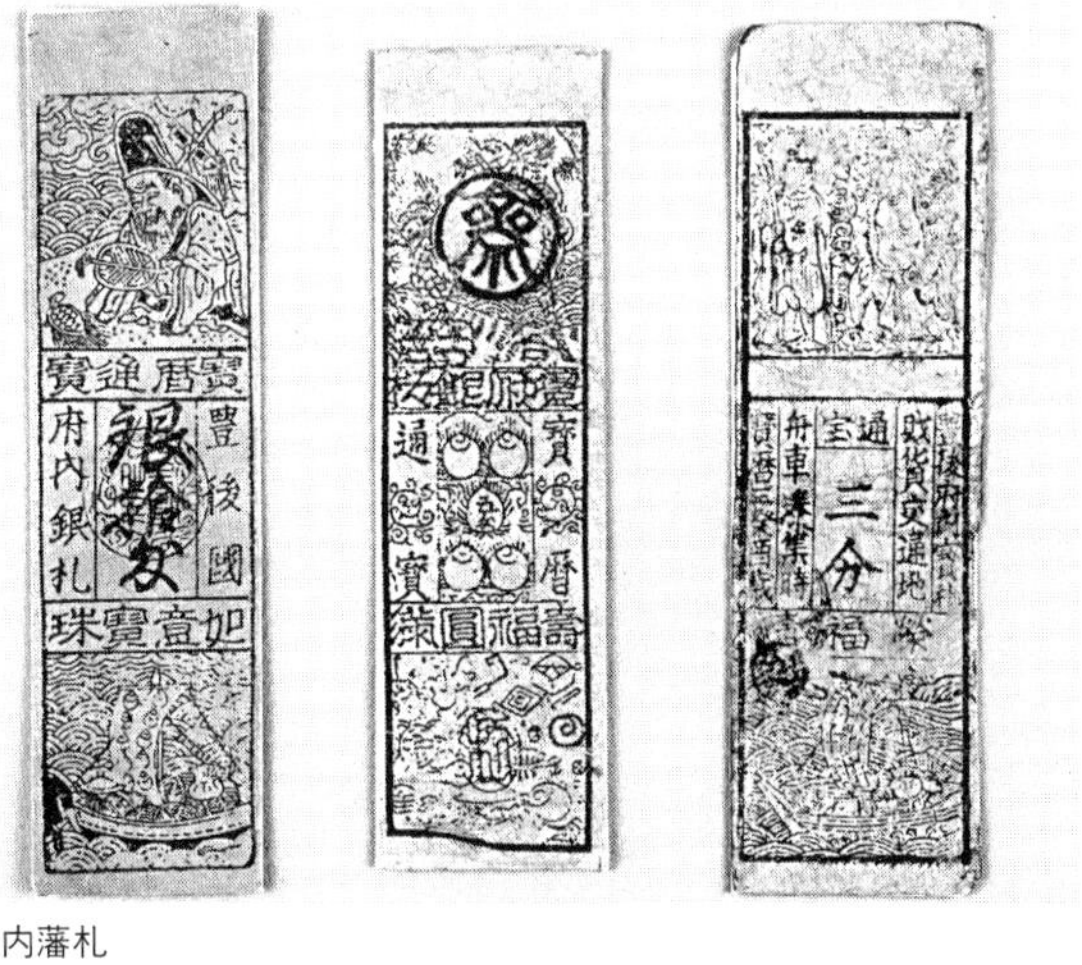

府内藩札

享保の飢饉による諸藩領の被害

藩　　領	領知高	損毛高	年貢納入高	平年比	飢　　人	餓死人
	石	石	石	%	人	人
中　　津	100,000	75,514	13,260	26.5	38,110	780
時　　枝	5,000		837	29.1	7,801	180
宇 佐 宮	1,000	627	85	17.5	1,641	
島　　原	65,909	52,355	6,777	20.5	45,154	
延　　岡	80,000	61,320	9,892	38.7	17,666	
杵　　築	32,000	23,651	4,174	31.2	10,000	
杵築分知	2,000	1,806		12.8	130	
杵築分知	3,000			30.9		
日　　出	25,000	18,602	2,268	22.5	17,009	
立　　石	5,000	2,584	625	25.8	1,529	
府　　内	21,200	*13,865	4,622	29.6	11,440	
府内分知	2,500		418	20.0	100	
森	12,500	11,325	616	10.1	9,349	
熊　　本	540,000	478,190	28,064	15.2	25,002	
臼　　杵	50,065	**35,122	9,519	29.5	21,701	
岡	70,440	39,656	14,206	31.6	33,670	
佐　　伯	20,000	16,800	1,246	14.4	16,600	

損毛高・納入高は石未満四捨五入。*は田方のみ，**は「古史捷」では41,490石。『大分歴史事典』による。

次高率化《じ》し、府内藩領では十八世紀なかばには約七八％の高率にまで至り、頭打ちとなっている。年貢収奪の限界に達していたといってよかろう。

このように重い負担を強いられつつあった農村におそいかかったのが享保の大飢饉である。臼杵藩では享保四（一七一九）年以前から虫害が続き、一字一石塔を建立して虫除《むしよ》けの祈願を行っており、六年以降は慢性的な凶作状態だった。享保十七年には長雨で作物が弱っていたところに梅雨《つゆ》明けごろからウンカが大量発生し、作物に壊滅的打撃をあたえた。当時はまだ鯨油《げいゆ》による虫の除去は一般的ではなく、府内藩でははじめ城下の寺院に虫払いの祈禱《きとう》を行わせている。村々では笛や太鼓での虫追いが行われ、神社では虫追いを祈願する神楽《かぐら》まで奉納された。それでも虫は去らず、ことが大事に至ってあわてて御勘定所から「くじら油」（鯨）をさげ渡したが、ときすでに遅かった。虫害の猛威に対して藩政は無力であった。

この享保の大飢饉の被害がもっとも大きかったのは森藩で、前頁表に示したように損耗率《そんもう》は九〇％に達し、飢人も九〇〇〇人を超えた。幕府領日田郡渡里村《わたり》（日田市）ではまったく年貢を納入できず、同じく大分郡原村《はる》（大分市）では前年の年貢二六石五斗余に対し一石二斗の上納であった。

幕府は米の西国《さいごく》への回送を命じ、被害のあった地方の大名におよそ高一万石につき一〇〇〇両の率で拝借金を貸与した。中津藩は前述のとおりであるが、府内藩では三〇〇〇両を拝借し、大坂から二五〇石余の米を買いあげて救助米の一部にあてている。杵築藩でも拝借金は三〇〇〇両だった。また幕府の命により回送された米は各藩に手渡され、杵築藩では「飢人救米」が一六八三石余回送された。その米によって杵築藩は享保十八年の三月初旬まで炊きだしを続け八〇〇〇人にあたえたが、それ以後も飢人はふえ続け、藩からも救米二一〇石を捻出《ねんしゅつ》し、一万人に膨れあがった飢人に配給されている。臼杵藩では、鶴崎で秋から翌年五月に一四回に分けて救援米をうけとっている。岡藩でも佐賀関《さがのせき》に役人を派遣し米をうけとっており、府内藩では一四〇二石余があたえられたとある。

このような救援米もおびただしい人数の飢人の前には十分でなかった。府内藩では底をついた米・大豆《だいず》にかわって、年明けすぎからうこぎ（五加葉）・くさぎ（常山葉）・ひじき・塩などの配給をはじめた。うこぎは若葉を食用に、またくさぎはゆでて水にさらして食用にした。しかし飢餓におそわれた人びとのなかには手当りしだいにものを口にし、中毒死するものも少なくなかった。幕府は毒消し・疫病に対する薬の処方などを全国に通達している。

府内藩のおもな災害記録

年　次	時　期	災害の種類	損　害　な　ど
寛文 6 (1666)	7月3・4日	風　雨　洪　水	民家530軒転倒
元禄11(1698)	10月21日	地　　　震	「所々破損」
〃 15	7・8月	風　雨　洪　水	「畑作少しも無き様に成る,田は少しは能く相成り候」
宝永 4 (1707)	10月 4 日	地　　　震	「御城中御天守櫓・土塀・石垣并御家中屋敷・町家迄大破に至る」
享保17(1732)	夏	虫　　　害	損毛高16,700石余
寛保 1 (1741)	7月22日	風　雨　洪　水	「御家中御城下共に所々破損」
延享 1 (1744)	8月10日	風　雨　洪　水	損毛高9,799石余
寛延 1 (1748)	9月 2 日	風　雨　洪　水	損毛高5,717石余
宝暦 2 (1752)	8月10日	風　雨　洪　水	損毛高6,555石余
〃 5	秋	凶　　　作	翌6年2月に囲籾を払下げ
〃 12	夏	旱　　　魃	損毛高12,544石余
明和 2 (1765)	秋	風雨洪水・虫害	損毛高10,408石余
〃 6	7月28日	地　　　震	「城中櫓残らず破損」,潰家271
天明 6 (1786)	6・7月	風　雨　洪　水	損毛高14,572石余
〃 7	5・6月	風雨洪水・虫害	損毛高6,948石余
寛政11(1799)	?	?	5割の損毛
享和 1 (1801)	秋	虫害・風雨洪水	損毛高8,742石余
文化 1 (1804)	8月29日	風　雨　洪　水	5割以上の損毛
文政 4 (1821)	6・8月	風雨洪水・虫害	損毛高10,183石余
〃 11	7・8月	風　雨　洪　水	損毛高13,021石余
天保 1 (1830)	7月 8 日	風　雨　洪　水	損毛高5,117石余
〃 3	8・9月	風　雨　洪　水	損毛高7,123石余
〃 6	夏	旱魃・風雨洪水	損毛高8,917石余
〃 7	夏	風　雨　洪　水	損毛高15,438石余
〃 9	5月	風　雨　洪　水	潰家148・破損家671
弘化 3 (1846)	夏・秋	風　雨　洪　水	潰家132・破損家2,718
嘉永 3 (1850)	8月	風　雨　洪　水	「前代未聞の大風」「家居吹き崩れ,夥しき倒れ家これ有り」
安政 1 (1854)	11月 5 日	地　　　震	「城中過半破潰,御家中町在共大破」
〃 5	9月	疫　病　流　行	「此節流行ノ暴瀉病(コレラ)」
〃 6	8月	疫　病　流　行	コレラ流行
万延 1 (1860)		凶　　　作	「田畑不熟にて百姓共必止難渋」
文久 2 (1862)	5～8月	疫　病　流　行	「七月時分疫痢病,麻疹後の合病人多く死す,八月九月コロウリ流行,人多く死す」

損毛高5000石以上。『大分県史　近世篇II』による。

民間の救済活動もおもに寺院・富裕者などを中心に行われた。杵築城下では村々からおしよせた飢人に対して、仮屋を建てて町屋から粥《かゆ》の炊きだしを行っている。毎日一〇〇〇人が集まったという。

享保の飢饉にとって唯一救われたことは、翌十八年は一転して豊作であったということである。諸藩はこの未曾有《みぞう》の大惨事を教訓に、飢饉にそなえる体制をととのえていった。このころの飢饉対策といえば、日田代官岡田庄太夫俊惟《としただ》によってはじめられた「助合穀《たすけあいこく》」の制度や、杵築藩がすでに享保十三年から実施していた「救料麦《すくいりょうむぎ》」制度などがあげられよう。前者は農民から集めた米や雑穀を売り払って「助合穀銀」をつくり、それを基金として災害のさいに貸しつけるというものであり、後者は藩がたくわえていた大小麦を手永《てなが》ごとに配布し、これを元にした貸しつけと豊年時の積みたてを凶年の備えとするという制度である。しかし、それらの制度は農村へのさらなる負担を強いるものにほかならなかった。前頁表に示した府内藩の例でもわかるように多年にわたる災害・飢饉にはおよそ対応できるはずはなかった。

天明元(一七八一)年、豊前・豊後《ぶんご》は夏に雨がふらず旱魃《かんばつ》となり、翌二年には七・八月の二度にわたる大雨が今度は各地に洪水をもたらした。佐伯藩での田畑の被害は一万石を超え、岡藩では四万石であった。さらに天明三年も洪水となり、慢性的大凶作の状況を呈した。そこに天明六年八月、大風雨がおそったのである。中津藩ではこの風雨の被害によって年貢収入が八万四〇〇〇俵あまりおちこんだ。このように天明の大飢饉は、慢性的飢饉の状況を呈し、一つの飢饉の被害が癒《い》えないままつぎの飢饉が村々をおそった。体制的矛盾はだれの目にもあきらかとなった。

馬原騒動—逃散と強訴●

農民闘争の形態は、近世初期からみられた組織化されない個々の農民による「走り」という行動に対し、十八世紀になるとしだいに「逃散《ちょうさん》」という集団的に村を立ちのく形態がみられるようになり、享保十一〜十三（一七二六〜二八）年および寛保元〜延享四（一七四一〜四七）年にもっとも多く発生した。地域的には山間部や浦方《うらかた》に集中している。元禄十（一六九七）年におこった日出《ひじ》藩領の逃散では、二九二人もの農民が年貢過重を訴えて杵築《きつき》藩領へ逃げているが、彼らの主張には「何事も近国なミ」という考え方のあったことが注目される。小藩分立という支配の地域的特性を利用して、一領主の突出した苛政《かせい》を許さなかった農民のしたたかさをみることができるのである。このころの豊後・豊前領域における逃散の特徴は、その多くが農民側の勝利におわっているということである。

延享三年におこった馬原《まばる》騒動は、幕府への「夫食米《ぶじきまい》（食料用の米）」の要求をめぐっておこされた事件であった。幕府諸藩の農村への増徴策がうみだした、発端だけをみれば、典型的な代表越訴《おっそ》型百姓一揆《いっき》であった。

延享三年正月、幕府領日田《ひた》・玖珠《くす》郡一三カ村の農民たちが、日田郡馬原村（日田市）の元庄屋穴井六郎右衛門と彼の次男要助および組頭の飯田惣次を代表にたて、幕府に夫食米を要求する直訴《じきそ》状を提出した。直訴状は六郎右衛門らの手によって江戸に運ばれ、幕府評定所へ提出された。そのとき江戸に同行したのは飯田惣次一人か、要助も一緒であったのかは定かではない。江戸での直訴に至る以前にも、六郎右衛門自身日田代官所へ三度にわたり年貢軽減と夫食米の給与を訴えている。それがうけいれられなかったために彼は家督を息子にゆずり、田地を売り払って江戸へ赴いたのであった。

直訴の対象となったのは、ときの日田代官岡田庄太夫俊惟《としただ》の苛政であった。農民たちによると、夫食米要求の理由は、元禄年間（一六八八〜一七〇四）以来年貢が高くなり生活が困窮しているからであり、とくに代官が岡田にかわって以来、定免が引きあげられ、あらたな運上が課され、救済を名目とする助合《たすけあい》穀《こく》(石)が取りたてられていると訴えている。

直訴した六郎右衛門らはいったん獄舎に収容された。ここから事態は日田・玖珠郡全体の農民たちの運動へと広がっていった。同年二月には日田郡大山筋の農民七〇〇人が久留米《くるめ》藩領に逃散し、三月には徒党をくんだ農民が夫食米の給与を要求して代官所にせまるという強訴《ごうそ》に発展した。このような動きに対し、代官岡田庄太夫は九月、助合穀は飢饉にそなえて農民の救済のために幕府老中の命によって設置されたものであることを説明している。六郎右衛門らの願いはとどけられ、十二月に帰郷を許されたが、十二月二十九日に至りふたたびとらえられ、六郎右衛門とその息子要助は獄門《ごくもん》、飯田惣次は死罪に処された。とらえられたその日のことである。三人の亡骸《ぼうがい》は日田の龍川寺《りゅうせんじ》の住職がひそかにもらいうけて葬った。しかし、処罰をうけたのはその三人だけではなかった。日田・玖珠両郡におよぶ四五〇人近くのものが重追放から叱《しか》りまでの罪をうけている。なかには直訴状に名を連ねていない大山筋や豆田《まめた》町のものも含まれていた。馬原騒動という名に反し、馬原村一村だけにおわらない広範囲の村々を巻きこんだ一揆だったのである。

結果的にこの馬原騒動は、逃散や強訴《ごうそ》までも組みこんだ惣百姓型一揆の形態でおわった。寛延三(一七五〇)年幕府は全国に一揆の禁止令をだす。勘定奉行神尾春央《かんおはるひで》は、その法令を幕府領代官へ伝達するにあたり「豊後岡田庄太夫支配所百姓共徒党《ととう》・強訴致し候につき、厳しき吟味の上重き御仕置き仰せつけられ候」とのべている。この馬原騒動は幕府の一揆禁止令にかかわる大きな意味をもった事件であった。

3　人材の輩出と文化興隆

豊後三賢の登場●

大分県には人材が輩出した。それは次項でのべるように、小藩分立によって県内に多くの特色ある藩校や私塾が開かれ、地域ごとに特色ある教育が展開された大分の近世史の特徴と決して無縁ではないと思われる。県では今、それら歴史上で活躍した先人たちを「先哲」と称しその顕彰事業を進めているが、大分県がうんだ偉人たちを名づけた言葉としては「六大偉人」が古く、のちにそのなかの近世の人物である三浦《みうら》梅園《ばいえん》・帆足万里《ほあしばんり》・広瀬淡窓《ひろせたんそう》を称して「三偉人」とした例もみられた。それを「豊後の三賢」とはじめて表現したのは、渡辺澄夫の『大分県の歴史』(旧版、山川出版社)であった。

　三浦梅園は、『玄語《げんご》』『敢語《かんご》』『贅語《ぜいご》』のいわゆる梅園三語をはじめとする多くの著作を残し、「条理の哲学」の究明にその生涯をかけた人物である。享保八（一七二三）年杵築《きつき》藩の分知領である国東《くにさき》郡富永村(国東市)の庄屋の家にうまれた。父は家業の医師をつぐかたわら俳諧《はいかい》を好んだ人物で義一(快順)、母は総《ふさ》である。生家は国東半島の中央に位置する両子寺《ふたごじ》から六〜七キロほど南にくだった山里にあり、杵築城下からは直線にしても一五キロ近くへだてたところである。子どものころはもっぱら父に学び、ときとして西白寺《さいはくじ》や両子寺の住職に教えをうけた。わからない文字や言葉があれば、それをひかえておき、南に四キロはなれた西白寺にまで『字彙《じい》』という辞書を引きにいったという。一六歳になって杵築藩の藩儒綾部《はんじゅあやべ》絅斎《けいさい》に師事し、一年ほど彼のもとにかよった。一七歳になり中津藩藩儒藤田敬所《ふじたけいしょ》に招かれ、そこで一カ月間教えをうけ、四年後にもふたたび中津に一カ月滞在している。

延享二（一七四五）年二三歳のときはじめて長崎に旅した。長崎は周知のとおり外国との唯一の接点であり、長崎旅行についての記録は残されてはいないが、当時天文について大きな関心をもっていた梅園は、この旅行で天文学に関する知識を入手して帰ったのではないかと考えられている。寛延三（一七五〇）年二八歳に至って伊勢《いせ》および上方《かみがた》への旅をした。二度の旅行を経た宝暦三（一七五三）年、三一歳になった彼は主著『玄語』『敢語』『贅語』の執筆にとりかかった。また、同じころから宅地内に私塾（梅園塾）を設け教育者としての道もあゆみはじめている。それから死の直前の『贅語』の完成に至るまでの三〇余年のあいだ、ひたすら思索・執筆と教育に没頭した。

彼の難解な著作のなかにあって『価原《かげん》』は古くから注目された。これは弟子上田養伯《うえだようはく》の問いにこたえた経済論であるが、なかに貨幣論が論じられており、「悪幣盛ンニ世ニ行ハルレバ精金皆隠ル」という一節がある。これはグレッシャムがとなえた「悪貨は良貨を駆逐《くちく》する」という法則と一致するのである。また、彼がときの政治に対し唯一発言したものとして『丙午封事《へいごふうじ》』がある。これは財政難に悩む杵築藩主松平親賢《ちかかた》に、人心統合の方法や政策実施についての意見や方策をのべたものである。

梅園は多くの誘いがありながら生涯どこにも仕官することはなかった。彼の訪れた場所も近くの来浦《きのうら》・姫島《ひめしま》・日出《ひじ》や高田・中津から、小倉・大宰府《だざいふ》・長崎・熊本・伊勢・上方方面と、現代人からくらべると数も少ない。しかし、だからといって梅園が一人孤高に両子山中で生涯を送ったとすることはできないだろう。数少ない情報収集の機会を十二分にいかして、徹底した思索・実証をつらぬいた人だった。寛政元（一七八九）年六七歳で死んだが、死の直前まで自著の推敲《すいこう》を続けたという。

梅園に教えをうけた人物に脇蘭室《わきらんしつ》がおり、彼は郷里である幕府領速見《はやみ》郡小浦《こうら》（日出町）で近隣の子弟の教育にあたった。そこに学んだのが帆足万里であった。万里は安永七（一七七八）年日出藩家老の家にうまれた。一四歳から七年間、脇蘭室の家塾「菊園《きくえん》」で学び、寛政十年には家老となった父通文にしたがって大坂にいき、懐徳堂《かいとくどう》の中井竹山《ちくざん》や京都の皆川淇園《みながわきえん》とまじわり、その後福岡の亀井南冥《かめいなんめい》や日田の広瀬淡窓ともまじわりをもった。享和三（一八〇三）年日出城下中ノ丁に家塾を開き、翌文化元（一八〇四）年には藩学教授に登用された。万里の代表作『窮理通《きゅうりつう》』は文化七年にいったん完成するが、その後誤りを発見し、一からオランダ語を学んで原書にあたり、天保七（一八三六）年に至りようやく完成をみた。その間の天保三〜六年のあいだ、藩主の要請により家老職に就任し藩の財政再建につとめた。家老職引退後は

帆足万里画像

日出城下を去り、速見郡南畑目刈《めかり》に家塾西崦精舎《せいえんしょうしゃ》を開き門弟と移り住んだ。日出城下から西に八キロははなれた山のなかであった。そこに学んだものには、毛利空桑《もうりくうそう》や福沢諭吉《ふくざわゆきち》の父百助《ももすけ》らがいる。

万里は西崦精舎での生活のなかで警世の書『東潜夫論《とうせんぷろん》』や『入学新論』を完成させている。ところが国内外が危機的状況になった弘化四（一八四七）年、突如として妻と門弟たちをつれて日出をはなれ、京坂へと学問の旅にでてしまう。藩の許しを得ないままの脱藩同然の離郷であった。翌嘉永元（一八四八）年、門弟の説得に応じて帰郷し、ふたたび西崦精舎での生活に戻るが、嘉永五年ついに生涯をとじるのである。

帆足万里の学問は、自然科学の研究を背景とする合理主義にささえられていた。彼が三浦梅園と同じ「窮理学」をきわめようとしたことには、脇蘭室の存在をみすごしてはならない。万里の主著『窮理通』が一度文化七年に成ったとき、それに序文をよせた蘭室は、完全にその作品の正確さを認めていたわけではなかったという。先述したように万里がみずからの誤りをさとったのは、文化十四年に志筑忠雄《しづきただお》の『暦象新書《れきしょうしんしょ》』を読んでのことであった。これにより万里は独学でオランダ語を学び、『窮理通』を書き改めた。ここに原書をいっさい読まなかった梅園との時代的差異をみることができる。

庶民教育の普及と文芸・学問●

二豊における文芸・学問の発達には、背景として豊かな個性をもった藩校・私塾・寺子屋が多彩に活動を続けていたことをみのがしてはならない。

平成九（一九九七）年現在、県下には分校もあわせて四〇〇を少し切るだけの小学校がある。ところが『大分県教育百年史』によれば、少なくとも確認できる数で六六四の寺子屋があったという。そしてこの数は、今後の調査研究によって十分にふえうる数字だとされ、七三五とした研究もある。大分の文化・学問はこのような重厚な初等教育の発達にもささえられていたものといいうる。寺子屋の分布をみるならば、幕府領・中津藩領・島原藩領・延岡藩領にとくに多く設置されていることがわかる。とくに豊後高田市・西国東郡地域の濃厚さには目をひくものがある。

また、寺子屋の多くは幕末に開かれているが、豊後高田市の都甲《とごう》地区には設立の古いものが多い。たとえば一畑村の戴星堂《たいせいどう》は、天正元（一五七三）年に設立されており、全国的にみても屈指の古さである。設立したのは庄屋越智《おち》（河野）通信《みちのぶ》であり、それから明治の初めまで一二代の当主が「職務ノ余暇ヲ以テ」塾主をつとめてきた。習字・読書・算術を教え、生徒は男女あわせて多いときで七〇人程度であった。修業年限は「三年或ハ五年七年、農事ノ余暇ヲ以テ学習スル」とある。また、授業料は「入門ノ際、酒肴《しゅこう》、五節句及歳暮《せいぼ》ニ紙・米其他物品」でおさめられており、「貧民ハ無謝儀（無料）」という授業料免除の制度もあった。

寺子屋で教える先生のなかには有能な人材も多かった。野辺《のうべ》村（豊後高田市）の片多忠平《かただちゅうへい》（哲蔵）もその一人である。彼は宇佐郡内で筆道・四書五経の素読および漢学解読を学び、郷里で寺子屋の師匠をしていたが、天保十二（一八四一）年帆足万里のもとで一年間教えをうけたあと、京都で室信哉《むろしんさい》のもとで一年間医学を修業、さらに大坂の大庭雪斎《おおばせっさい》に蘭学を一年間学び、江戸の手塚律蔵《てづかりつぞう》にまた二年間蘭砲術を学んだ。これほどの人物をほかが放っておくはずはない。下野《しもつけ》国黒羽《くろは》藩と旗本久保家にやとわれ蘭砲術を教えにいっている。その後さらに江戸の勝海舟《かつかいしゅう》のところで蘭学を三年間修業してもいる。それから柳川《やながわ》藩に招かれ一〇年間蘭学や砲術学などの教鞭《きょうべん》をとった。のちに帰国し、明治にはいって工部省に招かれたが、無断で国元をはなれたことで島原藩主から謹慎《きんしん》を命じられ出仕はかなわなかったという。初等教育を引きうける寺子屋にあっても、これだけの意欲と能力のある人物が教壇にたっていたというところに、当時の教育のすごさがあったのではないだろうか。

では私塾はどうであったか。大分県域に開かれた私塾の数は、明治期のものまでも含めると一六六が確認されている。なかでも広瀬淡窓の咸宜園《かんぎえん》がもっとも知られているだろう。また、先述した三浦梅園の梅園塾、脇蘭室の菊園、帆足万里の西崦精舎があがるだろうし、それ以外にも、たとえば毛利空桑の知来館《ちらいかん》などがある。空桑は蘭室の菊園および万里の西崦精舎で学んだのち、熊本の大城霞坪《おおしろかへい》、福岡の亀井昭陽《しょうよう》にも教えをうけ、文政七（一八二四）年に郷里大分郡常行村《つねゆき》（大分市）に戻って知来館を開いた。その後知来館は鶴崎新町に移り、彼自身も一時期伊予《いよ》国三島村（愛媛県四国中央市）の日新館にいって教鞭をとったが、鶴崎の国宗《くにむね》に藩の援助をうけ居宅天勝堂《てんしょうどう》、西塾知来館および東塾楽之館《らくしかん》を建設した。

空桑は知来館で「文ありて武なきは真の文人にあらず、武ありて文なきは、真の武人にあらず」という文武一致の教育方針を実践した。「門人名簿」によれば、門下生は八九〇人で、遠くは美濃《みの》国や山城《やましろ》国からも入門者があった（『毛利空桑全集』）。また、空桑は尊王運動にも活躍しており、長州藩の吉田松陰《しょういん》・大楽《だいらく》源太郎らとも交友があったことで知られている。私塾にはこのような独特の個性が花開いていた。

藩校・郷校でも特色ある教育がみられた。諸藩は十八世紀の財政的ゆきづまりを背景として、藩政改革の一環あるいは人材の育成に盛んに藩士子弟の教育機関、つまり藩校を設立していく。

大分県域のなかで最初に設立されたのは享保十一（一七二六）年岡藩の輔仁堂《ほにんどう》である。これは六代藩主中川久恒《ひさつね》が岡山から招き儒員とした関正軒《せきせいけん》の居宅であった。岡藩はそれまで小河《おごう》敬忠や熊沢蕃山《くまざわばんざん》などを招き学問の興隆をはかり、正軒の時代に文教の基礎ができあがった。この輔仁堂は安永五（一七七六）年に改築・拡大され、名称を由学館《ゆうがっかん》と改め藩の正式な学問所となった。由学館では授業料は無料であったが、徒士《かち》や庶民の子弟は申請が受理されなければ入学することはできず、身分制の枠があった。

また、天明七（一七八七）年に設立された窮民養生所（のちに博済館《はくさいかん》）では、医学の教育・研究と療養を行った。田能村竹田《たのむらちくでん》の父硯庵《けんあん》が博済館学頭となっている。また、岡藩の文芸に大きな足跡を残した唐橋《からはし》世済《せさい》（君山《くんざん》）も博済館教授をつとめている。世済は平賀源内《ひらがげんない》や大田南畝《なんぽ》とも親しく、司馬江漢《しばこうかん》なども世済から詩学を学んだ一人であった。田能村竹田によれば、世済をとおして諸家の作品が竹田《たけた》にもたらされたことが、岡藩の文芸興隆の基となったという。また、この唐橋世済を中心にして編纂《へんさん》されたのが『豊後国志』であり、この編纂事業をとおして田能村竹田・伊藤鏡花《きょうか》といった人材がその才能を開花させていったといっても過言ではない。彼らの活躍の舞台となったのが由学館であった。

府内藩では、明和八（一七七一）年に藩主松平近儔《ちかとも》が城内に学問所を設立、それがのちに拡張されて采《さい》芹堂《きんどう》となった。この采芹堂は安政元（一八五四）年の地震で大破したため、安政三年に北の丸の旧藩主邸宅を改造して藩校とし游焉館《ゆうえんかん》と名づけた。職員は五〇～六〇人と規模が大きく、藩士の子弟は八歳になると必ず入学させ、庶民の子弟でも成績抜群のものは入学を認めた。生徒数は二三〇人であった。府内藩にはほかに医学館があり、医師の養成や種痘《しゅとう》などを行った。医学館の前身は藩医堀恕庵《ほりじょあん》が私邸に設けた医学舎であった。

佐伯藩では宝永元（一七〇四）年に学習所を開いたとされる。安永六年には八代藩主毛利高標《たかすえ》によって鶴谷《つるや》に四教堂《しこうどう》が設立された。高標は天明元（一七八一）年、城内に御書物倉をつくり「佐伯文庫」を設立させ、みずから積極的に書を集め「八万巻」の文庫といわれるまでに至った。彼はそれらの書物をみずか

実学の人びと

大分県出身の先学のなかで、ひときわ異才を放った人物がいる。大蔵永常《おおくらながつね》と賀来飛霞《かくひか》である。大蔵永常は宮崎安貞・佐藤信淵《のぶひろ》とともに三大農学者ととなえられ、一方の賀来飛霞は幕末期に本草《ほんぞう》学者として活躍した人物である。

大蔵永常は、なんといってもその著書がきわめて多いことで知られる。現在版本が現存するものをすべて数えると、『農家益』『農具便利論』『除蝗録《じょこうろく》』『広益《こうえき》国産考』をはじめ三一件におよぶ。これ以外に稿本が残っているものに『救荒必覧』『農稼肥培《のうかひばい》論』『琉藺《りゅうい》百方』『甘蔗《かんしょ》大成』『門田之栄《かどたのさかえ》第三編上』があり、稿本の所在が不明ながら、のちの出版物によって作品の内容が再現できるものに『抄紙《しょうし》必要』がある。天明の飢饉《ききん》直後に二〇代前半で故郷日田《ひた》をとびだした永常は、ほとんど学問を修めることなくみずからの体験によってこれだけの著作を残した。これらすべての書が、農家の生活に資することを目的として書かれていることをみのがしてはならない。

一方、賀来飛霞もまた多くの作品を残した。彼の本草学研究の成果は、救荒本草・採薬記・植物形状草稿・植物雑記・図譜《ずふ》などに分類されるが、なかでも『杵築《きつき》採薬記』などの採薬記類は、全国各地の山野をあるいた成果で、幕末日本の植物学にとって貴重な業績となった。また、図譜類は、人物・物産や動物・植物等々多岐にわたっているが、多くが彩色をほどこされており、きわめて精《せい》緻《ち》に仕上げられている。飛霞は本草学を帆足万里に、絵画を杵築の十市石谷《といちせっこく》に学んでいる。また兄賀来佐之《すけゆき》もシーボルトに蘭学・本草学を学んだ人物で、兄の影響も大きかったものと思われる。

ら読むだけでなく、家臣へも貸しだした。利用が少ないと不機嫌になったという。この文庫のうち約二万冊はのちに幕府の昌平《しょうへい》・紅葉山《もみじやま》両文庫に献上され、現在、内閣文庫や国立国会図書館などに保管されている。

杵築藩では三浦梅園の『丙午封事《へいごふうじ》』に基づき天明八年に藩校を設立し、学習館と名づけた。学習館では三浦梅園の長男黄鶴《こうかく》が教授として抜擢《ばってき》され、藩校内に居住していた。元田竹渓《もとだちっけい》やその弟子物集高世《もずめたかよ》も教授に招かれた。その門は今も杵築小学校の門として利用している。

中津藩では寛政二（一七九〇）年五代藩主奥平昌高《まさたか》の命により、儒者倉成龍渚《くらなりりゅうちょ》・野本雪厳《のもとせつがん》が進脩館《しんしゅうかん》を設立した。有名な『中津辞書』は昌高の支援によりここで刊行されたものである。この辞書は日本最初の本格的な辞書として高い評価をうけている。これら中津における蘭学発達の背景には、三代藩主昌鹿《まさか》に仕えた前野良沢《まえのりょうたく》の存在をみすごすことはできない。彼は享保八年江戸で筑前《ちくぜん》藩士の子としてうまれたが、幼くして両親をなくし、伯父で淀《よど》藩の藩医をつとめていた宮田全沢《ぜんたく》のもとに育った。寛延元（一七四

杵築藩校「学習館」の門(杵築市)

八）年父の姻戚《いんせき》関係により中津藩医の前野東元の養子となり、それと前後して江戸で中津藩医に取りたてられた。その蘭学にかける情熱には藩主昌鹿も心を動かされたらしく、良沢をして蘭化《らんか》（蘭学の化物）と愛称したのは藩主であったという。

日出藩では文化元（一八〇四）年帆足万里が藩の儒官となり、その邸宅内に藩費をもって家塾をつくり、稽古堂《けいこどう》と称した。のち天保年間に至って城内にあらたな学問所が設けられ、さらに安政五年に至り城内二の丸に致道館《ちどうかん》を新設した。第二次大戦後移築されたが、校門と木造二階建ての建物は今も現存している。

そのほか、森藩では天保六年に修身舎、立石領では同八年に無逸館《むいつかん》が設立されている。大分県下の諸藩でもっとも遅く設立されたのは、天保十三年設立の臼杵藩学古館《がっこかん》であった。そのほか熊本藩では藩校時習館《じしゅうかん》の補助教育施設として郷校をつくっており、文久元（一八六一）年鶴崎に成美館《せいびかん》が設立され、おなじく久住《くじゅう》には梅石亭、野津原《のつはる》には郁々堂《いくいくどう》があった。

このように、二豊近世の学問は多くの藩校・郷校・私塾・寺子屋にささえられて各地で開花していったが、同じく文芸でも各地に人物が輩出した。とくに注目されるのは、幕府領日田での俳諧《はいかい》活動であろう。そこでは中村西国《さいこく》を草分けとして、坂本朱拙《しゅせつ》・長野野紅《やこう》・長野りん女や広瀬淡窓の伯父秋風庵月化《げっか》などが活躍した。日田以外では、島原領高田村にうまれた金谷仏水《ぶっすい》、森藩の長野馬貞《ばてい》、府内藩の寛左《かんさ》や松平（大給《おぎゅう》）不騫《ふけん》（近儔《ちかとも》）がおり、連歌《れんが》では宇佐郡の飯田重清、俳諧では臼杵の加島英国《かしまひでくに》・杵築の荒巻《あらまき》蘭里らがいる。和歌では、岡藩の清原雄風《おかぜ》、臼杵藩の吉田臥龍軒《がりゅうけん》、杵築藩の物集高世などがあげられよう。また、岡藩の田能村竹田、中津藩の渡辺重名《しげな》、臼杵藩の鶴峯戊申《つるみねぼしん》、幕府領乙津《おとづ》の後藤碩田《せきでん》も多くのすぐれた歌をよんでいる。

咸宜園に集う人びと●

前項で取りあげた「豊後三賢」のもう一人の人物広瀬淡窓は、天明二（一七八二）年幕府領日田郡豆田《まめた》町で掛屋《かけや》をいとなむ商家、博多屋《はかたや》にうまれた。淡窓は生来病弱で多くの病気をわずらった。つねに死と直面した生活のなかで、彼は家業ではなく学者・教育者の道を選択することとなる。幼いときよりその学才を発揮し、俳人でもあった父や伯父平八（月化）の影響をうけて育った。寛政九（一七九七）年一五歳のとき福岡の亀井塾に入門し、南冥《なんめい》・昭陽父子の教えをうけた。亀井塾では二年間学び寛政十一年日田に帰った。その後一九歳の春になって病気が重くなり、伯母と妹の献身的な看病によって一命を取りとめた。そのとき治療にあたったのが医師倉重湊《くらしげみなと》である。淡窓は大病のあと数年間療養に専念せねばならず、病弱な自分がなにをもって生計をたてるか思い悩んだ。そのとき塾の経営をすすめたのが倉重湊であった。

文化二（一八〇五）年淡窓は長福寺学寮を借りて、弟子二人と共同生活をはじめた。その後塾は実家の土蔵に移り、さらに豆田町の大坂屋林左衛門の持家を借りた。このとき塾名を成章舎《せいしょうしゃ》とした。はじめて「月旦評《げったんひょう》」（成績表）をつくり、弟子たちを学級に分けた。塾生はしだいに多くなり、文化四年には豆田町に塾を新築し、塾名も桂林園《けいりんえん》と改めた。入門簿もこの桂林園のときつくられるようになった。しかし、淡窓が伝染病にかかったため、順調だった塾も休業となってしまう。病気も癒《い》え塾は再開されるが、彼がのぞんだ師弟同居の生活は許されず、淡窓は実家から塾へかよう毎日となった。文化七年二九歳のとき合《ごう》原《ばる》ナナと結婚し、独立することとなった。本家の家督も弟久兵衛がつぐことが正式に決まった。

文化十四年桂林園は堀田村の伯父の家である秋風庵に隣接した土地に移された。このとき塾は再度名を改め咸宜園《かんぎえん》と名づけられた。淡窓は三六歳、これ以後この地で教育活動に没頭し生涯をおえるのである。

入塾希望者は、入学金をおさめ、入門簿に自分で姓名・郷里・入門月日・紹介者名を書けば、身分を問わずいつでも入門できた。塾では三奪《さんだつ》といって、年齢・学識・身分の差はすべて奪われ、だれもが平等にあつかわれた。優劣がつくのはただ学問上のみであった。また、すべての塾生が必ずなんらかの役割をになわされた。師にかわり講義を行うことから、その補佐・塾の会計・舎監・新入者の指導・図書の出納・清掃・来客の接待・書記・風紀係・保健係・下駄《げた》整理係・夜番など、塾の生活すべてを係としてふり分けた。このことにより各人に塾の一員である自覚と実務経験をあたえることができた。

毎月の学業は試験を行い、月旦評に表示された。それをめざして塾生は激しく勉学をきそった。淡窓の教育方針は、個性を大切にし、学ぶものの意志を尊重する、きわめて合理的なものであった。また、咸宜

広瀬淡窓画像

園では詩がおおいによまれ、淡窓の門人たちによって詩集『宜園百家詩』が編まれている。これは、人の心の調和をはかる所作《しょさ》としての詩作を高く評価する淡窓の影響が強く働いたものといえる。さらに咸宜園のなかでは師弟同学の方針がつらぬかれた。

咸宜園の時代になって、毎年の入門者は五〇〜六〇人、多い年には八〇人を超え、最高は嘉永五（一八五二）年の一〇七人であった。入門する人びとの出身地も全国に広がり、六五カ国におよんだ。淡窓在世中の入門者は三〇八一人であったという。淡窓の塾の特徴として、庶民階級の入門者がとくに多いということがあげられる。身分的におさえられてきたものたちが、身分でしばられない学風にあこがれ、淡窓の名をしたって全国から咸宜園に集まってきたのである。咸宜園に集まる人びとの行動のなかに、近世封建社会の枠組みをまさに打ち破らんとする民衆のエネルギーを感じとることができよう。この咸宜園からは大村益次郎《ますじろう》や清浦奎吾《きようらけいご》など、のちに活躍する人材が輩出した。

咸宜園の経営は、その後天保元（一八三〇）年に至って同塾で学んだ淡窓の末弟（養子）広瀬旭荘《きょくそう》が引きついだが、ときの郡代塩谷大四郎による咸宜園統制策と激しく衝突し、天保七年旭荘は郷里を去った。淡窓は病身をおして塾の再建につとめ、淡窓の没した安政三（一八五六）年ののちも広瀬青邨《せいそん》・林外《りんがい》と継承され、最終的には明治三十（一八九七）年まで塾は続けられた。江戸後期の私塾として、これほど多くの塾生をもち、かつ長期にわたって教育活動を続けた例はほかにない。

8章

小藩分立体制の解体

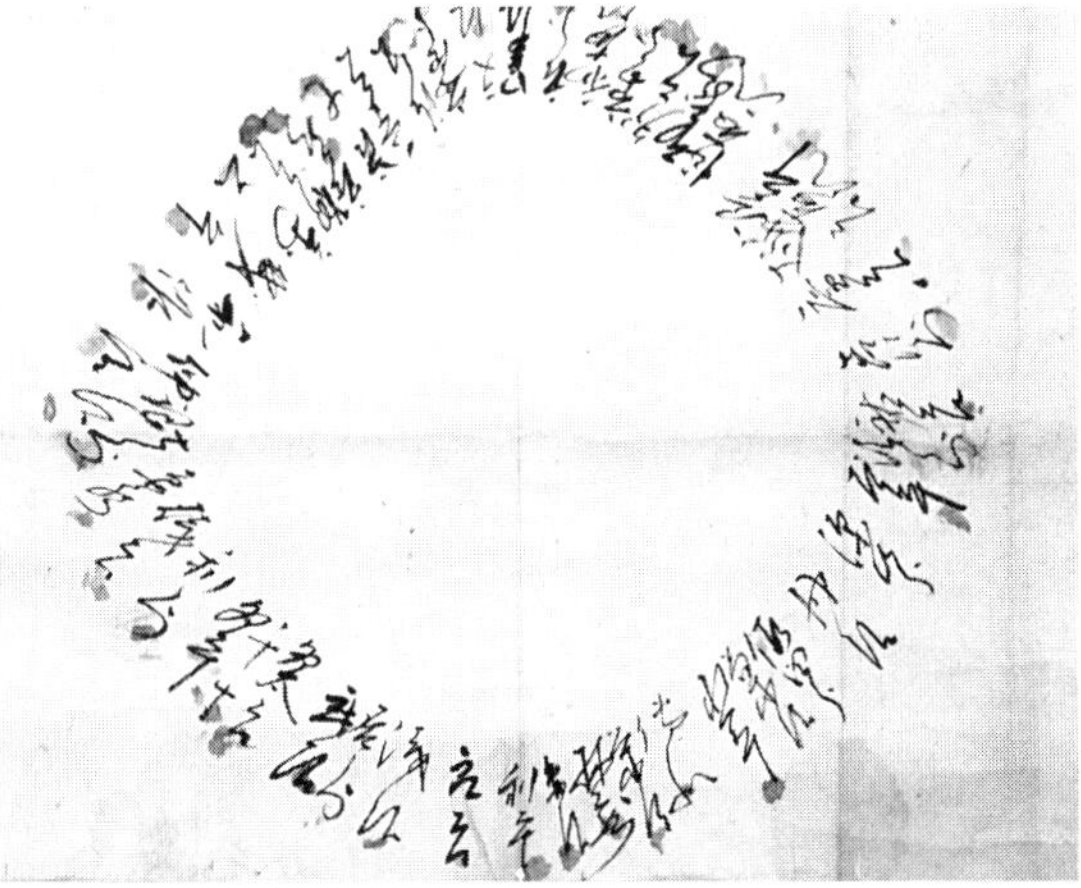

血判をした傘連判状(「立小野区有文書」)

1　文化一揆への途

農村の荒廃●

幕府領玖珠《くす》郡小田《おた》村（玖珠町）は村高一〇〇〇石を超える大村である。この村の十七世紀以降の年貢納入をみると、十七世紀なかばは三〇〇石台であったが、日田《ひた》藩松平領になると五〇〇石を超える。幕府領に戻り一旦はさがるが、元禄三（一六九〇）年は四〇三石余、十八世紀にはいると五〇〇～五五〇石となる。享保十（一七二五）年からの定免は五七〇石余、十三年六一八石余、延享二（一七四五）年六四七石余、寛延元（一七四八）年には六五六石余となっている。以後、幕末まで六五〇石前後の納入となっている。

小田村の元文四（一七三九）年の家数は一七四、人口は七六八だった。うち本百姓は一三九、水呑《みずのみ》三二、寺社二であった。人口は以後寛延三年には七二二、安永三（一七七四）年六五三、天明三（一七八三）年五八六、寛政二（一七九〇）年四八九と、五〇年間に三〇〇人近くが減少し、家数も寛政二年には一三四（一軒当り人口三・六八）となっている。その後人口は増加する。文政四（一八二一）年五一九、天保三（一八三二）年五三二、嘉永五（一八五二）年は五九五となる。家数の増加はわずかであり、文政四年一四四、天保三年一三九、嘉永五年一四三（一軒当り人口四・二八）である。一軒当りの人口がふえている。

こうした小田村の耕作状況を次頁図に示した。元文四年には毛付高《けつけだか》九五〇石余のうち八〇〇石余が自村農民の名請地《なうけち》だった。その後、十八世紀末までは自村農民の名請地の減少、村惣作地の増加となっている。寛政二年には自村農民の名請地は六四六石余（六八％）となった。村落の人口・家数の減少が土地耕作のあり方を大きくかえている。こうした状況は、玖珠郡のみならず他郡でもみられ、十八世紀後半の農村の荒廃は深刻なものだった。十九世紀にはいると、天保期までは自村農民名請地の増加と対応する形で村惣作地が減少する。天保三年では自村七四二石余（七九％）、他村（九％）、惣作地（一二％）となっている。嘉永以降は他村農民の入作地が急速に減少している。

府内《ふない》藩が天保七年にだした「村役人幷《ならびに》村方心得覚」では、領内人口の減少に伴う手《て》余地《あまりち》の増加、年貢の「村償《むらつぐな》い」による困窮を指摘している。そのため他所《よそ》からの入百姓の積極的な受入れを申し渡している。また、地主・小作関係の広範な展開のなかで相互の紛争も生じ、後述の府内藩の文化一揆《いっき》では、それが大きな理由となっている。府内藩は、最終的には弘化二（一八四五）年から、藩が

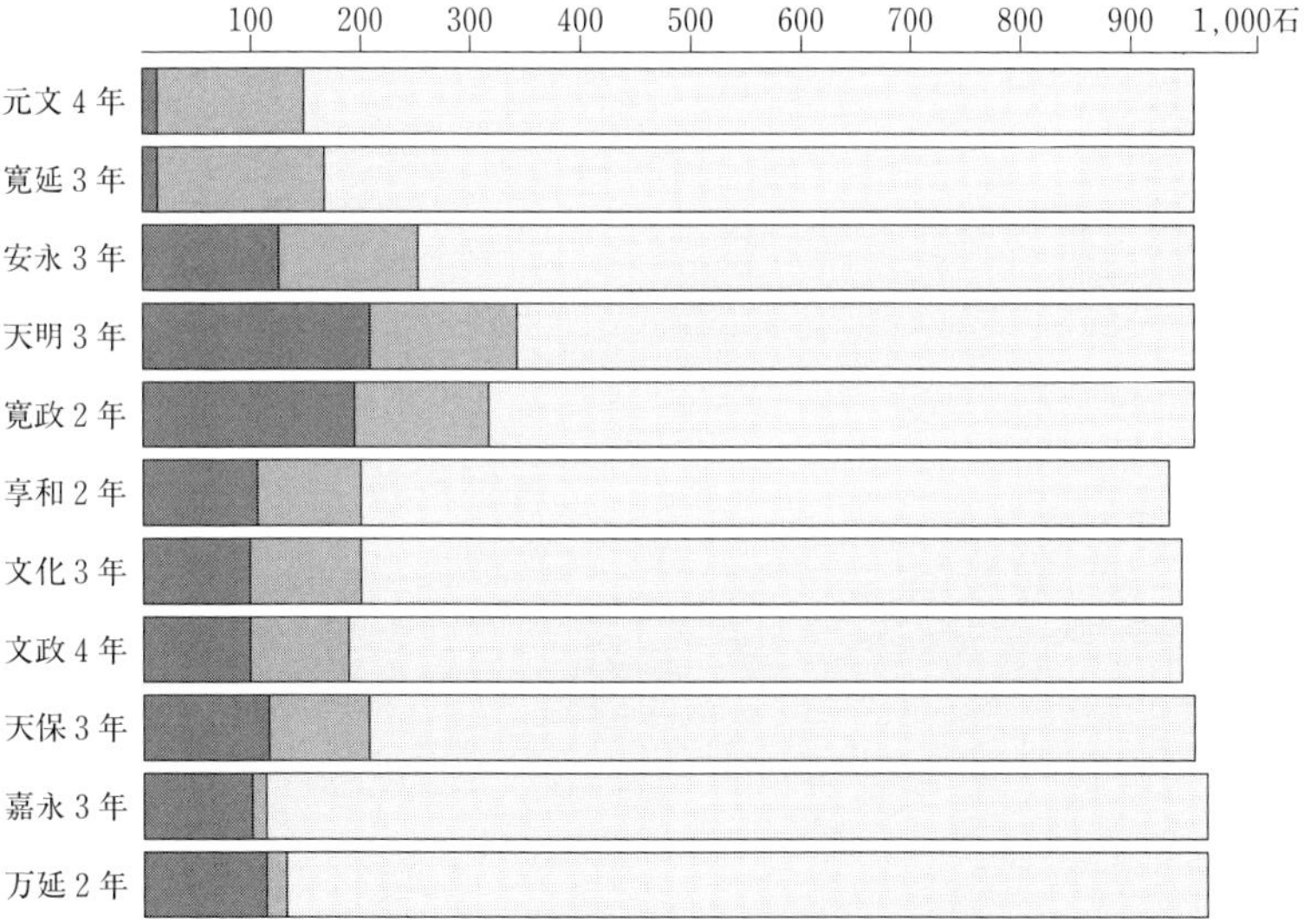

小田村の土地の耕作状況(毛付地のみ)　□は自村農民名請地，■は他村農民入作地，■は村惣作地。『大分県史　近世篇III』による。

肥後藩豊後領の人口変化

年　　代	豊後領	直入郡	大分郡	海部郡
	人	人	人	人
寛永11(1634)年	16,625			
元禄 7 (1694)年	38,323			
寛政10(1798)年	39,061	2,516	20,208	16,337
安政 5 (1858)年	42,938	2,137	20,062	20,739

「郡明細帳」「肥後国・豊後国之内郷帳」(永青文庫)による。

土地を買いあげ「小作」にだすという「買田法《ばいでんほう》」を実行する。

中津《なかつ》藩も荒地の増加に悩んでいる。寛政十二年には荒地年貢を五カ年半額免除とした。五年すぎた文化二（一八〇五）年には、村々から期間延長の願いがでたが、そうすると「手余地《てあまりち》も悉《ことごと》く荒」らすので、「自分荒《じぶんあらし》」の用捨《ようしゃ》願いは取りあげないといっている。農民たちが村をはなれる「分散」がふえ、文政九年にはよび返し策をとるが成功せず、同十一年からは本人および村役人への「過料」の提出を命じている。天保十一年には「年賦御《お》触書《ふれがき》」をだした。質入れした田畑を年賦払いによって元の地主に返却させようとするもので、「貧民は大利益、富家は身許《みもと》ニ相響《あいひびく》」といわれる強硬手段だった。しかし、また富家に質入れし、「遊民《ゆうみん》」となり難渋《なんじゅう》するという。中津藩では村をはなれ、町やその周辺で「日雇稼或は小店など出《だ》し」ている人を遊民と称している。遊民を、荒廃した農村への入百姓とする案もだされている。

　肥後藩豊後《ぶんご》領の人口変化を上表に示した。寛永十一（一六三四）年から元禄七（一六九四）年までの六〇年間に人口は二倍以上になっている。生産力の上昇の反映であろう。ところが、寛政十年までの一〇〇年間はわずか七〇〇人余の増加である。人口ののびは十八世紀の初めでとまっている。その後の六〇年間には四〇〇〇人近くふえているが、郡ごとの内訳が判明する。山間部の直入《なおいり》郡は減少、大分郡は横ばい、増加は海部《あまべ》郡である。海部郡北村（大分市）では、文化元年の五五八が安政三（一八五六）年には七四二となっている。

十八世紀なかばから城下周辺や浦方の人口はふえ、農村人口は減少し、手余地や荒地が増加した。村人たちで「自力更生」するところもあったが、多くの農村は荒廃し、土地を手ばなし、小作人となったり、「分散」がふえている。こうした社会状況は農民の意識や行動をかえていった。

傘連判状はなにを物語るのか●

享和三（一八〇三）年九月、杵築《きつき》藩八代藩主松平親明《ちかあきら》は、はじめて国元へはいった。「初入《はついり》」ということで、領内の戸数調査を行い、各身分に応じて「鳥目《ちょうもく》」をあたえた。翌年二月一日国東《くにさき》郡両子《ふたご》手永《てなが》のうち四カ村農民が助合米《たすけあいまい》を要求して強訴《ごうそ》しようと村をでた。藩では代官らを派遣し、農民らは一旦帰村した。しかし、十八日（十四日に文化と改元）には島原藩領沓掛《くつかけ》村（杵築市、島原・杵築相給《あいきゅう》村）に二九七人（三一八人とも）が逃散《ちょうさん》した。藩では吟味役・郡奉行らが説得に赴き、農民らは頭取《とうどり》を罪に問わないという一札をとり、さらに藩は「御救米《おすくいまい》（麦）」を全領民に給付した。この逃散の事後措置として、藩では手永支配の根幹だった大庄屋制を廃止し、代官・小庄屋の権威を強化して、翌文化二（一八〇五）年正月には「郷中諸法度《ごうちゅうしょはっと》」一六カ条と「郷中制禁条々」二四カ条を布令し、農村支配の強化をはかっている。

享和二年冬、時枝《ときえだ》領宇佐《うさ》郡猿渡《さるわたり》村（宇佐市）では、庄屋又兵衛と「御百姓共」のあいだに「出入」があり、「強訴躰《ごうそてい》」となった。そのため大庄屋が派遣され、取調べが行われ、双方からいい分がだされ、村役人の村運営に対する不信や、村入用、役高の取りあつかいをめぐって紛争となっている。その根本は「村方四拾年以来段々困窮につき御百姓相続難渋仕《なんじゅうつかまつ》」るという状況だった。

文化二年四月、府内藩領奥郷《おくごう》岩下村（由布市）のうち「新村」とよばれる新開地の住民（他領・他村からの入植者）一四人が、村内での日常生活の差別・不公平の解消を藩に訴えている。訴えの内容は、新村のものは庄屋宅へ表玄関からの出入りを禁じられ、そのため他村民から低くみられ、縁談にも支障を生じ、家の存続もあやぶまれる。庄屋宅へ表玄関からの出入りが認められなければ、他村に移りたいというものだった。藩の見解は、二〇年前にも同様の訴えがあったが却下されており、どこの村の住民にも上・中・下の差別があり、岩下だけ特別扱いはできない、というものだった。その結果、岩下村では五人が幕府領玖珠《くす》郡野上《のがみ》村（九重町《ここのえ》）に逃散した。

幕府領速見《はやみ》郡真那井《まない》村（日出《ひじ》町）では、「新百姓」と先祖が「名子《なご》」や「下人」だった人びとは、正月に庄屋宅で行われる「杯事《さかずきごと》」が、ほかの村人とは「別間《べつま》」（別室）で行われることとなっていた。また、履物《はきもの》も「足半《あしなか》」（かかとの部分がない短い藁草履《わらぞうり》）しか許されなかった。ここでも一軒前のあつかいがされず、結婚などに差しつかえるとして、文化十二年に高松役所へ訴えでている。

立小野《たちおの》は延岡《のべおか》藩領大分郡下光永村（大分市）の枝村であった。文化三年五月十一日、立小野の住民一九〇人全員が牛馬三十四、五匹を伴って、隣村幕府領安田村（同市）へ逃散した。その原因は、十七世紀なかば以来の立小野の「山田山」の草刈場をめぐっての本村との紛争だった。享和二年からは本村だけでなく近村のものが山にはいり、小競《こぜ》りあいもおこっている。大庄屋は山田山への入山をいっさい禁止し、四年が経過していた。山田山に田畑をもつ立小野の人びとは再三入山許可を訴えたが、認められなかった。その結果「前書申合村百姓口上事」という結束を強める申しあわせ（連署血判《れんしょけっぱん》）をつくり、逃散した。彼らは一カ月半後の六月二十八日に帰村した。この間、安田村や幕府領乙津《おとづ》村の豪商後藤弥四郎らの援助をうけ、高松役所の取調べをうけている。七月四日から組頭ほか五人が延岡で、その他のものは千歳《せんざい》役所（大分市）で取り調べられた。藩の決定は、立小野村民四人が一〇～三〇日の謹慎、下光永村庄屋の更迭《こうてつ》、今後は独立村あつかいとするなどであった。取調べのため延岡へ行ったもののうち勝次（郎）と和惣次は延岡で病死した。

「立小野区有文書」に傘連判状《からかされんぱんじょう》が残っている。しかし、なんのために、いつつくられたのか、は不明である。四八人が連署血判した傘連判状には、延岡へ送られた五人の名はない。このことから、傘連判状は、村に残った人びとが結束を強めるために作成したのであろう。

文政九（一八二六）年七月、延岡藩領国東郡黒土《くろつち》村（豊後高田市）、夷《えびす》村（同市）の四人が、出張中の役人に対して「郡中入用減《へら》し方」についての「車《くるま》状」（傘連判状）を提出した。これは「直訴《じきそ》」であった。頭取のうち一人は逃亡したが三人は逮捕され、延岡で取調べをうけ、牢舎のうえ村替えなどに処されている。この連判状は残っていない。しかし、「車状継送り」「大勢集」まったということから、

「前書申合村百姓口上事」での連署血判(「立小野区有文書」文化3年5月カ)

村の連判だったと思われる。

こうした農民の窮乏や村落生活における差別を原因とする強訴・逃散・村方騒動が、十九世紀にはいると各地で発生した。農民が村や藩の運営・政治におおいに関心を示し、自分たちのとる方法をも模索していることが理解されよう。後述する文化一揆《いっき》は、村落内部の矛盾を表象させるものともなった。

被差別民衆の闘い●

近世社会は「差別」の構造によって維持されており、身分をわきまえることが必要で、「差別無き付合《つきあい》」が禁じられていた。その身分制支配の集中的な表現であり、苛酷《かこく》な差別をうけていたのが「えた・ひにん」を中心とする被差別身分の人びとだった。近世の大分「県」の被差別身分の構成は、藩領によってかなり差異がある。えた身分のみの日出・杵築藩、ひにん身分の多い佐伯《さいき》藩、えた身分が多い岡《おか》・中津《なかつ》藩と幕府領、あまり差のない臼杵《うすき》・府内藩となっている。

近世被差別身分の形成に大きな意味をもつといわれる太閤《たいこう》検地当時の「かわた」については十分な史料がない。元和八（一六二二）年の『小倉藩人畜改帳《じんちくあらためちょう》』は、下毛《しもげ》・宇佐・国東・速見郡の職業構成があきらかとなり、かわたをはじめ中世的賤民《せんみん》もいるが、近世被差別部落の成立・確立とはいいがたい。

諸藩領、村落の記録などの文書で姿があきらかとなるのは、十七世紀後半である。とくに元禄期（一六八八〜一七〇四）は、被差別部落の確立に大きな意味をもっている。幕府の捨牛馬禁止令は、大分郡の臼杵藩や幕府領などの村々での牛馬皮革の収集地域を領域内に限定することとなり、それまでの「旦那場《だんなば》」（草場）の変更が行われている。この時期に被差別部落の刑吏・捕吏・死牛馬の処理・皮革細工などの「役」や百姓役が免除される「役高」が確立し、身分名称も定まっている。

差別が露骨、悪質化するのは十八世紀後半以降である。それは、財政再建などを目的とする藩政改革の諸政策によってであり、改革のつど強化拡大されている。中津藩では宝暦二（一七五二）年の改革のさい、えた身分の住居のなかが見通しになるように腰の高さに長窓をあけさせている。したがわないものの密告の義務づけという分断政策もとられている（以下『大分県史　近世篇Ⅳ』『大分県部落解放小史』による）。

岡藩では、安永七（一七七八）年八月、えた身分のものが「御用」（捕吏など）で外出するときには黄色の襟《えり》の着用を命じる。幕府はこの年十月に「穢《え》多《た》・非《ひ》人《にん》風俗の儀につき御触書」をだし、御料（幕府領）・私領を問わない全国的な被差別身分の統制をはかっている。これをうけた岡藩は十一月末に、えた身分の着物を浅《あさ》葱《ぎ》染（水色）・渋《しぶ》染（柿《かき》色）とし、さきの掛襟《かけえり》による目印《めじるし》を拡大している。また目明《めあかし》（ひにん身分と思われる）は、染色はえたと同じだが、掛襟は不必要とし、被差別身分内でも「差別」が行われている。幕府による統制指示は諸藩の差別政策を拡大するものとなった。

日出藩では天明元（一七八一）年に農民への倹約、分限相応などを中心とする藩政改革を行う。えた身分の人びとへは「覚」五カ条で百姓家への立入り禁止、年貢米・豆の銀納を命じている。悪質な蔑視《べっし》・賤視の助長であった。

杵築藩では享和三（一八〇三）年に、さきの幕府触書を引用しながら、被差別の人びとが百姓・町人宅に戸口からはいる、「合火《あいび》」（同じ火で煮炊きしたものを食べる）などを禁止し、今後は「差別なき」「付合い」を禁じた。以後、同趣旨の法令が繰りかえしだされている。これは、法令が「順守」されなかったことを示している。また、前項でのべた文化二（一八〇五）年の農村支配改革に続き、六月に「村々穢多共え」として、馬喰《ばくろう》商売・百姓との立ち交じりを禁止し、「衣類上着」に目印として「水色襟」の着用を命じ、七月には七カ条の「定」をだした。このなかで、職務の励行を命じ、百姓・町人に用事のあるときには「戸外」での「対談」を命じている。十月、杵築領六手永の被差別民衆一六九人は、隣領である島原藩領の四カ村に逃散した。いわゆる「浅黄半襟懸け拒否逃散」である。その原因は、(1)水色襟の拒否、(2)えた身分に惣頭《そうがしら》が設置されたこと、(3)その頭の人格が悪いこと、(4)前年の両子手永農民の逃散をみならったこと、があげられている。藩では役人を島原藩高田陣屋に派遣し、説得をした。被差別民衆は十二月二十六日に帰村した。この間一人一日玄米三合二勺が島原藩から支給された。

差別強化に対する日本最初の被差別民衆による自立的な闘いは、近隣の諸藩領における差別の強化への歯止め効果ともなった。島原藩領でも、文化六年に、農民とつきあいがあり目印による差別でも、という陣屋側の諮問《しもん》に対して、大庄屋は杵築藩の例をあげて「内証面倒」になるとこたえている。

寛政十(一七九八)年府内藩は、浜の市《いち》の芝居小屋の警備を担当していた被差別身分の人びとの小屋への「無札《むさつ》」入場を差しとめた。しかし、被差別民衆の「古格《こきゃく》」を盾《たて》にとっての訴えにより、わずか二日後に撤回している。そのなかで「穢多の儀は一統《いっとう》申合わせ候へ

国東郡の被差別部落の道場に残された武術免許状

ば、他所共に一列《いちれつ》」になるので「却《かえ》って御厄介《ごやっかい》」となるとのべている。被差別民衆の領域を越えての連帯は支配者にも認識されていたのである。

文化の大一揆●

文化八（一八一一）年十一月から翌九年三月にかけて、岡藩に端を発し臼杵・佐伯・延岡・肥後・府内・幕府・島原・時枝・中津の各領域で繰り広げられた文化一揆は、県下において藩の役所や村役人宅、豪農や豪商宅などの打ちこわしを伴う最初の蜂起《ほうき》であり、地域的にも広範に展開した。近世の農民の闘いの一つの到達点を示し、闘いの質的転換をしたものとして全国的にも注目されている。

一揆前の岡藩史について簡単にのべておく。延享元（一七四四）年から一〇年をめどとして実施された中沢（のち里見）三郎左衛門の改革は、財政たて直しのため、(1)農民負担の過重からの軽減、(2)倹約の徹底、(3)特産「岡大豆《おかだいず》」の大坂出荷などだった。しかし、あいつぐ災害のなかで彼が引退した宝暦三（一七五三）年、検見《けみ》願いを拒否された原尻奥之丞《はらじりおくのじょう》を頭取とする緒方《おがた》筋農民は、城下に直訴しようとし、さらに願書を提出しようとして逮捕、処刑された。

安永七（一七七八）年からの井上主水左衛門《もんどざえもん》の改革は、在中の困窮からの救済だった。助合米・御預《おあずけ》牛《うし》・産着《うぶぎ》料下付《かふ》の一方では、領内商人一〇人と幕府領大分郡乙津村の後藤弥四郎らに、江戸仕送り（年銀五〇〇貫）を保証の代償に領内産の穀類・たばこ・扱苧《こぎそ》などの独占的な集荷権をあたえた。

文化四年、御勝手方御用掛《おかってがたごようがかり》となった横山甚助《じんすけ》によって推進された政策は「新法《しんぽう》」とよばれる。「国益」をめざし、領内の産物はすべて「御物会所《おものかいしょ》」が買いあげ、加工的商品（塗り物・櫨《はぜ》など）を買い集める「製産会所」をつくり、塩問屋も設置された。また、井水方《いみずかた》の新設、田畑の増年貢など七〇項目以上の財政たて直しの施策を実施している。

岡藩や臼杵藩の農民たちが破却しようとしたのは「新法」であった。文化八年十一月十八日夜、四原《よはる》（柏原《かしわばる》・恵良原《えらばる》・葎原《むぐらばる》・菅生原《すごうばる》〈直入郡荻町・竹田市〉）の農民二〇〇〇人（四〇〇〇人とも）が、在町玉来《たまらい》（竹田市）におしよせ、「新法」の廃止、御物会所・製産会所・塩問屋などの破却を要求した。要求は家老中川平右衛門によって認められ、農民は引き揚げた。その後、領内数カ所に「四原世直《よなおし》大明神　総氏子在中町中」との高札《こうさつ》が立てられた。しかし、藩の具体的な政策がなく、十二月四日大野郡井田《いだ》郷（豊後大野市）の数千人（六〇〇〇または四〇〇〇人）が犬飼町に集結し、町内の役所・塩問屋・豪商宅などの打ちこわしがはじまった。一揆勢は一万五〇〇〇人にもなり、大野郡田中（大野町）・直入郡朽網《くたみ》（竹田市）という郷中でも破却があり、さらに城下へもおしよせようとした。八日、藩では家臣に出陣を命じ、対決の寸前であったが、中川平右衛門の(1)新法の廃止、(2)古法は従来どおり、(3)拝借銭の下付、という下知《げち》によって鎮静した。翌年二月、平右衛門が約束した五〇日の近づいた四日に大野郡で一揆が再発した。岡藩ではその後は強硬姿勢でのぞみ、武装軍が農民のめしとらえをし、一揆は終結した。横山甚助は一揆の責任をとらされ、失脚した。

臼杵藩では、中西右兵衛主導の「御益筋《おえきすじ》」政策に反対し文化八年十二月二十〜二十三日にかけて、在町である大野郡三重市《みえいち》（豊後大野市）・野津市（臼杵市）・吐合《はきあい》（豊後大野市）、大分郡戸次《へつぎ》市（大分市）・森町（同）・海部《あまべ》郡里《さと》（同）・王ノ瀬《おおのせ》（同）を中心に歩質《ぶしち》方役所（藩営質屋）・買場役所・紙方役所・御利益場・庄屋・豪農商宅などが打ちこわされた。城下への強訴は僧侶《そうりょ》などの説得により行わず、藩では新法の廃止を申し渡し、さらに在中油屋運上・十品《としな》運上が廃止された。

延岡藩領では翌九年正月、大分郡村々から農民が集結し、庄屋宅などが破却されている。七島《しちとう》莚《むしろ》問屋や運上の廃止、役人の交代など二〇項目以上の要求があった。一揆後、諸問屋取締・馬喰《ばくろう》頭取・大工取締・紺屋職取締・七島仲買取締など商工業関係の役職を廃止している。佐伯藩では同じ正月に海部郡因美《いんび》郷(佐伯市)を中心に証文を焼きすて、役所・役人宅などを破却し、切畑《きりはた》村(同市)では藩の砲撃により三人の死者がでている。この背景には、前年の因美郷における年貢未進の処理をめぐって、大庄屋との村方騒動から強訴となった事件があった。

府内藩では奥郷を中心に拝借銀要求・質入れ田畑の年賦返還・小作料の引きさげなどで紛争となった。幕府領直入郡・玖珠郡・速見郡でも拝借の要求があった。日出藩では「密議」があったという。中津藩では「添地《そえち》」が発端となり、運上や専売制の廃止、年貢納入手続きの改正などを求めて願書をだそうという

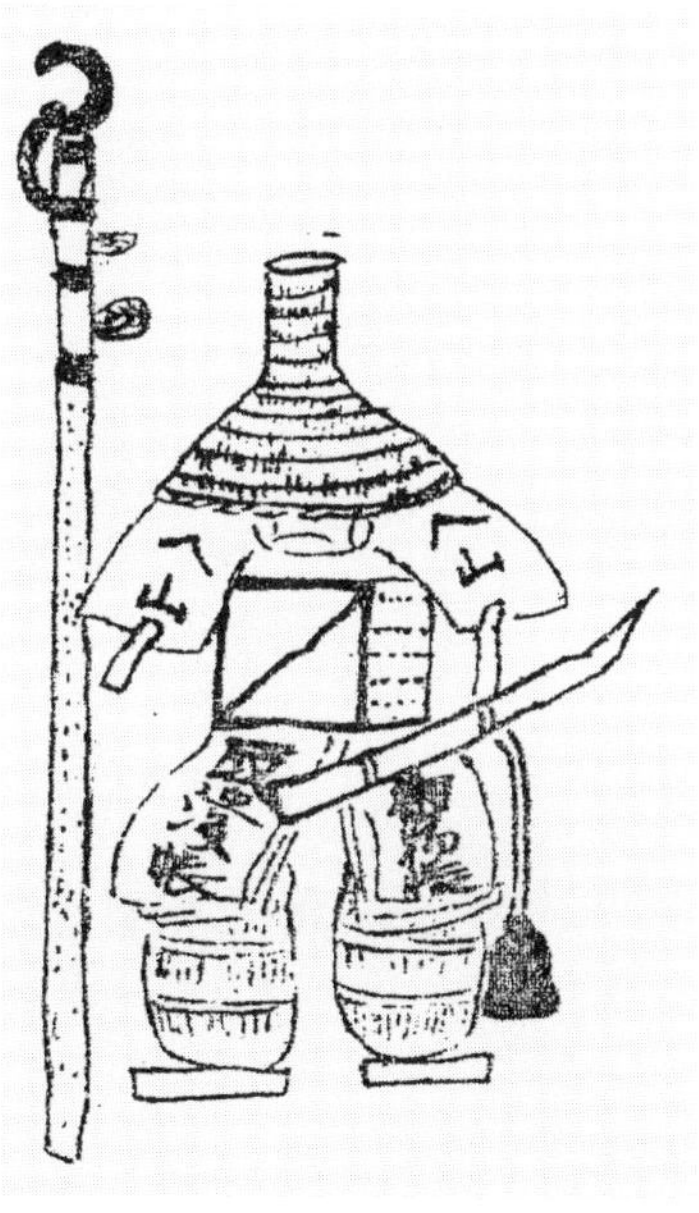
落書に描かれた「横山大欲神像」(『百姓騒動見聞記』)

動きがあった。二月にはいって農民は徒党を組み、三六カ条の要求を提出し、藩では要求のうち一一カ条をのみ、仕付料《しつけりょう》銀札六〇〇貫の配布を約した。その後、騒動は打ちこわしとなり、藩の専売政策に加担していた庄屋宅など二六軒を破却し、城下の小倉・金谷《かなや》口にせまり、藩兵と衝突した。

島原藩領では、同九年三月から四月にかけて借銀の破棄・質物《しちもつ》返還・小作料引きさげなどをめぐって、農民の結集や大庄屋・村庄屋宅の破却がおこっている。宇佐郡幕府領でも拝借銀や質物返還などを「豪家」に要求した。四日市陣屋では日出・森藩兵の加勢を得て鎮圧している。

文化一揆は、現大分県域のほとんどすべてを巻き込む大一揆となった。「新法」で代表される流通政策や、農村構造の変化のなかで文字どおり百姓一揆の質的な転換をみせつけた。また、領主側も財政窮乏打開のための施策や一揆鎮圧のための出動など、小藩分立体制は大きくその様相をかえた。

この一揆の評価をするにあたって、日田郡隈《くま》町（日田市）出身の農学者大蔵永常《おおくらながつね》の主著『広益国産考《こうえきこくさんこう》』でのつぎの言葉はきわめて重要であろう。

領主より役所あるひハ会所をたて其所にて売買の沙汰を致し、農家より商家へ直うりを禁じなど仕給ふ事あり……是等は多く部下の商人の利益と可相成《あいなるべき》を領主にて奪ひ給ふものなれバ……変あるを待《まち》て元のごとくならん事を願ふもの夥《おびただ》しくして、終《つい》には騒動を引出す基《もとい》となりたる事まゝ聞及びぬ、全く御勝手を早くよくせんとて斯《かく》行ハせらるゝ事なれバ、悪法とハ云がたけれど、元来天理に戻り、先《まず》下民を安富せしむる事を勤めざりしゆゑに却《かえっ》て手もどりするを見及ぶ事多し

2　藩政の改革から明治維新へ

「流れ渡り」「横に寝同然」からの脱却●

諸藩の「新法」政策は文化一揆《いっき》によって挫折《ざせつ》してしまった。この間に財政はいっそう悪化し、天保期（一八三〇〜四四）にはその打開のための藩政改革を実施する。二豊でも臼杵・府内・森・中津・日出・岡・佐伯などが政治・財政改革を実施している。

臼杵藩では天保初年に約二六万両の借財をかかえていた。「流れ渡りの御身上《ごしんしょう》」と評された財政状態のなかで、天保二（一八三一）年、家老村瀬庄兵衛を勝手方総元締《かってがたそうもとじめ》とし、「量入制出《りょうにゅうせいしゅつ》」（入るを量《はか》りて出《いず》るを制す）の基本方針にたった改革に着手した。その方針は、(1)総役所による金銀米銭出入りの集中管理、(2)各役所の予算制、(3)「御手段《ごしゅだん》」による大坂・近在・江戸の借財整理（一部返済免除、期限の延長）、(4)国産品（七島莚《しちとうむしろ》・紙・藍《あい》・櫨《はぜ》など）の開発と専売制、(5)天保八年の「地所改め」（検地）による年貢増徴、(6)散在する領地支配のため五カ所の代官所設置、(7)「御制度書《ごせいどがき》」を中心とする衣食住、交際などの徹底的な質素倹約だった。倹約政策の所産というキラスマメシや黄飯《おうはん》は今も臼杵の郷土料理として残っている。

村瀬は弘化二（一八四五）年に六一歳で引退するが、その後も嘉永四（一八五一）年まで顧問役として藩政を後見した。「古田」に戻ることを目標とした臼杵藩天保改革の評価についてはさまざまなものがあるが、借財の一〇万両余の整理、量入制出の徹底、自由商売の奨励などにはみるべきものがある。

府内藩では文政十二（一八二九）年度の年貢収入予定は一万五〇〇〇石だが、うち売却できる分は六六一七石（四一九貫余）だった。対して支出予定は五六六貫余で、一四六貫余の歳入欠陥を生じることとなる。それをおぎなうのは借金しかない。借財先は、文化末年からは鴻池《こうのいけ》伊助（草間直方《くさまなおかた》）を中心とする大坂商人だったが、天保七年には三五〇〇貫余が借財という財政悪化となり、天保八〜九年は幕府領大分郡原村（大分市）の米屋《こめや》（間藤《まとう》）幸右衛門の「手賄《てまかない》」によった。しかし貸越し四七一貫余で米屋も手を引き、銀札の不融通による騒動、藩士への給米支給の延期となり、財政は「横に寝同然」となった。

天保九年七月、藩では家老岡本主米《しゅめ》が藩士一同を招集して、財政再建を「大坂厳法」という大坂依存案か、日田豆田町の豪商博多屋《はかた》（広瀬《ひろせ》）久兵衛《きゅうべえ》を後ろ盾とする手賄によるかの評議を行った。一旦は手賄に決したが、十月に至って江戸から鴻池ら大坂銀主にたよるとの決定が指示され、岡本は隠居蟄居《ちっきょ》となった。支出削減・収入増加の改革政策はかえって財政を悪化させ、「下方の人気《じんき》穏やかならず」という事態となり、天保十二年にはたのみの鴻池も手を引いてしまった。

一八万五〇〇〇両という借財をかかえた天保十三年、前々藩主松平閑山《かんざん》（近訓《ちかくに》）の号令がだされ、岡本―広瀬による改革がはじまった。久兵衛は淡窓《たんそう》の実弟で、家業の金融業を隆盛にする一方で、日田・宇佐郡でのさまざまな事業（井路・河岸《ごうら》・新田の開発）のほか、対馬《つしま》藩田代領や福岡藩改革にも手をそめ、藩政コンサルタントの仕事をしている。

府内藩改革の基本方針は、(1)徹底した倹約による緊縮財政、量入制出、とくに制出の重視、(2)財源の確保のための年貢増徴、机帳《きちょう》（吉兆）原《ばる》・庄ノ原（大分市）の開発や七島莚・蠟《ろう》の専売制（青莚会所《せいえんかいしょ》・生蠟会所の設置）と金融事業、(3)藩札の整理のための備方《そなえかた》の設置などだった。青莚会所は毎年三〇〇貫前後の利益をあげたが、その利益を農民への苗代《なえだい》貸し、藩機関（備方・勝手方）や農民・町人への貸付けにまわ

❖コラム

財政再建の心得

天保の初め、当時臼杵《うすき》藩江戸家老だった村瀬庄兵衛は「存意書《ぞんいがき》」という文書を「大殿様」とよばれていた前藩主稲葉雍通《てるみち》に提出した。これは、臼杵藩の財政改革への意見を具申したものである。

(1)藩の財政再建は一年の必要経費はその年の「御物成《ものなり》」で賄《まかな》う「量入制出」しかない。自分の作成した予算書に基づいて、非常の「省略」が必要である。

(2)改革のためには藩内上下が和熟《わじゅく》して節約すること。戦《いくさ》でも大将はカカレ、ススメと命令するだけでは兵は進まない。大将が真っ先に進めば、兵は命を投げすてようという心になる。

(3)家臣を総登城させて趣旨を仰せ聞かせ、家臣によい考えがあれば申しださせる。そのうえで三カ年を限り省略を実行されるように。期間が長くなれば「退屈」になる。はやく非常の改革の命令をだしてほしい。

雍通は、この意見を取りいれ、改革は藩主幾通《ちかみち》の初国入りを期として開始された。藩主の率先垂《そっせんすい》範《はん》、期間の限定など、現代の「財政再建」にもつうじるところがある。しかし、改革は三年どころではなく、村瀬の引退まででも一四年、顧問をやめるまでとすると二〇年かかった。

村瀬の「御手段《ごしゅだん》」のさいのようすについて、『臼杵史料』はつぎのように伝えている。

> あるいは激論壮語、ことまさに破裂に至らんかと寒心することあれば、たちまち変じて戯言《ぎげん》笑語《しょうご》となる。要する所、巧拙隔壁《こうせつかくへき》ある人の囲碁《いご》を傍観《ぼうかん》するに異ならず

まさに、脅《おど》したり賺《す》かしたり、かなりの演技もできる人だったようである。

した。藩札も青莚会所の利益で再建した。そうした財政再建のなかで、買田法《ばいでんほう》の実施、農民の土地保有高や作り高を基準に帯刀などの格式を認める「段式《だんしき》」、献金額によって格式をあたえる「御賞《おほめ》段式」なども実施している。岡本─広瀬の改革は一定の成果をあげ、弘化〜嘉永（一八四四〜五四）のころには単年度の収支は引きあうこととなり、廃藩置県時の藩債額は九万一七〇三円（一両＝一円）と、天保十三年時の半分以下となっている。

森藩では文化から天保にかけて再三倹約令・上米令《あげまいれい》をだして引締めを行い、明礬《みょうばん》・楮《こうぞ》などの増収、藩札の発行などによって財政の好転を企図した。しかし、天保三年には大坂蔵元から仕送りを断わられ、翌四年からは廻米仕法の改正、面扶持《めんぶち》制の実施の一方、借財の整理を行っている。佐伯藩は天保三年から関谷隼人《はやと》が家老職兼倹約惣奉行となり、改革を行い一定の成果をあげたという。中津藩は天保五年に黒沢庄右衛門の主導による藩札の立てなおし、撫育《ぶいく》会所の設立、人別扶持令《にんべつふちれい》などの施策を実施している。岡藩では天保六、七年の風雨洪水が大きな被害をもたらした。藩主中川久教《ひさのり》は「病気」を理由に江戸参勤を

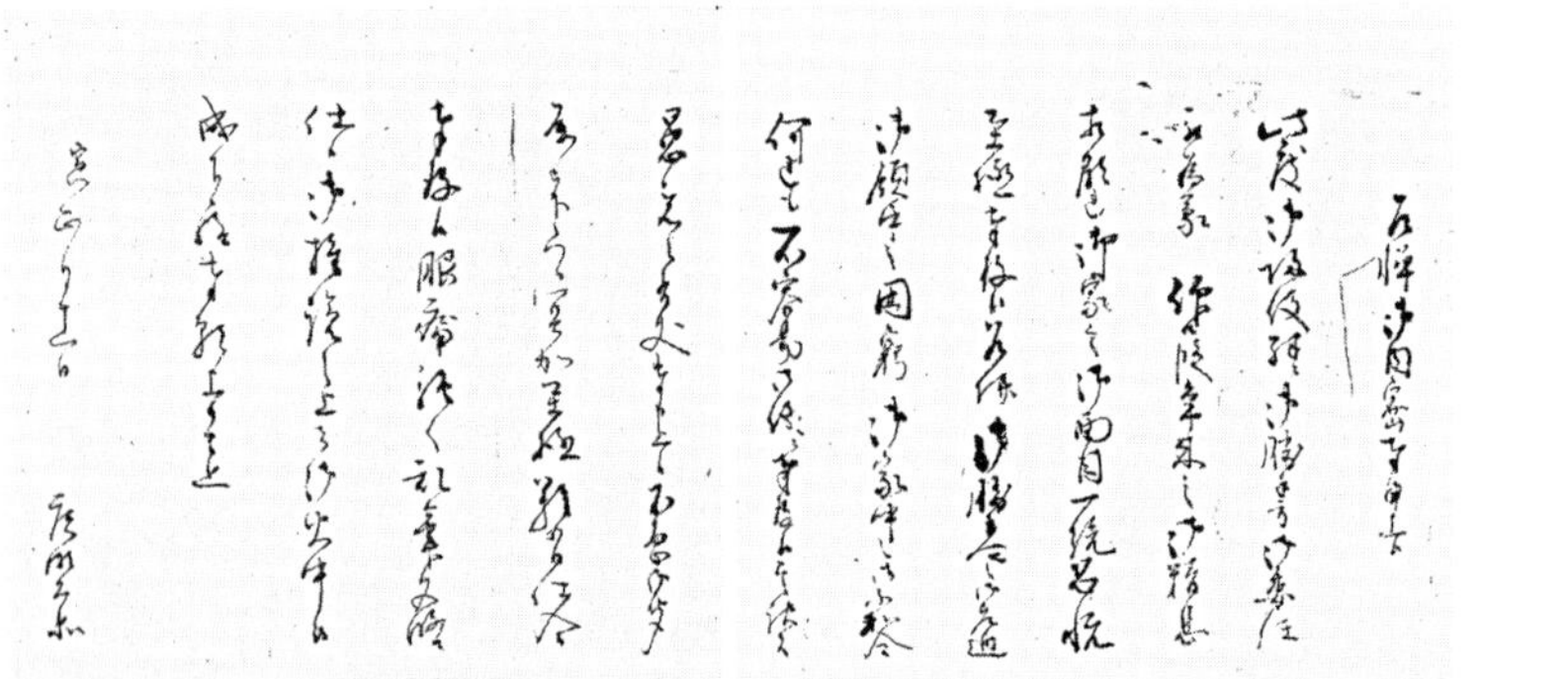

広瀬久兵衛より岡本主米宛の書状(大分県先哲史料館保管「岡本家文書」)　首部(右)と尾部。

取りやめ、八年十月「御箇条書」(天保法度《はっと》)八一カ条(大小庄屋宛《あて》四六カ条、農民宛三五カ条)をだしている。村役人の職分や農民の分限など農村秩序の引締めに関するものが多いが、領民の風俗が華美になっているのは「先年騒動(文化一揆)以来諸事寛弘之御時節ニあまへ」たものであるという指摘がある。日出藩では、天保三〜五年のあいだ、帆足万里《ほあしばんり》が家老となり改革にあたったが、大きな成果はあげられなかった。

宇佐奉幣使の復活—廃仏毀釈運動への道●

地形の複雑な大分県では、陸上交通の確保にも多くの先人の労苦があった。青の洞門(中津市)は、荒瀬井路の開発により山国川《やまくにがわ》の水位があがり、羅漢寺《らかんじ》への道がなくなったのをみた僧禅海《ぜんかい》が、当初一人で隧道《ずいどう》を掘り、三〇年の歳月を要して寛延三(一七五〇)年に開通したものである。第二トンネルは宝暦十三(一七六三)年に完成した。天明三(一七八三)年にこの地を訪れた古河古松軒の『西遊雑記』にも洞門について記載され、当時人馬の通行が有料であったことがわかる。ほかに陸上交通の施設(石畳道・隧道・石橋など)で県指定文化財となったものがある。

肥後街道の「参勤交代道路」(大分市)は、岡・肥後藩の参勤交代などに利用された道であるが、その築造の由来などは不明である。また、日田郡の石坂《いしざか》石畳道(日田市)・川原隧道(日田市)は、それぞれ嘉永年間(一八四八〜五四)に日田の豪商山田常良(京屋作兵衛)・広瀬久兵衛が資金を提供して完成したものである。幕末期の商品流通や人馬の往来の盛況のなかで大きな意味をもった。石橋も同様である。

甲子《きのえね》の年、延享元(一七四四)年に、元亨元(一三二一)年以来中絶されていた宇佐奉幣使《うさほうへいし》が復活した。宇佐奉幣使は奈良時代以来、朝廷から宇佐八幡宮に派遣された勅使である。再興の理由について、末廣利人氏は吉宗《よしむね》政権下での幕府の朝廷融和政策と、宇佐宮大宮司《だいぐうじ》到津公著《いとうづきんつぐ》の積極的な活動を背景に、甲子革命説や吉宗の還暦（ともに延享元年）、東照宮《とうしょうぐう》一三〇回忌と家重《いえしげ》への将軍職譲渡（ともに延享二年）、宇佐宮伝奏《でんそう》で吉宗の和歌の師匠であった大納言烏丸《からすま》光栄の存在などを指摘している（『勅使街道』）。宇佐宮への奉幣使は、こののち、近世では文化元（一八〇四）年、元治元（一八六四）年の計三度派遣された。高埜利彦氏は、幕末維新期の朝・幕間の政治的逆転に至る「自立的過程」と明治初年の神仏分離・排仏思想の形成過程を、延享・文化の派遣を中心にあきらかにした（「近世奉幣使考」）。

奉幣使派遣は当初「上《かみ》七社」（伊勢・石清水《いわしみず》・賀茂《かも》・松尾・平野・稲荷《いなり》・春日《かすが》）へのものだった。それに宇佐宮（のちに香椎《かしい》宮が追加）にも派遣されたのは烏丸・到津の運動の力が大きい。延享度の派遣で、宇佐宮はふたたび全国に知られる神となった。うけいれ費用三〇〇両を幕府から拝借しようとして寺社奉行大岡忠相《ただすけ》からすげなく断わられたが、派遣後に江戸・京都へお礼にいき将軍に目見えをした帰途、東海道での川渡りに「宇佐八幡と申し候て」小船をださせたと、到津公著は書き残している（『宇佐大路』）。

約一〇〇人の奉幣使一行の途中の休泊は、寺院は使わない、宇佐神宮領内では道端でみえる墓や石塔は倒してみえないように木の葉をかけよ、寺院の鐘《かね》はつかないように、僧や尼は往来してはいけない、との排仏思想がでている。また、宇佐門前町から神宮へはいるのには、本来の勅使門である呉橋《くれ》を渡って弥勒《みろく》寺《じ》の前をとおるルートではなく、呉橋の手前で左折し、遠回りして現在の表参道からはいっている。元来、神宮寺《じんぐうじ》である弥勒寺と一体となった神仏習合の神宇佐宮は、奉幣使派遣によって排仏の神となった。

文化度の派遣では、「先例通り」となった。前回は派遣の通知が日田代官からであり、宇佐宮が知らせたのは杵築・中津・小倉・府内の譜代四藩だったのに対して、今回は京都烏丸家から大宮司へ通知され、宇佐宮は九州の一八藩に知らせた。九州の一大イベントとなり、通行には沿道の諸藩領の農民七五〇人ほどが動員された。負担をめぐって幕府領と島原藩領で紛争が生じている。

神宮領への触書《ふれがき》も、排仏思想が強まり、「穢不浄《けがれふじょう》の物」「葬送」「仏供《ぶっく》の鳴物《なりもの》」も排除され、立札では「僧尼の輩徘《はい》徊《かい》」も禁じられた。まさに神仏分離の先駆けが行われている。

元治度の派遣は、近世最後の派遣だった。前年の孝明天皇の攘夷《じょうい》祈願の賀茂社行幸に、将来家茂《いえもち》以下諸大名が供奉《ぐぶ》するという政治的逆転があった。長州藩内の「混雑」のため、岩国(山口県岩国市)から海路をとおった奉幣使一行に、各地で神主たちが随行し、二〇〇人以上の大行列となった。朝廷・神道《しんとう》勢力の示威《じい》行動の色彩もでている。かくれた勤王の志士蓑虫山人《みのむしさんじん》(土岐源吾《ときげんご》)の『蓑虫山人絵日記』には、民衆が平伏《へいふく》するなかをおごそかに進む奉幣使行列や、奉幣使使用の柄杓《ひしゃく》などを奪いあう民衆の姿が描かれた。しかし、通行に伴う負担はふえた。人足は一〇〇〇人

元治元年の奉幣使行列(『蓑虫山人絵日記』)

にもなり、宿も十五、六軒ともなり、四日市《よっかいち》陣屋を本陣としてほしいという要求もでている。日田の郡代役所支配下であった下毛郡幕府領の惣代庄屋は、旅館入用・渡船場・継立《つぎたて》人足などの負担を拒否するという通知をしている。

宇佐八幡宮の廃仏毀釈《きしゃく》・神仏分離の運動は、もっとも激しく行われたものの一つといわれている。弥勒寺では本尊・諸仏像・経典などが売りはらわれ、諸建築が破壊され、僧侶が還俗《げんぞく》している。宇佐奉幣使の派遣・通行は、その先駆けであった。

幕末期の民衆運動と諸情勢●

十九世紀前半からなかばになると、諸藩領では海防・洋式軍備の採用が問題となる。臼杵藩では嘉永二（一八四九）年には海岸を測量して「海岸深浅図《かいがんしんせんず》」を作成し、翌年には台場《だいば》をきずき、文久三（一八六三）年台場を六カ所にふやした。中津藩でも安政三（一八五六）年に台場をつくり、万延元（一八六〇）年には兵制改革をしている。佐伯・日出・府内などの各藩も要所に台場をつくり、大砲をそなえた。洋式軍備の目玉《めだま》は大砲鋳造だった。島原藩領宇佐郡佐田村（宇佐市）の賀来惟熊《かくこれたけ》は帆足万里の弟子で苦労の末、溶鉱のための反射炉をつくり、文久年間に至って佐田式とよばれる大砲を鋳造した。その技術は日出・佐伯・鳥取藩におよんだ。国内の政治的緊張も軍備強化に拍車をかけた。農兵採用も行われた。臼杵藩では文久二年、府内藩は元治元（一八六四）年、杵築藩は慶応元（一八六五）年、幕府領も慶応元年に制勝組《せいしょうぐみ》を組織し、同三年十二月現在では隊員二二六七人にのぼったという（『大分県の百年』）。

この間の農民・町人の動きについて、杵築領を中心にみたものは『大分県の百年』でのべたので、ここでは時枝《ときえだ》領を例としよう。

時枝領五〇〇〇石は、宇佐・下毛郡で一一カ村、東・西組に編成されていた。天保七（一八三六）年九月、飢饉《ききん》の年貢用捨《ようしゃ》米の少なさに抗議して、東組の総百姓が竹槍《たけやり》をもって河原に集まり大庄屋と交渉し、用捨米の上のせに成功した。続いて西組も大庄屋宅におしかけ交渉したが、今度は拝借米を減額され、総代三人が入牢《にゅうろう》となった。

　領主小笠原氏は、一度もその領地をふむことなく、陣屋支配は目代《もくだい》（家老）と一〇人以下の用人が行った。嘉永六年、目代として片岡孫兵衛が着任した。彼は安政二年の時枝騒動のおりの「新はん（版）ちょんがり」では、悪役とされている人物である。その「悪業」とは、⑴農民の連判による嘆願の禁止、⑵赤米種子の高値さげ渡しなど五カ条であった。凶作であった安政二年十一月、領内に落とし文がまわり、糸口原《いとくちばる》（宇佐市）に百姓が松明《たいまつ》・竹槍・山刀《やまがたな》をもって集まり、集合しない村は打ちこわすと気勢をあげた。十九日、片岡は下時枝村庄屋宅から善光寺《ぜんこうじ》（宇佐市）の裏山にのがれた。農民たちは加担しない元重《もとしげ》（宇佐市）の庄屋宅を打ちこわした。翌二十日、片岡は陣屋に戻り、家中

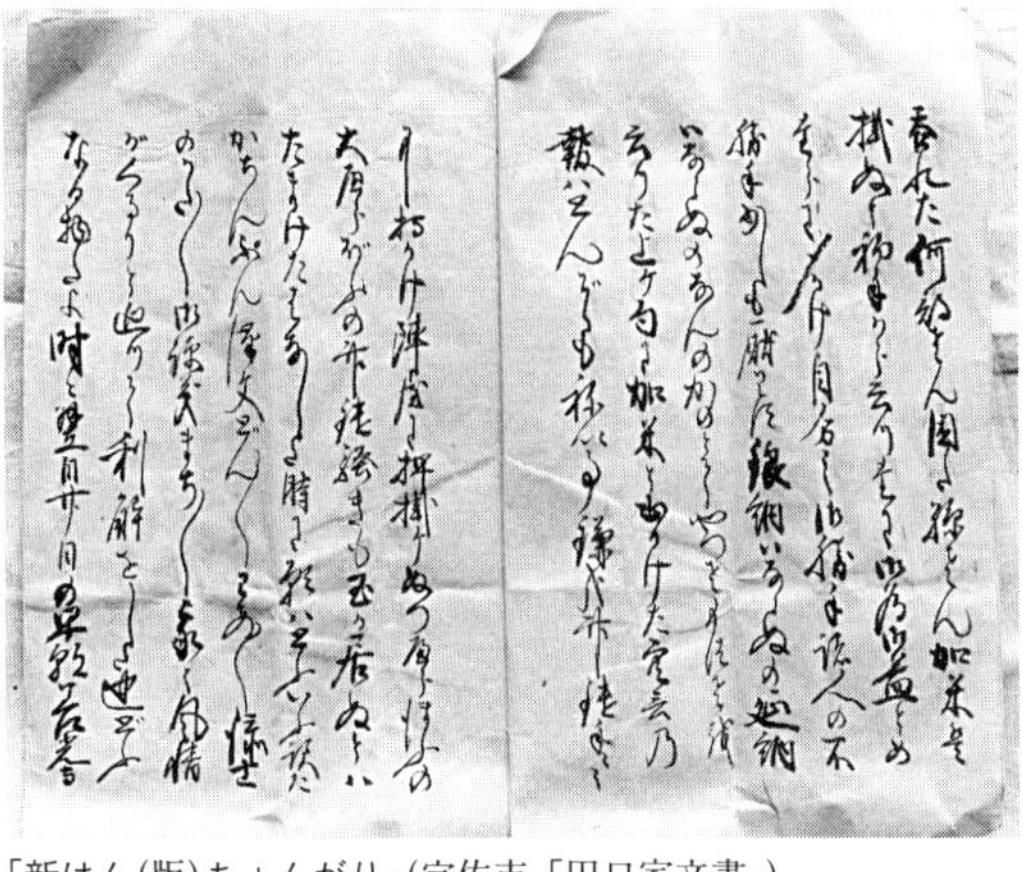

「新はん(版)ちょんがり」(宇佐市「田口家文書」)

に鉄砲の玉ごめを命じ、抜き身の槍をもち陣屋内の役人宅に逃げた。片岡の帰陣を聞いた農民「数千人」が陣屋に集まり、諸帳簿を破りすて、「乱暴狼藉《ろうぜき》」を働いた。片岡はふたたびのがれ、一旦戻ったが、その後逐電《ちくでん》し、小倉から江戸に帰ったあと追放された。実質上の支配者は逃亡してしまった。

一方、時枝領には中津藩兵と小笠原本家である小倉藩兵がはいり、軍事力で鎮静している。翌三年十月には後任の目代がはいり、一一カ月余の政治不在は終結した。安政という時代のなかで、農民は支配の拠点である陣屋をおそい破却をした。また小旗本領の農民騒動・打ちこわしに近隣の藩兵が鎮圧を行っている（『大分県史　近世篇Ⅲ』）。

慶応二年七月末、小倉口での幕府軍と長州軍との戦いは長州側の勝利となり、小倉藩は城をすてた。小倉に出陣していた西国筋郡代窪田治部右衛門鎮勝《くぼたじぶえもんしげかつ》は日田に帰った。そのあとを追って小倉藩藩主夫人・世子、幕府軍の大目付らが日田にはいった。窪田は幕府軍立てなおしのため、制勝組や小倉藩兵の調練を行っている。しかし、慶応三年十月の大政奉還、十二月の王政復古のクーデタ、四年一月の花山院《かざんいん》隊による四日市陣屋襲撃（御許山《おもとさん》騒動）という状況が続き、一月十七日に日田をはなれた。そのおりに豆田・隈《くま》町の「重立《おもだち》候者」への申渡しはつぎのようになっている。

其方たちは出精してくれ満足である。「一戦の覚悟」ではあるが、「国家之為、支配人民之ため」支配所を引き払う。今後は何事もなく銘々の考えどおりになり、すべて心配なく取り計らわれるだろう。読んだ後は、火中にいれよ。

郡代の去ったあとは森藩兵が、続いて熊本・福岡・久留米《くるめ》・鹿児島・岡藩兵が日田にはいった。閏《うるう》四月日田県がおかれ、松方正義《まつかたまさよし》が日田県知事となった。

9章

出遅れた近代化

大野川河水統制事業百枝取水堰堤

1 近代化への着手

大分県の成立●

藩財政の悪化が深刻化するなか、天保期以降二豊《にほう》諸藩も藩政改革に取り組んだが、ペリー来航以後は海防と軍制改革があらたな政治的課題となった。とりわけ、沿岸に領域をもつ諸藩は積極的な対応をせまられた。幕末の政局を左右することとなった第二次長州戦争には、藩論の統一に悩みつつも中津《なかつ》、杵築《きつき》、府内《ふない》の譜代《ふだい》三藩が幕府の動員令に応じた。西国郡代窪田治部右衛門《さいごくぐんだいくぼたじぶえもん》も小倉《こくら》にでむいたが、幕府方の敗北におわった。岡藩や杵築藩、府内藩における尊王攘夷《じょうい》の動きも、藩単位のものを実現することはできなかった。政治的にも財政的にも、幕末の政局にインパクトをあたえうる藩は二豊には出現しないのである。ひとり森藩のみは、薩摩《さつま》藩と分家久留島通孝《くるしまみちたか》親交の縁で、戊辰《ぼしん》戦争開始前に反幕的態度で藩論を統一していたが、それも慶応三(一八六七)年のことであった。

慶応四年一月十四日、花山院家理《かざんいんいえのり》をかついだ浪士ら六〇余人が、豊前四日市陣屋《ぶぜんよっかいちじんや》をおそい、御許山《おもとさん》にこもった。草莽《そうもう》の志士たちによる討幕の火の手である。「四日市大変《たいへん》」の情報で豆田《まめだ》の街が混雑するなか、西国郡代窪田は制勝組《せいしょうぐみ》に解散を命じ、十七日には肥後《ひご》に逃亡した。無人となった郡代役所には森藩兵がはいり、役所の門前と町の辻々に「為朝廷　久留島伊予守守衛地」という板札をたてた。暫時森藩を含む諸藩の共同警衛時代を経て、閏《うるう》四月二十五日には松方助左衛門《まつかたすけざえもん》(正義《まさよし》)が知事に任じられ、日田《ひた》県が設置された。藩は旧来のまま温存しつつ、旧幕府領に府県を新設して維新政府の直轄領としたのである。

松方知事は二年半の在任中、政府への一〇万両献金や養育館《よういくかん》の設置、日田生産会所の運営など、全国にも知られる治績をあげた。これまでの郡代役所にかわる新しい権威を求めた日田商人の全面的な協力を結集しえたからであった。

松方の後任には同じ薩摩藩出身の野村宗七《そうしち》（盛秀《もりひで》）が任じられるが、その空白をつくかのように、明治三（一八七〇）年十一月、空前の日田県一揆《いっき》がおこった。一揆は日田県管下の日田・玖珠《くす》両郡、府内藩から日田県管下別府《べっぷ》支庁、さらには日出《ひじ》藩・中津藩へと広がった。直接の原因は熊本藩の租税措置との落差、府県の税制改革に伴う重税感にあった。長州藩の大楽源太郎《だいらくげんたろう》一味が豊後《ぶんご》に潜伏、これに呼応するものもあって、世情不安な情況にあったことも影響していた。

維新政府内部では、一揆も、大楽騒動にみられるような士族層の不穏な動きも、一体的なものとしてとらえられ、版籍奉還《はんせきほうかん》（明治二年）からいっきに廃藩置県《はいはんちけん》（同四年）へとつき進んだ。七月に諸藩は同名の

初代日田県知事松方助左衛門

県となり、十一月に全国が三府七二県にまとめられた。

次頁の図は、大分県成立に至る経過を示したものである。八藩七領が入り乱れていたなかから、まず日田・玖珠・下毛《しもげ》三郡の幕府領が日田県となった。ついで諸藩預所と諸藩分知領《ぶんち》（旗本領《はたもと》）をつぎつぎと日田県に吸収した。その後、延岡《のべおか》藩領と富高《とみたか》役所つき日田県領との交換、豊前域日田県領の厳原《いずはら》藩への譲渡などを経て、明治四年七月十四日の廃藩置県があり、十一月十四日に旧豊後国一円を領域とする大分県が成立したのである。旧豊前国一円は小倉《こくら》県となっていたが、明治九年には福岡県に合併し、そのうち宇《う》佐《さ》・下毛両郡が八月二十一日大分県に編入され、ここに県域は確定した。

当初の豊後大分県は、八郡・一七町一八〇一村で、初代長官（参事、のち県令）として、岡山県の森下景端《かげなお》（一八二四～九一）が赴任してきた。同九年宇佐・下毛を加えて一〇郡となるが、さらに十二年郡区町村編制法の施行にあたり、国東《くにさき》郡と海部《あまべ》郡がそれぞれ東西・南北に二分され、一二郡体制となった。

新県政は、郡単位の大区とこれまでの数町村をまとめた小区を新設し、この大区・小区制下に戸籍の編成や徴兵令、学制、地租改正、士族の解体等々、近代国家に枢要な諸施策を実施した。こうした一連の施策に対する反発は強く、県中四郡一揆（明治五年）や県北四郡一揆（同十年）では、それぞれ数万人の被処罰者をだした。西南戦争では、増田宋太郎《ますだそうたろう》率いる中津隊が中津支庁と大分県庁をおそって西郷軍に投じ、西郷軍展開の北限地となった豊肥《ほうひ》・県南地域のいたるところで戦闘が展開された。

『田舎新聞《いなか》』や『南豊新聞《なんぽう》』『田舎新報』などは、西欧近代思想をも吸収して民主政治の実現を鼓吹し、県会（第一回は明治十二年）は豊州立憲改進党を中心とする民党《みんとう》と県令・知事の対決の場となった。二十二年には第三代知事西村亮吉《りょうきち》の不信任決議もなされた。しかし結果は、欽定《きんてい》憲法のもと大権を有する天

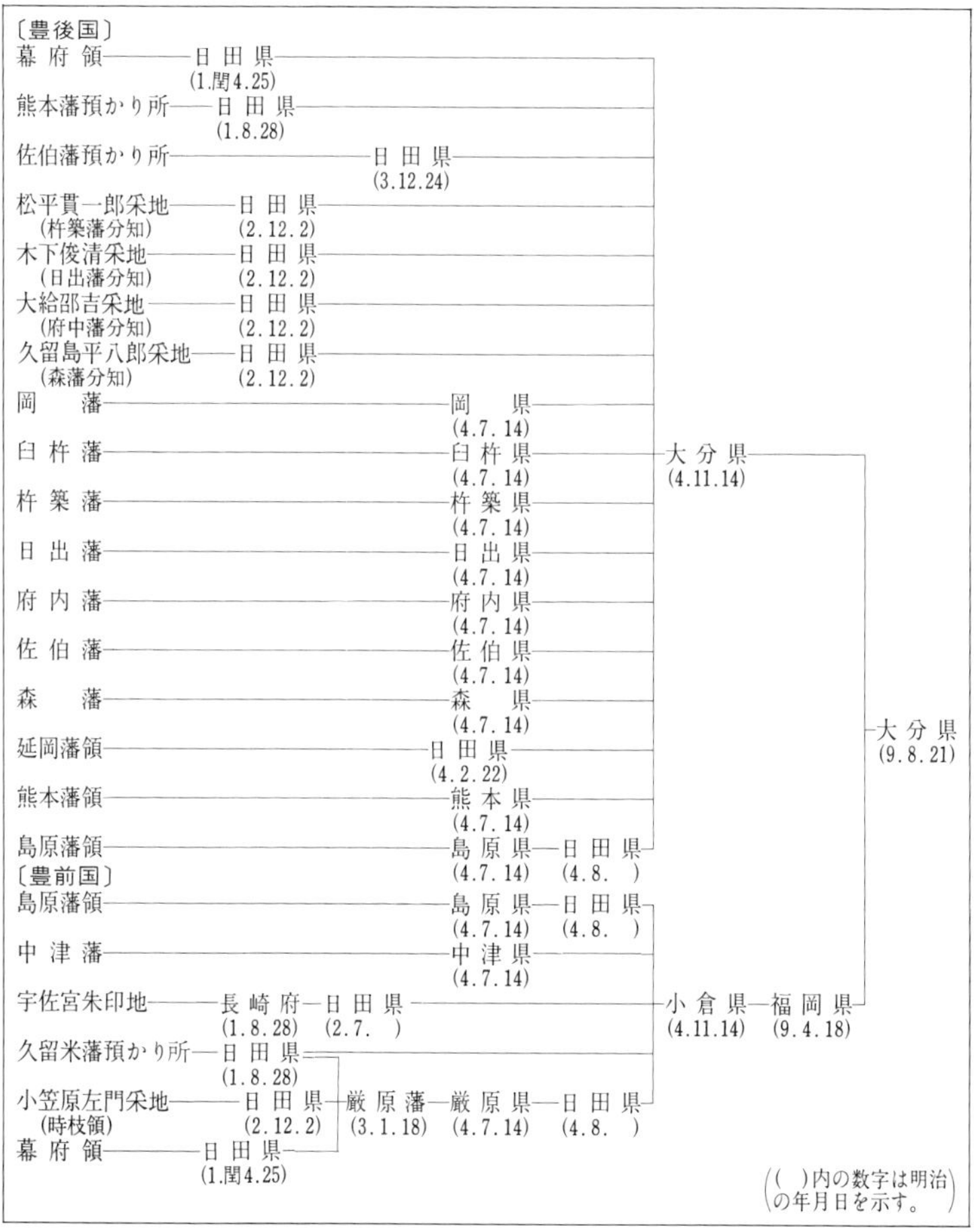
〔豊後国〕
幕府領—日田県(1.閏4.25)
熊本藩預かり所—日田県(1.8.28)
佐伯藩預かり所—日田県(3.12.24)
松平貫一郎采地(杵築藩分知)—日田県(2.12.2)
木下俊清采地(日出藩分知)—日田県(2.12.2)
大給部吉采地(府中藩分知)—日田県(2.12.2)
久留島平八郎采地(森藩分知)—日田県(2.12.2)
岡藩—岡県(4.7.14)
臼杵藩—臼杵県(4.7.14)
杵築藩—杵築県(4.7.14)
日出藩—日出県(4.7.14)
府内藩—府内県(4.7.14)
佐伯藩—佐伯県(4.7.14)
森藩—森県(4.7.14)
延岡藩領—日田県(4.2.22)
熊本藩領—熊本県(4.7.14)
島原藩領—島原県(4.7.14)—日田県(4.8.　)
大分県(4.11.14)
〔豊前国〕
島原藩領—島原県(4.7.14)—日田県(4.8.　)
中津藩—中津県(4.7.14)
宇佐宮朱印地—長崎府(1.8.28)—日田県(2.7.　)
久留米藩預かり所—日田県(1.8.28)
小笠原左門采地(時枝領)—日田県(2.12.2)—厳原藩(3.1.18)—厳原県(4.7.14)—日田県(4.8.　)
幕府領—日田県(1.閏4.25)
小倉県(4.11.14)—福岡県(9.4.18)
大分県(9.8.21)
(( )内の数字は明治の年月日を示す。)
藩県の沿革(『大分県史　近代篇Ⅰ』による)

皇の協賛機関としての帝国議会に象徴されるような政治体制に落ちついた。地方政治の体制もこれに準じ、知事と郡長は任命制であった。大分県は二十二年に町村制を、二十四年に郡制・府県制を施行した。全国的にも、もっとも早い明治地方自治制施行県の一つであったが、郡の統廃合を必要としない経済的後進県でおおむね早かった。

明治二十二年三月末、県下は一二郡・一四町二六五村で、戸数一五万三二六二、人口七九万六八八六であった。

殖産興業と明治農法の成立●明治四（一八七二）年の新貨条例の公布により、円・銭・厘《りん》の新貨幣がつくられるが、県下では翌五

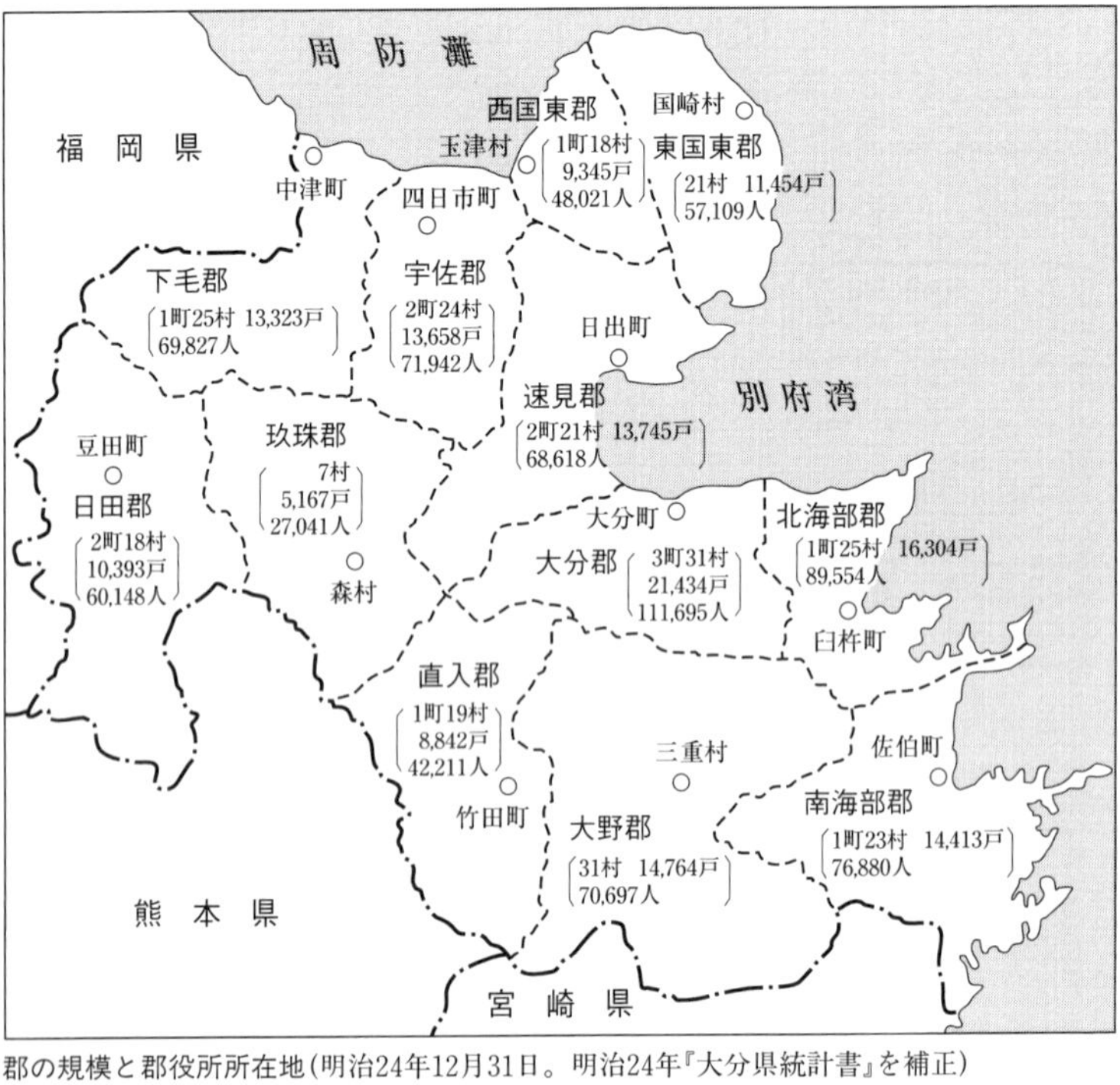

郡の規模と郡役所所在地(明治24年12月31日。明治24年『大分県統計書』を補正)

年から藩札《はんさつ》との交換がはじまり、九年には完了した。天保義社《てんぽうぎしゃ》（中津）や留恵社《りゅうけいしゃ》（臼杵《うすき》）・有慶社《ゆうけいしゃ》（佐《さ》伯《いき》）・登高社《とうこうしゃ》（大分）などの銀行類似会社のほかに、第二十三国立銀行（明治十年、大分）などの本格的な銀行が設立されたのは、その後のことである。二十三銀行は、西南戦争後のインフレ、松方財政下のデフレをきりぬけ、公金取扱い銀行として業績をあげて、三十年には普通銀行に脱皮、二十六年に開業した大分銀行とともに、県下の金融界を二分するのである。なお、相前後して日本勧業銀行（三十年）、大分県農工銀行（三十一年）も開業しており、日清戦争期を経て、明治三十年代初頭には、県下の殖産興業支援の金融体制も一応ととのうこととなった。

　県による殖産興業策は、小野惟《い》一郎《いちろう》（一八四八〜一九一七）を指導者として、養蚕・製糸部門からはじまった。旧熊本藩養蚕試験場（鶴崎《つるさき》）を大分県事業として引き継ぎ、旧府内藩勘定所跡に養蚕試験場を新設する一方、所員や生徒を熊本や東京、群馬、福島などの先進地に派遣し、視察研修を行わせた。明治十四年には末広《すえひろ》会社（中津）や辛島《からしま》組（宇佐《うさ》）などの士族授産会社など、県内の製糸場一二社を統合して、品質検査と販路の確保にあたる養蚕原社をつくらせた。二十年から操業の県下最初の機械制工場である大分製糸所は、県が模範工場として建設し無償貸与したものであった。豊中製糸株式会社（二十九年操業開始）、中津紡績株式会社（三十一年開始）、大分紡績株式会社（大正二年開始）などの中央資本の進出による大工場の建設は、鉄道の開通を待たねばならなかった。

　明治二十二年の博多・千歳川《ちとせがわ》間が九州における鉄道営業の最初であるが、二十八年の小倉・行橋《ゆくはし》間に続き、三十年には長洲《ながす》（宇佐市柳ヶ浦）まで開通した。長洲以南は鉄道国有化後のことで、県都大分までは四十年に着工、四十四年に通じたが、日豊《にっぽう》本線の全通は大正十二（一九二三）年のこととなった。炭田地帯に近く、人口の集積地を結ぶ鹿児島本線の全通は明治四十二年、長崎本線も同三十八年であった。東九州の出遅れはいなめない。なお、九州の東西を結ぶ豊肥《ほうひ》本線の全通は昭和三（一九二八）年、久大《きゅうだい》本線は同九年であった。

道路拡幅や開削を伴って、主要道の路線変更もあいついだ。明治初期以来の日向《ひゅうが》街道、関《せき》往還、肥後《ひご》往還に続き、明治二十七年には国道三五号線と佐賀県道・福岡県道で、三十五年には国道三六号線で大きな路線変更を行ったが、国道三五・三六号線は、大正八年の道路法施行で国道三号線となり、現一〇号線の母体となる。

並行して「白炭《はくたん》」ともてはやされつつ水力発電事業が進み、竹田水力電気株式会社（明治三十三年）、日田水電株式会社（同三十四年）、豊後電気株式会社（同四十二年）、九州水力電気株式会社女子《おなご》畑《はた》発電所（大正二年）、大分水力電気株式会社篠原発電所（同三年）などが操業をはじめ、都市部への電灯と動力の供給がはじまった。

しかし、工業化・都市化の波はきわめてかぎられていた。県域確定後まもない明治十一年、大分県の就農者数は四三万

竹田水力電気株式会社

余で、有業人口の八二%に達していたが、四〇万を切るのは一〇年ほどあとのことであり、明治期はもちろん大正中期まで三〇万台が維持された。就農者率は、大正九年の国勢調査では全国平均より一五ポイントも高い六六・二%であり、本格的に五〇%を切るのは昭和三十年代のことである。

国是としての富国強兵を実現するために、拠点的な工業振興策がとられる一方、国内での原料供給と食糧供給にも力がそそがれたが、資本の蓄積と有力資源にとぼしい大分県が、後者に位置づけられたことはいうまでもない。また、時代的にも米麦中心の農業に大きな期待と可能性が存在していたのであった。まず、技術の進歩と金融機関の整備により、堰《いぜき》や井《い》路《ろ》は大規模化し、灌漑《かんがい》面積は著しく拡大した。明治三十三年完成の明治大分水路は、幹線三三キロ、支線四一キロ、派線一一七キロに達し、新開田三四八ヘクタールを含む八七九ヘクタールをうるおした。大正期には大野川水系上流部で、明正《めいせい》井路（十三年通水）や柏《かしわ》原《ばら》荻《おぎ》井路（十五年通水）が完成した。

中真玉村耕地整理の作業員たち

第二は農法上の変革である。旧来の浅耕《せんこう》、湿田、少肥の農法にかえて、深耕《しんこう》、乾田、金肥使用が米作に導入された。籾《もみ》種の塩水選や苗代《なわしろ》、正条《せいじょう》田植、蓄力犂《ちくりょくすき》による深耕、用排水路を伴う耕地整理が進行するのである。この「明治農法」の確立にあたっては、行政が先頭にたって指揮、指導したが、大分県農学校（明治二十七年）や大分県農会（同二十八年）、大分県農林学校（同三十四年）の発足や農事講習会の開講が下支えとなったし、諸事業の立案実施には寄生地主層のリードが大きかった。大分県は明治四十三年、初の県長期経済計画ともいえる「農事奨励ニ関スル施設計画」を作成したが、その後の県農業史は、あいつぐ自然災害や資本主義経済の発展に伴う景気変動とたたかいつつ、明治農法を拡大、深化させる過程であったということもできる。

地方改良運動の展開●

国運を賭《と》した日清（明治二十七、二十八年）・日露（同三十七、三十八年）両戦争の影響は各方面に絶大であったが、地方にとっては増税の問題が深刻であった。

日清戦争後の明治二十九（一八九六）年国税営業法が公布され、府県税であった営業税は国税に移された。日露開戦にあたっては、三十七年に非常特別税法が制定されて、地租や営業税、所得税など各種の直接税が増徴となったほか、たばこ・塩の専売や諸種の間接税が新設され、非常時をすぎたはずの戦後も継続された。こうして四十四年の県下の租税徴収額は、対二十二年比名目で国税は三倍、府県税は三・八倍、市町村税は一〇・二倍となっている。市町村税はこの間のインフレ率を差し引いても実質五、六倍の増であり、主力であった地租付加税に制限がある以上、戸別割の飛躍的増徴に依存するほかに方法はなかった。明治地方自治制成立期に描いた不要公課町村など、夢のまた夢であり、市町村内の担税力をいかに維持、向上させていくかは、明治後期の最大の行政課題となったのである。

大分県制定の郡役所処務規程（明治三十一年）や郡役所巡視規程（三十七年）、町村巡視規程（三十七、四十四年）や町村出納検閲規程（同）、町村事務整理訓令・納税組合規約準則（四十一年）などは、行財政事務の近代化とともに、郡役所や市町村に対する監督を強化するものであった。明治三十五年以降は、勤倹貯蓄の知事訓令が急に頻繁となった。部落有林の統一や造成による市町村有財産の充実もさけばれ、日露戦勝を記念した造林事業は各地で実施された。

明治三十六年には、行財政事務の整備状況を基準とする模範町村規程が定められ、町村ごとの実体調査と活性化策をさぐる町是《ちょうぜ》・村是《そんぜ》の作成が推し進められた。内務省は全国の「模範的町村治」の事例を紹介したが、大分県からは下毛《しもげ》郡深秣《みまぐさ》村（中津市）と大分郡別保《べっぽ》村（大分市）が含まれていた。深秣村は事務整理と租税完納の継続が、別保村は共同五厘社《ごりんしゃ》を組織して内職と貯蓄、風儀矯正にはげんだことが評価されたものである。

明治四十一年戊申《ぼしん》詔書がだされた。「宜《よろし》ク上下心ヲ一ニシ、忠実実業ニ服シ、勤倹産ヲ治メ……華《か》ヲ去リ実ニ就《つ》キ、荒怠相誡《こうたいあいいさ》メ自彊《じきょう》息《や》マザルベシ」。翌四十二年第一三代知事千葉貞幹《ていかん》は、報徳会《ほうとくかい》第三回夏期講演会を大分町に招致し、これを契機に大分県報徳会を組織した。地方改良運動の精神的支柱は「分度《ぶんど》」「推譲《すいじょう》」を旨とする二宮尊徳の報徳主義にあったからである。

報徳講演会の初日、多くの県表彰が行われたが、個人では現や元の町・村長のほか勧業関係が過半を占め、生糸業模範工女の二人も含まれていた。団体は農会、産牛組合、信用組合、商談会、青年会などであった。大正期には郡段階の表彰も活発化した。なお、県報徳会発足の翌日には大分県地主会が組織された。

地主と小作人の協調、動揺しはじめた地主制の再編強化も、地方改良運動の大きな内容の一つなのであった。そのほか前節でふれた明治農法の普及や「農事奨励ニ関スル施設計画」、青年会・在郷軍人会の結成や無格社《むかくしゃ》、祠堂《しどう》の県社、村社への統合なども、地方改良運動の一環として取り組まれたものである。

総じて、国民精神の引締めと経済の自力更生に要約できようが、これは今後、経済危機、社会不安顕在化のときに行われる上からの運動の原型をなすものであった。また、第三回報徳講演会の招致に象徴されるとおり、大分県は今後もこうした運動の全国でもっとももはやい時期の、もっとも熱心な取組みをする県であり続ける。

県下の政党は、自由民権運動に起源をもつ。福沢諭吉《ゆきち》らの交詢社《こうじゅんしゃ》系の豊州《ほうしゅう》立憲改進党（明治十五年成立）と、吏党《りとう》で紫溟《しめい》会系の明倫会《めいりんかい》（同）である。豊州立憲改進党は、大分改進党、大分県同志会（二十一年成立）を経て憲政本党大分県支部（三十一年同）へと連なり、明倫会は豊州会（二十二年同）を経て立憲政友会大分県支部（三十九年同）につながっていく。なお、十九年『豊州新報』が、二十二年『大分新聞』が創刊されたが、前者は豊州会の、後者は同志会の機関紙であり、幾星霜を経たのち両紙が戦時統制下の昭和十七（一九四二）年合併して『大分合同新聞』となる。

大分県会では、十二年開会以来、明治中期まで民党の豊州立憲改進党―同志会が圧倒的優位を占めたが、やがて中央政界とも連動した消長を重ねていく。知事を含めた県政総ぐるみの政党化は、大正期からである。

教育熱の高まり●

明治五（一八七二）年八月の学制で「国民皆学」が宣告されたころ、大分県では福沢諭吉案による大分小校が設立されようとしていた。その後国の流れに合流するものの、府内《ふない》藩校遊焉館《ゆうえんかん》跡の大分小校は、七年に大分師範学校伝習所（大分県師範学校を経て、現大分大学）と付属府内学校（現荷揚《にあげ》町小学校）に分化しており、大分県近代教育史の源流をなした。

学制による小学校は、多く民家や社寺を利用して発足した。学校の敷地や教師、そしてなにより授業料をとりつつ就学児を確保するには、多大の行政指導と年月を要した。明治十九年の学校令でわが国の近代教育制度はととのうが、小学校令の施行にあたり、県下では四年制の尋常《じんじょう》小学校より、三年制で授業料の免除される簡易学校が過渡的措置として多くうまれた。簡易学校が廃止となったのちの二十七年の数字で、県下の尋常小学校就学率は五四・五％、全国順位四一位であった。とりわけ女子の就学率が低位にとどまっていた。

全国平均よりたえず数ポイント低かった就学率が全国水準を上まわるのは、明治三十五年以後である。二年前の小学校令改正で、授業料が免除になったためと思われる。義務教育年限が六年となった四十一年には、就学率も九八・八％に達しており、教育内容や質に問題はかかえつつも、ほぼ県民皆学体制はととのっていたといえる。

中等教育を担当する公私立中学校の設置は明治十年代から都市部でみられたが、中学校令で一県一校体制となり、十八年五月大分中学校（現上野丘《うえのがおか》高校）が発足した。大分中学校は二十七年、荷揚町から豊府《ほうふ》村上野（大分市）に移転し今日に至る。二十四年中学校令の改正で一県一校主義が緩和されると、大分県は中津（二十七年）、宇佐・臼杵・竹田（いずれも三十年）に、あいついで中学校を発足させた。小学校教育を犠牲にした「貧乏県の中学濫設《らんせつ》」だとの評もあったが、地域バランスを考慮した結果であった。

県下では明治二十七年大分県農学校（現三重総合高校）を臼杵に発足させており、三十二年実業学校令が公布されると、明治末までに大分県農林学校（三十四年、現日田林工高校《ひたりんこう》）、大分県立別府工業徒弟学校《とてい》（三十五年、現大分工業高校）のほか、多数の郡立・町村立の実業学校・実業補習学校が発足した。女子教育機関も県立の大分高等女学校（三十三年）、女子師範学校（四十年）をはじめ、郡立の高等女学校・実科高等女学校がつぎつぎと設立された。岩田英子《いわたえいこ》（一八七三〜一九三三）による私立大分裁縫伝習所（三十三年、現岩田高校）に引き続き、三十〜四十年代には国東《くにさき》・柳ケ浦《やながうら》を含め裁縫女学校の発足も数多い。

産業の発達と社会の変化、近代国家への飛躍に伴い、明治後期、教育熱は高揚していたというべきであろう。ただ、後発近代国家の農業県の宿命で、国立の高等教育機関はおかれず、義務教育の普及・拡充と同時進行で中等教育体制をも整備しなければならなかったのである。

明治十八年、大分県師範学校の卒業生を中心に、大分県共立教育会が発足した。当初の会員は一九二八であったが、四十四年には行政関係者らを加え、三五〇〇人に近い組織に膨れあがった。三十八年には大分県教育会と改名し、翌三十九年には下部組織として郡教育会を整備し、県下の教育界をまとめた組織に成長した。

教育談話会や講習会の開催、私立大分書籍館（二十四年、現大分県立図書館）や大分県私立盲唖《もうあ》学校（四十三年、現盲学校・聾《ろう》学校）の設立をはじめ、『大分県管内地図』『尋常小学校習字帳』『大分県方言集』『軍神広瀬中佐詳伝』『大分県偉人伝』の編集・出版を行った。郡教育会の活動はさらに広範であった。高等教育機関の設置が遅れた大分県では、文化・教育水準の向上にはたした教育会の役割は高く評価されねばならない。

2 中央資本進出の波紋

鉱工業の発達●

次頁のグラフにみるとおり、大正期は産業構造の大転換期であった。大正元（一九一二）年、県内の農・林・水産・鉱・工業の生産物価額は、農業が工業の三倍近い額を示して断然一位であったが、六年には五〇%を割り、十五年には工業との差がほとんどなくなろうとしている。そして昭和四（一九二九）年にはついに一位の座を工業に譲り渡してしまうのである。産業別就業者数は直にこれに比例しはしないが、産業構造の急激な変化が読みとれよう。

もっとも大きなのびをみせたのは鉱業であった。馬上《ばじょう》金山や鯛生《たいお》金山の隆盛、佐賀関《さがのせき》製錬所の操業開始によるものである。速見《はやみ》郡立石《たていし》町（杵築市）で福岡県出身の成清博愛《なりきよひろえ》が馬上金山の採掘をはじめたのは、明治四十三（一九一〇）年のことであった。はやくも二年後には富鉱部《ふこうぶ》に逢着し、大正三年には全国一の金産額を記録した。博愛の死後は息子信愛《のぶえ》が跡をつぎ、成清鉱業株式会社とするが、三年から八年ころが最盛期であった。ゴールドラッシュを裏返すかのように金山の衰微ははやく、十二年には鉱業権は久原《くはら》鉱業株式会社に移り、鉱滓《こうさい》売却で維持された。

いれかわるように日田《ひた》郡中津江《なかつえ》村の鯛生金山が隆盛期にはいった。大正七年イギリス人ハンス゠ハンターが金山を購入して鯛生金山株式会社（本社は大阪）を設立し、近代的施設を導入したのである。経営はその後木村鐐之助《りょうのすけ》・貞蔵《ていぞう》などに移るが、全国屈指の産額をあげ続け、昭和十年代前半には「東洋一」の

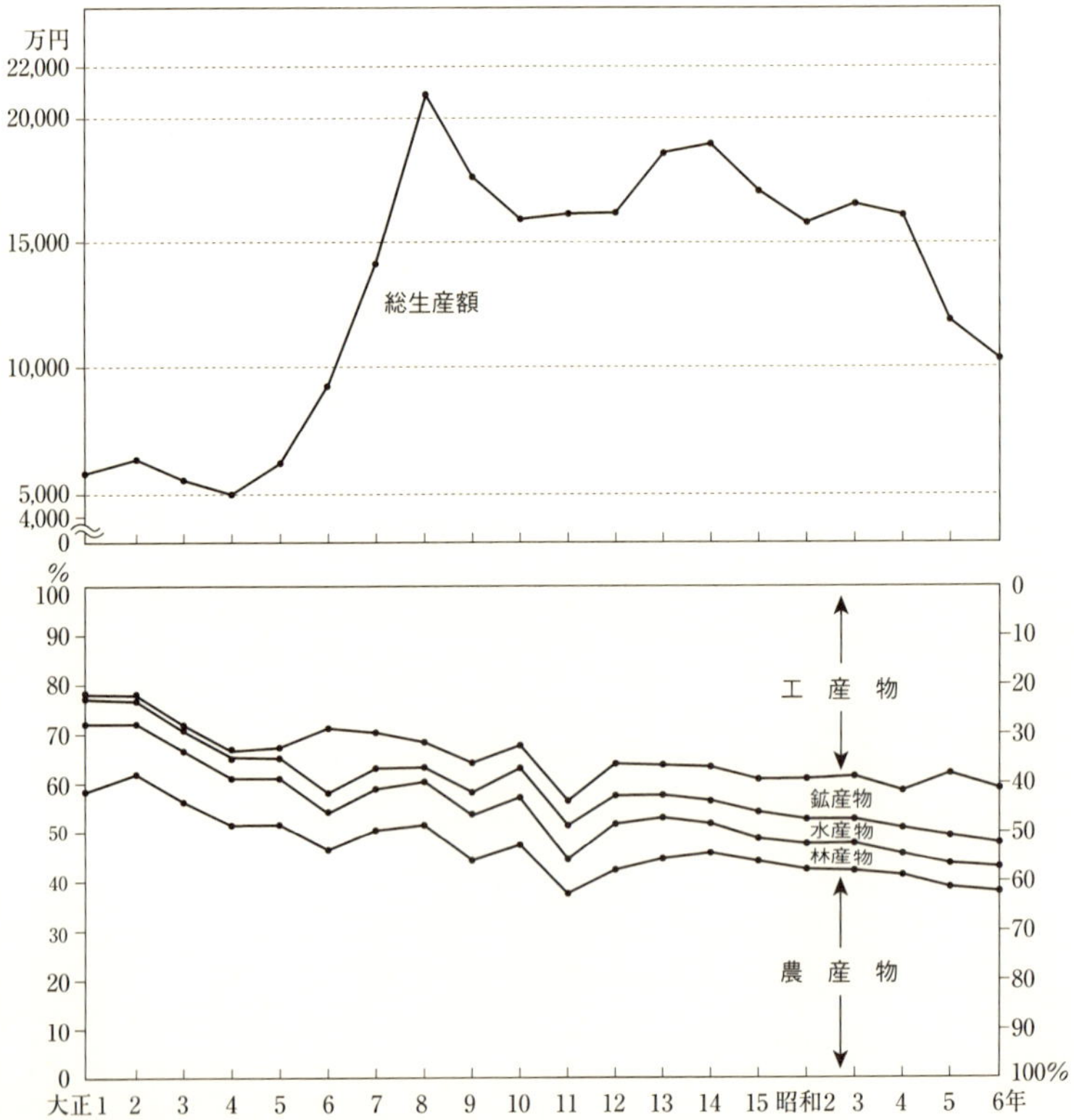

大分県の総生産額とその構成比の推移(『大分県史　近代篇Ⅲ』による)

金山といわれた。

日立《ひたち》鉱山を経営する久原鉱業株式会社は、大正四年佐賀関町で製錬所建設に着工、煙害防止を目的とする高さ一六七・六メートルの大煙突も完成して、五年から一部操業、六年から一貫生産をはじめた。製品は銅のほか、金・鉛・ニッケル・アンチモニーなどで、副業としてカーバイトも製造した。昭和四(一九二九)年日本鉱業佐賀関製錬所となり今日に至る。

工業後進地大分県の最大の工産物は、酒類であった。大正後期まで四〇〇前後の醸造戸数を有し、県内工産物中第一位を占め続けた。一時は県外からの移入が多かったが、醸造試験場を設けて品質向上がはかられ、逆に移出が増加した。畳表・ゴザも上位を占めていた。豊後表《ぶんごおもて》(青筵《あおむしろ》)を中心とするが、その原料七島藺《しちとうい》は、激しい価格変動の波に洗われつつも、大正末期になお約二万戸の農家で栽培されていた。日田下駄《げた》の生産も大正期に大飛躍をとげた。これまでの桐《きり》材にかえて杉材・松材を使用し、安価で多様な製品をつくりだした。大正八年には年間製作一〇〇〇万足を超えた。販路は九州一円はもちろん、四国・阪神に広がり、アジア各地にも輸出された。

新しくおこった工業としては、化学・肥料・機械・鉄工などがあったが、いずれも規模は小さく、反動恐慌のなかで消滅したものが多い。田中豊吉《とよきち》が八年に創立した臼杵鉄工所は、焼玉エンジンの製造で出発して造船工場を開設し、県南地方に造船業を根づかせた。

臼杵・八代《やつしろ》構造線以南の秩父《ちちぶ》古生層には石灰岩があり、その埋蔵量は無尽蔵とされる。古来肥料や漆喰《しっくい》用などに利用されてきたが、大正期に本格的なセメント工場が登場した。大阪に本社をもつ桜セメント株式会社が六年、徳浦《とくうら》(津久見市)に九州工場を建設したのである。八年には、大分市に本社をもつ大分セメント株式会社が青江《あおえ》村（同市）に操業をはじめ、その後も拡張を続けた。セメント用樽《たる》材工場や石灰製造所が県下各地にみられるようになった。しかし、第一次大戦後から昭和初期にかけて吸収合併があいつぎ、小野田セメント株式会社の系列下にはいっていく。

長野県岡谷市に本社をもつ片倉組《かたくらぐみ》が、大正二年に進出してきた。まず馬城《ばじょう》製糸所（宇佐市）を買収して九州進出の足がかりとし、六年には大分市大道《おおみち》に大分製糸所を建設した。同じく岡谷市が本拠の大和《やまと》組も六年、大分市上野に豊後製糸所を建設した。第一次大戦で主産地のヨーロッパにかわり需要に応じようとしたものである。在来の豊中《とよなか》製糸も中津本社工場や柳ヶ浦分工場を拡張、高田工場を新設したほか、大野製糸所や平松《ひらまつ》製糸所も工場を拡張した。しかし、戦後の休業や合併、資本の集中も苛烈《かれつ》であった。

大戦景気のもりあがりを象徴する県内のイベントは、大正十年開催の第一四回九州沖縄八県連合共進会であった。大分市勢家《せいけ》の新川《しんかわ》海岸を主会場としたが、大分市制一〇周年や新県庁舎の完成と重なり、各種の大会も開かれて、観客動員は

旧府内城跡に竣工した新県庁舎（大正10～昭和37年使用）

九八万人余に達した。『大分新聞』(大正十年三月十五日)も「独り大正博覧会を除きては、数次の内国博覧会も、其規模に於いて、経費に於いて、我が共進会に劣る」と報じている。

共進会への出品総点数は四万六〇〇〇余、出品総人員は三万二〇〇〇余で、開催地大分県の出品点数、人員は全体の約二割を占めた。大分県をのぞけば福岡県が断然多く、最少の沖縄県はその五分の一程度であった。審査には全国から専門家が委嘱され、八〇〇〇余点に賞があたえられたが、大分県出品者の受賞は一一部門中、鉱業土石類・意匠図案・製作工業の部門で多く、染色工業・化学工業・蚕糸業・飲食品・特許品分野で少なかった。農業園芸・林業狩猟・水産業部門は出品数の割り合いに近い。県産業の部門別の水準を示しているといえよう。わが国の工業の発達に、軽工業↓重工業↓化学工業という推移があるとすれば、東九州への伝播《でんぱ》は数テンポずつ遅れ、したがって技術水準にも差が生じていたとみるべきであろう。

大衆運動の高揚●

大正政変にあけ、護憲三派内閣の成立にくれた大正期は、大衆がみずからの運動で具体的な成果を獲得しはじめたデモクラシーの時代であった。しかし県下には第一次護憲運動(大正政変)に呼応した動きはみられない。大衆運動が表面化するのは、中央資本進出の是非と進出企業稼働後の被害補償をめぐってであった。

大正二(一九一三)年、久原鉱業株式会社は佐賀関町に進出計画を提示し、協力を要請した。明治二十~三十年代に佐賀関銅山煙害事件の体験をもつ現地の反応は迅速であった。さっそく、佐賀関町製錬所設置問題協議会や北海部《きたあまべ》郡製錬所設置問題連合調査会が組織され、国内煙害調査団が派遣された。以後、誘致派（市街地商店街）と反対派（周辺農漁村）の区分が判然とし、反対派は再三町会におしかけて抗議を行う一方、賛成派商店に対する不買同盟を結成するに至った。四年には会社側の説明会開催を機に誘致派有力政治家宅などを襲撃し、三〇〇人近い被検挙者をだす騒ぎを引きおこした。その後条件闘争に転じて和解が成立するが、町長の辞職や大煙突の建設を含め、公害防止に対する行政や会社側の一定の配慮を促す役割をはたした。

九州水力電気株式会社の女子畑《おなごはた》発電所建設についても、あらかじめ懸念の声はあがっていたが、「文明ノ開発」の大義名分の前に、反対運動はもりあがらなかった。しかし、工事が進み、いよいよ発電がはじまると、玖珠《くす》川の水位の低下に伴って深刻な問題が表面化した。従来の水運による木材運搬は途絶し、水車の運転も休止に追い込まれ、魚類は激減したのである。大正四年、玖珠・日田両郡の五村が立ちあがった。賠償要求運動は中川村（日田市）を中心に展開されたが、六年中川・馬原《まばる》・五馬《いつま》の三村（いずれも日田市）が賠償金を獲得するとともに、現国道二一〇号線の母体となる玖珠《くす》川沿岸道路整備の約束がなされることとなった。

H＝ハンターによる鯛生《たいお》金山の大規模稼働についてはさきにふれたが、八年鉱毒騒動が津江《つえ》川で表面化した。大量の泥流と魚類の死を前に村民大会が開かれ、村当局による交渉が続けられた。十年、中津江村と直接被害者に補償金をだすことで一応の決着をみたが、被害はさらに下流に拡大し、日田郡全域の問題と化した。以後毎年郡民大会が開かれ、代表による交渉が続けられた。結着は昭和三（一九二八）年と後れたが、鯛生金山株式会社は、九州鉱山局指導による本格的沈殿池をつくり、郡内各町村に補償金を支払った。

大分県における党色《とうしょく》知事は、第一六代知事黒金泰義《くろがねやすよし》からであったといわれる。黒金は大正三（一九一四）年、大隈重信《おおくましげのぶ》内閣によって任命され、大分県にのりこむや、県官・郡長・警官から米穀検査員に至るまで、党色あらわな大任免を行った。以後知事交替のたびごとに、こうしたことが繰りかえされる。中央政局における政党の伸長が、知事の任免をつうじてストレートに地方に波及し、地方政治の中央従属が進んだのである。

大正後半以降は、政友会と憲政会（民政党）の対立を内に秘めつつ、政治腐敗が表面化し、大衆騒擾《そうじょう》を引きおこした事例も少なくない。

大正十年、九州沖縄八県連合共進会が大々的に開催されたことはさきにふれたが、終了後共進会の剰余金が、慰労金として知事や内務部長、商工課長以下に分配されていることが明るみにでた。検事局は、寺内正毅《まさたけ》内閣によって発令されていた前知事新妻駒五郎《にいづまこまごろう》はじめ、関係者多数を召喚したが、不起訴におわった。これに対し、大分市と別府市で別々に県政粛正県民大会が開かれ、八〇〇〇人以上が集まった。集会参

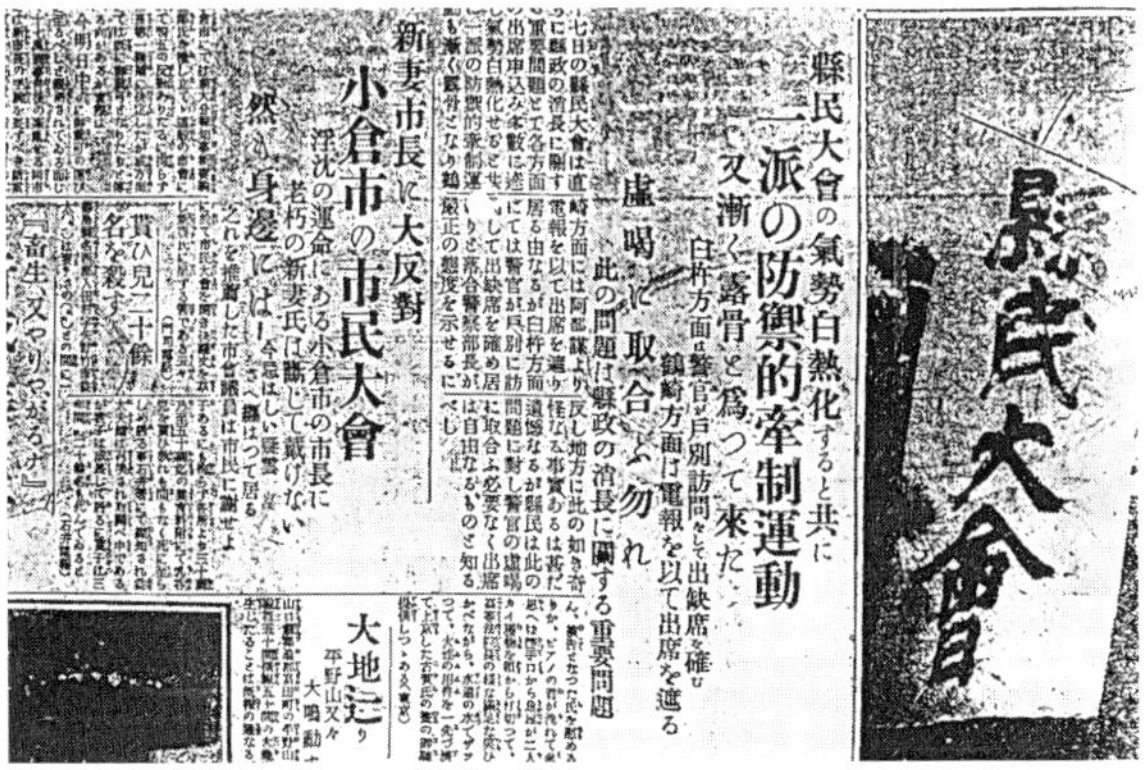
縣民大會
縣民大會の氣勢白熱化すると共に
一派の防禦的牽制運動
又漸く露骨と爲つて來た
臼杵方面は警官が戸別訪問をして出缺席を確む
鶴崎方面は電報を以て出席を迫る
虚喝に取合ふ勿れ
此の問題は縣政の消長に關する重要問題
新妻市長に大反對
小倉市の市民大會
浮沈の運命にある小倉市の市長に
大地

県政粛正県民大会について報じる『大分新聞』(大正10年7月17日付)

加者には、憲政・政友両党の議員が確認される。

翌十一年には、日田町長熊谷頼太郎《くまがやらいたろう》が水害義捐金《ぎえんきん》の処分と公会堂建設にからむ収賄容疑で辞職した。郡書記による一年間の代理執行ののち、政友会系優位の日田町会は、かつて収賄事件経歴をもつ小野忠蔵《ちゅうぞう》を新町長に選出した。憲政会系議員発起による新町長排斥運動が展開され、十二年には小野町長推せん派町議宅などをおそう騒擾が引きおこされた。運動には一部政友会系政治家も加担していた。小野町長はまもなくしりぞくが、町政の安定にはしばらく時間を要した。

十三年には、臼杵町で三区事件がおこった。護憲三派内閣の成立にかかわる衆議院議員選挙においてであった。木下謙次郎《けんじろう》（政友本党）と羽田彦四郎《はたひこしろう》（憲政会）の得票をめぐって、憲政会支持の群衆が開票会場の郡役所構内に乱入した事件である。九五人が拘束され、禁固者をだしたが、長崎控訴院の検証によれば、無効票の審査にミスがあり、二年後には当選者がいれかわるというおまけつきであった。

いずれも、草創期政党政治の腐敗と粗野な体質が露呈されたものであった。

郡制の廃止と大分高商の創立●

郡制は、プロシアに範をとり、国と町村の中間団体として設置されたものであった。独自の財産と議会を有する自治体であったが、徴税権はもたず、町村分賦金に依存したその予算も、明治後期から大正期には著しい膨張をとげていた。山岳重畳、地区細分の大分県では、地域産業の発展と教育の発達にきわめて大きな役割をはたしていた。

しかし全国的には、明治後期から「町村の規模からして……郡の必要性は少い」という声が強かった。大正三（一九一四）年の廃止案の衆議院通過（貴族院で否決）などを経て、十年に原敬内閣のもとで郡制廃止に関する法律は成立した。第一次大戦後の景気後退のなかで、町村財政の負担軽減と地方制度の合理化がはかられ、郡制は発足三〇余年にして消滅したのである。法律の施行は十二年であり、さらに十五年には地方官官制の全文改正で、郡長と郡役所も廃止された。以後郡はたんなる地理的名称と化すが、地方事務所、県事務所、地方振興局として、行政的には今日まで生き続けている。

郡制廃止に伴い種々の問題が発生したが、もっともこじれたのが学校問題であった。これまで県立高等女学校は、大分・中津・高田の三校であったが、十二年あらたに国東《くにさき》・臼杵《うすき》・佐伯《さいき》・三重《みえ》・竹田《たけた》・森《もり》・日《ひ》田《た》・四日市《よっかいち》の八校が県立に移管となった。一郡一高女の原則から、速見郡では組合立日出《ひじ》高等女学校と同杵築《きつき》高等女学校が競合して見送られた。しかし、その後も猛烈な陳情合戦は続き、四年後には双方同時の県立移管が実現した。

また、実業学校に関しては郡制廃止時の県立移管は見送られていたが、組合立玖珠《くす》農学校と郡立国東実

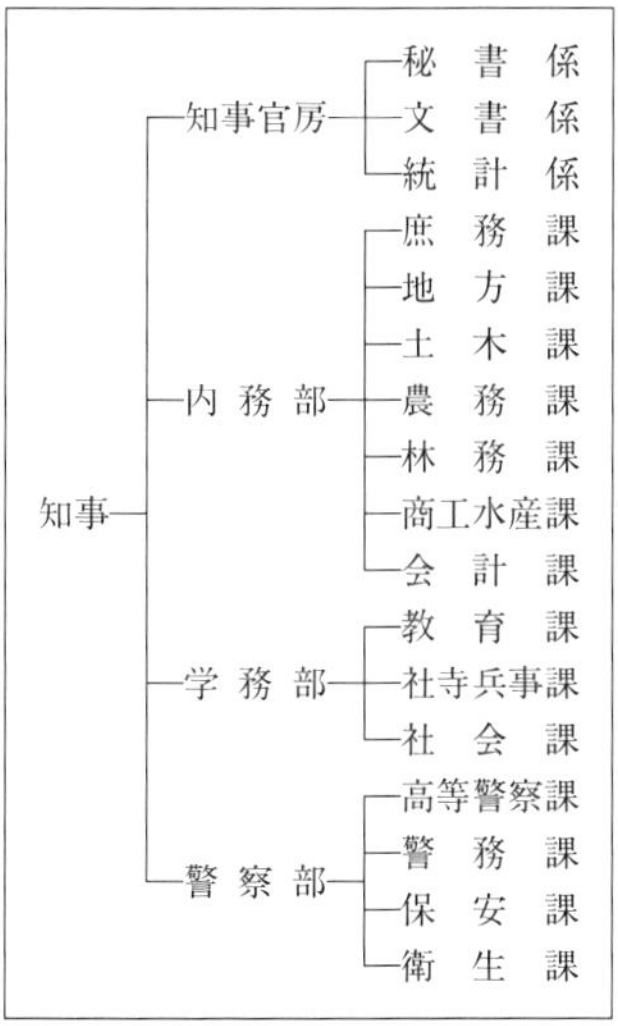

大分県行政組織図(大正15年『大分県報』による)

業学校が昭和二、三年に、臼杵町立商業学校と中津・大分の市立商業学校が同六、七年に県立移管となった。

明治期以来の中学校や農学校、農林学校、工業学校のほか、これらの増加した県立諸学校を統轄するため、県にはこれまでの総務部・警察部に加えて学務部が新設され、県政の機構改革が断行された。昭和十(一九三五)年にはさらに経済部が独立する。

郡制の廃止にあたり、挽歌のように多くの郡史誌がまとめられた。『大野郡郡会史』や『宇佐郡政史』『大分郡制史』『直入《なおいり》郡志』などは、郡役所および郡会の事績を中心にまとめた同時代史である。『大分県郡制廃止記念史』や『大分県各郡郡史』などのように、民間会社による企画もあらわれた。また『西国東郡誌』(佐藤蔵太郎)、『速見史談』(志手環《たまき》)、『下毛郡誌』(赤松文二郎)などは、郡役所や郡教育会の委託をうけた個人による郷土史の大著であった。昭和初期にはさらに『国東半嶋史』(河野清美《こうのきよみ》)、『大宇佐郡史論』(小野龍胆《りゅうたん》)、『直入郡全史』(北村清士《きよし》)、『扇城遺聞《せんじょういぶん》』(赤松文二郎)など、各郷土史家のライフワーク的大作が刊行された。

大正八(一九一九)年の史蹟名勝天然記念物保存法の成立前後から、県下各地に史談会が成立し、中央のアカデミズム史学者との交流も深まりつつあったが、郡制廃止と御戴天《ごたいてん》記念を機に一つの結実を迎えたのである。なお県下一二郡中、南・北海部《あまべ》郡と日田郡のみは、この時期には郡史誌の成立をみなかった。

大分県での高等教育機関の出発はおくれた。大正六年九月『大分新聞』はつぎのように報じている。

福岡、長崎、熊本、鹿児島の諸県には已《すで》に夫々大学若しくは高等学校、専門学校等の設けあり、中等教育を卒《お》へたる子弟が就て学ぶべき機関は乏しとせず……未だ官立学校設置の恩典に浴せざるものは佐賀、宮崎、大分あるのみ、……

それだけに、七年の原敬内閣による高等教育機関大拡張計画には大きな期待をかけ、熾烈《しれつ》な運動を展開した。しかし、当初の農科大学誘致構想は九州帝国大学行きとなり、つぎの高等学校誘致合戦では佐賀県にやぶれた。誘致熱高揚のなかで八年度予算に組み入れた増設学校に上のせして、約三〇校の増設拡張があらたに閣議決定され、大分への高等商業学校設置が確定したのである。

大正八年十二月、県会で県の現金寄付額三六万円と、大分市および有志者による敷地買収・整地費一〇万円余の寄付が可決された。九年末から建設にとりかかり、十年十二月三年制の大分高等商業学校は発足した。十一年四月から新入生をうけいれたが、大分県出身者は新入生一五二人中二六人であった。三年後の卒業時は不況下で半数は職にありつけず、苦しい出発となった。就職難の時代は昭和初期まで続く。

3 恐慌と戦争

大恐慌の襲来●

大正前期から、政府は銀行設立認可にあたっての最低資本金額を上昇させて、小銀行乱立の状況を整理する方針を示していた。しかし第一次世界大戦景気のなか、大分県内でもあらたに五つの銀行がうまれた。戦後の反動不況期には、倒産寸前におちいった六行を大分銀行が吸収合併したが、一方で貯蓄銀行七行が普通銀行に転換した。資本金の少ない小銀行乱立の状況は継続し、大正十一（一九二二）年一月現在県内には銀行本店が四八、支店が一〇〇以上にも達していた。

慢性的な不況と信用不安のなか、十一年暮れには九州銀行（熊本市）や日本積善《せきぜん》銀行（京都市）が休業して取り付けは全国に波及した。県下でも十二月中旬には取り付け騒ぎが生じ、二十一日、二十三銀行とならぶ県内最大手の大分銀行が休業に追い込まれた。同時に山香《やまが》銀行・大野成業銀行・今津銀行など、同行系の各銀行も休業した。大分銀行の一党一派にかたよった経営体質とその甘さが原因とされる。休業期間はまる一年余におよんだ。

大分銀行が休業に至る直前には、二十三銀行との合併を前提に、日本銀行からの融資を得て休業を回避する手はずがととのえられようとしていた。再起にあたっても二十三銀行の援助のもとに整理案がととのい、調印された経緯があった。これらの協調が土台となり、金融恐慌にゆれた昭和二（一九二七）年の十月、大分銀行と二十三銀行は合併して大分合同銀行となった。県下の二大銀行が「夫々各地ニ支店ヲ有シ、同一地方ニ両行ノ店舗ガ相重ナリ居ル」状況は解消されたのである。大蔵省が地方長官あてに銀行合同促進依頼の通牒《つうちょう》を発してまもなくのことであった。しかし、金融恐慌に続く世界恐慌の波及、金解禁恐慌などもあって、大分合同銀行の預金が上昇に転じ合併時の預金実績をオーバーするのは、昭和九年上半期のことであった。昭和初期には長い長い不況期が続くのである。県内の生産物価額は四年からの下降が激しく、六年には大戦景気時の半分におちこんでしまう。

深刻化した不況を背景に操業短縮や合理化が強行され、「無風地帯」とまで評された県下の労働界も緊迫の度を加えてきた。まず、銅価の暴落で大規模な人員整理をせまられた日本鉱業佐賀関製錬所である。昭和三年職工同志会が結成され、争議の体制にはいろうとしていたが、会社側の切り崩しにあって指導者が逮捕され、組織は消滅した。

五年十月には大分セメント津久見工場で、解雇反対・解雇手当金増額要求闘争が展開された。調停仲介や支援もあり、地域をまきこんだものとなったが、警官との乱闘やビラ配布で指導者が逮捕されて敗北におわった。同年十一月には山十《やまじゅう》製糸大分工場で、賃金不払いを理由とする争議がおこった。争議団は約一カ月間工場内に籠城、未払い額の一〇分の一を手にする約束で妥結したが、約束の半分も履行されないまま工場は閉鎖され、跡地に熊本の出水《いずみ》製糸が進出してきた。

六年四月、富士紡績大分工場でも争議が発生した。争議団が会社に提出した要求は一三カ条にわたるが、中心は合理化による労働強化と実質賃金の切下げ阻止にあった。争議団の寄宿組は工場内の食堂に籠城、通勤組は班編成で出勤し、争議資金確保のために行商にもでた。半月後犠牲者をださずに「要求の七分が容れられ」て妥結したが、ひと月半後にはさきの争議の中心人物たちの解雇が画策され、第二次争議となった。しかし警官の介入があり、検束者もでて争議は終息する。同時期に、日田郡中津江村の鯛生《たいお》金山で解決まで五〇日間を要する大争議が展開された。争議の発端は、会社側が従業員による全国大衆党支部の結成を阻止しようとしたことにあったが、最終的には古い体質をもつ会社側の実質譲歩で終了した。

昭和初期には、普通選挙法の成立をうけて無産政党や労働組合の成立・離合集散があいつぐが、県下の労働争議にも全国大衆党や日本労働組合全国協議会の働きかけや連携によるものが多い。しかし、無産政党員の検挙や弾圧があいつぎ、九～十年ころには組織的活動は終息した。

昭和初期にはまた、「経済困難、思想困難」を克服するために、政府の指令による諸種の運動が矢つぎばやに提起された。まず、浜口雄幸《おさち》内閣のもと、文部省から提唱された教化総動員運動である。国体観念の明徴、国民精神の作興、経済生活の改善、国力の培養を訴えるものであった。九月には県下でも、警察

大分銀行赤レンガ館

大分駅前の旧電車通りに、トキハデパートなどの現代建築にはさまれるように、大分銀行赤レンガ館が建っている。鉄筋コンクリート造二階建ながら、赤レンガタイル貼りの壁面を花崗岩《かこうがん》の白い帯が水平に引締め、寄棟《よせむね》・腰折《こしお》れの屋根を円形の屋根窓でかざり、ランタンをもつ八角形の銅板葺《ぶき》ドームがデザインの要所を引き締めている。辰野《たつの》式とよばれる明治正統派洋風建築の威容《いよう》である。日本銀行本店や東京駅を設計した辰野金吾《きんご》と、都ホテル旧館・大阪毎日新聞社をつくった片野安《やすし》の共同設計になる。辰野・片野建築事務所の直営で、明治四十三（一九一〇）年に着工、二年八カ月の歳月と工事費一七万円余を費やして、大正二（一九一三）年に竣工した。担当者はのちに株式会社佐伯建設を創始した若手建築士の佐伯與之吉《よのすけ》であり、昭和二十（一九四五）年の空襲被害ののち、佐伯建設が外部はほぼ旧態に、内部についても元に近づけて修復したものである。大分市内に残る唯一の明治時代洋風建築であり、平成八（一九九六）年十二月大分県登録有形文化財となった。

発注者は、大分銀行とならぶ県下最大手銀行の一つ株式会社二十三銀行であったが、二十三銀行本店（大正二年〜）ののち、大分銀行と二十三銀行の合併によって成立した大分合同銀行の本店（昭和二年〜）・大分合同銀行改名大分銀行の本店（同二十八年〜）・府内会館（同四十一年〜）を経て、平成五年から大分銀行赤レンガ館として利用されている。まさに大分県金融史の生き証人ということができる。創建当時のデータによれば、建坪一八八坪六合（六二二・五平方メートル）、金庫九坪二合（三〇・四平方メートル）、軒高四〇尺（一二・一メートル）。一階は吹抜《ふきぬ》けの客溜《きゃくだまり》と営業室・重役室、二階は会議室・応接室などで、地階が金庫室であった。写真は二十三銀行本店時代のものである。府内会館から大分銀行赤レンガ館に移行するにあたって、ふたたび内部中心の改修が行われ、回廊・便所を増築し、一部をギャラリーとして市民に開放している。大分の市街地が近代都市になっていくさきがけ的記念碑であり、近代建築遺産の再活用された代表事例の一つである。

なお、県下における建築物の近代化遺産としては、湯布院町の日野病院（明治二十七年竣工）のほか、別府市の野口病院（大正十一年同）・京都大学理学部附属地球物理学研究施設（大正十三年同）・別府市中央公民館（旧別府市公会堂・昭和三年同）などがある。

大分銀行赤レンガ館（大分市）

署・市役所・町村役場・公私立学校・青年団・女子青年団・教化団・神職会・宗教団体・在郷軍人会あてに知事告諭がだされている。各種講演会が開かれたほか、学校における奉安殿《ほうあんでん》の建設や郷社《ごうしゃ》の県社への昇格ラッシュ、官幣大社宇佐《うさ》神宮（七〜十六年）や大分県招魂社（八〜十年）の大拡張工事、軍神広瀬武夫をまつった竹田《たけた》の広瀬神社の創建（十年）などにつながっていった。

七年十月には、斎藤実《まこと》内閣下の農林省から「農山漁村経済更生ニ関スル件」が訓令された。以後、産業組合の整備と農事実行組合の組織が進み、隣保共助の自力更生による村内農家の負債整理計画がつくられていった。一方で七年から十一年にかけて、内務・農林両省所管の土木事業に多額の予算が配分され、時局匡救《きょうきゅう》事業が展開された。

昭和十年五月には岡田啓介《けいすけ》内閣によって選挙粛正委員会令がだされ、各府県に知事を会長に、部落会、

創建なった広瀬神社参道

町内会を末端組織とする粛正委員会がつくられていった。大正末からの政党政治批判・選挙浄化運動の流れをくむものであったが、結果としては翼賛《よくさん》選挙運動につながっていったとされる。大分県は鳥取県とともに選挙粛正運動のモデル県の一つであった。

都市比重の増大●

明治二十二（一八八九）年市制町村制が施行されたとき、県下は一四町二六五村であった。九州七県のうち、県都が市とならず、市が皆無の県は、宮崎県と大分県のみであった。

県下に初の市が成立したのは明治四十四年であった。県都大分市である。人口三万以上、第二次産業・第三次産業の集積による「家屋連比」が市の必要条件であった。府内《ふない》藩二万一〇〇〇石の小城下町にすぎなかった大分町が、県庁所在地として充実発展し、西大分町に師範学校が移転した（明治三十三年）こと、歩兵第七十二連隊が創設された（同四十年）ことのほか、豊州鉄道大分線の開通（同四十四年）、大分紡績株式会社の創業（同四十五年）などが背景にあった。四十年大分町・西大分町・荏隈《えのくま》村・豊府《ほうふ》村の二町二村の合併によって成立していた新「大分町」が、市に昇格したものであった。その後の市域の拡大は、昭和十四（一九三九）年と十八年の近郊農村の編入まで行われなかった。

第二番目の市は泉都別府《べっぷ》市であった。別府町と浜脇《はまわき》町が明治三十九年合併して新「別府町」となっていたが、大正十三（一九二四）年に市に昇格したものである。第一次世界大戦景気下の全国的な都市化の進行と、海陸にわたる交通の発達を背景とする温泉観光の発展によるものであった。昭和十年にはさらに、亀川町・朝日村・石垣村の一町二村を編入した。

昭和十年時点で、大分市と別府市の人口はともに六万、市制施行時の二倍を超えていた。

市の成立と人口

名　称	市制施行時 年　月　日	人　口		
		市制施行	昭和35年	平成7年
		人	人	人
大　分　市	明治44. 4. 1	31,249	124,807	426,979
別　府　市	大正13. 4. 1	36,276	107,734	128,255
中　津　市	昭和 4. 4.20	30,125	61,667	67,115
日　田　市	15.12.11	36,293	68,437	63,849
佐　伯　市	16. 4.29	36,972	51,369	51,376
臼　杵　市	25. 4. 1	30,402	45,421	36,614
津久見市	26. 4. 1	34,169	37,164	24,848
竹　田　市	29. 3.31	35,342	34,911	18,746
鶴　崎　市	29. 3.31	31,502	27,755	*
豊後高田市	29. 3.31	30,592	28,280	19,131
杵　築　市	30. 4. 1	30,645	27,753	22,112
宇　佐　市	42. 4. 1	55,370	——	50,032

『大分県統計書』『大分統計年鑑』による。＊＝大分市に合併。

昭和四年、第三番目の市として中津市が成立した。江戸期県域最大の中津藩一〇万石の城下であった中津町は、町村制施行時はもちろん、明治期をつうじて県都大分町を上まわる人口と都市機能をほこっていたが、既成市街地の拡大がむずかしく、大正期には停滞していた。国鉄中津駅の存在と繊維工業各社の進出で発展していた下毛《しもげ》郡豊田村・大江村と大正十四年に合併し、さらに昭和四年同郡小楠《おぐす》村を編入して中津市となったものである。

紀元二千六百年の記念事業として、日中戦争下に成立したのが、日田《ひた》市（昭和十五年、一町六村の合併）と佐伯《さいき》市（同十六年、一町三村の合併）である。市制施行の前提として、日田市には久大《きゅうだい》線の全通に伴う観光と林業・木材加工業の発展が、佐伯市には佐伯海軍航空隊の開隊（同九年）に伴う軍都としての発展があった。

こうして県中の大分・別府、県北の中津に続いて、県西・県南にもそれぞれ市が成立し、県下は五市三五町一八八村となった。明治二十二年以来では五市があらたに登場し、町数は二一ふえ、村数が七七減少した計算になる。五市の人口合計は二三万余で、県人口の約二四％を占めるに至った。

都市人口の増加に並行して上水道が普及した。湯の街別府がもっともはやく、明治期にすでに上水道計画がつくられ、内務大臣の認可も得ていたが、大正三年起工し、同六年給水を開始した。県都大分市は大正十四年起工、昭和二年完成、中津市も大分市に一年遅れで起工、完成した。以後、佐伯市（昭和八年）、竹田町（同八年）、臼杵《うすき》町（同十年）、佐賀関《さがのせき》町（同十三年）でも工事がはじまった。上水道の布設は、生活上の利便性ばかりでなく、衛生上・消防上からも意義深いことであった。

都市景観も大きくかわろうとしていた。昭和初期の県下では、三、四階建ての街並みは別府の旅館街のみであったが、大分市に鉄筋の高層建築が登場しはじめた。昭和七年竣《しゅんこう》工の大分県農工銀行（現勧業銀行）に引き続いて、大分県教育会館（昭和八年）、トキハ百貨店（同十一年）、大分市役所（同十二年）などである。木造ながら同九年開店の一丸デパートも四階建てであり、県美術協会の二大勢力がトキハと一丸にわかれて美術展をきそいあうこともあった。大分の「丸の内」という言葉もささやかれた。また、別府では昭和三年油屋熊八《あぶらやくまはち》創業の亀の井旅覧自動車がガイドつきの地獄巡りバスを走らせていたし、大分でも定期乗合自動車が二〇方向に運転され、国鉄大分駅前には一〇社余の自動車会社が待合所を設けていた。日中戦争・太平洋戦争がはじまろうとするころ、県下においてもようやく近代都市文化が形成されようとしていたのである。

大分連隊の出動●

日露戦争後、軍備増強計画が推し進められるなか、大分県も連隊誘致に成功した。明治四十（一九〇七）

年九月、陸軍常備団隊配備表が改定され、第十二師団（小倉）第十二旅団に、歩兵四十七連隊のほかに第七十二連隊が創設され、大分設置となったものである。大分連隊は、小倉の十四連隊（小倉城内）と第四十七連隊（北方）に分駐して出発したが、四十一年七月大分町駄《だの》原《はる》に新兵舎が完成して移駐し、新兵を迎えて三個大隊一二中隊の大分連隊が発足した。知事千葉貞幹《ていかん》が県会でのべたように、「本県ノ子弟ハ従来他県ニ出テ兵役ニ就《つ》イテ居リマシタモノガ、本県内ニ於テ兵役ニ就クコト」ができるようになったのである。

　第七十二連隊は、大正七（一九一八）年八月第十二師団の一員としてシベリアに出動した。一年後に大分に帰還するまでのあいだ、革命パルチザンを相手とするユフタの戦いなどで三〇〇人を超す戦死者をだした。第一次大戦後の軍縮で廃隊となるので、第七十二連隊は悲劇の連隊のイメージをもたれたまま、大正十四年五月、一八年間の短い歴史を閉じた。大分の兵舎には第四十七連隊が移駐し、第六師団（熊本）の傘下にはいった。

第47連隊の連隊祭

第四十七連隊は、昭和三（一九二八）年四月から九月のあいだ、青島《チンタオ》に出動した。いわゆる第二次山東出兵の一環であり、国民政府軍による北伐の遮断をねらったものであった。満州事変勃発後、七年十二月に二度目の出動をした。八年十月に帰還したが、戦死者一〇人・負傷者二七人をだしていた。いずれも県民の熱狂的な旗波と歓呼のなかでの動きであった。

十二年七月盧溝橋《ろこうきょう》事件がおこり、日中は全面戦争に突入するが、事件の二〇日後、内地ではもっともはやい動員令が大分連隊を含む第六師団にくだった。大分連隊は八月一日大分駅を発し、門司《もじ》・釜山《プサン》・奉天《ほうてん》を経て北京《ペキン》に着いた。華北・華中・華南を転戦したあと、南方作戦にそなえて台湾に駐屯した。太平洋戦争がはじまるとフィリピンからジャワ、チモールと転戦し、昭和二十年八月の終戦時には、隊旗は小スンダ列島のバンダル島にあった。満州事変以来の県出身兵士の戦死者は四万二〇〇〇人に達していた。

第四十七連隊出動後の大分連隊兵舎には補充兵がはいっていたが、十八年陸軍少年飛行学校大分分校となった。

連隊の出動と相前後して、県下には三つの海軍航空隊が開隊した。昭和九年二月呉鎮《くれ》守府所属佐伯海軍航空隊が開隊した。豊後水道周辺海域の防備を本務とし、母艦部隊搭乗員の訓練や外地進出部隊の錬成場としての役割もになった。航空隊の開隊と同時に呉海軍軍需部の佐伯支庁も発足した。

十三年十二月には大分海軍航空隊が開隊し、主として飛行学生の操縦・偵察教育を行ったが、十四年四月には呉海軍航空廠《しょう》の分廠がおかれ、航空機の修理・改装・整備、兵器・弾薬の補給を行った。宇佐海軍航空隊は十四年十月に発足したが、まもなく練習航空隊となり、学生教育を担当した。

日中戦争が長期化して南方作戦をも展望するなか、軍事拠点・軍事教育拠点は全国に拡散したのであった。

満州事変、満州国の建国後、農業移民送出論が高まって、武装移民に続き毎年移民団が送り込まれていたが、昭和十一年広田弘毅《こうき》内閣は百万戸移民計画を決定した。十二年以降二〇年間に国策として一〇〇万戸を満州に入植させようというもので、地方長官会議では各府県の目標数値まで示された。

第一期五カ年計画が本格的に動きはじめた十三年、県関係では九州全域で編成した九州那郷《くすなごう》開拓団（浜江《ひんこう》省方正《ほうせい》県）と県単独の大分村開拓団（同省珠河《しゅが》県元宝鎮《げんぽうちん》）が入植した。そして十五年には長野県大日向村《おおひなたむら》開拓団にならって、南海部郡七カ村の分村移民（満州佐伯村）が決定し、翌十六年奉天省昌図《しょうと》県桜桃《おうとう》村に入植した。満州移民は満州の防備開拓のほか、負債に苦しむ内地農民の経済更生計画の一環として、母村の一戸当り耕地面積を増大させる役割をもになわされたのである。

しかし満州では、つかのまの平和と先住中国人・朝鮮人農民からの強制収用地における村建設への取組みののち、数回の収穫を得たのみで、太平洋戦争末期には開拓団にも召集令状が発され、やがて敗戦に伴う苛酷《かこく》な運命が待ちうけていた。

戦争との対時●

日中戦争の長期化・泥沼化が必至となった昭和十三（一九三八）年、国家総動員法が成立した。戦時にさいし「国ノ全力ヲ最モ有効ニ発揮セシムル様、人的及物的資源ヲ統制運用スル」ためであった。同法の内容は広範で多岐にわたったが、全面的な委任立法であり、戦時統制経済は具体的には同法に基づく命令（勅令）によって推進された。賃金統制令・国民徴用令・価格等統制令（いずれも昭和十四年）、重要産業団体令（同十六年）・企業整備令（同十七年）などであり、その後改正・強化されたものも少なくない。

「津久見《つくみ》町事務報告書」は、すでに十三年、各産業とも「従来ノ自由主義経済ハ認メラレズ、国家統制経済トナリ、本町モ国家統制経済ニ順応シ」たと記している。町特産の石灰・セメント業に不可欠の塩・石炭・鉄など一〇品目の輸出入品臨時措置法による統制と、海上運送船舶の徴用などによる影響をさしたものであろう。このあと統制品目は年々増加し、十五年からは米穀配給も通帳によることとなった。十七年には生活必需品がことごとく切符による配給制となり、全国的な金属回収作戦も展開された。神社や寺院、職場や家庭から、必要最少限を残して金属類が回収され、国民は粗悪な代用品による生活を強いられた。

十五年十月、総理大臣近衛文麿《このえふみまろ》を総裁とする大政翼賛会《たいせいよくさんかい》が発足した。本部の依頼をうけて大分県支部は十二月六日に結成された。県知事灘尾弘吉《なだおこうきち》を支部長に、組織部長柏原幸一《かしわばらこういち》、庶務部長山口馬城次《まきじ》、各市町村長を市町村支部長とし、部落会・町内会・隣保《りんぽ》班を最末端組織とするものであった。実践部隊である

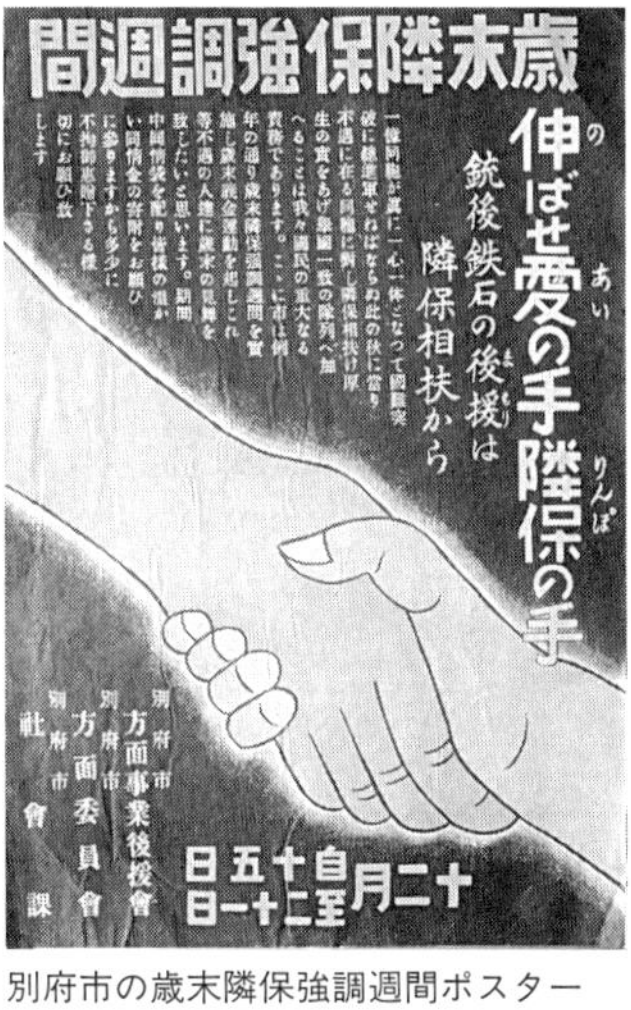

別府市の歳末隣保強調週間ポスター

翼賛壮年団県支部の団長には柏原幸一、本部長に麻生《あそう》勝利《かつとし》が就任し、市町村単位の下部組織をもった。

なお隣保班については、県下では国民精神総動員運動の過程で全国にさきがけて組織されていたが、内務省の全国指令に伴い、翼賛会の発足にさきだって行政の下部組織としての機能を強める改組を行っていた。大政翼賛会が、国民運動よりも上意下達の行政補助機関としての性格を強めていくと、隣保班も「隣保相扶」よりも政府の方針の伝達や配給、供米や公債の消化、貯蓄・防災防火・動員・防諜《ぼうちょう》などの役割をになっていった。

昭和十六年十二月八日、わが国は太平洋戦争に突入した。緒戦は勝利したものの、十八年以降アメリカを中心とする連合国軍の反攻は急を告げ、いわゆる「蛙《かえる》跳び」で日本本土にせまってきた。十九年七月サイパン島が陥落すると本土空襲が本格化し、軍事拠点や工場の地方への疎開がはじまった。県下にも小倉造兵廠《ぞうへいしょう》（宇佐市四日市・日田市）・東京第二陸軍造兵廠（大分市坂《さか》の市《いち》）・神戸製鋼（中津市）などが疎開してきたほか、豊予要塞《ほうようようさい》の充実がはかられ、県内二八カ所に防空監視哨《かんししょう》がおかれた。既出の第一二海軍航空廠の拡充や大分市近辺主要工場の軍による指定・買収など、軍事基地化は一挙に進展した。泉都別府も傷病兵で満ち、完全な医療基地と化した。

二十年にはいると県下への空襲もはじまる。大分航空隊・航空廠（三月十八日）・日豊《にっぽう》本線諸駅（三月十八、十九日）・宇佐航空隊（四月二十一日）・佐伯航空隊（五月十三、十四日）に引き続いて、沖縄戦終了後は一般市街地爆撃が行われた。七月十七日の大分空襲で大分市の旧市街地はほぼ壊滅した。七月二十五日には保戸島《ほどじま》国民学校での直撃弾で多数の児童と教師が犠牲となり、三十一日には豊肥《ほうひ》本線朝地《あさぢ》駅の列車が機銃掃射にさらされた。警戒警報・空襲警報と防空壕《ごう》避難の日々が続いたのである。

本土決戦が声高にさけばれ続けたが、八月十五日正午のラジオから流れる天皇の声で、人びとは戦争の終結を知った。県下の空襲による死者は四八五人、負傷者は七一八人、全半壊家屋五七七一戸、破壊家屋七三三戸であった。後年の戦災都市連盟による調査によって死者のみを対比すると、大分県は九州では佐賀県についで二番目に少なく、全国でも少ないほうから一一番目、原爆の投下された広島県の二一七分の一、長崎県の一三四分の一であった。地理的位置と近代化にのり遅れた県ゆえのことであろう。

4　裏九州脱却への挑戦

戦後復興●

昭和二十（一九四五）年九月二日、東京湾のミズーリ号上で、外務大臣重光葵《しげみつまもる》・参謀総長梅津美治郎《うめづよしじろう》（とともに大分県出身）が降伏文書に調印し、連合国軍最高司令官マッカーサーがこれを受諾した。いっさいの戦闘行為の停止とポツダム宣言の正式受諾、天皇および日本国政府による国家統治の権限が連合国軍最高司令官の制限下におかれることなどが規定されていた。日本の無条件降伏が法的に確定したのである。連合国は日本国政府を通じた間接統治により占領政策を実施していくこととなった。

マッカーサーは八月三十日横浜に進駐していたが、九月十七日連合国軍総司令部を東京に移し、十月二日から執務を開始した。大分県庁にベーカー大尉ら先遣隊四人が知事中村元治《もとはる》をたずねて事務打合わせをしたのも十月二日であり、コリンズ中佐率いる本隊の第五海兵師団第五海兵戦車大隊三〇〇人が、大型トラックとジープを連ねて大分市駄原《だのはる》の大分連隊跡地にはいったのは十月十四日であった。以後ジープによる「民情視察」「実情調査」が全県下に展開された。

その後、司令官も駐留部隊もたびたび交替するが、二十一年一月には軍政本部と実戦部隊は分離され、軍政本部事務所は大分市内の日本銀行大分支店を経て六月一日旧海軍集会所（現金池《かないけ》会館の位置）に移転し、実戦部隊の約二〇〇〇人は別府キャンプに移駐した。以後二十七年四月二十八日対日平和条約が発効して占領が解除されるまで、軍政本部は県下の戦争犯罪者の公職追放や武器の接収、食料供出の督促、教育改革など、内政面の各ポイントにおいていつも強い指導を行った。

敗戦と植民地の喪失による海外からの復員・引揚げ、生産施設の壊滅と都市の崩壊による全国からの帰郷・帰農、ベビーブームの到来などにより人口が急増した。人口増加は終戦からの五年間に全国で一〇〇〇万人、県下でも一三万人を超過している。しかも昭和二十年は、戦時荒廃と人手不足、肥料不足のほか、台風・豪雨による被害などで、米の出来は明治三十八（一九〇五）年以来の大凶作であった。二十一米穀年度（二十年十一月〜二十一年十月）は米穀不足が全国で二〇〇〇万石に達するといわれたが、二十二米穀年度は麦の大減収でさらに事態は悪化した。米麦のほか、主要食料としていも類や雑穀も配給されたが、それでも遅配欠配は避けられなかった。いも飯や雑炊、家畜の餌《えさ》であるフスマや甘藷《かんしょ》のつる、さらにはカボチャの茎やイナゴなども食料に供され、荒蕪《こうぶ》地《ち》や原野、空き地の開墾があいついだ。都市や漁村の住民は農村部への買いだしなしには生きていけず、農家とて供出割当てがきびしく、食料にこと欠くありさまであった。大分県から数十万石という県外移出が可能となるのは、二十五米穀年度からである。

県内の住宅も不足した。戦災や建物疎開、自然災害などによって失われた約一万戸に加え、人口増による不足が四万戸を超えていた。これに対し、戦後五年間に新築された家屋は二万戸余にすぎなかった。資金不足はもちろんであるが、建築資材の絶対量も不足したのであった。臨時建築等制限規則が改正され、建築がすべて許可制となったのは二十五年のことであった。

県下でも、着るに衣なく、食うに食なく、住むに家のない時代はしばらく続いたのである。

大分市は二十年三月から八月までのあいだに二二回の空襲に見舞われ、中心市街地はほぼ壊滅状態であった。復興作業は、人海戦術による市内の清掃や瓦礫《がれき》の処理からはじまった。とりわけ、上下水道の修復は急を要し、住宅建築には復興住宅組合や市直営の製材所を設置して取り組んだが、遅々としていた。

特別都市計画法に基づく抜本的で総合的な復興計画は、二十一年五月に確定した。木下郁《かおる》市政下で立案され、上田保《たもつ》市政下に推進されたのである。中央通り・昭和通り・産業通りを中心とした街路区画、

焼失前の大分市メインストリート

大道《おおみち》トンネルの開削、市内の小公園と上野墓地公園、フェニックスの駅前広場、第一号金池排水路、田室《たむろ》水路など、現在の大分市中心域の骨格はこの事業のなかでつくられた。また、工業地帯の配置を含めてその後の新産都計画に連なる構想が展望されていたことも注目される。

当初の五カ年計画はその後遷延されたが、ガス事業・河川水路事業を先行させ、二十七年度までには事業をほぼ終了し、残された街路整備・軌道移転・建物移転も三十年には完結した。大分市は三十年の『市政のあゆみ』で、戦災を機に「古い城下町としての衣を脱ぎ捨て」「躍進大分」を実現しつつあるとうたいあげている。

別府市の復興は国際観光温泉文化都市建設法によった部分が大きい。別府一市を対象としたこの立法は、長崎国際文化都市建設法・広島平和記念都市計画法にヒントを得たものだといわれるが、豊富な温泉と占領軍別府キャンプの存在が前提とされたことはまちがいあるまい。

別府市は空襲はまぬがれたものの、建物疎開で街なみはこわされており、戦時下の停滞からの脱皮に加え、復興とからめた戦後のあらたな飛躍が模索されていた。二十一年野口原《のぐちばる》の雑木林を切り開いて占領軍の別府キャンプが発足すると、翌年夏、国際観光港設置期成同盟会が結成された。別府を瀬戸内海と阿《あ》蘇《そ》・雲仙《うんぜん》を結ぶ国際的観光温泉都市に発展させようというものである。国会への請願と採択を経て、下関第四港湾建設部による大観光港計画が立案されていた。二十五年七月公布の国際観光温泉文化都市建設法は、こうした流れが結実したものである。

さっそく港湾修築計画のほか、ヨットハーバー新設計画・都市計画・交通計画・上水道計画などからなる一五カ年計画が策定され、翌二十六年、計画の中枢である国際観光港の修築と国際観光道路の整備に着手した。港湾修築は規模を拡大しつつ継続されるが、別府市と阿蘇を結ぶ九州横断道路は三十九年に完成した。並行して別府湾岸諸公園の整備が進められる一方、別府市営競輪場（二十五年）・別府タワー（三十二年）・県立芸術短期大学（三十六年）・別府ロープウエー（三十七年）・国際観光会館（三十八年）・別府国際ゴルフ場（三十九年）・別府駅（四十年）などが建設されて、別府市の人口は昭和三十年一〇万四〇〇〇余に達し、大分市の人口を凌駕《りょうが》していた。

なお、戦後復興のなかで、セメントの町津久見《つくみ》がとりわけ活況を呈し、二十六年に周辺三村と合併して市となった。また、旧城下町で津久見を含む北海部《きたあまべ》郡の郡都であった臼杵《うすき》町は、その前年に市制を施行している。

津久見市の石灰採石場

昭和井路と電気局●

戦後の大分県政を担当したのは細田徳寿《ほそだとくじゅ》であった。茨城県出身の細田は、昭和二十（一九四五）年十月の人事で内務省河川課長から第三七代大分県知事に転出してきた。しかし、日本国憲法と地方自治法の施行を前に、知事はこれまでの官選から県民の直接選挙による選任となり、細田はそのまま立候補して二十二年四月初の大分県公選知事となった。四年後にも県内保守層に推されて再選をはたし、都合一〇年間大分県知事の座にあった。

県政機構も大きくかわった。これまでの内務部と警察部を中心にした機構から、二十三年には総務・民生・経済・土木・衛生・農地・労働と弘報・出納の七部二室となり、警察部と学務部が知事部局から切りはなされて、国家地方警察県本部と県教育委員会になり、教育委員は県民によって公選された。

細田県政の前半は連合国の占領期と完全に重なり、GHQ（連合国軍最高司令官総司令部）の指示による非軍事化と民主化をめざす戦後改革が推進された。大日本帝国憲法と日本国憲法の落差にみるとおり、対象は政治・経済・社会・文化の全層におよんだが、地方史レベルでも農地改革と労働改革・婦人解放・学制改革は看過できない。農地改革の推進により、二十四年までに県下でも二万四〇〇〇町歩余の土地が買収されて小作人に売り渡された。自作農が全農家の三分の二を占め、純小作農家は五％以下になった。山林が対象からはずされていたため山林地主の力は温存されたが、地主と小作人を中心にした農村構造を大きくかえるものであった。

食料危機とインフレ高進のなか、GHQの意向をうけた県労政課や社会・共産両党の働きかけで労働組合の結成があいついだ。二十三年末現在、県下で六万三〇〇〇余人を組織した四三九組合が確認される。

組合結成と並行してその連合組織もうまれた。共産党系の大分県労働組合協議会（県労協）と社会党系の日本労働総同盟大分県連合会（総同盟）である。このうち県労協が組織を拡大して大分県全労働組合会議（県全労）になったが、GHQの労働政策転換があって分裂し、二十五年末大分県労働組合評議会（県労評）が結成された。以後県労評が力をつけつつ、県下の労働運動・政治運動をリードしていくこととなる。

婦人解放は新憲法のなかに明記され、各分野での法改正も行われて、法制的にはほぼ戦後一挙に実現した。長田シズと佐藤テイの県議会議員当選（二十二年）、稲葉香苗《かなえ》の教育委員当選（二十三年）、岩久ツナの県議会議員当選（二十六年）・教育委員選任（三十二年）などは話題になった。しかしその後の後退がめだち、男女平等社会の実現は今なお進行中である。

教育では、新しい教育目標として「平和文化国家の建設」「民主的人間の育成」「学校教育の生活化・社会化」を掲げ、学校体系をこれまでの複線型から、小学校六年、中学校三年、高等学校三年、大学四年の単線型とした。新制中学は財政窮迫下一村一校を実現できず、高等学校も旧制の四七中等学校などをまとめて二三校としたので問題が多く、二十六年から二十八年にかけて全日制三四校、定時制二六校に再編成するなど、新教育の出発は順調とはいえなかった。また、大分経済専門学校・大分師範学校・大分青年師範学校を統合して、経済・学芸の二学部の大分大学が発足した。

東西冷戦激化のなかで、昭和二十七年四月わが国は独立を回復した。ここに至るまで、公職追放・レッドパージ・追放解除を含め、政治は急旋回をとげたが、県勢浮揚も大きな課題であった。首藤定《しゅとうさだむ》が会長となって策定した『大分県県勢振興綜合計画書』はその処方箋《しょほうせん》であった。しかし、戦中の荒れた県土を直撃した数々の台風や二十八年梅雨前線豪雨など災害が多く、戦後改革のための財政需要も多大で、県勢振興にあてる資金はとぼしかった。十七年に起工していた昭和井路開削事業が、二十一年段階で施行率四割ほどであったが、その継続が細田県政下の最大のプロジェクトとなった。

二十二年、国営開墾事業を農地開発事業大分県代行昭和井路建設工事として継続したのである。二十九年四月に主要幹線の通水に成功し、全地区通水が三十二年となった。受益面積は一九三八町歩で、県下最大の河川である大野川中下流域を広くうるおした。並行して河水統制事業も進行し、灌漑《かんがい》用水・工業用水・上水道用水を確保のうえ、大野川県営発電所を建設した。大野川河水統制事務所は二十七年末大分県電気局となり、その後も県下各地の利水事業と県営発電事業に取り組んで県産業発展の礎となった。細田自身の言葉を借りれば「農業県的なあり方にプラス工業県的な性格を付与」したのである。

また、赤字公共団体が激増するなか、二十五年以来町村合併が推進され、三十一年までに県下の市町村数は六九％減の一一市三三町二四村となった。とりわけ、町村合併促進法成立後の二十九〜三十年が合併・編入ラッシュとなり、現在の

県庁前で町村合併反対をさけぶ清川(現豊後大野市)村民

市町村につながっている。人口八〇〇〇人未満の自治体を整理統合して行政コストを切りさげ、やがてくる高度経済成長期の条件づくりがなされたのである。

新産都大分の造成●

昭和三十（一九五五）年四月の知事選挙には、三選をめざす現職細田のほか、前県議会議長の岩崎貢《みつぐ》と元大分市長・前右派社会党代議士で革新統一候補となった木下郁《かおる》が立候補した。結果は、民主党が細田、自由党が岩崎を支持するという県内保守未統一の間隙をぬって木下が当選をはたした。その後も木下は、三十八年自由民主党の幹事長・会長を歴任した岩崎を激戦の末再度しりぞけ、三十四年と四十二年には自民党の支援もうけて共産党系候補に圧勝した。知事在任期間は歴代最長の四期一六年間におよび、池田勇《はや》人《と》内閣・佐藤栄作内閣の高度経済成長期と完全に重なる。

その第一期では、赤字県財政の自主再建計画の策定・実施のほか、全国初の敬老年金の創設や、無電灯地区の解消と水道普及をはかった「光と水と医療」の施策が注目されるが、二期以降は「農工併進」を掲げて、大分鶴崎臨海工業地帯の造成や久住《くじゅう》飯田《はんだ》地域農業総合開発事業など、県の産業構造の転換にかかわる諸事業に取り組んだ。全国植樹祭（三十三年）や国民体育大会（四十一年）を開催したことも県民の志気をおおいに高めた。

大分市の臨海部を工業地帯にという発想は戦前からみられ、日本人造羊毛（十一年）や日本染料（十四年、現住友化学大分工場）の進出もあったが、海岸を埋め立てて工業地帯化する構想は、兵庫パルプ株式会社（現、王子製紙）の誘致・着工と前後して芽ばえた。大野川左岸から大分川右岸までの工場用地は三十四年以降順次埋め立てて造成され、九州石油や富士製鉄の進出調印がなされ、三十九年一月新産業都市

大野川左岸地区の企業進出状況

地区	造成年	造成面積	進出工場	進出調印	着工	操業開始	従業員数
号地	年間	万㎡		年 月 日	年 月 日	年 月 日	人
1	34〜36	122.9	九州石油	35.11.15	37.11.12	39. 4. 1	約 430
			九州電力大分火力発電所	39.11.15	42. 5.10	44. 7.31	約 110
2	36〜39	170.3	昭和電工大分石油化学コンビナート	39. 9.10	42. 8.16	44. 4. 1	約 1,400
3・4	37〜49	694.5	富士製鉄(現新日本製鉄)	36. 2.24	44.12. 5	46.12. 1	約 3,700
5	37〜38	78.6	中小企業団地			41. 4.	約 3,000

大分県『新産業都市おおいた』による。従業員数は昭和58年現在。

建設促進法に基づく地区指定をうけた。以後、一号地に九州石油(三十九年)、二号地に昭和電工大分石油化学コンビナート(四十四年)、三・四号地に富士製鉄(現新日本製鉄、四十六年)が操業をはじめ、大分空港は大分河畔から国東《くにさき》半島に移転した。

鉄と石油を中心とした一期計画は順調に進み、全国新産都の「優等生」といわれたが、大野川右岸から佐賀関町に至る二期計画(六〜八号地)は、その後の景気後退のなかで計画の変更もあり、大幅にペースダウンした。

大分地区新産業都市は、大分・別府両市を中心に三市七町をその区域とする。区域内の企業進出・工業出荷額・所得・人口の増加には著しいものがあった。しかし、区域内でもその成果は大分市など一部に集中し、全県的には激しい過疎・過密が進行することとなった。

国勢調査で三十年と四十五年を対比すると、大分市(三〇%増)・別府市(一九%増)・大分郡湯布院《ゆふいん》町(三・一%増)をのぞく県下五五市町村で人口減があり、とくに農山漁村部を中心に二〇町村で三〇%を超す人口減となっている。県の総人口も一二七万七一九九(過去県人口の最高)から一二万余の減少となってお

❖コラム

野上弥生子と大分県

大分県出身作家・関係作家は少なくないが、読売文学賞（昭和三十三年『迷路《めいろ》』）・女流文学賞（同三十九年『秀吉と利休《りきゅう》』）・文化勲章（同四十六年）・朝日賞（同五十六年）を受賞した野上弥生子《のがみやえこ》にまさる評価をもつ者はいない。弥生子は、明治十八（一八八五）年北海部郡《きたあまべ》臼杵《うすき》町（臼杵市）で、造酒家代屋《しろや》の第二代小手川角三郎《こてがわかくさぶろう》の長女として生まれた。国学者久保千尋《ちひろ》の私塾にもかよったが、臼杵尋常高等小学校を卒業後、一五歳で上京して明治女学校に進み、六年後には同郷の野上豊一郎《とよいちろう》と結婚した。以後、学者の妻、三人の男児の母でありながら、文壇の圏外にあって、昭和六十（一九八五）年九九歳で逝去するまで、八〇年間に近い創作活動を続けた。子どもたちが育ちあがり、夫豊一郎の死去（昭和二十五年）したあとに大作が多く、絶筆は『森』。その才能は、若くして夫の師事する夏目漱石《なつめそうせき》にみいだされていたが、規模の大きな各作品に脈打つ冷徹な観察眼、社会的見識、鋭い倫理感、健康さが高く評価される。『縁』や『海神丸』『狂った時計』『迷路』『森』などの作品は、野上文学の母胎《ぼたい》が郷里にあったことを示している。

小手川酒造株式会社・同醬油株式会社の関係者が上京して野上家に立ち寄ると、双方正座のうえ、会社の製品や経営について訊問《じんもん》するのが、晩年までの弥生子の常であったという。小手川酒造の銘酒宗麟《そうりん》は弥生子の命名。なお、野上弥生子読書感想文コンクールが昭和六十年にはじまり、大分県と岩波書店の共催で平成十四（二〇〇二）年度まで継続された。昭和六十一年には生家に文学記念館が開設されたほか、平成元（一九八九）年には弥生子の旧居成城《せいじょう》の家が東京から臼杵に移された。

り、三十年当時の大分市が消滅したに等しい規模であった。全国的に産業構造の転換が急進展するなかで、県内人口移動にも増して県外流出が激しかったのである。県下の産業別就業人口も、三十年の第一次産業五六％、第二次産業一四％、第三次産業三〇％が、五〇年には二五％、二五％、五〇％へと激変した。

　この間、農業の機械化や家庭の電化は進んだが、都市部における住宅不足・水不足・交通渋滞が深刻化する一方、過疎地域では防災や教育・医療など地域社会の基礎的要件の維持すら危機に直面することとなった。広域市町村組合の結成のほか、日田郡大山村（日田

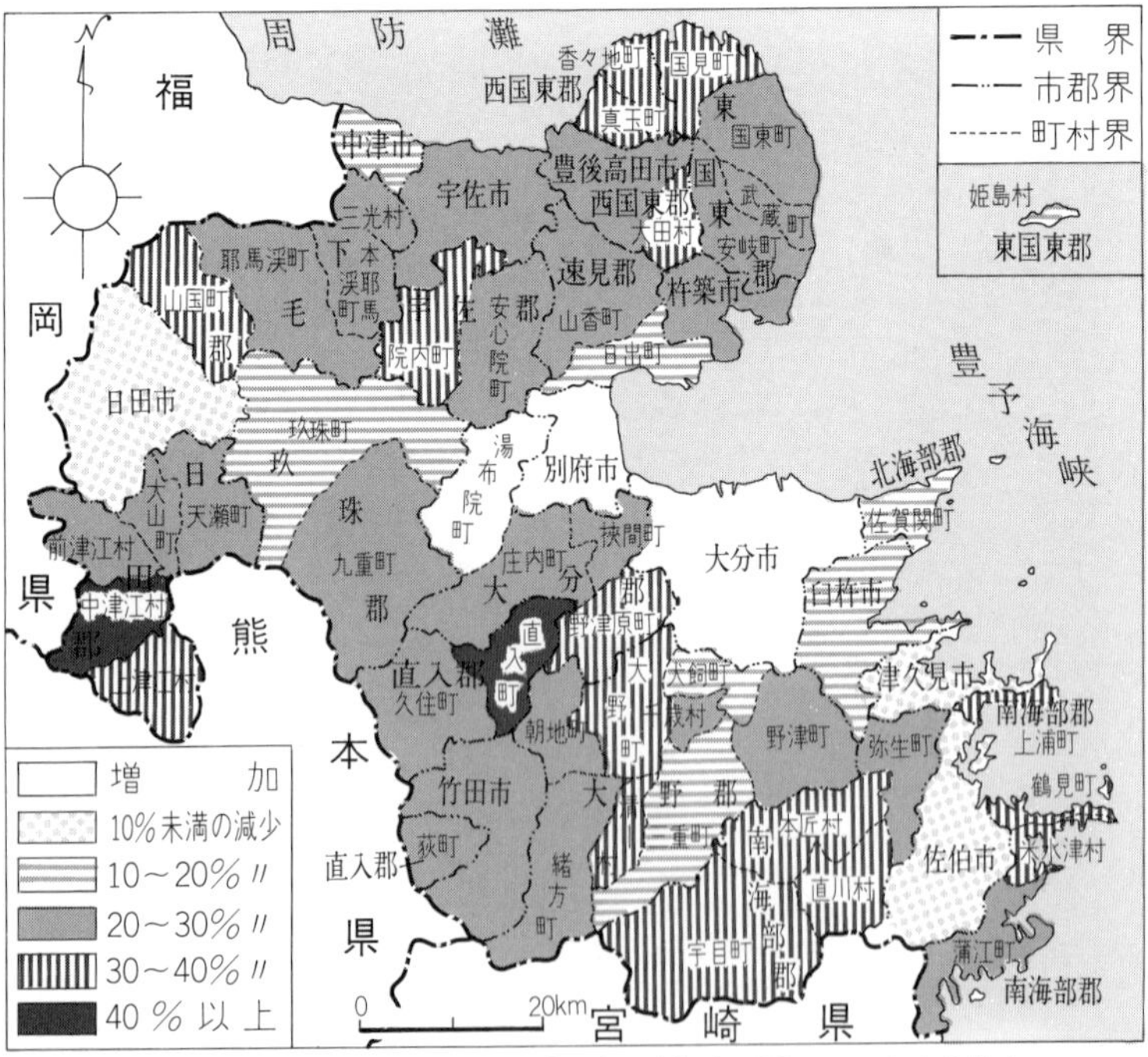

市町村別の人口流動状況(昭和30～40年)　『国勢調査報告』昭和35・45年より作成。

市）や東国東郡姫島村、湯布院町などの先駆的な村づくり・町づくり運動は、こうしたなかで動きはじめた。

木下のあとをうけて、四十六年四月立木勝《たきまさる》が知事に選任された。立木は木下県政の出発にあたって総務部長にばってきされ、以後出納長・副知事として木下県政をささえ続けてバトンタッチされた形であった。四年後には木下県政下の同僚で元出納長の田尻一雄《たじりかずお》（社会党・民社党推せん）をしりぞけ、二期八年間在任した。しかし、ドル＝ショックに続くオイル＝ショックを経て、県下でも興国人絹《こうこくじんけん》パルプ（五十年）・新光砂糖工業（五十二年）・臼杵鉄工（五十三年）などの大型倒産があいつぎ、労働運動・住民運動も一つのピークを迎えた時期であり、きびしい政治環境が続いた。

そうしたなかで県公害局・公害センターの設置（四十六年）、「経済との調和」条項を削除した公害防止条例の施行（四十七年）、大阪セメント株式会社の臼杵進出の撤回（四十八年）、新産都二期計画中八号地の分離中断（同）などを決断しなければならなかった。みずからがささえてきたこれまでの開発行政を大きく転換させる役まわりをになったのである。立木県政の三本柱は「福祉の充実」「産業基盤の整備」「教育文化の向上」であった。「しあわせの丘なおみ園」「いこいの村国東」のオープンや、国道各線のバイパスや臼坂道路の開通、日豊線の電化のほか、国立大分医科大学・県立芸術会館・宇佐風土記の丘歴史民俗資料館の開学・開館が大きな治績であろう。

離陸にむけて●

昭和五十四（一九七九）年四月平松守彦《もりひこ》が第四七代大分県知事に選任された。大分市出身の平松は、二十四年商工省入りし、通産省の各課長、国土庁審議官を経て五十一年から立木県政下の副知事をつとめていた。禅譲の形であったが、四年前の立木・田尻対決の流れもあり、革新陣営には対抗馬をたてる画策も続いたが、結局共産党候補のみを相手にしての当選となった。以後さる平成十一（一九九九）年の選挙まで、平松対共産党系候補の構図で、毎回実質上の信任投票が続いている。県民の圧倒的な支持を得て現在すでに六選をはたし、目下全国最多選の知事となった。県議会は総与党化し、今や「地方経営の時代」の名知事としてその名を全国にとどろかせている。

平松の知事就任以後まもなく動きはじめたのが、一村一品運動とテクノポリスである。

一村一品運動は五十四年末、知事と市町村長との自治行政連絡懇談会ではじめて提起された。地域の特性をいかしたモノづくりを通じてふるさとを活性化しようというものであり、「自主自立・創意工夫」「ローカルにしてグローバル」「地域づくりは人づくり」が基本理念とされた。県は一村一品強化資金制度や大分一村一品株式会社の創設、県内各地での豊《とよ》の国づくり塾の開設、国の内外での大分フェアーの開催などにより、側面から強くこれを支援した。産品はすでに全国銘柄化したものも含めて数百に達し、地域づくりグループも五〇〇を超えた。その運動と成果は内外から注目を集め、平成七年知事はアジアのノーベル賞といわれるマグサイサイ賞受賞の栄誉に輝いた。

一方、テクノポリスは、大分空港周辺に付加価値の高い工業を立地させようとする臨空工業地帯構想として出発し、五十九年三月高度技術工業集積地域開発促進法により、県北・国東テクノポリスとして国の承認をうけたものである。その建設推進にあたっては、広域点在、農工併進、人材育成を原則としつつ、圏内各市町村による「地域主導型テクノポリス」を基本方針としている。すでに大分キヤノン（五十七年）・ホックス電子工業（同）・杵築《きつき》東芝エレクトロニクス（五十九年）・ソニー大分（六十年）・サール薬品などのＩＣやメカトロニクス産業がつぎつぎと立地し、工業出荷額・工業従事者は著しい増加をみせているが、居住環境や都市機能の整備はこれからの部分が多い。また、研究機能の集積は大分中心である。

交通体系の整備も平松県政が取り組んでいる大きな課題の一つである。これまで東九州は、鉄道の敷設も道路の整備もおくれてきた歴史があり、それが「裏九州」たるゆえんでもあった。平成六年に北大《ほくだい》道路の県内区間が、同八年に九州横断自動車道の全線が開通して、計画は大きく前進した。残る県南方面では同十四年現在、津久見まで開通している。

また、太平洋新国土軸構想が国レベルで浮上してきた。同構想は、東海道・山陽道・福岡を結ぶ歴史的な第一国土軸に対して、中京・紀伊半島・四国・九州を結ぶ第二国土軸をあらたに整備しようというもので、昭和四十年の国連調査団のワイズマンレポートに原形をもつ。大分県はこの構想の推進のためにたえずリードを続け、平成二年に関係一七府県・八経済団体による推進協議会を設立したほか、西瀬戸各県や県内での豊予《ほうよ》海峡ルート推進協議会や期成会を発足させた。

大分自動車道の大分・大分米良間開通テープカット

「第二国土軸」から「太平洋新国土軸」への名称変更がなされたのは、平成六年六月のことである。

以後、国土審議会での審議を経て、同九年には第五次全国総合開発計画（五全総）が確定し、一極一軸型国家から多軸型構造への転換がうたいあげられた。戦後の大分県政の基軸でもあった「裏九州脱却への挑戦」が国家プロジェクトにまで昇華した形であったが、バブル崩壊後の長期にわたる景気の低迷と、国・地方を通じた財政窮迫のなかで、五全総自体がかすんだ存在となっている。

平成十五年三月、六期二四年におよんだ平松県政は幕を閉じ、前経済産業省事務次官の広瀬勝貞はバトンタッチを受けた。広瀬は就任早々、太平洋新国土軸のポイントの一つである豊予海峡ルートの中断を宣言するとともに、大分県財政が近年中にも財政再建団体への転落の危機にあるとして、香りの森博物館を含めた赤字大型施設の廃止や経営統合等の行財政改革プランを立案し、その実施にむけて動きはじめている。「安心・活力・発展」をスローガンとする新県政の総合的ビジョンづくりは目下作業中であるが、東芝大分工場の新製造棟の建設やダイハツ車体大分中津工場の操業、大分キャノン第二工場の着工等を受けて、二十一世紀型産業クラスターの形成に取り組むことを明らかにしており、半導体・高度部品材料・食品科学・循環型環境産業・人材育成等を核とした県土づくりがめざされるものと思われる。

あとがき

本書の共著者の一人である末廣利人氏らと『大分県の百年』を刊行したのが一九八六(昭和六十一)年、一一年前のことである。そのおり、いただいた推薦文には、著者たちを〝若い〟〝新進〟と表現した言葉があった。今回の『大分県の歴史』にはそうしたものはいただけない年齢となった。そのとき、『大分県史』の近代篇は、一巻を刊行しただけであった。

渡辺澄夫先生が旧版『大分県の歴史』をお一人で著したのが一九七一(昭和四十六)年、二六年前である。七四(昭和四十九)年に大分大学に赴任した私にとって、最初に大分の歴史を勉強する手掛かりになったことを思い出す。中世史家だった渡辺澄夫先生だけに中世の記述は、きわめて充実していた。しかし、他の分野は紙数の関係からか、記述に不十分さを感じさせた。そのことを、あるとき渡辺先生に申し上げると、「そりゃー素人だから仕方がないわ」といわれた。

山川出版社の新版「県史シリーズ」の企画は、当初から各巻分担執筆を前提としており、少し安心した。健在だった渡辺先生にも新版「県史シリーズ」のことを申し上げると、新しい成果を盛り込み、県民のための県史を書くようにと激励された。一九九一(平成三)年「方言篇」の刊行によって、一〇年間におよんだ『大分県史』編纂《へんさん》事業は二一巻の成果を残して終了した。本文をみるとわかるように、その成果は今回の執筆におおいに役立った。また県内の各市町村の史誌や辞典類、研究論文なども多く刊行され、執筆の参考としたが、本書の性格上いちいちを明記しなかった。ご寛恕を願いたい。

執筆者のまとめ役となった私（5・6章、7章1、8章）は、後藤宗俊（1章、2章1・3）、飯沼賢司（2章2、3・4章）、末廣利人（9章）、佐藤晃洋（付録）の各氏に執筆をお願いした。皆さんに快くお引き受けいただき、編集会議を開き、各自がもちよった項目案について議論をした。多くの執筆経験をもち、お互いが平素から各種の研究会や調査などで顔をあわせる間柄だったから、新版「県史シリーズ」出版の意図を理解し、斬新な切り口で最新の研究成果が盛り込めた。さらに高度な内容を平易に表現できたとも確信している。紙数の関係での不備や単純なミスがあるかもしれないが、大筋において読者の皆さんを大分県の歴史の舞台に引き込みうる内容をもっているとひそかに自負している。なお、近・現代史に相当する9章に関しては、紙面の制約で書ききれない点が多いが、これについては、私と加藤泰信・末廣利人著の『大分県の百年』を併読して、補っていただければ幸いである。

ただ、私の執筆が遅れ、急遽執筆をお願いした平井義人氏（7章2・3）や期限どおりに原稿を提出された方々、山川出版社に多大なご迷惑をかけた。お許しいただきたい。写真・図版には多くの方々や関係各機関にお世話になった。改めてお礼を申し上げたい。

最後に、私たちをつねに指導・激励してくださった渡辺澄夫先生が本年一月急逝された。予定どおり刊行されていれば、本書に対するご意見・ご批判もいただけたのに、と思うと残念である。

一九九七年七月

豊田寛三

大分県全図
都道府県界
市郡界
町村界
JR線
高速道路
有料道路
国道
県庁
瀬戸内海
東国東郡
姫島村
姫島
矢筈岳
千燈岳
両子山
屋山
国東市
大分空港
杵築市
きつき
速見郡
日出町
別府湾
小中島川
大野川
つるさき
おおいた
大分市
こうざき
東九州自動車道
なかはんだ
豊肥本線
中九州横断道路
臼杵市
津久見市
うすき
つくみ
臼杵湾
津久見島
津久見湾
地無垢島
保戸島
高島
蔦島
速吸瀬戸
愛媛県
伊方町
日振島
豊後水道
大入島
佐伯湾
番匠川
さいき
大島
佐伯市
日豊本線
みえまち
大野市
延岡市
屋形島
深島
1:600,000
0
10km
N

豊田　寛三　とよたかんぞう

1944年，香川県に生まれる
1969年，広島大学大学院修士課程修了
現在　別府大学学長，大分大学名誉教授・大分県地方史研究会会長・大分県文化財保護審議会会長
主要著書　『大分県史　近世篇Ⅰ～Ⅳ』(共著，大分県，1983-90年)，『大蔵永常』(共著，大分県教育委員会，2002年)

後藤　宗俊　ごとうむねとし

1938年，大分県に生まれる
1961年，九州大学文学部史学科(考古学専攻)卒業
現在　別府大学名誉教授・博士(文学)
主要著書　『東九州歴史考古学論考』(山口書店，1991年)，『風土記の考古学』4(共著，同成社，1995年)

飯沼　賢司　いいぬまけんじ

1953年，長野県に生まれる
1985年，早稲田大学大学院文学研究科日本史専攻・博士課程後期単位取得退学
現在　別府大学文学部教授
主要著書　『中世のムラ』(共著，東京大学出版会，1995年)，『土地と在地の世界をさぐる』(共著，山川出版社，1996年)

末廣　利人　すえひろかずと

1938年，大分県に生まれる
1961年，九州大学文学部史学科(国史学専攻)卒業
現在　別府大学文学部・大分大学経済学部非常勤講師
主要著書　『大分県の百年』(共著，山川出版社，1986年)，『近代地方政治史の実相』(私家版，1999年)

大分県《おおいたけん》の歴史《れきし》　　県史　44

1997年9月25日　第1版第1刷発行　　2012年3月30日　第2版第2刷発行

著　者　豊田寛三《とよたかんぞう》・後藤宗俊《ごとうむねとし》・飯沼賢司《いいぬまけんじ》・末廣利人《すえひろかずと》
発行者　野澤伸平
発行所　株式会社　山川出版社　　〒101-0047　東京都千代田区内神田1-13-13
電話　03(3293)8131(営業)　03(3293)8135(編集)
http://www.yamakawa.co.jp/　　振替　00120-9-43993
印刷所　明和印刷株式会社　　製本所　株式会社ブロケード
装　幀　菊地信義

© 1997 Printed in Japan
ISBN978-4-634-32441-1
●造本には十分注意しておりますが，万一，落丁・乱丁などがございましたら，
小社営業部宛にお送りください。送料小社負担にてお取り替えいたします。
●定価はカバーに表示してあります。

付　　録

■ 索　　引

● か　行

● さ　行

● た　行

● な　行

● は　行

● ま　行

● や・ら・わ　行

■ 年　　表

年　代	時　代	事　　項
	旧石器期	本匠村聖嶽洞穴，清川村岩戸，大分市丹生ほか。
前6500年ころ	縄文早期	日出町早水台・山香町川原田洞穴，本耶馬渓町枌洞穴，九重町二日市洞穴。
前4000年ころ	前期	国東町羽田遺跡，荻町竜宮洞穴，大分市横尾貝塚。
前2500年ころ	中期	香々地町六所権現岩陰遺跡。
前1400年ころ	後期	大分市小池原遺跡，豊後高田市森貝塚，宇佐市立石貝塚，大野町夏足原遺跡。
前800年ころ	晩期	緒方町大石遺跡，大分市下黒野遺跡。
前３世紀ころ	弥生前期	宇佐市東上田・台ノ原遺跡，日田市吹上遺跡，佐伯市白潟遺跡。
前１世紀ころ	中期	日田市吹上遺跡，宇佐市野口・樋尻道遺跡，大分市雄城台遺跡。
２世紀ころ	後期	竹田市石井入口遺跡，宇佐市別府遺跡，国東町安国寺遺跡，大野町二本木遺跡，大分市守岡遺跡。
４世紀ころ	古墳前期	日田市小迫辻原遺跡，安岐町下原古墳，宇佐市赤塚古墳・免カ平古墳。
５世紀ころ	中期	大分市亀塚古墳，佐賀関町築山古墳，臼杵市下山古墳，宇佐市福勝寺古墳。
６世紀ころ	後期	日田市ガランドヤ古墳・穴観音古墳，大分市千代丸古墳，国見町鬼塚古墳，別府市鬼岩屋古墳。

西暦	年　号	事　　項
684	(天武12)	このころ，豊前と豊後に区分。
702	大宝　2	この年，豊前国戸籍を上進。
703	3	**9**-*25*　医術の賞により，法蓮に豊前国の野40町を賜る。
714	和銅　7	閏 **2**-　大隅国に豊前国の民200戸を移す。
720	養老　4	この年，大隅隼人の乱鎮定される。
721	5	**6**-*3*　医術の賞により，法蓮の三等親に宇佐公を賜る。
725	神亀　2	この年，八幡宮を宇佐郡小倉山に建立。
737	天平　9	この年，豊後国正税帳を上進。
740	12	**9**-*25*　藤原広嗣そむき，下毛郡の大領・少領が大野東人の軍に加わる。
741	13	この年，国ごとに国分寺・国分尼寺を建立。
749	天平勝宝1	**12**-*27*　八幡神入京，八幡大神に一品，比売大神に二品を奉らる。
761	天平宝字5	**7**-*2*　二豊以下九州７カ国で甲・刀・弓箭などをつくり大宰府に送る。 **11**-*10*　西海道使吉備真備，二豊などの船・兵士を検定。
769	神護景雲3	この年，大宰主神習宜(かんづかさすけ)阿蘇麻呂，道鏡天位託宣を奏す。このため和気清麻呂，道鏡掃除の神託を奏す。
813	弘仁　4	**8**-*9*　豊後の兵士，２団1600人が２団1000人となる。
827	天長　4	この年，延暦寺僧金亀和尚，宇佐八幡を勧請し，由原(ゆすはら)八幡宮を建立。
838	承和　5	**4**-*13*　豊後など５カ国，連年疫病流行し，多数のものが死亡し，生存す

			るものも造船に疲れたため田租1年間免除となる。
842	承和	9	8-29 前豊後介中井王，私宅を日田郡にかまえ私営田をいとなみ，郡司・百姓を苦しめたため吏民騒動す。訴えにより本郷に送還。
845	承和	12	7-21 両豊など九州5カ国の史生1人を減じ医師1人をおく。
848	嘉祥	1	6-3 大分郡擬少領膳伴公(かしわでのとものきみ)家吉，同郡寒川石上で白亀を得て，朝廷に献上。朝廷，年号を嘉祥と改め恩赦を行い，天下の田租を半免，大分郡は同年の田租を全免，家吉は正六位に叙される。
859	貞観	1	12-27 豊後国守石川宗継，任期中百姓の財物を奪い訴えられて下獄。
880	元慶	4	3-16 従来は太政官報符を待って班田していたが，豊後の国例により報符を待たずに班田する。
885	仁和	1	3-10 豊前国民が破銅掘穴の心得がないため，長門国から破銅手1人と掘穴手1人を採銅手のもとに送る。
886		2	2-3 前年に任じられた豊後守橘長茂が下国しなかったため，朝廷は長茂を糾問。
889	寛平	1	10-21 鋳銭司により豊前ほか2国の税帳採銅料物の数を勘す。
892		4	3- 豊後介大神良臣，重任の任期が終り帰京のとき，百姓ら子の庶幾をとどめることをこう。庶幾，大野郡領となるという(豊後大神氏の祖)。
940	天慶	3	8-27 平将門追討報賽のため八幡大菩薩に封戸30戸が寄進される。
941		4	9-6 海賊追討使源経基，豊後佐伯院で賊首桑原生行をとらえる。
999	長保	1	この年，元命，宇佐弥勒寺の講師となる。
1003		5	この年，弥勒寺元命と宇佐大宮司大神邦利，大宰帥惟仲と宇佐宮の支配をめぐり対立(長保事件)。
1023	治安	3	8-1 元命，石清水八幡宮の別当に就任する。
1057	天喜	5	3- 紀季兼，宇佐大宮司公則の許可を得て国東郡田原別符開発。
1061	康平	4	この年，豊前守業任，京都・中津郡の宇佐宮封田を相伝，津隈(つくま)荘を立券。
1081	永保	1	10- 宇佐弥勒寺新宝塔院(白河天皇御願)の落慶供養が行われる。
1145	久安	1	このころ，豊後国衙(こくが)留守所が成立。
1155	久寿	2	4-3 源為朝，大宰府管内を騒がす。与力を禁ずる宣旨がくだされる。
1156	保元	1	この年，宇佐宮造替につき九州各国に諸役をわりあてる。
1157		2	この年，藤原頼長領の豊後国稙田(わさだ)荘など朝廷に没収，のち院領に。
1159	平治	1	9- 宇佐公通，豊前守となる。
1160	永暦	1	1-12 藤原頼輔，豊後国守となる。
1166	仁安	1	12- 宇佐公通，大宰権少弐に任ぜられる。
1171	承安	1	このころ，由原八幡宮は豊後一宮と称されるようになる。
1176	安元	2	2- 宇佐宮，豊前・豊後・日向の諸郷荘に命じ行幸会を行わせる。
1181	養和	1	2-13 宇佐公通，九州住人の謀反を六波羅に告げる。
1183	寿永	2	8-17 平宗盛，安徳天皇を奉じ大宰府に至る。同月，緒方惟栄・臼杵惟隆・日田永秀ら平氏を大宰府より追う。9月ごろ，平氏宇佐八幡宮に参詣。10-20 宗盛，柳ヶ浦より讃岐屋島に赴く。
1184	元暦	1	7-6 緒方惟栄ら，宇佐八幡宮を焼討ちにする。
1185	文治	1	2-1 臼杵惟隆・緒方惟栄ら，源軍を兵船82艘で豊後に渡す。2-2 後白河院，院庁下文にて豊後住人らを賞し，いっそうの勲功を促す。2- 平氏一族の豊前守長盛・光盛・信盛らが源軍にくだり，範頼はこ

		れらを臼杵・緒方らにあずける。***3***-*24* 平氏，壇ノ浦に滅ぶ。***4***-*22* 後白河院庁，鎮西土民らの宇佐宮弥勒寺領の押妨停止を命じる。***10***-*4* 緒方惟栄・臼杵惟隆らに配流の官符がくだったが，非常の赦にあずかる。***11***-*6* 緒方惟栄ら，源義経を先導して九州に下向途中，難破，離散。***12***-*6* 豊後国など９カ国，関東御分国となる。
1186	文治　2	***2***-*2* 源頼朝，藤原季光を豊後国司に推薦。***11***-*9* 緒方惟栄・臼杵惟隆・佐賀惟憲ら，上野国沼田荘に配流。
1187	3	***2***-*20* 頼朝，宇佐宮神官御家人などの本領を安堵。
1195	建久　6	このころ，中原親能・武藤資頼，鎮西奉行に補任される。のち，中原親能，豊後・筑後・肥後３カ国守護職を兼任。
1197	8	***6***- 豊前国図田帳を上申。
1198	9	このころ，武藤資頼，筑前・豊前・肥前３カ国守護に補任される。
1206	建永　1	このころ，大友能直，中原親能から鎮西一方奉行，豊後・筑後・肥後３カ国守護職などをゆずられたという。
1221	承久　3	***5***-*15* 承久の乱おこり，大友親秀，幕府軍に従い京都に攻めのぼる。
1223	貞応　2	***11***-*2* 大友能直，妻深妙に大野荘地頭職・相模国大友郷地頭郷司職をゆずる。***11***-*27* 能直，京都で卒し，嫡子親秀がつぐ。
1228	安貞　2	***5***- 豊後六郷山が将軍家のために祈禱の巻数を進める。
1236	嘉禎　2	***3***-*17* 大友親秀，豊後国守護職・所領を嫡子頼泰にゆずる。
1240	仁治　1	***4***-*6* 大友能直後家尼深妙，大野荘地頭職などを諸子に分譲。
1241	2	この年，散田帳により宇佐宮領１万6000余町郷荘を注進する。
1243	寛元　1	***10***-*8* 香春社造営を豊前国の課役とする。
1253	建長　5	***4***-*20* 院の殿上にて宇佐八幡宮炎上を議定する。
1256	康元　1	***12***-*18* 幕府，豊前守護少弐資能に，宇佐宮33年の造営について国郡地頭名主がさからうことのないように命ずる。
1272	文永　9	この年，蒙古襲来につき九州の御家人下向，異国防御につく。
1274	11	***10***-*20* 蒙古襲来。大友頼泰，豊後国御家人を率い筑前博多で戦う。
1275	建治　1	***2***-*4* 異国警固番役定まり，豊前は夏３カ月，豊後は秋３カ月となる。
1276	2	***3***-*10* 豊後国御家人，幕府の命で博多湾香椎前浜に石塁をきずく。この年，一遍上人，大隅国から豊後国にはいり，大友頼泰帰依す。
1281	弘安　4	***6***-*6* 蒙古再来，都甲惟親，肥前国鷹島で戦う。
1283	6	***9***- 国東郷岩戸寺の国東塔がたてられる。
1284	7	***2***-*28* 幕府，異国降伏のため宇佐宮に日向国村角別符を寄進。
1285	8	***10***-*16* 大友頼泰，「豊後国図田帳」を幕府に注進する。
1297	永仁　5	この年，幕府，徳政令を発す。
1299	正安　1	***4***-*10* 鎮西引付衆がおかれ，大友貞親は三番となる。
1306	徳治　1	この年，大友貞親，臨済宗万寿寺を創建し直翁智侃を開山とする。
1309	延慶　2	この年，宇佐宮大火，堂塔・社殿・宇佐町など灰燼に帰す。
1312	正和　1	この年，興行御事書(神領興行法)がだされる。
1333	元弘　3 (正慶２)	***3***-*13* 大友貞宗，子千代松丸(氏泰)を家嫡とし，単独相続制に改める。 ***5***-*25* 大友貞宗ら，後醍醐天皇に応じ九州探題北条英時を攻める。
1334	建武　1	***4***-*15* 宇佐大楽寺，勅願寺となる。
1335	2	***12***-*12* 大友氏泰代官貞載，脇屋義助に従って足利尊氏討伐のため東下，伊豆佐野山で尊氏に内応，朝廷軍やぶれ京都にしりぞく。

1336	延元 1 (建武 3)	1-11 大友貞載，京都唐橋烏丸で結城親光の不意討ちにあい翌日戦死。2-12 豊後勢，尊氏に従って九州にくだる。3- 尊氏，宇佐八幡に幡を奉納。3- 大友貞順，南朝軍に従い玖珠城による。二豊勢，尊氏の命をうけ玖珠城を攻める。4-3 大友以下九州勢，尊氏に従い上京，楠木正成らを討つ。10-12 南朝方の玖珠城，落城。
1348	正平 3 (貞和 4)	2- 征西将軍宮懐良(かねよし)親王，薩摩国より肥後国菊池にはいる。
1349	4 (5)	9-10 足利直冬，九州に下向。豊前国新田・如法寺・土岐氏らこれに従う。9-30 下毛郡成恒種貞，直冬に従う。
1351	6 (観応 2)	8-21 大友氏時・田原直貞・竹田津詮之ら，尊氏が南朝にくだるに従い，南朝にくだる。
1352	7 (文和 1)	7- 大友氏時ら豊後武士の多くは，尊氏が北朝につくに従い北朝につく。
1355	10 (4)	10-1 懐良親王，日田にはいり，ついで玖珠・由布・挾間を経て豊後国府にはいる。大友氏時，一時くだる。親王さらに速見郡大神・豊前国宇佐を経て博多に攻め入る。
1358	13 (延文 3)	11-16 懐良親王・豊前国司五条良遠，宇佐宮に御剣を奉納。12- 懐良親王，大分郡挾間をおそう。志賀氏房，大友氏時軍として赤松の陣を攻め，親王軍を玖珠郡八町辻まで追撃。
1359	14 (4)	3-20 懐良親王・菊池武光,豊後大野荘の志賀頼房を攻める。4-12 懐良親王ら,進んで豊後高崎城を囲み大友氏時を攻めるもくだせず,くじゅう山麓をとおり肥後国へ。8-24 大友氏時，肥後国守護に補任。
1361	16 (康安 1)	10-3 九州探題斯波氏経，大友氏時にむかえられ豊後府中にくだり，高崎城にはいる。
1362	17 (貞治 1)	9-9 菊池武光，豊後国府中に侵入。
1363	18 (2)	9-12 大友氏時，足利義詮より筑後国守護職に補任。
1369	24 (応安 2)	8-8 懐良親王，後醍醐天皇宸筆の心経に奥書し，宇佐大楽寺におさめる。
1370	建徳 1 (3)	この年，今川了俊，九州探題となる。
1371	2 (4)	7-2 了俊の子義範，豊後国高崎城にはいる。この年から翌年1月2日にかけて100余度，菊池武光，高崎山城を攻める。
1374	文中 3 (7)	この年，大内弘世，豊前国守護職に補される。
1375	天授 1 (永和 1)	8-26 今川了俊，肥後水島で少弐冬資を斬る。この年，無著妙融，曹洞宗泉福寺を国東郷にたてる。
1377	3 (3)	8-12 大内義弘，肥後にて菊池武朝をやぶり，のちこの功により豊前国守護職に任ぜられる。
1395	応永 2	この年，今川了俊，召喚される。
1396	3	この年，渋川満頼，九州探題となる。
1398	5	8-22 大友親世，大内氏とともに菊池氏を八代にくだし，その功により，親世のちに鎮西奉行となる。

1403	応永	10	***7***- 大内盛見，豊前国守護職に補任される。
1416		23	***11***-*13* 大友親著，豊後国・筑後国の守護職に補任される。
1418		25	***4***- 大内盛見，宇佐宮造営に着手。
1423		30	***2***-*12* 大内盛見，宇佐行幸会を復興。***7***-*5* 大友親著，所領所職を大友持直にゆずる。
1425		32	***9***-*13* 大友親著の子孝親，大分郡三角畠にて乱をおこす。
1429	永享	1	***7***- 大内盛見，宇佐宮造営を終る。
1431		3	この年，大内盛見，大友氏の所領をおかす。***6***-*28* 大友持直，少弐満貞とともに盛見を筑前国怡土郡に敗死させる。
1432		4	***1***-*4* 大友氏と大内氏の戦いはじまる。***10***-*26* 幕府，大友持直の守護職を没収，豊後国守護職には大友親綱が任ぜられたといわれる。
1435		7	この年，大友持直，海部郡姫岳城に籠る。
1436		8	***6***-*11* 大内持世，京極持高らの援助により姫岳城をおとす。
1439		11	このころ，大友親綱，家督を持直の弟親隆にゆずる。
1444	文安	1	***7***-*19* 大友親繁，豊後国守護職補任。***8***- 親繁，大内教弘と戦う。
1462	寛正	3	***10***-*25* 大友政親，豊後国と筑後半国の守護職に補任される。
1465		6	***7***-*30* 大友親繁，筑後国守護職に補任される。
1469	文明	1	***5***- 大友親繁，細川勝元の東軍につき，大内政弘と戦う。
1477		9	***9***-*19* 大友政親，将軍義尚より豊後国・筑後国の守護職を安堵される。***10***-*3* 大内政弘，豊前国など4カ国守護職を安堵される。
1484		16	この年，大友政親，家督を嫡子親豊(義右)にゆずる。
1496	明応	5	***5***-*27* 大友政親・義右父子不和により，義右，殺害される。***6***-*10* 政親，筑前国立花にのがれる途中，赤間関にて大内義興にとらえられ自殺。この年，政親の弟親治，跡をつぎ宗家を再興。
1501	文亀	1	閏 ***6***-*13* 幕府，九州探題料所の地を大友親治にあたえ，大内義興の討伐を命じる。閏 ***6***-*23* 幕府，親治の譲りにより豊前・豊後・筑後国守護職以下の所領を義親(義長)に安堵。
1508	永正	5	***6***- 大内義興，前将軍義材を奉じ入京，幕府管領となる。
1518		15	***8***- 大友義長死去，親安(義鑑)跡をつぐ。この年，朽網親満の乱収拾される。
1525	大永	5	***12***- 大内義興・尼子経久の戦いに，大友義鑑は義興に援兵を送る。
1527		7	***11***-*25* 海部郡佐伯惟治，菊池義武とつうじ大友義鑑にそむき，臼杵長景に攻め滅ぼされる(『史料綜覧』は前年とする)。
1534	天文	3	***4***-*6* 大友義鑑，速見郡勢場ヶ原で大内義隆の軍と戦う。
1538		7	***3***- 大友義鑑，大内義隆と和す。
1541		10	***7***-*27* 豊後国にポルトガル船が漂着したという。
1543		12	この年，大友義鑑，肥後国守護職に補任。
1550		19	***2***-*10* 大友二階崩れの変発生。***2***-*12* 義鑑，府内館で卒し，義鎮，乱を平定し跡をつぐ。
1551		20	***5***- 陶晴賢，大友義鎮に密書を送り大友晴英に大内氏をつがせんことをこい，晴英，承諾。***8***- フランシスコ＝ザビエル，豊後訪問。義鎮，布教を許可。***9***-*1* 大内義隆，陶晴賢に滅ぼされる。***10***-*24* ザビエル，豊後国を去りインドに帰る。義鎮，インド総督に使をつかわす。
1552		21	***3***-*1* 大友晴英，大内氏をつぎ義長と改める。

1554	天文	23	***7***- 大友義鎮，肥前国守護職に補任。***11***-*20* 義鎮，肥後国菊池義武(義宗)を直入郡宝泉庵に誘殺する。
1555	弘治	1	***10***-*1* 陶晴賢，毛利元就に滅ぼされる。この年，ルイス＝アルメイダ，府内に育児院をたてる。
1556		2	この年，小原鑑元の乱おこる。
1557		3	この年，アルメイダ，府内に病院をたてる。大友義鎮，会堂を寄進。
1559	永禄	2	***6***-*26* 義鎮，将軍義輝より筑前国・豊前国守護職に補任され，6カ国の守護をかねる。***11***- 義鎮，九州探題職と大内家家督を得る。この秋，義鎮，府内を開港し外国商人に互市を許可。府内病院，増築。
1562		5	***5***-*1* 義鎮，海部郡臼杵に丹生島城をきずき，うつる。この日，入道して宗麟と号す。
1571	元亀	2	***4***-*2* 大友軍，赤間関にて毛利軍と戦う。***6***-*14* 毛利元就の死去により，毛利軍は九州より引き揚げる。宗麟，九州6カ国の大名となる。
1573	天正	1	***12***-*28* 宗麟，家督を子義統(吉統)にゆずる。
1577		5	***4***- 田原親賢の養子親虎の受洗問題で，宗麟の周辺動揺す。
1578		6	***4***-*10* 宗麟，日向国に出兵，土持親成を討つ。***7***-*25* 宗麟，正妻と離婚。臼杵でカブラルにつき受洗し，ドン＝フランシスコと称す。***11***-*12* 大友軍，日向国高城にて島津軍と戦い大敗。
1580		8	この年，前年来日の巡察使ヴァリニアーノ，臼杵にきて大友宗麟に謁す。***11***- ヴァリニアーノ，臼杵にノヴィシャド(習練院)を開所。
1581		9	***1***- 府内にコレジオ(学院)開校。
1582		10	***1***-*28* 伊東マンショら少年使節，長崎を出発。
1583		11	この年，宇佐宮の上宮，造営。
1586		14	***3***- 宗麟，上坂し秀吉に援軍を求める。***10***-*16* 義統，豊前国でやぶれる。***10***-*18* 島津軍，日向国・肥後国方面から豊後国に攻め入る。***12***-*13* 戸次川の戦いで，秀吉援兵の長宗我部信親戦死。
1587		15	***3***-*12* 秀吉の軍が九州にはいり，島津軍しりぞく。***5***-*3* 秀吉，義統に豊後国をあたえる。宗麟には日向国をあたえるが，宗麟辞退。***5***-*23* 宗麟，津久見にて卒す。***6***- 黒田孝高，中津・宇佐・下毛など豊前国6郡を領す。宇佐・下毛・上毛の武士，連合し黒田氏に抗す。
1590		18	黒田氏，このころまでに豊前国をほぼ平定。この年に中津城を築城。***6***-*16* 少年使節，長崎に帰る。
1591		19	閏***1***-*8* 少年使節，秀吉に謁見。***8***- 大友吉統，「豊後国検地目録」を増田長盛に差しだす。
1592	文禄	1	***3***- 大友吉統，朝鮮国に出陣。
1593		2	***5***-*1* 吉統，朝鮮の役における罪をただされ改易。豊後国は秀吉の蔵入地となる。吉統，毛利輝元にあずけられる。***6***-*7* 宮部継潤・山口宗永，豊後国を村位別石盛制により検地。閏***9***-*13* 秀吉，豊後国を分配し，大野郡に太田一吉，直入郡に熊谷直盛，大分郡に早川長敏，海部郡に垣見一直，また宮部継潤を代官とする。
1594		3	***2***- 秀吉，豊後国を再分配し，中川秀成に岡7万石，福原直高に臼杵6万石，早川長敏に府内1万2000石，竹中重利に高田1万5000石，垣見一直に富来2万石，熊谷直陳に安岐1万5000石，宮木長次郎・毛利高政らに日田・玖珠郡などを分封。***3***- 黒田孝高，渡鮮。この年，宮

			木，日隈城を築く。
1596	慶長	1	閏 ***7-12*** 豊後国に大地震あり，沖ノ浜が海中に没する。
1597		2	***2-*** 臼杵城主福原直高，大分・速見・玖珠郡など 6 万石に封ぜられ，府内荷揚城構築にかかる。この年，太田一吉，臼杵藩に封ぜられ領内を検地。
1600		5	***3-16*** オランダ船，臼杵・佐志生沖に漂着。この日，徳川家康，ウィリアム＝アダムズを大坂城に引見。***9-15*** 関ヶ原の戦おこり，大友吉統は大坂方につき，石垣原にて黒田孝高と戦い大敗。***9-18*** 黒田軍，熊谷氏の安岐城，垣見氏の富来城を攻めおとす。黒田の老臣栗山利安，毛利高政の角牟礼・隈の 2 城を攻める。***9-28*** 岡城主中川秀成，臼杵城に太田一吉を攻めくだす。***11-*** 徳川家康，中津城主黒田長政を筑前52万石に，細川忠興を豊前35万9000石に封ず。細川忠利，中津城代に。***11-18*** 稲葉貞通，臼杵 5 万石に封ぜられ，翌年入部。
1601		6	***2-*** 徳川家康，来島康親を豊後森に封ず。***3-11*** 竹中重利，高田城より府内荷揚城 2 万石，預り地 1 万5000石に封ぜられ，城下町を整備。***4-5*** 毛利高政，日田郡の隈城より佐伯に，同11日，木下延俊，日出に封ぜられる。この夏，肥後国の加藤清正，天草郡の替地として豊後国大分郡・海部郡・直入郡の内をあたえられる。この年，小川光氏，日田・玖珠・速見 2 万石をあたえられ，日田月隈山上に丸山城を築く。細川忠興，豊前国の検地を行い宇佐宮に500石寄進。
1608		13	この年，大野郡(現南海部郡)木浦鉱山が発見される。
1610		15	***10-*** 宇佐宮三殿なり，細川忠利100石を寄進。
1614		19	この年，豊後でキリシタンの迫害。ベネディクチノは拷問で死亡，ほかに 6 人，長崎に追放。国東郡出身のペトロ＝カスイ，マニラに追放。
1616	元和	2	***7-*** 石川忠総，日田 6 万石に封ぜられ，丸山城を永山城と改める。
1619		5	***9-3*** 石川忠総，領内の総検地を行う。
1622		8	***6-*** 細川忠利，豊前国・豊後国など領内の人畜改めを行う。
1623		9	***2-10*** 幕府，越前北庄城主松平忠直(一伯)の封を奪い，豊後国萩原に流し，賄料5000石をあてがう。
1632	寛永	9	***7-26*** 幕府，幕府領に巡見使を派遣。***10-4*** 細川忠利，肥後国54万石に封ぜられ，豊後国内にも領地をもつ。***10-11*** 幕府，小笠原長次を豊前国中津 8 万石に，弟忠知を豊後国木付 4 万石，松平重直を豊前国龍王 3 万7000石に封ず。
1634		11	***2-22*** 幕府，竹中重義の長崎奉行在職中の不正を糾し，封を奪う。***7-29*** 日根野吉明，府内 2 万石に封ぜられる。閏 ***7-6*** 松平忠昭，速見郡亀川 2 万2000石に封ぜられる。
1636		13	***8-*** 日根野吉明，由原宮放生会に市を復興，浜の市と名づける。
1638		15	***1-3*** 前年発生の島原・天草一揆で板倉重昌戦死を聞き，府内藩日根野氏，肥前国有馬に出陣。二豊各藩もそれぞれ出陣。
1639		16	この年，日田は幕府領に。豊前国龍王城主松平重直，豊後国高田城に。
1642		19	***5-9*** 日出藩木下延俊の死去に伴い，遺領 2 万5000石を長子俊治に，5000石を次子延次に給う(立石領)。この年，大分郡中津留の松平忠昭を同郡高松に移す。
1643		20	***3-26*** 高田松平重直の死去に伴い，遺領 3 万2000石を長子英親に，3000石を次子重長に，2000石を三子直政に給う。

1645	正保	2	***7-14*** 杵築小笠原忠知，三河に移され，高田松平英親，杵築を領す。この年，岡藩，緒方上井路を開く。
1647		4	***10-5*** 府内藩日根野吉明，守田山弥一族を処罰。
1650	慶安	3	***2-28*** 日根野吉明，初瀬井路を開く。
1656	明暦	2	閏 ***4-4*** 日根野吉明死去，嗣子なく封を没収される。
1658	万治	1	***2-27*** 松平忠昭，大分郡高松より府内に移る。
1663	寛文	3	この年，府内の橋本五郎衛門，七島藺(しちとうい)移植に成功。
1689	元禄	2	この年，中津藩，荒瀬井路を完成。
1698		11	このころ，中津藩主小笠原長胤非行多く，この年，本丸が焼け領地没収。弟長円を下毛・宇佐郡内４万石に。同長宥は元禄８年宇佐郡時枝領5000石に封ぜられており，宇佐・下毛のうち３万5000石は幕府領となる。
1712	正徳	2	***7-12*** 牧野成央，日向国延岡８万石に封ぜられ，豊後国大分郡・速見郡・国東郡のうち２万石余を領す。
1732	享保	17	この年，二豊地方大飢饉，翌年にかけて餓死者多数。
1746	延享	3	この年，日田郡馬原村前庄屋穴井六郎右衛門ら日田代官を幕府に直訴。
1747		4	***3-19*** 牧野氏にかわり内藤政樹，延岡へ入部，豊後国内の旧地も領す。
1771	明和	8	***3-4*** 中津藩医前野良沢ら腑分けをみ，のち『解体新書』を訳す。
1781	天明	1	***5-*** 佐伯藩毛利高標，城内に佐伯文庫を開き，内外の書を収集。
1803	享和	3	***11-*** 岡藩田能村竹田・伊藤鏡河ら，唐橋世済の遺志をつぎ，『豊後国志』を完成。
1804	文化	1	***2-18*** 杵築藩領両子手永の農民298人，島原藩領に逃散。***5-*** 杵築藩，大庄屋制を廃止し，年番庄屋制を採用。
1805		2	***1-*** 杵築藩，郷中諸法度16カ条・郷中制禁条々24カ条を布令。***10-*** 杵築藩被差別部落の人びと，浅黄半襟かけなどに反対し，島原藩領に逃散。
1806		3	この年，臼杵藩，中西右兵衛を「勘定方惣元〆」とし，増税策を実施。また，佐伯藩の関谷隼人，財政改革を行う。
1807		4	この年，岡藩勝手方の横山甚助，増徴・流通統制をめざし「新法」実施。
1808		5	この年，臼杵藩，長目浦などに篝番所を設置，大砲20門をそなえる。
1810		7	***1-22*** 伊能忠敬ら，九州測量のため中津城下に到着。以後４月まで下毛・宇佐・国東・速見・大分・海部の沿岸地域を測量。内陸部はこの年12月と文化９年６月に測量。
1811		8	***11-18*** 岡藩領直入郡四原(柏原・恵良原・葎原・菅生原)の農民，蜂起し，横山甚助の「新法」の廃止を要求。***12-10*** 臼杵藩領に一揆波及，中西右兵衛罷免。***12-14*** 岡藩領大野郡緒方郷・井田郷の農民数千人，藩の倉庫・御物会所，各地の庄屋宅などを打ちこわし，一揆は全藩域に。
1812		9	***1-*** 一揆，豊後国内の延岡藩領・佐伯藩領・府内藩領・肥後藩領と玖珠・速見郡の幕府領にも広がる。***2-*** 一揆，豊前国中津藩領，島原藩領，宇佐郡の幕府領にも広がる。***4-*** 岡藩，横山甚助を罷免，そのほかにも新法加担者を処罰。
1817		14	この年，広瀬淡窓，豆田町の桂林荘を堀田村に移転，咸宜園とする。
1818	文政	1	***3-2*** 杵築藩領の国東郡浦辺地方で打ちこわし発生。銀札不通用・物価高騰が原因。***7-14*** 府内城下町，銀札不安のため正金銀への引換えを求める人びとで混乱。混乱は10月まで続く。
1821		4	***5-*** 府内藩領奥郷農民ら，前年復活の大庄屋・小庄屋への使役(「さん

			ない」)に反対し，訴える。
1823	文政	6	*8-4* 日田郡豆田町の豪商広瀬久兵衛，西国筋郡代塩谷正義の命をうけ，日田郡小ヶ瀬井路を完成。
1824		7	***1***- 塩谷正義，宇佐郡北鶴田新田の工事に着手(以後，宇佐・国東郡沿岸部の新田造成多数)。
1825		8	*6-23* 府内藩，藩札の通用を停止。
1830	天保	1	この年，府内藩，財政改革に着手。
1831		2	*9-1* 臼杵藩，藩政改革のため藩主雍通の直書を発表。*9-6* 村瀬庄兵衛，「勝手方惣元〆」となる。
1832		3	*8-10* 杵築藩，「青莚仕法」17カ条を発布。この年，帆足万里，日出藩家老に就任，藩政改革に着手。
1833		4	この冬，森藩，藩政改革をはじめる。
1834		5	*1-10* 福沢諭吉，大坂中津藩蔵屋敷で誕生。この年，中津藩，藩政改革に着手。
1835		6	この年，帆足万里，家老職を辞し，日出の家塾にて教授開始。
1836		7	***9***- 時枝領，宇佐郡元重３カ村で騒動発生。
1837		8	この年，臼杵藩，領内全域の田畑現況調査を実施，「田畑絵図」を作成。
1838		9	*6-27* 中津藩の黒沢庄右衛門，困窮者保護のため撫育会所(のちの天保義社)を創設。
1841		12	***12***- 府内藩隠居松平閑山(近訓)，罷免中の岡本主米を家老に復帰させ，改革の政治面を担当させる。
1842		13	*1-23* 松平閑山，藩政改革の号令を発す。日田郡豆田町の豪商広瀬久兵衛を登用し，藩財政の収支すべてをゆだねる。
1849	嘉永	2	この年，臼杵藩，「海岸深浅図」を幕府に提出。
1850		3	*8-7* 豊後国北東部に大風雨。杵築藩では２万人が飢人となる。この年，府内藩領駄原村重兵衛，大筒の鋳造により一人扶持を給与。以後，諸藩で大砲の購入，訓練などが行われる。
1852		5	***12***- 府内藩，財政改革終了。
1853		6	この年，賀来惟熊，島原藩領宇佐郡佐田村で大砲を鋳造。府内藩，「段式」を定める。
1855	安政	2	*11-19* 時枝領にて農民騒動おこる。陣屋当役片岡孫兵衛，逃亡。この年，賀来惟熊，宇佐郡佐田村に反射炉を建設。
1858		5	この年，コレラ流行。
1864	元治	1	*8-4* 姫島沖へ集結した英・米・仏・蘭の連合艦隊18～19艘，長州藩攻撃にむかう。***8***- 長州征伐の幕命により，中津藩主奥平昌服，1250人余の兵を率いて豊前国の黒原に出陣。***10***- 府内藩，農兵を募集。
1865	慶応	1	***4***- 第二次長州征伐の幕命。***5***- 幕府，杵築藩領姫島に石炭貯蔵庫を設置(翌年６月120万斤の石炭炎上)。***6***- 日田幕府領，商人からの献金1000両をもとに西洋銃50挺を購入し，100人ほどの農兵を組織。***8***- 杵築藩，長州進発のため御用金500両を課す。この年，中津藩，台場築造の御用金２万5000両を賦課。
1866		2	***7***- 日田幕府領，高1000石につき５人の人夫醵出を命ず。*8-1* 小倉藩，小倉城を炎上させる。小倉藩主小笠原忠幹夫人・世子ら日田経由で肥後国にむかう。***8***- 西国筋郡代窪田鎮勝の要請により，熊本藩兵

			60人余，日田を守衛。*9-* 西国筋郡代役所，農兵隊「制勝組」を組織。*12-2* 杵築藩領で打ちこわし。一揆勢，さらに城下へむかう。
1867	慶応	3	*4-* 制勝組調練実施，隊規則を定める。*7-5* 府内藩主松平近説，若年寄に就任。*9-* 岡藩兵22人，朝廷の命により上京。*11-11* 臼杵藩主稲葉久通，病気のため名代の上京を申請。以後，日出・中津・佐伯藩主が同様の願いをする。*12-25* 日出藩主木下俊愿，藩兵を率い江戸出立(明治1年1月13日入京)。
1868	明治	1	*1-14* 佐田秀ら尊攘派志士，長州藩浪士60余人と宇佐郡四日市陣屋をおそい，15日から御許山による(御許山騒動)。*1-17* 西国筋郡代窪田鎮勝，日田を逃亡，肥後国菊池にむかう。森藩兵，永山陣屋を検分す。*1-20* 御許山騒動鎮圧のため，山口藩兵上陸(*1-23* 御許山を攻撃)。*2-9* 佐伯藩主毛利高謙，入京のため国元を出発(*3-11* 入京)。以後，諸藩主が国元を出発し，入京す。*3-9* 岡・森両藩兵，日田を警衛。*3-15* 日田郡五馬筋農民1000人，日田大原神社に屯集。17日までに各地で農民が集会。*3-19* 中津藩，東進第2軍として出兵(*12-6* 帰国)。*3-20* 府内藩主松平近説，江戸より入京す。朝廷の命により大給の本姓に復し謹慎。閏*4-13* 下毛・日田・玖珠郡の幕府領，長崎裁判所管内に編入。閏*4-25* 松方正義，日田県知事となる(*6-11* 日田着任)。*8-17* 日向富高県廃止。日田県に併合(*-28* 長崎府管下筑前国怡土郡の一部も編入)。*11-* 延岡藩領速見郡由布院にて農民騒擾。
1869		2	*4-* 日田県管下日田郡で農民騒擾。岡藩領大野郡でも騒擾。*6-* 版籍奉還。各藩主，知藩事に任命される。*7-7* 岡藩領直入郡朽網筋で農民蜂起。*7-* 宇佐神宮領，日田県管下に編入。*8-7* 岡藩一揆再発。*11-* 島原藩領国東郡田染組・宇佐郡橋津組で農民騒擾。*12-2* 杵築・日田・府内・森藩の分知領，日田県に編入。*12-* 延岡藩領国東郡真玉で農民騒擾。
1870		3	*3-12* 岡で第1回豊後藩県会議開催。*3-* 山口藩奇兵隊脱隊兵士大楽源太郎，姫島にくる。以後，鶴崎・中津・佐伯・岡・久留米などの地を往来。*11-14* 大楽らの日田県庁襲撃の情報が伝えられ，日田県下緊張。森藩兵，援兵。*11-17* 日田郡奥五馬筋で農民と県兵衝突。6000〜7000人の農民らが竹田河原に集結し打ちこわし。日田郡全域・玖珠郡域にも波及。*12-5* 府内藩領庄内谷で雑税廃止を要求して農民蜂起。*12-15* 日田県別府支庁下で農民騒動。*12-19* 日出藩領速見郡山香郷で農民蜂起，各地で打ちこわしがおこる。*12-28* 野村宗七，日田県知事に任命。
1871		4	*1-* 島原藩領国東郡田染で農民騒擾。*4-* 日田県管下日田郡で農民騒擾。*7-14* 廃藩置県。岡・臼杵・杵築・日出・府内・佐伯・森・中津・日田県成立(ほかに熊本・島原・厳原県の飛地)。*8-* 島原・厳原県管地，日田県へ併合。*11-14* 豊前国に小倉県(2町774村)，豊後国に大分県(17町1801村)成立。初代大分県長官として森下景端，初代小倉県長官に伊東源蔵。
1872		5	*3-* 大分県，大区小区制施行(8大区159小区)。小倉県，103区の小区を設置。*6-2* 庄屋・年寄など，旧体制下の町村役人を廃止。各大区に会所を設置。*6-3〜17* 大区に区長または権区長を任命。*7-1* 大

			分・中津・臼杵・別府・日出などに郵便役所を設置。***7-18*** 戸籍編成終了を政府に報告。***8-1*** 大分県庁を旧府内城跡に定める。***12-1*** 県中四郡一揆おこる。
1873	明治	6	***5-22*** 玖珠郡で徴兵反対強訴(血税騒動)。***11-*** 大分県地券配布終了。***12-20*** 小倉県大区設置(7大区下毛郡，8・9大区宇佐郡)。
1874		7	この年，臼杵に留恵社設立。
1875		8	***3-13*** 小区区画再編成，大規模な町村統廃合を行う(160小区，8町792村)。***7-7*** 小倉県小区再編成。49小区に統合。この年，小倉県，地租改正終了。
1876		9	***4-18*** 小倉県を福岡県に編入。***5-*** 大分県，地租改正終了。***8-21*** 福岡県より下毛・宇佐2郡を大分県に編入。***9-4*** 香川真一，大分県権参事に任命される。***11-13***『田舎新聞』創刊。
1877		10	***3-1*** 警視隊500人，大分県着。***3-31*** 増田宋太郎ら中津隊，薩軍に呼応，大分県中津支庁襲撃。***4-2*** 県北四郡一揆おこる。中津隊，大分県庁をおそい撃退される。***5-12*** 薩軍，大分県に侵入。***10-20*** 中津と大分に電信分局を開局。***11-11*** 大分に第二十三国立銀行開業。
1878		11	***2-1*** 児童就学取調方布達。***7-11*** 大分県民会規則成立。***11-11*** 郡制実施，大区小区制を廃し12郡を編成。
1879		12	***4-17*** 県下でコレラ発生。***11-5***『南豊新聞』創刊。
1880		13	***3-1*** 大分県立病院・大分県医学校，開設。
1883		16	***2-***『大分新報』創刊。
1885		18	***2-18*** 大分県共立教育会，創立(明治38年大分県教育会と改称)。***5-26*** 大分中学校設立。
1886		19	***4-19***『豊州新報』創刊。
1887		20	***2-*** 県下初の本格的機械制工場である株式会社大分製糸所，操業開始。
1889		22	***4-1*** 町村制施行。14町265村となる。***6-1***『大分新聞』創刊。
1890		23	***7-1*** 第1回衆議院議員選挙実施。
1891		24	***4-1*** 郡制施行。***8-1*** 府県制施行。
1893		26	***2-1*** 大分銀行，営業開始。***7〜8-*** 赤痢大流行。
1897		30	***9-25*** 豊州鉄道，行橋・長洲(現柳ヶ浦)間開通。***12-*** 鯛生金山の開発はじまる。
1898		31	***5-16*** 大分測候所，天気予報開始。***9-14*** 大分県農工銀行開業。
1900		33	***3-13*** 県内中学分校，独立。***4-1*** 大分県高等女学校，設立。***5-10*** 豊州電気鉄道株式会社，営業開始。別府・大分間，電車開通。
1902		35	***5-24*** 大分県共立教育会附属図書館，設立(明治37年10月27日大分県共立教育会附属福沢記念図書館と改称)。
1908		41	***7-17*** 大分歩兵第七十二連隊設置。
1909		42	***7-18*** 大分県報徳会発足。
1910		43	***11-*** 成清博愛，馬上金山の採掘開始。
1911		44	***3-10*** 大分水力電力株式会社創立。***4-1*** 大分町，市制施行。***11-1*** 大分駅開業。
1913	大正	2	***10-*** 大分紡績株式会社，操業開始(翌年，全面操業)。
1915		4	***4-22*** 佐賀関町で製錬所設置反対騒擾発生。***10-*** 大分港，築港。
1916		5	***9-18*** 佐賀関製錬所，生産開始(翌年，全面操業)。

1917	大正	6	***4***- 片倉組大分製糸所，操業開始。***10***- 津久見の桜セメント株式会社九州工場，操業開始。
1918		7	***8***- 臼杵そのほかで米騒動発生。
1919		8	***2***-*26* 大分歩兵第七十二連隊田中大隊，シベリアで全滅(ユフタの戦い)。
1921		10	***2***- 大分県新庁舎，竣工。***3***～***5***- 第14回九州沖縄8県連合共進会を大分市で開催。
1922		11	***3***-*25* 別府的ヶ浜事件発生。***7***-*3*～*4* 日田騒擾おこる。***12***-*1* 大湯線国有化，久大線となる。
1923		12	***4***-*1* 郡制廃止。***12***-*15* 日豊本線全通。
1924		13	***3***-*30* 大分県水平社結成。***5***-*12* 臼杵3区事件おこる。
1926	昭和	1	***7***-*1* 郡役所廃止。
1927		2	***7***-*10* 大分市で上水道給水開始。***10***-*18* 大分銀行と二十三銀行が合併し，大分合同銀行に。
1928		3	***12***-*2* 豊肥本線全通。
1931		6	***4***-*6* 富士紡大分工場争議はじまる。***4***-*17* 鯛生金山争議はじまる。***6***-*4* 福沢記念図書館を大分県図書館と改称。
1934		9	***11***-*15* 久大本線全通。
1936		11	***4***-*1* 大分市にトキハデパート開店。
1937		12	***8***-*1* 大分連隊，中国に出陣。
1938		13	***12***-*9* 大分村開拓団，満州国元宝鎮にむけ出発。***12***-*15* 大分海軍航空隊，開隊。
1939		14	***12***-*11* 日本染料鶴崎工場(現住友化学)，操業開始。
1940		15	***12***-*6* 大政翼賛会大分県支部発足。
1941		16	***6***-*2* 大分放送局，開局。***11***-*9* 宇佐神宮，昭和の御造営を終え遷座。
1942		17	***4***-*3* 豊州新報社と大分新聞社が合併して大分合同新聞社に。
1945		20	***3***-*18* 大分・佐伯・宇佐の各航空隊，初の空襲をうける。***7***-*16*～*17* 大分市大空襲，中心街ほぼ焼失。***8***-*15* 終戦詔勅出る。***10***-*14* コリンス中佐率いる占領軍，大分進駐。***12***-*10* 戦後県下初の労働組合大分合同労働組合，発足。
1946		21	***5***-*1* 戦後初のメーデー。***5***-*21* 大分市戦災復興5カ年計画確定。***11***-*18* 大分県，農地部を設置し，農地改革本格化。***12***-*15* 県下いっせいに農地委員選挙。
1947		22	***4***-*6* 細田徳寿，初の公選大分県知事に当選。
1948		23	***11***-*1* 県民による直接選挙を経て，大分県教育委員会が発足。
1950		25	***7***-*18* 別府国際観光温泉文化都市建設法公布。
1952		27	***11***-*1* 市町村教育委員会，発足。***11***-*26* 高崎山万寿寺別院で野生猿の餌付け開始。
1953		28	***6***-*25*～*28* 梅雨前線豪雨で被害甚大。***10***-*1* ラジオ大分，放送開始。
1954		29	***5***-*20* 昭和井路主要幹線通水成功。
1955		30	***4***-*23* 木下郁，第41代大分県知事に当選。***7***-*13* アメリカ第508空挺部隊，別府キャンプにはいる。
1957		32	***3***-*10* 大分空港，開港。***10***-*14* アメリカ軍，別府キャンプの接収解除(***12***-*16* 跡地に自衛隊別府駐屯部隊が開隊)。

1958	昭和	33	***6**-1* 大分市内の電話自動化。
1959		34	***8**-24* NHK 大分放送局，テレビ開局。***10**-1* 大分放送(OBS)，テレビ開局。***10**-22* 大分鶴崎臨海工業地帯1号地で建設起工式。
1961		36	***4**-13* 県立芸術短期大学，開学(平成4年県立芸術文化短期大学と改称)。
1962		37	***11**-29* 新県庁舎，開庁。
1963		38	***4**-22* 国立大分工業高等専門学校，開校。
1964		39	***1**-30* 大分・鶴崎地区，新産業都市に指定。***10**-3* 九州横断道路，全線開通。
1965		40	***10**-1* 第1回大分県芸術祭，開催。
1966		41	***1**-31* 黒い油で大分市大在の海苔100万枚全滅。***4**-21* 大分県農業実践大学校，開校。***10**-23* 大分国体秋季大会，開催。
1967		42	***3**-4* 国道10号線，全線開通。
1968		43	***4**-1* 大分大学教育学部，大分市旦野原に移転(翌年，経済学部移転，昭和47年工学部設置)。***9**-14* 奥岳川のカドミウム汚染，県下に波紋。
1969		44	***4**-1* 大分石油化学コンビナート，操業開始。
1970		45	***1**-21* 東芝大分工場，起工式。***4**-1* テレビ大分(TOS)，開局。
1971		46	***4**-11* 立木勝，第45代大分県知事に当選。***10**-16* 新大分空港，開港。***12**-1* 新日鉄大分製鉄所，操業開始。
1975		50	***4**-21* 県中部で直下型大地震(マグニチュード6.4)，発生。
1976		51	***10**-1* 大分医科大学，開学。
1977		52	***9**-25* 県立芸術会館，開館。***10**-6～9* 第1回大分県農業祭，開催。
1979		54	***4**-8* 平松守彦，第47代大分県知事に当選。***11**-26* 平松知事，「一村一品」運動をはじめて提起。
1981		56	***10**-31* 県立宇佐風土記の丘歴史民俗資料館，開館(平成10年県立歴史博物館と改称)。***11**-1* 大分国際車椅子マラソン大会，開催。
1982		57	***3**-3* 大分県，マリノポリス基本構想を策定。***8**-5* テクノポリス開発構想策定地域に「県北・国東地域」が指定される。
1984		59	***10**-15* ニューメディアコミュニティ構想モデル地域に指定される。***10**-31* 大分市にソフトパークの建設起工。
1985		60	***5**-3* キャプテン(文字図形情報システム)商用開始。***10**-16* ニューライフ＝プラザ(生涯教育センター・中高年齢労働者福祉センター)，開館。
1989	平成	1	***7**-10* 県下初の高速自動車道，大分自動車道の湯布院・別府間開通。
1990		2	***10**-1* エフエム大分，開局。
1991		3	***9**-27* 台風19号襲来。山林被害248億6000万円に達す。
1993		5	***10**-1* 大分朝日放送(OAB)，開局。
1994		6	***6**-30* 村山富市，内閣総理大臣に就任(平成8年1月5日辞職)。
1995		7	***2**-28* 豊の国情報ライブラリー(県立図書館・県公文書館・県立先哲史料館)，開館。
1996		8	***11**-26* 大分自動車道，全線開通。
1998		10	***10**-17* 国民文化祭・おおいた98，開催。
2000		12	***4**-1* 立命館アジア太平洋大学，開学。
2002		14	***6**-* ビッグアイ(現，大分銀行ドーム)でFIFAワールドカップの試合

		開催。
2003	15	***4***-*28* 広瀬勝貞，第54代大分県知事に当選。
2005	17	***4***-*1*「平成の市町村大合併」(〜2006)で14市3町1村となる。
2008	20	***6***-*28* 東九州自動車道，佐伯まで開通。
		9-*10* 第63回国民体育大会(チャレンジ！おおいた国体)，開催。

■ 沿 革 表

1. 国・郡沿革表

(2010年9月現在)

国名	豊後国風土記	延喜式	弘安8年豊後国図田帳	天保郷帳	明治11年郡区編制	現在	
						郡	市町村
豊前		下《しも》毛《つみけ》		下《しも》毛《げ》	下《しも》毛《げ》	下毛郡	中津市
	宇《う》佐《さ》	宇佐		宇《う》佐《さ》	宇《う》佐《さ》	宇佐郡	宇佐市
豊後	国《くに》崎《さき》	国《くん》崎《さき》	国崎	国《くに》東《さき》	西国東《にしくにさき》	西国東郡	豊後高田市
			国東		東国東《ひがしくにさき》	東国東郡	国東市・姫島村
	速《はや》見《み》	速見	速見	速《はや》見《み》	速《はや》見《み》	速見郡	杵築市・別府市 日出町
	大《おほ》分《きた》	大《おほ》分《いた》	大分	大《おお》分《いた》	大《おお》分《いた》	大分郡	大分市
	海《あ》部《ま》	海部	海部	海《あま》部《べ》	北海部《きたあまべ》	北海部郡	臼杵市・津久見市
					南海部《みなみあまべ》	南海部郡	佐伯市
	大《おほ》野《の》	大野	大野	大《おお》野《の》	大《おお》野《の》	大野郡	豊後大野市・臼杵市
	直《なほ》入《り》	直入	直入	直《なお》入《いり》	直《なお》入《いり》	直入郡	竹田市
	玖《く》珠《す》	球珠	玖珠	玖《く》珠《す》	玖《く》珠《す》	玖珠郡	玖珠町・九重町
	日《ひ》田《た》	日田	日田	日《ひ》田《た》	日《ひ》田《た》	日田郡	日田市

2. 市・郡沿革表

(2010年9月現在)

大《おお》分《いた》市

明治22年4月1日　大分町，町制施行

明治40年4月1日　大分町・西大分町・荏隈《えのくま》村・豊府村合併

明治44年4月1日　市制施行

昭和14年8月15日　八幡村・滝尾村・東大分村を編入

昭和18年11月11日　日岡村を編入

昭和38年3月10日　大分市・鶴崎市(明治22年4月1日鶴崎町・別保《べっぽ》村・三佐村・桃園村・明治村・高田村・松岡村・川添村，昭和13年4月鶴崎町に別保村を編入，昭和18年4月三佐村を編入，昭和19年2月桃園村を編入，昭和29年3月明治村・高田村・松岡村・川添村を編入し市制)・大南《だいなん》町(明治22年4月1日戸次《へつぎ》村・竹中

村・吉野村・河原内《かわらうち》村・判田村，明治40年4月竹中村・河原内村が合併し，竹中村となる，大正10年1月戸次村は町制，昭和29年3月以上1町3村合併）・大分町（明治22年4月1日稙田《わさだ》村・西稙田村・東稙田村・賀来《かく》村，明治40年4月稙田村と西稙田村が合併し稙田村となる，昭和30年2月稙田村・東稙田村・賀来村合併し大分村となる，昭和31年4月1日挾間《はざま》町大字宮苑《みやぞの》とる東院《とい》の内を編入，昭和32年4月町制施行し大分町となる，昭和35年2月野津原《のつはる》町大字廻栖野《めぐすの》の内を編入）・坂ノ市町（明治22年4月1日市村・佐加村・小佐井《こざい》村・丹生《にゅう》村，明治25年9月佐加村は佐賀村となる，明治40年7月市村・佐賀村合併し佐賀市村となる，大正9年1月町制施行，坂ノ市町となる，昭和16年坂ノ市町・小佐井村・丹生村合併）・大在《おおざい》村（明治22年4月1日西大在村・東大在村，明治40年6月両村合併し大在村となる）合併

平成17年1月1日　大分郡野津原《のつはる》町（明治22年4月1日，野津原村，村制施行，明治40年4月1日，野津原村・諏訪《すわ》村合併，昭和22年3月1日，大野村大字沢田の内を編入，昭和30年3月31日，野津原村・今市《いまいち》村〈昭和25年大野郡より大分郡へ編入〉合併，昭和34年2月1日，町制施行）・北海部郡佐賀関《さがのせき》町（明治22年4月1日，佐賀関町，町制施行，昭和30年1月1日，佐賀関町・神崎《こうざき》村〈明治22年4月1日神馬木《こうまぎ》村・大志生木《おおじうき》村，明治40年両村合併〉・一尺屋《いっしゃくや》村合併）を編入

別《べっ》府《ぷ》市

明治22年4月1日　別府村，村制施行

明治26年4月11日　町制施行

明治39年4月1日　別府町・浜脇町（明治22年4月1日浜脇村，明治26年4月町制施行）合併

大正13年4月1日　市制施行

昭和10年9月4日　亀川町（明治22年4月1日御越村，明治34年4月1日町制施行，大正14年町名変更し亀川町となる）・石垣村・朝日村を編入

昭和31年4月1日　日出《ひじ》町大字平道《ひらみち》の内・挾間町大字内成《うちなり》の内・南端《なんたん》村を分割，編入

中《なか》津《つ》市

明治22年4月1日　中津町，町制施行

大正14年4月1日　大江村・豊田村を編入

昭和4年4月1日　小楠《おぐす》村を編入

昭和4年4月20日　市制施行

昭和18年8月8日　鶴居村・大幡《おおはた》村・如水《じょすい》村を編入

昭和26年4月1日　三保《みほ》村を編入

昭和29年10月1日　和田村を編入

昭和30年2月1日　今津町（明治22年4月1日桜洲村・尾紀《おき》村，昭和8年両村合併し新昭《しんしょう》村となる，昭和15年町制施行，今津町となる）を編入

平成17年3月1日　下毛郡三光《さんこう》村（昭和29年3月31日，真坂村・山口村・深秣《みまくさ》村合併，三和村となる。同日付で村名変更，三光村となる）・本耶馬渓《ほんやばけい》町（昭和26年4月1日，上津村・東耶馬渓村〈明治22年4月1日東城井《きい》村，大正15年村名変更，東耶馬渓

村〉合併，本耶馬渓村となる，昭和29年１月１日，耶馬渓村大字多志田《たしだ》の内を編入，昭和29年３月31日，東谷《ひがしだに》村・西谷《にしだに》村を編入，昭和34年11月１日，町制施行)・耶馬渓《やばけい》町(昭和26年４月１日，津民《つたみ》村・下郷《しもごう》村・山移《やまうつり》村合併，中耶馬渓村となる，昭和28年４月１日，耶馬渓村〈明治22年４月１日城井村，大正14年村名変更，耶馬渓村となる〉を編入，昭和28年９月１日，村名変更，耶馬渓村となる，昭和29年１月１日，大字多志田の内を本耶馬渓村へ，昭和29年３月31日，深耶馬《しんやば》渓《けい》村〈明治22年４月１日柿山村，昭和３年村名変更，深耶馬渓村となる〉を編入，昭和40年４月１日，町制施行)・山国町(昭和26年４月１日，溝部村・三郷《みさと》村・槻《つき》木《のき》村合併，山国村となる，昭和33年４月１日，町制施行)を編入

日《ひ》　田《た》　市

明治22年４月１日　豆田《まめた》町・隈《くま》町，町制施行

明治34年９月７日　豆田町・隈町合併，日田町となる

昭和15年12月11日　日田町・三芳村・高瀬村・光岡《てるおか》村・朝日村・三花《みはな》村・西有田村合併，市制施行，日田市となる

昭和30年３月３日　東有田村・小野村・大鶴村・夜明《よあけ》村・五和《ごわ》村を編入

昭和31年10月１日　玖珠《くす》町の一部を編入

平成17年３月22日　日田郡前津江《まえつえ》村(明治22年４月１日，村制施行)・中津江《なかつえ》村(明治22年４月１日，村制施行)・上津江《かみつえ》村(明治22年４月１日，村制施行)・大山《おおやま》町(明治22年４月１日，大山村，村制施行，昭和44年２月１日，町制施行)・天瀬《あまがせ》町(昭和30年３月31日，中川村・馬原《まばる》村・五馬《いつま》村合併，栄村となる，昭和41年４月１日，町制施行，天瀬町となる)を編入

佐《さ》　伯《いき》　市

明治22年４月１日　佐伯町，町制施行

昭和12年４月１日　佐伯町・上堅田《かみかたた》村・鶴岡村合併

昭和16年４月29日　佐伯町・八幡村・大入島《おおにゅうじま》村・西上浦村合併，市制施行，佐伯市となる

昭和30年３月31日　青山村・木立《きたち》村・下堅田村を編入

平成17年３月３日　南海部郡上浦《かみうら》町(明治22年４月１日，東上浦村，村制施行，昭和26年１月１日，町制施行，上浦町となる)・弥生《やよい》町(昭和31年２月１日，明治村・上野《かみの》村・切畑《きりはた》村合併，昭和村となる，昭和32年４月１日，名称変更，弥生村となる，昭和41年２月１日，町制施行)・本匠《ほんじょう》村(昭和30年６月１日，中野村・因尾《いんび》村合併，本匠村となる)・宇目《うめ》町(昭和30年３月31日，小野市村・重岡《しげおか》村合併，宇目村となる〈昭和25年大野郡より南海部郡へ編入〉，昭和36年11月３日，町制施行)・直川村《なおかわそん》(昭和26年４月１日，直見村・川原木《かわらぎ》村合併，直川村となる)・鶴見《つるみ》町(昭和30年３月31日，西中浦村・東中浦村・中浦村〈大正11年東中浦を分割〉合併，鶴見村となる，昭和36年２月11日，町制施行)・米水津《よのうづ》村(明治22年４月１日，村制施行)・蒲江《かまえ》町(明治22年４月１日，蒲江村，村制施行，明治44年１月１日，町制施行，昭和30年３月31日，蒲江町・名護屋《なごや》村・上入津《かみにゅうづ》村・下《しも》入津村合併)と合体

臼《うす》杵《き》市

明治22年4月1日　臼杵町，町制施行

明治40年7月1日　臼杵町・市浜村・下南津留《しもみなみづる》村・上浦《うわうら》村合併

昭和25年4月1日　臼杵町・海辺《あまべ》村合併，市制施行，臼杵市となる

昭和29年3月31日　佐志生《きしう》村・下ノ江《したのえ》村・下北津留村・上北津留村・南津留村(明治22年4月1日中臼杵村・上南津留村，明治40年両村合併，南津留村となる)を編入

平成17年1月1日　大野郡野津《のつ》町(明治22年4月1日，野津市村，村制施行，昭和24年4月1日，町制施行，昭和24年7月1日，名称変更，野津町となる，昭和26年4月1日，野津町・田野村合併，昭和30年3月28日，野津町・川登《かわのぼり》村・南野津村合併，昭和31年10月1日，大字西畑の内を三重《みえ》町へ，昭和32年4月1日，犬飼町大字烏嶽《うがく》などを編入)と合体

津《つ》久《く》見《み》市

明治22年4月1日　津組《つくみ》村，村制施行

大正10年1月1日　町制施行，津久見町となる

昭和8年4月1日　津久見町・青江町(明治22年4月1日青江村，昭和3年4月1日町制施行)・下浦《したうら》村合併

昭和26年4月1日　津久見町・日代《ひしろ》村・保戸島《ほとじま》村(明治22年4月1日四保戸村，明治25年保戸島村と四浦《ようら》村に分離)・四浦村合併，市制施行，津久見市となる

竹《たけ》田《た》市

明治22年4月1日　竹田町，町制施行

昭和17年4月1日　竹田町・豊岡村・明治村・岡本村合併

昭和25年9月1日　豊岡村を竹田町より分離

昭和29年3月31日　竹田町・玉来《たまらい》町(明治22年4月1日玉来村，明治39年町制施行)・豊岡村・松本村・入田《にゅうた》村・宮砥《みやど》村・嫗岳《うばがたけ》村・菅生《すごう》村・城原《きばる》村・宮城村合併，市制施行，竹田市となる

昭和30年7月1日　緒方《おがた》町の片ヶ瀬を編入

平成17年4月1日　直入郡荻《おぎ》町(昭和30年4月1日，荻村・柏原《かしわばる》村合併，町制施行，荻町となる)・久住《くじゅう》町(明治22年4月1日，久住村，村制施行，大正9年1月1日，町制施行，昭和29年3月31日，久住町・白丹《しらに》村合併，昭和30年3月20日，久住町・都野《みやこの》村合併，久住都町となる，昭和32年1月15日，名称変更，久住町となる)・直入《なおいり》町(明治22年4月1日，長湯《ながゆ》村，村制施行，昭和23年4月1日，町制施行，長湯町となる，昭和30年3月31日，長湯町・下竹田《しもたけだ》村〈明治22年4月1日〉合併，直入町となる，昭和31年2月1日，朝地町大字神堤《かみづつみ》を編入)と合体

豊後高田《ぶんごたかだ》市

明治22年4月1日　高田町，町制施行

明治40年4月1日　高田町・玉津町(明治22年4月1日玉津村，明治28年町制施行)・来縄《くなわ》村・美和村合併

昭和26年4月1日　高田町・河内《かわち》村・東都甲《ひがしとごう》村・西都甲村・草地《くさじ》村合併

昭和29年３月31日　呉崎《くれさき》村を編入

昭和29年５月31日　田染《たしぶ》村を編入，市制施行，豊後高田市となる

平成17年３月31日　西国東郡真玉《またま》町(昭和29年３月31日，真玉村〈明治22年４月１日西真玉村・中真玉村，昭和16年両村合併し真玉村となる〉・上真玉村・臼野《うすの》村合併，真玉村となる。昭和30年１月１日，町制施行)・香々地《かがぢ》町(大正８年１月１日，町制施行，岬村〈明治22年４月１日〉が香々地町となる，昭和29年８月31日，香々地町・三重《みえ》村・三浦村合併)と合体

杵《き》築《つき》市

明治22年４月１日　杵築町，町制施行

昭和８年４月１日　杵築町・大内村合併

昭和11年１月１日　東村を編入

昭和30年４月１日　杵築町・八坂村・北杵築村・奈狩江《なかえ》村合併，市制施行，杵築市となる

平成17年10月１日　西国東郡大田《おおた》村(昭和29年10月１日，田原《たわら》村・朝田村合併，大田村となる)・速見郡山香《やまが》町(昭和26年４月１日，中山香町〈明治22年４月１日中山香村，昭和13年町制施行〉・東山香村・上《かみ》村合併，町制施行，山香町となる，昭和30年３月31日，山香町・立石町〈明治22年４月１日立石村，明治31年町制施行〉・山浦村合併，昭和30年８月１日，南端村の一部を編入)と合体

宇《う》佐《さ》市

明治22年４月１日　宇佐町，町制施行

昭和30年３月31日　宇佐町・封戸《ふべ》村・北馬城《きたまき》村合併

昭和42年４月１日　宇佐町・駅川《えきせん》町(明治22年４月１日駅館《やっかん》村・豊川村・西馬城村，昭和29年以上３カ村合併，駅川村となる，昭和30年町制施行)・四日市町(明治22年４月1日四日市村・麻生村・横山村・糸口村・高家《たけい》村・八幡村・天津《あまつ》村・長峰村，昭和24年四日市村は町制，昭和29年以上１町７村合併)・長洲《ながす》町(長洲町〈明治22年４月１日長洲村，明治24年町制施行〉・柳ヶ浦《やなぎがうら》町〈明治22年４月１日柳ヶ浦村，昭和15年町制施行〉・和間《わま》村合併)合併，市制施行，宇佐市となる

平成17年３月31日　宇佐郡院内《いんない》町(明治22年４月１日，院内村，村制施行，昭和30年１月１日，院内村・南院内村・東院内村・高並《たかなみ》村・両川《ふたがわ》村合併，昭和35年10月１日，町制施行)・安心院《あじむ》町(明治22年４月１日，安心院村，村制施行，昭和13年10月１日，町制施行，昭和26年４月１日，竜王村大字恒松《つねまつ》の内を編入，昭和30年１月１日，安心院町・佐田町・津房《つぶさ》村・深見村〈明治22年４月１日竜王村・明治村，昭和26年両村が合併，深見村となる〉合併，駅川村大字平ヶ倉・熊を編入，昭和30年３月31日，南端村大字南畑の内を編入)と合体

豊後大野《ぶんごおおの》市

平成17年３月31日　大野郡三重《みえ》町(明治22年４月１日，三重村，村制施行，明治35年４月４日，町制施行，昭和26年４月１日，三重町・菅尾《すがお》村・百枝《ももえだ》村・新田《あらた》村合併，昭和31年10月１日，野津町大字西畑の内を編入，昭和32年４月１日，清川《きよかわ》村大字奥畑・本匠村大字山部の一部を編入)・清川村(昭和30年１月１日，牧口村・合川村

〈明治22年４月１日合川村，昭和７年南緒方村を分割編入〉・白山《はくさん》村合併，清川村となる)・緒方《おがた》町(明治22年４月１日，緒方村，村制施行，昭和７年４月１日，南緒方村を分割編入，昭和25年11月１日，町制施行，昭和30年１月１日，緒方町・長谷川村・上緒方村・小富士村合併，昭和30年６月１日，大野町大字夏足《なたせ》の内を編入，昭和30年７月１日，大字片ヶ瀬を竹田市へ，昭和31年２月１日，朝地《あさじ》町大字志賀の内を編入，昭和32年４月１日，清川村大字大北を編入)・朝地町(昭和29年12月20日，上井田《かみいだ》村・西大野村合併，朝地村となる，昭和30年１月１日，町制施行，昭和31年２月１日，大字神堤《かみづつみ》を直入町へ，大字志賀の内を緒方町へ)・大《おお》野《の》町(明治22年４月１日，大野村，村制施行，明治40年６月１日，大野村・養老《ようろう》村・田中村・土師《はじ》村・中井田村合併，東大野村となる，昭和３年８月１日，町制施行，大野町となる，昭和22年３月１日，大字沢田の内を野津原村へ，昭和30年６月１日，大字夏足の内を緒方町へ，昭和30年８月１日，犬飼町大字長畑の内を編入，昭和38年３月５日，大字安藤の内を大南《だいなん》町へ)・千歳《ちとせ》村(昭和16年４月１日，柴原村・井田《いだ》村合併，千歳村となる)・犬飼《いぬかい》町(明治22年４月１日，犬飼村，村制施行，明治36年２月３日，町制施行，昭和30年３月28日，犬飼村・長谷村・戸上《とのうえ》村合併，昭和30年８月１日，大字長畑の内を大野町へ，昭和32年４月１日，大字烏嶽などを野津町へ)が合体，市制施行，豊後大野市となる

由《ゆ》布《ふ》市

平成17年10月１日　大分郡挾間《はざま》町(明治22年４月１日，挾間村，村制施行，昭和29年10月１日，挾間村・石城川《せきじょうがわ》村・由布川《ゆふがわ》村・谷村合併，昭和30年４月１日，町制施行，昭和30年７月１日，大字高崎の内を大分市へ，昭和31年４月１日，大字内成の大部分を別府市へ，大字宮苑の内を大分村へ，昭和32年４月１日，大分村の大字鬼《おに》崎《ざき》の一部を編入)・庄内《しょうない》町(昭和29年11月１日，阿南村・東庄内村・西庄内村・南庄内村・阿蘇野《あその》村〈昭和25年直入郡より大分郡に編入〉合併，庄内村となる，昭和30年４月１日，町制施行)・湯布院《ゆふいん》町(昭和11年４月１日，北由布《きたゆふ》村・南由布村合併，由布院村となる，昭和23年１月１日，町制施行，由布院町となる，昭和25年１月１日，速見郡より大分郡に編入，昭和30年２月１日，由布院町・湯平《ゆのひら》村合併，湯布院町と改称，昭和32年４月１日，九重《ここのえ》町大字田野字扇山の一部を編入)が合体，市制施行，由布市となる

国《くに》東《さき》市

平成18年３月31日　東国東郡国見《くにみ》町(昭和15年12月23日，伊美《いみ》村・上伊美村合併，伊美村となる，昭和26年１月１日，町制施行，伊美町となる，昭和30年４月１日，伊美町・熊毛《くまげ》村合併，国見町となる，昭和35年３月31日，国見町・竹田津《たけたづ》町〈明治22年４月１日竹田津村，大正２年町制施行〉合併)・国東町(明治22年４月１日，国崎村，村制施行，明治27年11月８日，町制施行，国東町となる，明治34年４月１日，国東町・小原《おわら》村・豊崎村大字原合併，昭和29年３月31日，国東町・来浦《くのうら》町〈明治22年４月１日来浦村，大正10年町制施行〉・富来《とみく》町〈明治22年４月１日富来村，明治30年町制施行〉・上国崎村・豊崎村・旭日村合併)・武蔵《むさし》町(明治22年４月１日，武蔵村，村制施行，明治31年５月３日，町制施行，昭和29年３月31日，

武蔵町・中武蔵村・旭日村池の内合併)・安岐《あき》町(明治22年4月1日，安岐村，村制施行，明治30年3月9日，町制施行，昭和29年3月31日，安岐町・西安岐町〈明治22年4月1日西安岐村，大正12年町制施行〉・西武蔵村・朝来《あさく》村・南安岐村・奈狩江村荒巻合併)が合体，市制施行，国東市となる

東国東《ひがしくにさき》郡

姫島村《ひめしまむら》　明治22年4月1日　村制施行

速見《はやみ》郡

日出町《ひじまち》　明治22年4月1日　日出町，町制施行

昭和29年3月31日　日出町・豊岡町(明治22年4月1日豊岡村，明治31年3月町制施行)・藤原村・大神《おおが》村・川崎村合併

昭和31年4月1日　南端村の大部分を編入

玖珠《くす》郡

九重町《ここのえまち》　明治29年10月1日　飯田《はんだ》村(明治22年4月1日村制施行)の大字野上・後野上，東飯田《ひがしはんだ》村(明治22年4月1日村制施行)大字右田を分割，野上村を設置

昭和26年1月1日　町制施行，野上町となる

昭和30年2月1日　野上町・東飯田村・飯田村・南山田村合併，九重町となる

昭和32年4月1日　大字田野の内を湯布院町へ

玖珠町《くすまち》　明治22年4月1日　万年《はね》村，村制施行

昭和2年4月1日　町制施行，玖珠町となる

昭和30年3月31日　玖珠町・森町(明治22年4月1日年森村村制施行，明治26年町制施行)・北山田村・八幡村合併

■ 祭礼・行事

(2010年9月現在)

〔1月〕

上旬　ホーランエンヤ　➡豊後高田《ぶんごたかだ》市・桂川(JR 日豊本線宇佐駅バス豊後高田市役所方面行桂橋下車)

漁民が年頭に海上安全と豊漁を祈る行事。ふんどし姿の若者10人が飾りたてた宝来《ほうらい》(蓬萊)船で桂川を上下して，恵比須《えびす》社と若宮八幡社に参る。「ホーランエンヤ，エンヤサノサッサ」の掛け声にあわせて，舳先《へさき》と艫《とも》では着飾った少年が踊る。両岸を埋めた数千人の見物客から祝儀の声がかかるたびに，厳寒の川に飛び込み泳いでうけとりにいく。船からは見物人に餅をまく。

4　鷹栖観音鬼会《たかすかんのんおにえ》　➡宇佐《うさ》市上拝田《かみはいた》・鷹栖観音堂(JR 日豊本線宇佐駅または柳ケ浦駅バス院内町方面行鷹栖観音下車)

午後8時ころ観音寺での読経《どきよう》がおわると，ふんどし姿になった青少年数十人が大松明《たいまつ》をかざし，青鬼・赤鬼の面を先頭に胸までつかって駅館《やっかん》川を押し渡り対岸に着くと，100段近い石段を駆けあがって観音堂に豊作と無病息災を祈願する。続いて石段下で悪魔祓いのどんど焼きをし，青鬼と赤鬼の2組にわかれて松明をたたきあう。

13　大将軍《だいじょうごん》祭り　➡由布市挾間《はさま》町篠原・松原神社(JR 久大本線鬼瀬《おにがせ》駅下車)

大将軍様と通称される松原神社は，牛馬の守護神。13日から3日間の祭りには，神社でお札をうけ，交換したお鏡や境内の笹を持ち帰る。お札は馬屋に貼ったり竹の筒にいれて牛馬の首にかけ，お鏡は粥《かゆ》状に煮て笹とともに牛馬に食べさせる。

〔2月〕

第1日曜　北原《きたばる》人形芝居　➡中津市北原・原田神社(JR 日豊本線中津駅バス大分方面行北原入口下車)

北原人形芝居は，鎌倉幕府の執権北条時頼が諸国巡歴中に大病にかかり，北原村民の看病で全快した祝いに人形芝居を演じたことにはじまると伝える。この北原人形芝居が上演される唯一の機会である万年願《まんねんがん》は，疫病が流行したときに病魔退散を祈願して人形芝居を奉納したことにはじまるという。県無形民俗文化財。

第2日曜(隔年)　墨つけ祭り　➡佐伯《さいき》市宇目《うめ》町河内・山神社(JR 日豊本線重岡駅バス木浦鉱山行終点下車)

木浦鉱山の守護神であった山ん神の祭り。山神社と熊野神社に奉納される2本の大幣《たいへい》を先頭に，赤ずくめの荒神《こうじん》が家々を訪れ，墨のつけあいがはじまる。大根の切り口に鍋墨をつけ，「一つ，祝わせておくれ」と声をかけながら，墨を顔につけあう。

旧正月15　子供鬼会　➡国東《くにさき》市武蔵《むさし》町丸小野・稲荷社《いなりしゃ》(JR 日豊本線杵築《きつき》駅バス武蔵経由丸小野行終点下車)

丸小野の修正鬼会《しゅじょうおにえ》は，丸小野寺のものを天保年間(1830～44)から少年たちがうけついだといわれ，中学生が演じる。水垢離《みずごり》・盃《さかづき》の儀のあと，大松明3本を丘の上の稲荷社にかつぎあげ，境内で米華や香水を舞う。鬼が小松明を2本ずつもって，参拝者に火の粉をあびせながら舞いおわる。

13　御心経会《ごしんぎょうえ》　➔宇佐市南宇佐・宇佐神宮(JR日豊本線宇佐駅バス四日市方面行宇佐八幡宮下車)

宇佐神宮境内の八坂神社の鎮疫祭《ちんえきさい》。午後，社殿前での神事がおわると幣越《へいごし》神事が行われる。五色の大幣8本を白丁《はくちょう》が鳥居を投げ越させると，参拝者が大幣に殺到して紙片や竹片を手にいれようと奪いあう。白幣を立てた神馬が舞台を3周し，舞台で舞楽が演じられる。大幣の紙片や竹片は持ち帰って神棚にそなえたり，門口に貼って疫病除《やくびょうよ》けにする。

24　祈年祭《きねんさい》　➔佐伯市弥生尺間《しゃくま》・尺間神社(JR日豊本線佐伯駅バス野津町方面行尺間登山口下車)

尺間神社は，開運と厄除けの神社として信仰されている。祈年祭には豊後系の湯立て神楽が奉納される。斎場の中央にすえた大釜の熱湯を白衣を着た湯師が鎮め，煮えたぎる湯のなかに手草(笹束)をいれては自分の身体に振りかけ，湯玉を参拝者にあびせる。

旧5・旧7　修正鬼会　➔国東市国東町岩戸寺《いわどうじ》・岩戸寺，東国東郡国東町成仏《じょうぶつ》・成仏寺，豊後高田市長岩屋・天念寺《てんねんじ》(JR日豊本線杵築駅バス国東行終点下車，バス乗換え岩戸寺行終点下車ほか)

天台宗の正月の修正会と鬼会を同時に行う。国家安穏《あんのん》・五穀豊穣・延命息災を祈願。国東町成仏寺(旧正月5日)と岩戸寺(旧正月7日)は1年交代，豊後高田市天念寺(旧正月7日)は毎年。タイイレシ(松明入れ衆)が夕食後に水垢離をとり，大松明の献灯をする。後半の立役では，香水棒をもった法舞，鈴鬼の優美な舞，三鬼の加持などが行われる。地区内の各戸を祈禱《きとう》して寺に帰って暴れる鬼に，鎮めの餅をくわえさせて終了する。国重要無形民俗文化財。

〔3月〕

旧暦初午《はつうま》　初午大祭　➔国東市安岐町《あき》両子《ふたご》・両子寺(JR日豊本線別府・杵築駅バス両子行終点下車)

両子寺は申し子祈願で知られる。申し子祈願には，集めた33枚の小ぎれでつくった袋に1升3合3勺の米をいれ，ろうそく12本・神酒《みき》3合3勺をそなえて祈禱《きとう》をうける。

旧暦初午　初午祭り　➔竹田市《たけた》玉来《たまらい》・扇森神社(JR豊肥本線玉来駅下車)

扇森神社は，商売の神様・狐頭稲荷《こうとういなり》として信仰を集めている。

15　米占祭《こめうらさい》　➔日田市田島・大原八幡社(JR久大本線日田駅下車)

1カ月前に，丸い盆二つに盛りつけた1升3合3勺の米に小豆《あずき》3合をいれて炊《た》いた粥《かゆ》のかびのはえ具合や色で吉凶を占う。「かゆだめし」ともいう。

24　春季大祭　➔日田市天瀬町《あまがせ》馬原・高塚地蔵堂《たかつかじぞうどう》(JR久大本線豊後中川駅バス高塚行終点下車)

2月ころからの受験合格祈願には県内をはじめ各地から参拝者が訪れ，春季大祭には願成就の参拝者でたいへんな混雑となる。

最終土・日曜　春季大祭　➔国東市国東町大恩寺・文殊仙寺《もんじゅせんじ》(JR 日豊本線杵築駅バス国東行終点下車，バス乗換え文殊行終点下車)

文殊仙寺は標高614m の文珠山の中腹にあり，文殊菩薩《ぼさつ》は知恵を授ける菩薩として信仰される。大祭には参拝者が長い石段をのぼって奥の院まで参る。

第4日曜　佐伯神楽《さいきかぐら》　➔佐伯市長谷《はせ》・堅田郷《かたたごう》八幡社(JR 日豊本線佐伯駅下車)

幣神楽と通称される採り物神楽。神開《かんびらき》・魔祓《まばらい》などの12番。優雅な気品と格調高い舞である。佐伯地方の各社家に伝承された神楽。県無形民俗文化財。

〔4月〕

5　蒲江《かまえ》神楽　➔佐伯市蒲江丸市尾浦・富尾神社(JR 日豊本線佐伯駅バス蒲江方面行丸市尾下車)

日向《ひゅうが》系の岩戸《いわと》神楽。地堅《じかた》・地割・一番祝詞《のりと》などの18番。神事の一環として奉納する神楽の古い姿を残し，2枚のむしろの上で舞う。県無形民俗文化財。

5　剣八幡宮春祭り　➔大分市鶴崎・剣八幡宮(JR 日豊本線鶴崎駅下車)

ケンカ祭りの別称がある。かつぎ山車《だし》・太鼓山車・子供神輿《みこし》がお供をして，神輿の地区内を回幸する。

6　御田植祭　➔杵築市宮司《みやじ》・若宮八幡社(JR 日豊本線杵築駅バス杵築バスターミナル乗換え鴨川方面行高山橋下車)

田植えを順序どおりに写実的に模した田遊び。ほぼ同じような御田植祭りが，山神社(国東市安岐町諸田，春分の日)と奈多《なた》八幡宮(杵築市奈多，4月6日)でも行われている。

9　植野神楽　➔中津市植野・若籏《わかはた》神社(JR 日豊本線今津駅下車)

豊前系の岩戸神楽。47番というもっとも多くの演目をもち，これらを33番ずつに組み合わせ，湯立・神阪・年回の各神楽を編成。祭りに奉納するのは18番である。県無形民俗文化財。

10〜19　犬山神楽　➔豊後大野市大野町片島・上津《あげつ》八幡社(JR 豊肥本線朝地駅バス大野町方面行田中乗換え豊後片島行終点下車)

大野郡系の岩戸神楽。上津八幡社が伝えたので上津流という。33番で構成されているが，祭りには12番程度を奉納。県無形民俗文化財。

第2日曜　風流《ふりゅう》・杖《じょう》踊り　➔臼杵《うすき》市東《ひがしこう》神野《の》・ふとり権現社《ごんげんしゃ》(JR 日豊本線臼杵駅バス上宮本行終点下車)

上宮本地区が拝み・とんぼ返りなど，下宮本地区が肩はずし・四方杖《よもじょう》などを神社で奉納する。杖踊りのほかに獅子《しし》舞・風流・神楽がある。風流は野々宮など18種の歌詞があるが踊らない。県無形民俗文化財。

第2日曜　檜原《ひばる》マツ　➔中津市耶馬渓《やばけい》町中畑・正平寺《しょうへいじ》(JR 日豊本線中津駅バス上福士行終点下車)

神仏習合の御田植式。前日の夕方にお下りした3体の神輿は，午後3時ころに読経のあと，ほら貝の合図でお上りになる。還幸後にまつ役という御田植

式がある。田打ちから田植えまでの作業を面白おかしく演じるが，古い田歌を残している。県無形民俗文化財。

15　御田植祭　➔日田市田島・大原八幡社(JR 久大本線日田駅下車)

神職による古歌の朗詠，張り子の牛のすき起こし，鍬《くわ》行事，早乙女《さおとめ》による苗に見立てた菖蒲《しょうぶ》並べなどが行われる。県無形民俗文化財。

第4日曜　神踊り・杖踊り　➔佐伯市黒沢・富尾神社(JR 日豊本線佐伯駅バス黒沢下車)

神社と御旅所で杖・歌・踊りをまじえて奉納。杖は元禄元(1688)年に関東浪人から伝授されたといい，小太刀・薙刀《なぎなた》もある。神踊りは風流踊りを成年男子が踊る。歌詞は「お伊勢」など18種。県無形民俗文化財。

26　ゆたて　➔竹田市荻《おぎ》町新藤・荻神社(JR 豊肥本線豊後荻駅バス政所方面行馬場下車)

豊後系の湯立神楽。神社境内に斎庭を設けて大釜2個をすえる。ゆたて荒神が釜の湯を清めて，白衣を着て素足のゆたて2人が笹を湯釜にひたしては振り散らす。県無形民俗文化財。

〔5月〕

18～24　万弘寺市《まんこうじいち》　➔大分市坂ノ市字下市・万弘寺(JR 日豊本線坂ノ市駅下車)

初日の土曜日未明，海の幸を持ち寄った海岸部の女衆と，山の幸を持ち寄った山間部の男衆とが，物々交換を行う。「だまし市」ともよばれる。

〔7月〕

5～7　長浜様　➔大分市長浜町・長浜神社(JR 日豊本線大分駅下車)

夏祭り。梅雨明け前であるから雨の長浜様といわれる。おみか餅や一対の雛《ひな》絵馬《えま》が名物。

第2日曜　臼杵祇園《うすきぎおん》　➔臼杵市臼杵・八坂神社(JR 日豊本線臼杵駅下車)

7月の第2日曜から7日間行われる。前々日には山車の引出しがある。当番町では，早朝から氏子が総出で山車の組立てや飾付けをし，夕方は町内を練る。1日目のお下りは，正午の花火を合図に総勢約400人の大名行列や山車が，お旅所の北海添まで練り歩く。7日目の還幸には大名行列のあとを3基の神輿と山車が続く。三輪流臼杵神楽(県無形民俗文化財)も奉納される。

15　麦餅搗《むぎもちつ》き祭り　➔日田市中津江《なかつえ》村合瀬・宮園神社(JR 久大本線日田駅バス鯛生《たいお》行間地《まぢ》下車)

小麦餅を搗く祭り。ふんどし姿の若者たちが1間ほどのカシの棒で搗く。最後の臼は，水や茅《かや》を投げかけたりして暴れ搗きをする。搗きおわればカシ棒を折って参拝者に厄除けとしてくばる。搗いた麦餅は，木枠にいれて立方体に抜き神前にそなえる。

下旬の金・土・日曜　中津祇園　➔中津市竜王町，三ノ丁・中津神社・闇無浜《くらなしはま》神社(JR 日豊本線中津駅下車)

昭和40年代なかばから，上・下両祇園が統一されるようになった。中日は朝車で，上祇園車7台は中津神社，下祇園車6台は闇無浜神社を出発，町々で

踊りをみせながら福沢通りに集合。最終日の戻り車も前日と同じように，祇園車は両社を出発して福沢通りに集合。午後8時半から山車は両社へ帰っていく。

下旬　日田祇園会　➔日田市・若宮神社，八坂神社(JR 久大本線日田駅下車)
20日すぎの土・日曜に行われる。京都の山鉾《やまほこ》の流れをくむといわれ，江戸時代の豊かな経済力を背景とした祭り。人形山である山鉾と独特の祇園囃子《ばやし》を特色とする。山鉾巡行の始まりは，正徳4(1714)年からである。祇園囃子は江戸末期から昭和初期にかけての俗曲・端唄・流行歌などで，代官にしたがってきた小山徳太郎が創始し，その子松吉が大成したと伝える。曳山行事は国重要無形民俗文化財。

29　早吸日女《はやすいひめ》神社八人太鼓　➔佐伯市蒲江西野浦・早吸日女神社(JR 日豊本線佐伯駅バス西野浦方面行西野浦下車)
早吸日女神社の大祭で神幸が行われる年に奉納される。神輿3基にそれぞれの八人太鼓組がつく。獅子舞も行われ，1頭2人立ちで，鈴と軍配をもつ花踊6人がつく。県無形民俗文化財。

最後の金・土・日曜　夏越《なごし》大祭　➔宇佐市南宇佐・宇佐神宮(JR 日豊本線宇佐駅バス四日市方面行宇佐八幡宮下車)
3基の社輿を中心とした行列は，小倉山《おぐらやま》をくだった所から大鳥居まで先着をきそう。続いて頓宮横の祓所で菅貫《かんぬき》行事がある。一般参拝者は茅《ち》の輪をくぐって罪・汚れを祓う。

第4日曜　吉弘楽《よしひろがく》　➔国東市武蔵《むさし》町吉広・楽庭《がくにわ》八幡社(JR 日豊本線別府駅・杵築駅バス国東行楽庭下車)
国東半島で盛行した念仏踊り系の風流踊り。虫害防除祈願のため元禄期(1688～1704)から続く。本頭組23人，なかど組3人，末組23人，計49人が神納など14ツグリ(演目)を3回半踊る。組ごとに鉢巻・襷《たすき》・差物の色や被りものが異なる。国重要無形民俗文化財。

〔8月〕

14～17　姫島《ひめしま》の盆踊り　➔東国東郡姫島村(JR 日豊本線宇佐駅バス豊後高田経由伊美《いみ》港行終点下車，フェリー姫島港)
15日まで島内各村の盆坪(踊り場)で同時刻に踊りはじめ，各村の盆坪を踊りながら一巡する。16日は新仏供養踊り，17日は盆踊り大会。

24　風流・杖踊り　➔佐伯市弥生植松・愛宕《あたご》神社(JR 日豊本線佐伯駅バス野津町方面行植松下車)
尺間《しゃくま》地区の天満社から神幸行列が約4 km くだって，神社で獅子・杖・歌・踊りを交互に奉納する。杖は元田地区の荒川家が頭取を世襲する荒川流。風流は尺間地区が五色など18種を伝え，少年たちの童児踊りが特色。県無形民俗文化財。

最終土曜　石仏火祭り　➔臼杵《うすき》市深田・臼杵磨崖仏《まがいぶつ》(JR 日豊本線臼杵駅・上臼杵駅バス大分行石仏入口下車)

昭和33(1958)年ころから，市の観光課の音頭で行われている。土地の人は磨崖仏を地蔵様として信仰していたので，地蔵盆にあたる24日に，下中尾地区の人が地蔵様にお灯明《とうみよう》をあげ，深田地区は戸ごとに5本ずつの小松明を畦道に立てならべ太鼓の合図でいっせいに点火していたのが古い姿である。

旧1　善神王様　➔竹田市田町・岡神社(JR 豊肥本線豊後竹田駅下車)

八朔の善神王様への献灯。岡神社の善神王様では，豊作祈願のコダイ(小松明)をする。石垣の上にくんだ高さ15m の櫓《やぐら》に，竹筒に灯油をいれたコダイ約700本を天守閣の形に配置し，点火。

旧1　「王」字の火ともし　➔臼杵市望月《もちづき》・秋葉《あきば》神社(JR 日豊本線臼杵駅バス臼杵磨崖仏方面行望月下車)

旧暦8月1日から3日間，毎晩立石山で「王」字を燃やし，最終日には氏神の秋葉神社で踊りがある。百数十年前，大火で地区が全焼したときに，火伏せ祈願をしたのが始まりという。

第1日曜　風流・杖踊り　➔臼杵市野津町西神野・熊野神社(JR 日豊本線臼杵駅バス東神野方面行西神野入口下車)

神職の家と神社で奉納し，神社では風流・杖踊りの前後に神楽もある。杖は南海部郡弥生町元田の荒川流が野津町板井畑から安政6 (1859)年以後に伝授された。風流の歌詞は「時雨《しぐれ》」など15種で，踊りはない。県無形民俗文化財。

〔9月〕

1～7　卯酉《うとり》神事　➔大分市賀来《かく》・賀来神社(JR 久大本線国分《こくぶ》駅下車)

卯と酉の6年目ごとに，賀来神社の秋祭りにさいして，俗に大名行列とよばれる卯酉神事がある。国府から柞原《ゆすはら》八幡社への大神宝奉納に起源をもつものではないかといわれている。1日のお下りには餅田から神社まで，7日のお上りには，神社から餅田まで道具を振って供をする。各地区から選ばれた4人の少年が，総大名・鉄砲大名・弓大名・槍大名となり，各大名にしたがう小道具は子ども，大道具は若者が振る。

14　浜《はま》の市《いち》　➔大分市生石《いくし》・柞原八幡社(JR 日豊本線大分駅バス柞原行生石及び終点下車)

柞原八幡社の放生会《ほうじょうえ》。この市はすでに大友時代に開かれていたが，浜の市とよばれるようになったのは，寛永16(1639)年からのようである。江戸期には府内藩主の管理下に市が立ち，城下商人も市で商売をするのが原則であった。現在は色紙餅と一文人形が名物である。

15　若宮楽　➔杵築市宮司《みやじ》・若宮八幡社(JR 日豊本線杵築駅バス杵築バスターミナル乗換え鴨川方面行高山橋下車)

念仏踊り系の風流踊りを，中津屋・大鴨川両地区の少年たちが奉納する。花籠を背にした2人の心楽《しんがく》を中心に円陣をつくり，旗差物を背に負った端楽《はがく》が太鼓をたたきながら踊る。元禄10(1697)年以前から奉納されている。県無形民俗文化財。

15　奥嶽流上畑《うわはた》獅子舞　➔豊後大野市緒方《おがた》町上畑・健男霜凝日子麓《たけおしもこりひこふもと》社(JR 豊肥

本線緒方駅バス上畑行終点下車)
雌雄2頭の獅子をはじめ獅子組は団扇《うちわ》・囃子《はやし》などを加えて24人。神社でお立舞など4番，御旅所でお着舞など5番，還幸後に神社でひしぎ舞など4番を舞う。「奥嶽流上畑獅子起源伝書」によれば，応永8(1401)年にはじまるという。県無形民俗文化財。

18　山下岩戸楽　➔玖珠《くす》郡玖珠町山下・大御《おおみ》神社(JR久大本線豊後森駅バス山国町方面行道迫《みちのさこ》下車)
杖を伴う河童楽《かっぱがく》で，大御神社の秋祭りに奉納する。日野善慶《ぜんけい》の子孫が天和2(1682)年に庄屋として着任し，日田市西有田の岩戸楽を伝えた。杖は道楽・宮巡りののち，はな・中・すそ・4人杖・6人杖を打つ。河童姿のこもらし4人が，むしろの上で，立巡・立居・打合など10番の楽を演じる。県無形民俗文化財。

23　御嶽《おんたけ》神楽　➔豊後大野市清川町宇田枝《うたえだ》・御嶽神社(JR豊肥本線牧口駅バス白山《はくさん》行宇田枝下車)
大野郡系の岩戸神楽。御嶽神社主加藤長古が創始。33番から構成されているが，祭りには12番程度を奉納する。県無形民俗文化財。

23　緒方《おがた》神楽　➔豊後大野市緒方町・緒方五千石祭会場(JR豊肥本線緒方駅下車)
緒方三社八幡宮の祭りに奉納する。御嶽流岩戸神楽。緒方神楽初期の楽員長らは，御嶽社直属の楽員として奉仕したと伝える。県無形民俗文化財。

第3土・日曜　千束楽《せんぞくがく》　➔佐伯市宇目《うめ》千束・鵄野尾《とびのお》神社(JR日豊本線重岡駅バス小野市《おのいち》方面行千束下車)
日向系の臼太鼓踊り。神社と御旅所で2回ずつ奉納する。先端に100本前後の花を差した旗を背に，臼太鼓をたたきながら20人が9番を踊る。県無形民俗文化財。

〔10月〕

1・2　玖珠神楽　➔玖珠郡九重町引治《ひきじ》・引治天満社(JR久大本線豊後森駅バス宝泉寺温泉方面行引治下車)
日向系の岩戸神楽を伝える。33番から構成。天冠《てんかん》・譲葉《ゆずりは》冠・鳥かぶとなどをかぶり，腰幣を差す。県無形民俗文化財。

3ごろ　深山《ふかやま》神楽　➔豊後大野市朝地《あさじ》町市万田・深山八幡社(JR豊肥本線朝地駅バス大野町方面行滝の上下車)
大野郡系の岩戸神楽。深山八幡社に伝わったので深山流といい，33番から構成されている。県無形民俗文化財。

7・9　宝楽《たからがく》　➔玖珠郡九重町松木・宝八幡宮《たからはちまんぐう》(JR久大本線恵良駅バス竜門ノ滝方面行宝八幡下車)
宝八幡社の秋季大祭に奉納する杖楽。神社と御旅所で2回ずつ打つ。神事がはじまると道楽《どうがく》にあわせて，肩まくりで隊列をととのえ，1組ずつの庭入り，全員のさしむすび・よど・しもさがり・見物杖を打つ。「宇戸流楽杖之事」に

よれば宝暦2(1752)年から奉納されている。県無形民俗文化財。

9　阿鹿野獅子《あじかの》　➔竹田市城原《きばら》・城原八幡社(JR豊肥本線豊後竹田駅バス久住町方面行城原下車)

城原八幡社の秋季大祭に神輿の先伴をする伎楽《ぎがく》獅子。獅子は雌雄2頭であるが，囃子方までいれると獅子組は75人。起源は安永(1772～81)以前にさかのぼるという。県無形民俗文化財。

第2日曜を含む土・日・月　放生会《ほうじょうえ》　➔宇佐市南宇佐・宇佐神宮(JR日豊本線宇佐駅バス四日市方面行宇佐八幡宮下車)

放生会は，養老年間(717～724)，殺された隼人《はやと》の霊を宇佐八幡がなぐさめるためにはじめたという。江戸初期から中絶したが，明治4(1871)年に仲秋祭として再興。御神船，古表《こびょう》神社(福岡県吉富町)の舞台船と続き，かざりたてた漁船数十隻が供をする。米・酒・蜷《にな》と蛤《はまぐり》の順に海中にいれる。舞台船ではくぐつが細男《せのお》を舞う。

10　津島神楽　➔速見郡日出町豊岡・八津島《やつしま》神社(JR日豊本線豊後豊岡駅下車)

国東系の岩戸神楽。里神楽16番，岩戸神楽11番，大神神楽1番の28番からなる。大祭には28番を奉納するが，祭りには里神楽を5番だけ奉納。里神楽は採り物神楽で慶長年間(1596～1615)から続いている。県無形民俗文化財。

11・13　町田楽《まちだ》　➔玖珠郡九重町町田・小倉神社(JR久大本線豊後森駅バス宝泉寺温泉方面行町田下車)

面かぶり・河童楽を伴う杖楽。小倉神社の秋祭りに奉納。神社と御旅所で2回ずつ。「神社慣例」は宝暦7(1757)年にはじまると記す。県無形民俗文化財。

12　古要舞《こようまい》・神相撲《かみすもう》　➔中津市伊藤田・古要神社(JR日豊本線中津駅バス田中行三保下車)

3年ごとに奉納。古要舞に登場するくぐつ(人形)は，御祓神・獅子頭・小豆童子，御幣《ごへい》持ち・羯鼓《かつこ》打ち・太鼓役・細男役など。神相撲は，東西(各12体)から1体ずつでて勝抜き相撲をとる。国重要無形民俗文化財。

13　別宮社の神楽　➔国東市国見町伊美・別宮社(JR日豊本線宇佐駅バス豊後高田経由伊美行終点下車)

春分の日，別宮社の大祓祭(7月31日)にも奉納。岩戸神楽24番と夜戸《よど》神楽12番に分けるが，全部で31番である。県無形民俗文化財。

14　ケベス祭り　➔国東市国見町古江・岩倉八幡社(JR日豊本線宇佐駅バス国見町方面行古江下車)

岩倉八幡社の秋祭りの宵祭りは，奇怪な面をつけたケベスが主役の火祭りである。夕方神事がおわってから，笛・鉦・太鼓を先頭に，ケベスを中心にした練楽がはじまる。3周目にケベスは火にむかって走りこもうとするので，当場の人びとが押し戻す。3度の3周目にケベスは棒を突きこんで，燃えるシダをまき散らす。そのあと，当場の人びとも燃えているシダを棒に引っかけて見物人のあいだを駆けまわる。

16　磐戸楽《いわとがく》　➔日田市西有田・大行事《だいぎょうじ》八幡社(JR久大本線日田駅バス西有田方

面行三の宮下車)

久大地方に分布する杖を伴う河童楽。4人が杖を打ち，少年のこもらし4人が，むしろの四隅に立ち，足捻《あしね》じなど12番を踊ったり跳ねたりする。天文20(1551)年に日野善慶が記した「磐戸楽事実弁秘曲」の写しが残っている。県無形民俗文化財。

17　浅草流《あさくさ》松尾神楽　➔豊後大野市三重町松尾・城山《しろやま》神社(JR豊肥本線三重町駅下車)

城山神社の祭りに奉納する。浅草流岩戸神楽。松尾神楽は，八雲《やくも》祓《ばらい》に火薬を導入するなど新しい工夫が加えられている。県無形民俗文化財。

17〜18　どぶろく祭り　➔杵築市大田沓掛《くつかけ》・白鬚《しらひげ》神社(JR日豊本線宇佐駅バス大田村役場行沓掛下車)

白鬚神社の秋祭り。醸造したどぶろくを18日の還幸後に，神社境内で氏子や一般参拝者にもふるまうので，どぶろく祭りと通称される。祭り座はジガンとよぶかぎられた家で構成されていたが，現在は総ジガンである。18の祝組が交代で奉仕し，組の代表である祝元がどぶろく醸造などの責任者となる。

20　風除報賽祭《ふうじょほうさいさい》　➔宇佐市南宇佐・宇佐神宮(JR日豊本線宇佐駅バス四日市方面行宇佐八幡宮下車)

風除報賽祭は鉾立神事ともよばれ，報賽の笠鉾が多数奉納されていた。笠鉾は本来は風鉾であったと思われ，絵を描いた1m角の枠3枚を縦に連ね，6mほどの鉾木に結んだものである。楽打ちを小学生が奉納，21日には神能が奉納される。

21・22　本城《ほんじょう》くにち楽　➔日田市天瀬町本城・金凝《かなこり》神社(JR久大本線天ケ瀬駅バス杖立方面行仮迫《かりのさこ》下車)

面かぶりを伴う杖楽。金凝神社の秋祭りに奉納。玖珠郡九重町の町田楽を明治初年に伝習。神社と御旅所で2回ずつ奉納。神社にはいるときに入羽，宮巡りで一巡して庭楽・花杖を打つ。1組ずつの花杖は面かぶりが指図。神社出発のときには出羽《でわ》。県無形民俗文化財。

29〜　滝瀬楽　➔玖珠郡玖珠町戸畑・桜岡滝《さくらがおかたき》神社(JR久大本線北山田駅下車)

杖楽。桜岡滝神社の秋季大祭に奉納。晴天4日間の初日と最終日に神社で奉納。道楽・ぬき楽・庭楽の順に打つ。道楽ははな杖など8種，庭楽は押さえを加えて9種。奏上する「音楽縁起」は享保4(1719)年に記されたもの。県無形民俗文化財。

旧14〜15　川越え祭り　➔豊後大野市緒方町原尻・緒方三社(JR豊肥本線緒方駅バス清川村方面行原尻下車)

父の一の宮と母の三の宮が，子の二の宮と年1回出会うために，14日の夕暮れに川越えをするという。原尻の滝付近の河原には大かがり火が焚かれる。松明に囲まれた三の宮の神輿が，ふんどし姿の若者数十人にかつがれ，川中央の大鳥居をくぐって対岸へ押し渡る。待ちうけた一の宮の神輿とならんで二の宮へのぼる。

〔11月〕

上旬　大野楽　➔日田市前津江《まえづえ》町大野・老松天満社(JR 久大本線日田駅バス大野行前津江振興局前下車)

挟み箱・薙刀《なぎなた》・杖を伴う河童楽。願成就報賽祭に奉納。しゃぐま・上衣・裁着の河童姿のむらしこには小学生がなり，むしろの上に2人ずつ立ち，内楽・庭楽にあわせて，河童の動作と思われる演技をする。奏上する「音楽由来」は文化6 (1809) 年に記されたもの。県無形民俗文化財。

第1土・日曜　立石楽《たていしがく》　➔杵築市山香《やまが》町立石・立石天満社(JR 日豊本線立石駅下車)

念仏踊り系の風流踊り。心楽《しんがく》2人を中心に外楽《そとがく》20人が円陣をつくり，締め太鼓をたたきながら12演目を踊る。豊臣秀吉が朝鮮出兵の戦勝を祝ってはじめ，豊臣家とゆかりの深い日出藩主木下氏が伝えたという。県無形民俗文化財。

〔12月〕

2　ヤンサ祭り　➔中津市耶馬渓《やばけい》町大野・大野八幡社(JR 日豊本線中津駅バス津民耶馬渓方面行上大野下車)

大野八幡社の冬祭り。「ヤンサ，ヤンサ」の掛け声で餅搗きをする。1日目は祭り座で頭渡しを行う。2日目に氏子座がある。午後11時ごろ，神事がおわってから餅を搗く。長さ1間ほどのカシ棒を杵《きね》にして右回りしながら搗く。最後の臼のときは，臼を突き倒そうとするので，モトカタは臼を押さえたり，水をかけたりして防ぐ。3日目はジガンの直会後に，篠竹にはさんだオセン餅をジガンにくばる。

第1日曜　ひょうたん祭り　➔豊後大野市千歳《ちとせ》町柴山《しばやま》・柴山八幡社(JR 豊肥本線三重町バス千歳村方面行高畑下車)

柴山八幡社の霜月祭り。神幸の供をする清者《せいじゃ》様の一行は，露払い・ひょうたん様，乗馬の清者様，供の若武者2人と摺《す》箱持ち2人である。ひょうたん様は大きなひょうたんを頭にかぶり，緋《ひ》の衣装を着て，1mほどの大わらじをはき，身丈より高い柴杖をついている。

9～　お取り越し　➔宇佐市四日市・東西両本願寺別院(JR 日豊本線豊前善光寺駅バス四日市方面行西本町下車)

宗祖親鸞《しんらん》上人の御正忌《みしょうき》を取り越した法要。

下旬　上田原湯立神楽　➔豊後大野市三重町上田原・御手洗神社(JR 豊肥本線三重町駅バス百枝《ももえだ》方面行百枝入口下車)

御手洗神社の祭りに数年ごとに奉納される。20日に近い日曜日に行われる。2つのかまどで薪12把ずつが燃えつきるあいだ，返閇《へんばい》神楽5番を舞う。県無形民俗文化財。

■ 参考文献

【大分県における地域史研究の現状と課題】

大分県の地域史研究をささえた団体の代表は大分県地方史研究会である。昭和29(1954)年の創立以来毎年研究大会を開催し，会誌『大分県地方史』は現在209号を発行し，350人の会員を県内外に有し，それぞれ地域史研究や文化財保護の中心メンバーとなり，市町村史誌の刊行などにたずさわっている。また，同会の古代・中世史研究会などの4部会は毎月研究会をもっている。臼杵史談会，杵築史談会，玖珠郡史談会，佐伯史談会など，それぞれ各地域を対象とする団体が活躍している。ほかに考古学会・石橋研究会・石造美術研究会・部落史研究会などは部門史を中心に研究を進め，多くの成果をあげている。

中世史料にめぐまれた大分県では，昭和27年から『大分県史料』，37年からは『増補訂正編年大友史料』が刊行され，宇佐神宮や大友氏などの研究が進められていた。そうしたなかで『大分の歴史』全10巻の刊行は，体系的な地域史研究推進のエポックとなった。昭和56年から平成3(1991)年までの10年間をかけて編纂された『大分県史』全21巻は，内容的な点で文字通り大分県地域史研究の定本としてだけでなく，それまで手薄だった近世・近現代の研究者の育成にもおおいに意味をもっている。県史編纂の成果は『大分歴史辞典』『大分県歴史人物事典』などの編集や，その後編纂された『大分市史』『臼杵市史』『日田市史』など多くの市町村史誌に生かされている。しかし，すでに多くの中世史料が刊行されていたという事情から県史では史料編が編纂されず，通史のみとなった。そのことは市町村史誌にもうけつがれ，いずれも大部の通史編のみで編纂され，地域の近世・近現代の基本史料が活字化されていないという課題を残している。

その反省のなかで平成4年からの先哲叢書は資料編刊行を前提として出発しており，その編纂母体である先哲史料館は県史編纂事業を引きつぎ，地域史研究の情報センターとしての機能をめざして，各種講座や講演会を開いている。また公文書館は近代以降の行政史料の保存・整理・公開を行っている。また市町村でも国東・大分・中津・日田・佐伯・竹田・臼杵・杵築などで歴史資料館・歴史民俗資料館・図書館などが資料の保存・公開を行っている。

そうしたなかで，中津藩関係の史料集として『惣町大帳』および『中津藩　歴史と風土』『杵築藩資料集』『佐伯藩史料　温故知新録』などの編集刊行が行政や個人の努力によって息の長い事業として行われていることは称賛に値するだろう。また渡辺澄夫氏による『豊後国荘園公領史料集成』の編纂は特筆すべき仕事である。

昭和56年に開館した宇佐風土記の丘歴史民俗資料館は現在全面的な改築工事が行われており，平成10年に県立歴史博物館として再オープンした。ここでは，宇佐・国東に根差した展示・研究が行われ，荘園村落調査は，歴史・考古・地理・民俗・美術などの学際的な研究として『田染荘』『都甲荘』という成果をうみ，現在は香々地荘の調査研究が行われている。この方式は平成7年度から開始された中世城

館調査にも生かされている。

【通史，県全域あるいは歴史全般に関するもの】

大分県編『大分県の産業先覚者』 大分県 1970
大分県編『大分県史』(全21巻) 大分県 1980-91
大分県警察本部編『大分県警察史』 大分県 1963
大分県商工労働部労政課編『大分県労働運動史』 大分県 1970
大分県農政部耕地課編『大分県土地改良史』 大分県 1972
大分県社会福祉事業協議会編『大分県の社会福祉事業史』 大分県 1973
大分県教育委員会編『大分県教育百年史』(全４巻) 大分県 1976
大分県教育委員会編『郷土大分の先覚者』(全３巻) 大分県教育委員会 1980-82
大分県教育委員会編『大分県の文化財』 大分県教育委員会 1991
大分県教育庁文化課編『歴史の道調査報告書』(12冊) 大分県教育委員会 1980-86
大分県教育庁文化課編『遺跡が語る大分の歴史』 大分県教育委員会 1992
大分県教育庁文化課編『大分県遺跡地図』 大分県教育委員会 1993
大分県教育庁文化課編『大分県埋蔵文化財年報』 大分県教育委員会 1993-
大分県高等学校教育研究会社会科部会編『大分県の歴史散歩』 山川出版社 1993
大分県立先哲史料館編『大分県先哲叢書(資料集・評伝・普及版)』 大分県教育委員会 1992-(既刊＝田能村竹田・大友宗麟・滝廉太郎・矢野竜渓・ペトロ岐部)
大分県立宇佐風土記の丘歴史民俗資料館編『大分県の諸職』 大分県立宇佐風土記の丘歴史民俗資料館 1987
大分県立宇佐風土記の丘歴史民俗資料館編『宇佐大路』 大分県教育委員会 1991
大分県立宇佐風土記の丘歴史民俗資料館編『大分県の祭礼行事』 大分県立宇佐風土記の丘歴史民俗資料館 1995
「角川日本地名大辞典」編纂委員会編『角川日本地名大辞典44 大分県』 角川書店 1980
九州電力大分支店編『大分電力史』 九州電力大分支店 1966
高浦照明『大分の医療史』 大分合同新聞社 1978
豊田寛三・加藤泰信・末広利人『大分県の百年』 山川出版社 1988
中野幡能監修『大分県の地名』 平凡社 1995
広田肇一編『大分県の美術』 思文閣出版 1994
渡辺澄夫『大分県の歴史』 山川出版社 1971
渡辺澄夫ほか編『大分の歴史』(１-10) 大分合同新聞社 1976-79
渡辺澄夫・兼子俊一監修『大分県風土記』 旺文社 1988
渡辺澄夫編『大分歴史事典』 大分放送 1990
渡辺澄夫監修『大分歴史人物事典』 大分合同新聞社 1996

【市町村史誌，特定地域に関するもの】

安岐町史編集委員会編『安岐町史』 安岐町史刊行会 1967

朝地町史編集委員会編『大分県朝地町史』 朝地町史刊行会 1965
安心院町誌編集委員会編『安心院町誌』 安心院町誌編集委員会 1970
天瀬町編『天瀬町誌』 天瀬町教育委員会 1986
犬飼町誌刊行会編『犬飼町誌』 犬飼町 1978
今永清二編『中津の歴史』 中津市刊行会 1980
院内町誌刊行会編『院内町誌』 院内町誌刊行会 1983
宇佐市史編集委員会編『宇佐市史』(全3巻) 宇佐市史刊行会 1975-79
臼杵市史編さん室編『臼杵市史』(全3巻) 臼杵市 1990-92
宇目町誌編纂委員会編『宇目町誌』 宇目町 1991
大分県立宇佐風土記の丘歴史民俗資料館編『豊後国田染荘の調査』 大分県立宇佐風土記の丘歴史民俗資料館 1986-87
大分県立宇佐風土記の丘歴史民俗資料館編『豊後国都甲荘の調査』 大分県立宇佐風土記の丘歴史民俗資料館 1992-93
大分市史編さん委員会編『大分市史』(全3巻) 大分市 1987-88
大分大学教育学部編『くじゅう総合学術調査報告書』 大分大学教育学部 1968
大分大学教育学部編『大野川』 大分大学教育学部 1977
大分大学教育学部編『豊後水道域』 大分大学教育学部 1980
大分大学教育学部編『国東半島』 大分大学教育学部 1983
大分大学教育学部編『大分川流域』 大分大学教育学部 1986
大分大学教育学部編『山国川』 大分大学教育学部 1989
大分大学教育学部編『日田・玖珠地域』 大分大学教育学部 1992
大分大学教育学部編『宇佐・院内・安心院地域』 大分大学教育学部 1995
大田村教育委員会編『大田村誌』 大田村 1966
大野町史刊行会編『大分県大野町史』 大野町史刊行会 1980
大山町誌編纂委員会編『大山町誌』 大山町 1995
緒方町編『続 緒方町誌』 緒方町 1958
荻町誌編集委員会編『荻町誌』 荻町 1991
香々地町誌刊行会編『香々地町誌』 香々地町誌刊行会 1979
蒲江町教育委員会編『蒲江町史』 蒲江町 1977
上浦町誌編さん委員会編『上浦町誌』 上浦町 1996
上津江村編『上津江村誌』 上津江村教育委員会 1992
杵築市誌刊行会編『杵築市誌』 杵築市誌刊行会 1968
清川村誌刊行会編『清川村誌』 清川村 1979
久住町誌編集委員会編『久住町誌』 久住町 1984
国東町史刊行会編『国東町史』 国東町史刊行会 1973
国見町史編集委員会編『国見町史』 国見町 1993
九重町編『九重町誌』(全2巻) 九重町 1995
佐伯市史編さん委員会編『佐伯市史』 佐伯市 1974
佐賀関町史編集委員会編『佐賀関町史』 佐賀関町 1970

三光村誌刊行委員会編『三光村誌』 三光村 1988
庄内町誌編集委員会編『庄内町誌』 庄内町 1990
竹田市史刊行会編『竹田市史』(全3巻) 竹田市史刊行会 1983-87
千歳村誌刊行会編『千歳村誌』 千歳村 1974
津久見市編『津久見市誌』 津久見市誌編さん室 1985
直入町誌刊行会編『直入町誌』 直入町 1984
直川村誌編さん委員会編『直川村誌』 直川村 1997
(九重町)中須記念誌刊行委員会編『ふるさと中須』 中須記念誌刊行委員会 1995
中津江村誌編集委員会編『中津江村誌』 中津江村 1989
中津市史刊行会編『中津市史』 中津市史刊行会 1965
野津原町編『郷土史野津原』 野津原町 1980
野津原町原村地区郷土史編纂委員会編『原村小史』 原村郷土史調査研究会 1993
野津町誌編さん室編『野津町誌』(全2巻) 野津町 1993
挾間町誌編集委員会編『挾間町誌』 挾間町誌刊行会 1984
日出町編『日出町誌』(全2巻) 日出町 1986
日田市編『日田市史』 日田市 1990
姫島村史編集委員会編『姫島村史』 姫島村史編集委員会 1986
豊後高田市編『豊後高田市史 特論編』 豊後高田市 1996
別府市編『別府市誌』 別府市 1985
本匠村史編さん委員会編『本匠村史』 本匠村史編さん委員会 1984
本耶馬渓町史刊行会編『本耶馬渓町史』 本耶馬渓町 1987
前津江村編『前津江村史』 前津江村 1979
真玉町誌刊行会編『真玉町誌』 真玉町誌刊行会 1978
三重町編『大分県三重町誌』 三重町 1987
武蔵町教育委員会編『武蔵町史』 武蔵町教育委員会 1990
柳ケ浦町史刊行会編『柳ケ浦町史』 柳ケ浦町史刊行会 1970
耶馬渓町史編集委員会編『耶馬渓町史』 耶馬渓町教育委員会 1975
山香町誌編集委員会編『山香町誌』 山香町誌刊行会 1982
山国町誌刊行会編『山国町郷土誌叢書』(全15冊) 山国町誌刊行会 1978-86
弥生町誌編さん委員会編『弥生町誌』 弥生町 1996
湯布院町誌編集委員会編『町誌湯布院』 湯布院町誌刊行期成会 1989
米水津村誌編さん委員会編『米水津村誌』 米水津村 1990

【史資料集】
芥川龍男・福川一徳編『西国武士団関係史料集』 文献出版 1992-2000
宇佐市史刊行会編『宇佐市近世史料集』 宇佐市 1976-81
大分県史料刊行協力会・大分県教育委員会編『大分県史料』(全37巻) 大分県教育委員会 1952-82
杵築藩研究会編『杵築藩資料集』 杵築藩研究会 1992-2003

神戸大学文学部日本史研究室編『中川家文書』 臨川書店 1987
佐伯市教育委員会編『佐伯藩史料 温故知新録』 佐伯市 1995-
田北学編『増補訂正編年大友史料』(全33巻・別巻2冊) (私家版) 1962-79
竹内理三監修・中野幡能編『宇佐神宮史 史料篇』 宇佐神宮庁 1984-
中津市立小幡記念図書館編『市令録』 中津市立小幡記念図書館 1978
中津惣町大帳刊行会編『惣町大帳 後編』 中津惣町大帳刊行会 1985-
中津藩史料刊行会編『惣町大帳』 中津藩史料刊行会 1975-
中津藩史料刊行会編『中津藩 歴史と風土』 中津市立小幡記念図書館 1981-98
日出藩史料刊行会編『大分県日出藩史料』 日出藩史料刊行会 1967-80
日田市教育委員会編『日田市郷土史料』 日田市 1958-
別府市文化財調査委員会編『別府市古文書史料集』 別府市 1971-
別府大学・宇佐市教育委員会編『天平の宇佐』 別府大学・宇佐市 1997
別府大学付属博物館編『封事太宗』 別府大学付属博物館 1983
渡辺澄夫編『豊後国荘園公領史料集成』(8巻12冊) 別府大学 1984-95
渡辺澄夫ほか編『大分県地方史料叢書』(既刊21冊) 大分県地方史研究会 1963-

【単行本】
会田倉吉『人物叢書 福沢諭吉』 吉川弘文館 1992
芥川龍男編『大友宗麟のすべて』 新人物往来社 1986
芥川龍男編『豊後大友一族』 新人物往来社 1990
朝尾直弘・佐々木丞平・豊田寛三編『三宅山御鹿狩絵巻』 京都大学学術出版会 1994
石井進監修『よみがえる角牟礼城』 新人物往来社 1997
石井進編『中世のムラ 景観は語りかける』 東京大学出版会 1995
井上義巳『人物叢書 広瀬淡窓』 吉川弘文館 1978
今永清二『福沢諭吉の思想形成』 勁草書房 1979
入江英親『宇佐神宮の祭と民俗』 第一法規 1975
岩見輝彦『三浦梅園の聲主の学』 汲古書院 1990
大分県教育委員会編『近世社寺建築緊急調査報告書』 大分県教育委員会 1987
大分県教育委員会編『大分県の近代化遺産』 大分県教育委員会 1994
大分県教育委員会編『大分の装飾古墳』 大分県教育委員会 1995
小川晴久『三浦梅園の世界』 花伝社 1989
賀川光夫『大分県の考古学』 吉川弘文館 1971
賀川光夫編『宇佐—大陸文化と日本古代史』 吉川弘文館 1978
賀川光夫編『臼杵石仏』 吉川弘文館 1995
木村忠夫編『九州大名の研究』 吉川弘文館 1983
工藤豊彦『広瀬淡窓・広瀬旭荘』 明徳出版社 1978
古庄ゆき子『ふるさとの女たち—大分近代女性史序説—』 ドメス出版 1975
古庄ゆき子『大分おんな百年』 ドメス出版 1993

小玉洋美『大分県の民俗宗教』 修学社 1994
後藤宗俊『東九州歴史考古学論考』 山口書店 1991
佐々木剛三『木米・竹田』 集英社 1977
杉本勲編『九州天領の研究』 吉川弘文館 1976
高橋正和『三浦梅園』 明徳出版社 1991
田口正治『人物叢書 三浦梅園』 吉川弘文館 1989
橘昌信『日本の古代遺跡 大分』 保育社 1995
田中加代『広瀬淡窓の研究』 ぺりかん社 1993
外山幹夫『人物叢書 大友宗麟』 吉川弘文館 1975
外山幹夫『大名領国形成過程の研究』 雄山閣出版 1983
中野幡能『八幡信仰史の研究』 吉川弘文館 1967
中野幡能『八幡信仰』 塙書房 1985
中野幡能『宇佐宮(新装版)』 吉川弘文館 1996
野口喜久雄『近世九州産業史の研究』 吉川弘文館 1987
野田秋生『大分県政党史の研究』 山口書店 1990
狭間久『豊後大友物語』 大分合同新聞社 1973
狭間久『二豊小藩物語』(上・下) 大分合同新聞社 1975-76
狭間久『三浦晋梅園の世界』 大分合同新聞社 1991
狭間久『帆足万里の世界』 大分合同新聞社 1993
狭間久『福沢諭吉の世界』 大分合同新聞社 1995
藤岡謙二郎編『古代日本の交通路 Ⅳ』 大明堂 1979
帆足図南次『人物叢書 帆足万里』 吉川弘文館 1990
三重野勝人『激動十五年～大分県の戦中史～』 近代文芸社 1995
村井早苗『幕藩制成立とキリシタン禁制』 文献出版 1987
森浩一編『前方後円墳集成 九州編』 山川出版社 1992
横松宗『福沢諭吉―中津からの出発―』 朝日新聞社 1991
吉田豊治『大分県近代軍事史序説』 近代文芸社 1992
渡辺澄夫先生古希記念事業会編『九州中世史の研究』 第一法規 1981
渡辺澄夫『増訂 豊後大友氏の研究』 第一法規 1982
渡辺澄夫『増補新訂 緒方三郎惟栄』 山口書店 1990

■ 図版所蔵・提供者一覧

表紙カバー　大分県教育委員会
見返し表　臼杵市教育委員会
　　裏上　日田市教育委員会
　　　下　安岐町教育委員会
口絵1上　宇佐市教育委員会
　　　下　久住町教育委員会・大分県教育委員会
　　2上　奈多八幡宮・大分県立宇佐風土記の丘歴史民俗資料館
　　下右　大石忠昭
　　下左　長安寺・大石忠昭
　　3上　富貴寺・大石忠昭
　　　下　大分県立宇佐風土記の丘歴史民俗資料館
　　4上　金剛宝戒寺・大分県教育委員会
　　　下　大石忠昭
　　5上　大分合同新聞
　　　下　大石忠昭
　　6上　竹田市教育委員会
　　　下　大分市歴史資料館
　　7下　日田市教育委員会
　　8上　的山荘・大分県立先哲史料館
　　　下　大分県立先哲史料館
p. 5　大石忠昭
p. 8　大分県立先哲史料館
p. 9　大分県立宇佐風土記の丘歴史民俗資料館
p. 11　大分県教育委員会
p. 14上　宇佐市教育委員会
　　下　日田市教育委員会
p. 30　日田市教育委員会
p. 35　大分市教育委員会
p. 37　大分市教育委員会
p. 55　大分県立宇佐風土記の丘歴史民俗資料館
p. 56　中津市教育委員会
p. 76　富貴寺・大分県立宇佐風土記の丘歴史民俗資料館
p. 81　神護寺・東京国立博物館
p. 83上　大分合同新聞
　　下　大分県立宇佐風土記の丘歴史民俗資料館
p. 97　北圭一・宇佐神宮
p. 100　宮内庁三の丸尚蔵館
p. 105　柞原八幡宮・大分県立宇佐風土記の丘歴史民俗資料館
p. 109　大石忠昭
p. 111　大分県立宇佐風土記の丘歴史民俗資料館
p. 115上　安国寺・大分県立宇佐風土記の丘歴史民俗資料館
p. 117　内恵克彦，甲斐素純
p. 123　安国寺・大分県立宇佐風土記の丘歴史民俗資料館
p. 128上　龍祥禅寺・大分県立宇佐風土記の丘歴史民俗資料館
　　下　円福寺・大分県立宇佐風土記の丘歴史民俗資料館
p. 131　瑞峯院
p. 136　宇佐神宮
p. 138　宇佐神宮・大分県立宇佐風土記の丘歴史民俗資料館
p. 150　㈱御花・大分県立先哲史料館
p. 153　㈱御花・大分県立先哲史料館
p. 161　京都大学附属図書館
p. 164下　京都大学総合博物館
p. 176　靖国神社
p. 179　大分市
p. 197　臼杵市立臼杵図書館・大分市歴史資料館
p. 199　杵築市教育委員会
p. 205　大分県立図書館
p. 221　釘宮善徳
p. 228　首藤家
p. 231　『広益国産考』
p. 233　弥栄神社・大分市歴史資料館
p. 238　大分市歴史資料館
p. 247　大分市歴史資料館
p. 256　帆足美代子
p. 265　広瀬資料館
p. 267　大分市立小野区
p. 273　大分市立小野区
p. 276　大分県部落史研究会
p. 279　入江秀利
p. 284　大分県立先哲史料館
p. 287　三和文庫運営協議会
p. 291　大分県・大分県立先哲史料館
p. 293　大分県立先哲史料館
p. 298　『大分県案内』・大分県立先哲史料館
p. 299　佐藤保明・大分県立先哲史料館
p. 308　『大分県警察史』・大分県立先哲史料館
p. 311　阿蘇郡小国町・大分県立先哲史料館
p. 319　『大分県案内』
p. 320　大分県立図書館・大分県立先哲史料館
p. 324　『大分連隊の想い出』・大分県立先哲史料館
p. 327　別府市立図書館・大分県立先哲史料館
p. 331　『大分県の百年』・大分県立先哲史料館
p. 333　大分県・大分県立先哲史料館
p. 336　『大分県のあゆみ』・大分県立先哲史料館
p. 343　大分県

敬称は略させていただきました。

紙面構成の都合で個々に記載せず，巻末に一括しました。所蔵者不明の図版は，転載書名を掲載しました。万一，記載洩れなどがありましたら，お手数でも編集部までお申し出下さい。